秘书
新媒体
实务

何坦野　著

光明日报出版社

图书在版编目（CIP）数据

秘书新媒体实务 / 何坦野著 . -- 北京：光明日报
出版社，2019.2

ISBN 978 - 7 - 5194 - 2834 - 1

Ⅰ.①秘… Ⅱ.①何… Ⅲ.①秘书—工作 Ⅳ.
①C931.46

中国版本图书馆 CIP 数据核字（2019）第 038860 号

秘书新媒体实务

MISHU XINMEITI SHIWU

著　　者：何坦野	
责任编辑：杨　娜	责任校对：赵鸣鸣
封面设计：中联学林	责任印制：曹　净

出版发行：光明日报出版社

地　　址：北京市西城区永安路 106 号，100050

电　　话：63131930（邮购）

传　　真：010 - 67078227，67078255

网　　址：http：//book. gmw. cn

E - mail：yangna@ gmw. cn

法律顾问：北京德恒律师事务所龚柳方律师

印　　刷：三河市华东印刷有限公司

装　　订：三河市华东印刷有限公司

本书如有破损、缺页、装订错误，请与本社联系调换，电话：010 - 67019571

开　　本：170mm ×240mm			
字　　数：406 千字		印　　张：22.5	
版　　次：2019 年 5 月第 1 版		印　　次：2019 年 5 月第 1 次印刷	
书　　号：ISBN 978 - 7 - 5194 - 2834 - 1			
定　　价：75.00 元			

序

　　1982 年 2 月《光明日报》载文,提出建设新兴学科"秘书学",标志着我国秘书学的诞生。2011 年,秘书学专业被教育部正式列入《普通高等学校本科专业目录》,这是秘书学专业发展历程中的一座里程碑。同年,学界把秘书学本科专业内容分解为论、史、技三大部分,并按此进行了首次本科教材的编撰,最后确定了《秘书学概论》《中国秘书史》《秘书实务》《秘书写作》《秘书文档管理》《秘书公关与礼仪》《秘书工作案例与实践》等 7 门课程与教材。20 世纪末随着计算机技术的发展,办公自动化逐步成为现实,于是 1985 年国家成立第一个办公自动化专业领导小组,同时国务院率先组织开发了"政务办公自动化系统"。与此同时,20 世纪末各秘书培训机构和高校陆续开设了《办公自动化》(简称 OA)课程。秘书工作手段与方法的革新,直接影响了原有的、以纸张为主的传统秘书工作理念,给秘书学的进一步发展带来了新的机遇与挑战,其中包括《秘书实务》课程与教材。

　　然而时至今日,我们高校仍然还停留在 20 世纪末的办公自动化阶段,这不能不说是一件憾事。在新媒体时代该课程内容遇到了极大的挑战,很多秘书实务教材针对新媒体时代背景下,如何实施秘书实务却语焉不详①,或根本没有涉及,或显得陈旧落伍,为此秘书学界均

---

① 如高校秘书学本科系列教材之一《秘书学概论》中论述到秘书能力素养时,提到它包括基础能力、专业能力和基本技能;而基本技能被认为主要集中在:1. 现代化办公设备操作技能,如复印机、扫描仪的使用;2. 常用的办公软件的使用技能,如 Wood、Excel、PowerPoint 等运用;3. 网络办公技能,如网络搜索信息、收发邮件、管理文档、视频会议、远程对话等运用。(杨锋主编:《秘书学概论》,高等教育出版社,2011 年版,第 101 至 102 页。)

在热切期盼和呼唤《秘书新媒体实务》教材的问世。"秘书学是一门新兴的学科,需要借鉴相关学科的研究成果,从中汲取营养以丰富并完善自身。"①

秘书工作是秘书及秘书机构以领导者和领导机关为对象,开展的一系列近身综合辅助和公务服务活动,其目的在于通过公务服务,减轻领导的事务负担以便集中力量处理决策大计、协助领导提高工作效率和优化工作效果。到了新媒体时代,秘书诸工作均发生了深刻变化。如我们以微博微信为例,它不仅改变了秘书信息传播方式、信息采集和运作方式,而且还改变了秘书信息生产和加工方式,同时还改变了秘书社会交往方式。诚如学者李永亮所言:"新媒体的广泛应用对秘书的工作方式产生了重大影响。新媒体的应用在很大程度上减轻了秘书的工作负担,如在手机屏幕上动动手指就可以上传下达信息、购订车票、出差导航定位、高效率搜索资料等。"同时,企业微信具有与微信一致的沟通体验、企业统一的通讯录及全面的沟通功能,帮助企业实现了内部办公的高效沟通,同时凭借丰富的智能自动化办公应用及开放的接口,让企业可以借助企业微信打造企业专属的移动办公门户。再如有些企业员工用个人微信跟客户沟通,但是员工离开之后,所有顾客关系网络就被带走,而且很多信息保留不下来。如果使用了腾讯企业微信,那么,这一切将迎刃而解。当然新媒体的兴盛对秘书工作也提出了新的挑战和要求。"高校莘莘秘书学子们要努力掌握一流的新媒体技术,争做适合时代发展需求的、新型的、全方位服务的金子秘书。"②秘书新媒体技能专业化是秘书职业发展的必然趋势,新媒体时代在为秘书提供更多便捷的同时,也对秘书学教学提出了更高要求,促使秘书实务工作不断向智能化、技术化和移动化的道路迈进。

当今时代,以信息技术为新一轮的科技革命正在孕育兴起,互联网日益成为创新驱动发展的先导力量,深刻改变着秘书们的工作方

---

① 杨锋主编:《秘书学概论》,高校秘书本科系列教材,高等教育出版社,2011 年版,2015 年第六次印刷,第 16 页。

② 李永亮:《高校秘书新媒体应用研究》,《经营者》,2015 年第 3 期。

式,有力推动着秘书事业的发展。互联网真正让世界变成了地球村,让社会越来越成为你中有我、我中有你的命运共同体。世界各国紧紧抓住新一轮科技革命的历史机遇,加强网络通信、移动互联网、云计算、物联网、大数据、人工智能等领域的技术合作。随着现代科技的飞速发展,尤其是计算机的普及和网络技术的不断进步,许多现代化智能办公设备进入了秘书工作领域。这些新技术、新设备的投入使用,极大地促进和推动了秘书工作现代化的发展;另一方面技术本身与秘书实务紧密结合,也给秘书工作带来了新的挑战和考验。如今新媒体以一种异乎寻常的速度持续发展更新,其应用范围和技术实践已经深入秘书实务的方方面面。与新媒体密切合作,势必将成为秘书实务发展革新的新趋势。如智能办公,在云技术支撑下,当今企业秘书可享受前所未有的云技术商务办公的全新体验,这样企业只需设立生产研发部和市场销售部,其余职能交由智慧性秘书(网络秘书)即可。未来企业占地面积将大大缩小,秘书功能将大大增加,收发文件、接待、会议室预定、人事招聘、社保缴纳等一系列相关行政事务均可采取智能化处理或由机器管家执行,真正为企业做到减少成本、提升效益。马云在乌镇"首届世界互联网大会"上说:"在互联网为人类带来巨大价值的同时,任何一场技术革命都会给人类带来巨大的冲击。但我们更相信,每一次巨大的冲击、每一个巨大的挑战,都是人类进步完善的机会。我们坚信,数字鸿沟不是一个技术问题,而是一个学习问题、是个发展问题,更是一个意识问题。"①在这迅猛变革的新时代,网络媒体和移动媒体已成为秘书实务工作中不可或缺的重要平台和载体,换言之,秘书新媒体实务将成为推动秘书工作实务转型与升级的核心动力。新媒体环境下,秘书事务均向办公现代化、移动化、智能化方向发展,以及向综合网络系统方向发展。新媒体改变的是我们秘书工作的方式,不是秘书工作的内容,我们只有融入新媒体时代的大潮,才有秘书实务的美好未来。

在发展秘书新媒体实务的征途上,我们要紧紧抓住机遇,不断挑

---

① 《钱江晚报·首届世界互联网大会》,2014.11.20。

战自我,迈向新巅峰。让我们年轻的秘书们张开双臂,全面拥抱秘书新媒体实务的朝阳。而且笔者发现:大凡女性都较适合做秘书智能化工作,能顺利完成秘书新媒体诸多实务。究其原委在于女性的思考较为依赖直觉,能够在复杂的事情中看到本质。在这个讲究体验和服务的新媒体时代,女性的工作优势正逐渐彰显。男性用左脑考虑问题为主,在工作和交际中较为理性和冷峻;而女性习惯用右脑,凭借感性和直觉。理性的事情男性做得较好,但在人工智能时代,更容易被彻底打垮,因为机器会把理性做到完美与极致。未来很多工作将被人工智能所取代,但体验和个性化服务不会被取代。面对当今社会飞速发展的科技,有人会疑惑科学技术会不会动摇人类社会和人类文明的基石。苹果公司 CEO 库克曾告诫我们:"我并不担心人工智能能赋予计算机像人类一样的思考问题的能力,我更担心人类像计算机一样思考问题。"北京大学校长林建华指出:"我们的教育不是要把人变成机器,而是要学以成人。学习不是被动地接受知识,要通过对比、思辨、争论和实践形成自己的心得、见解,这样才能真正地把握规律,求得真谛。"今天新媒体已迈入智能化、深度学习、精准分发、大数据、人工智能阶段,它不时地冲击着秘书实务的各个领域。通过运用大数据进行深度学习,人工智能将赋予秘书实务更强大的智慧能力。在这样多功能整合、大数据汇聚的发展模式里,人工智能将成为秘书实务嬗变的驱动器。当然现在新媒体智能本身还在起步阶段,而我们对新媒体智能的掌握也还处在初级阶段,但新媒体智能化在秘书实务领域的广泛应用是必然趋势。结合了、融入了新媒体智能化之后的秘书实务,前途无可限量,我们翘首期待。

秘书新媒体实务是在新媒体时代下研究新媒体秘书业务活动及其规律的应用型学科,它既包含了秘书新媒体实务的一般理论,如秘书新媒体实务的对象、范围、性质,以及相关学科的关系等宏观范畴,也包括其内秘书新媒体实务诸领域工作的微观内涵;同时还蕴涵了其自身特有的些许操作规范、运作程序和方式方法。秘书新媒体实务是一门实践性很强的应用性、操作性课程,作为现代新媒体时代背景下的新型合格秘书,除了需要掌握秘书学专业系统理论知识以外,更重要的是培养秘书的工作能力和操作能力。因此,秘书新媒体实务课程的教学方法不能以讲授理论与原理为主,而是在教师的设计和引导下,运用案例教学法、现场模拟法、情景再现法、事例实训法等多种教学方法进行实务训练。而其中笔者认为事例实训法是关键所在,它是一种指导和组织学生进行实训的整合学习方法。以灵活有效处理实际鲜活事例的训练为主,通过严格、有序、规范的强化训练和教师的认真指导,循序渐进,使学生熟练掌握各种秘书新媒体的应变技能和技巧。秘书新媒体实务课程最重要的是要具备良好的实验室设备,事实上,秘书教育与培养离不开必备的实验室设施与条件,它的培养成本比一般纯理论的学科,如汉语言文学专业等要高昂,因此我们必须具备良好的实验室实训硬件条件。当然学生中新媒体掌握的水准不一,这时我们最好采取分组教学法,把学生分成上中下三个层次,然后采取不同的教学要求和内容,在指导教师的导引下,让学生自己进行训练,并通过核对答案自我评分。经过一段时间后,又重新分组与分层训练,动态管理,针对性强,实效性高。

秘书学是随着科学技术高度发展、信息传播急剧扩展、为上司服务领域越来越广泛而产生的一门既古老又年轻的学科。秘书学专业属于应用性专业,就秘书职能实现原理而言,是对实现秘书职能而展开的秘书工作所应遵循的规范的总体概括。秘书职能是对秘书工作的概括,秘书工作是秘书职能的具体体现。根据秘书职能特征,可以把秘书工作分为三大类:一类是秘书常规业务工作;二类是秘书办公室事务工作;三类是秘书参谋咨询工作。当然其中有一定的交叉和重合。本书在新媒体思维引导下,科学梳理出因新媒体带来的秘书实务的诸种新变化,以及对秘书工作提出的新要求,梳理、总结和归纳出这三大类的秘书新媒体诸多实务。"无论是在秘书学的学科体系中还是在秘书学专业的课程体系中,'秘书实务'都居于极为重要的地位。从秘书学的学科体系来看,秘书学总体上是一门应用性学科,而应用性学科主要解决的是'做什么'和'怎样做'的问题。虽然秘书学本身也有理论体系,也要解决一些'是什么(本质)''怎样学(规律)'和'为什么(原因)'的问题,但作为应用性学科的秘书学的重点,应该解决

'秘书或秘书机构为领导活动应该做哪些工作''怎样做才能使秘书工作更好地为领导工作服务'等问题,而秘书实务正是解决这些具体问题的最主要的学科分支。"①本书《秘书新媒体实务》属于秘书学学科体系中的"技能"范畴。作为一种全球性的职业,秘书工作越来越趋于现代化、移动化、信息化和智能化。它在辅助各级领导进行近身综合辅助管理、树立企业形象、沟通内外关系、处理信息交流等方面发挥着越来越重要的作用。

当今我们已迈入新媒体时代,数字化技术正发生着深刻的变革,这对秘书人才的培养提出了新的挑战。如何培养出符合新媒体时代要求的优秀秘书人才,是全社会尤其是高等院校面临的一项急迫而现实的任务。为此,作者回应全国各地广大读者、求者和教者的殷切期盼,花了近两年时间,潜心研究,终于草创该课程和教材。我们力争体现出"以现代为基石、以职业为导向、以能力为本位、以学生为中心"的编写原则,使教材建设具有前瞻性和实用性双重特质。为了适应高校应用型人才培养迅速发展的需要,本书遵循重能力、强实训、贴现实、求创新的总体思路,培养以就业与岗位为导向的秘书"职业化"特征的高级应用型人才,进行了秘书新媒体实务的研讨与课程创建。本教材以任务驱动为主体,案例教学与技能训练相结合。教学的主线是案例,实训的主线是技能;同时学生在完成这些技能实训中,可有效提高秘书新媒体的操作能力、分析和解决问题的能力,以及参谋沟通协调诸能力。条理清晰,事例恰当,操作简介、案例分析、步骤明确,文笔精炼,应用性强。

新媒体包括数字新媒体、网络新媒体和移动新媒体,凭借所具有的网络化、便捷化、互动化、多元化等特征,扩大了秘书实务工作的深度和广度。新媒体的广泛运用,为秘书实务工作创造了前所未有的无限可能。本书全景式地对新媒体环境下秘书实务工作进行了全方位的详解和厘析,分四编,共16章,重点讲述了15个领域的秘书新媒体实务内容,并诠释了在新媒体环境下秘书实训为主的学习方式,旨在

---

① 杨树森主编:《秘书实务》,北京:高等教育出版社,2011年版,第12页。

提高秘书新媒体实务应用中诸多专项能力,力求体现当今的现代意识与新媒体精神,展示近年来新媒体秘书实务研究的最新成果。本书两章内容分别由我和所带的研究生共同执笔,其中第七章《秘书政务工作新媒体实务》与张熠同学共同撰写,第十六章《秘书新媒体助手阿里"钉钉系统"》与郑胜颖同学共同撰写。由于秘书学是一门年轻的应用性专业,同时秘书新媒体实务又是一门初创的课程,故有"吃头口螃蟹"的拓荒之意,因而在书中难免存有些许不足之处,冀诚读者不吝指正和赐教,以便我们日后进一步完善和充实。

浙江传媒学院文学院

秘书学专业负责人　何坦野

二〇一八年四月于杭州文涵阁

目 录
CONTENTS

中编 秘书参谋咨询新媒体实务

下编 秘书办公室新媒体实务

第一章

导　引

我们正处在一个急剧变革的时代,尤其是互联网与移动手机的大面积使用,改变了秘书的思维观念、价值体系、工作方式;同时也改变了些许秘书的实务方式,造就了一个以虚拟、交互、移动等为时代性标志的"秘书新媒体实务"时代。媒介在中文中是指"使双方发生关系的人和事物"。媒介一词,最早见于《旧唐书·张行成传》:"观古今用人,必因媒介。"此处的"媒介"特指使双方发生关系的人和事。媒,就是介绍之意,后引申为导致、招引、中介之义;而"介"一词是指"处于两者之间"。英文中的媒介(media)一词,系"medium"的复数形式,其含义为"使事物之间发生关系的中介体、手段、工具等"①。媒体是媒介载体的简称,媒介的内涵要比媒体宽泛些,除了信息外还有技术和物质等要素。现代媒体指的是报纸、广播、电视、图书、杂志、手机、互联网等载体及其传播机构,其中"体"有本体、个体、形质、形态之意,因此"媒体是一个电视台、报社、广播电视和卫星地面接收站……能够发挥传播功能者"②,就现代意义而言,媒体通常指大众传媒。

第一节　新媒体概念与界定

媒体从平面媒体(报纸)到听觉媒体(广播),再到视听媒体(电视、电影),现已发展到新媒体(互联网、手机等)阶段。新媒体是一种技术能力与媒体现象,媒体文本是由一个运行于多层的符码网络所组成的意义生成与交换中心。从线性文本到非线性文本,目前我们已知它由声响语言符号系统、构图语言符号系统、摄编语言符号系统、受众反馈信息系统、传受共融互动系统、链接搜索功能系统等六套文本系统共融,从仿真到创真,均是科技发展的产物。新媒体是一种传播文化

---

① 张国良主编:《新闻媒介与社会》,上海:上海人民出版社,2001 年版,第 1－2 页。
② 吴东权:《中国传播媒介发展史》,台北:中视文化出版社,1988 年版。

现象,它颠覆传统的"一点对多点"传播模式,转而成为"多点对多点"的交互传播模式。新媒体是一种缺失权力与权威的媒体,颠覆传统媒体中的独尊、单向权,还原成平等、自由开放的权利。传统的四大媒体(报刊、广播、电视和电影)是稀缺性的传播资源,掌握在少数人、个别机构手中,形成强制性和垄断性。而到了新媒体时代,使用者均从高度垄断的信息霸权中走出来,自己掌握信息的主权,"发表"言论的自由,没有审批机构,更没有审稿标准。它没有边际,也难以产生一个操纵全局的中心。新媒体是一种经济现象,新媒体的持续渗透和商业运作给社会提供了更多的蓝海产业。

21世纪互联网等高新技术产业高度普及,集中了数字化、多媒体和网络化等最新技术,这时所提的新媒体通常所指的是互联网、移动媒体等。中国互联网络信息中心2017年8月发布《中国互联网络发展状况统计报告》,我国网民达到7.51亿人,其中农村网民为2亿。互联网普及率为54.3%,超过全球平均水平4.6个百分点。移动电话用户总数达到13.6亿户,其中移动宽带用户总数达到10.4亿户,4G用户总数达到8.88亿户,占移动电话用户的65.1%。此外,中国用手机上网网民占96.3%,手机支付用户超5亿。全球前十大互联网公司中国占据4席,中国互联网商业与社会服务应用,从产品到服务品种及服务规模均处于全球引领地位,并且成为互联网经济总量全球第一。新媒体作为新时代的信息技术是当今世界先进生产力的代表,是人类继文字发明、印刷术发明、电报发明以后的第四次传播革命的标志,已经而且必将继续改变人类的社会生态——从每个人的生活、工作方式到世界格局。作为第四次传播革命,亦即互联网、智能移动等相关技术的推广使用由此带来了秘书新媒体实务的勃兴。相比于前三次传播革命,不仅在传播载体、传播介质上更加先进,实现了数字、语言、文字、声音、图画、影像等多种传播方式的统一数字化处理,更以其交互性传播模式,使得传者与受众之间的传统关系面临巨大转变,所以新媒体正在重塑我们的世界。

1967年,美国哥伦比亚广播电视网技术研究所所长R.高尔德马克发表了一份关于开发电子录像商品计划书,将"电子录像"直接称为"新媒体",这是首次文献中出现"新媒体"一词。随后,美国传播政策总统特别委员会主席E.罗斯托在向当时的美国总统尼克松提交的报告中多次提到"新媒体",到了20世纪70年代这一名词迅速扩散到全世界。其实在他提出前,马歇尔·麦克卢汉在1959年3月3日演讲中宣称:"从长远的观点来看问题,媒介即是讯息。所以社会靠集体行动开发出一种新媒介(比如印刷术、电报、照片和广播)时,它就赢得了表达新讯息的权利……电子信息模式的讯息和形式是同步的。我们的时代所得到的信息不是新旧媒介的前后相继的媒介和教育的程度,不是一连串的拳击比赛,而是新旧媒介的共存,共存的基础是了解每一种媒介的独特的外形所固有的力量和讯息。"当然麦克卢汉提出的"新媒介"与我们现在所提的"新媒体"并不是同一件事物,因为他所指的仅仅是比当时更新颖的媒介。

联合国科教文组织最早给出"新媒体"的定义就是网络媒体。美国《连线》杂志将新媒体定义为"所有人对所有人的传播"。事实上,新媒体是伴随着互联网发展,以数字技术、计算机网络技术、移动通信技术为主要支撑,以数字化、交互性、移动化、智能化为主要特征的一系列新媒体形态。学者魏超在《大众传播通论》中对新旧媒体做出了相应的解释:"新媒介和旧媒介(传统媒介)至少在两个层面存在着明显差异:一是在提供同一种服务时,在旧媒体基础上发展起来的新媒介质量更高,例如,高清晰度电视与普通的无线电视相比,画面质量大为提高,数字高保真广播与普通无线广播相比,在传播过程中出现的杂音、信号衰减等情况大为减少等;二是某些新媒体提供的服务是旧媒介力所不能及的,如互联网可以让人们主动选择各类信息——文字的、声音的、图像的、音像的,并以多种方式进行及时的反馈互动,这些是任何一种旧媒介所无法提供的。"[1]其实,新媒体也可以说是与传统媒体相对而言来界定的,它是一种新兴的媒体形态,在广播、电视、电影和报纸等传统媒体之后成长起来的网络技术与数字技术,并通过互联网、无线通信网和卫星等渠道,以及手机、电脑和数字电视等终端,向用户提供相关的信息服务。因此,新媒体也可称为"数字化新媒体"[2]。

新媒体从形态来说,就是数字电视、网络电视、移动电视、卫星数字电视、移动媒体(手机、平板电脑、电子阅读器)、门户网站、交通电视等。郭庆光教授认为:"我们所谈论的新媒介主要指伴随卫星通信、数字化、多媒体和计算机网络等技术的发展而出现的新兴传播媒介,包括跨国卫星广播电视,多频道有线电视,文字、音像的电子出版及作为信息高速公路之雏形的互联网等。"[3]学者郑治则认为:"新媒体就是能对大众同时提供个性化内容的媒体,是传播者和接受者融合成对等的交流者,而无数交流者相互之间可以同时进行个性化交流的媒体。"

新媒体并不是一个绝对概念,这里的"新"是一个相对概念,与旧的、老的相对;而"媒体"则是一种媒介载体,所以新媒体是相对于传统媒体来说的一种媒介载体。清华大学教授熊澄宇认为:"新媒体是一个相对的概念。媒体是信息载体,新是相对旧而言,一种新出现的信息载体,其受众达到一定的数量,这种信息载体

---

① 魏超:《大众传播通论》,北京:中国轻工业出版社,2007年版,第22页。

② 黄传武:《新媒体概论》,北京:中国传媒大学出版社,2009年版,第1页。

③ 郭庆光:《传播学教程》,北京:中国人民大学出版社,1999年版,第153页。

就可以被称为'新媒体'。""在今天网络基础上又有延伸无线移动的问题,还有出现其他新的媒体形态,跟计算机相关的,这都可以说是新媒体。新媒体是一个不断变化的概念。"

　　笔者认为:首先这是一个相对的概念,因为新与旧永远处在相对状态中,也就是今天的"新"可能意味着未来的"旧"。我们今日所说的新媒体,事实上是一个相对概念,即每一个时代都有自己时代的新技术。所以所谓新媒体技术就是人类在发展中,不断发现与发明的,比之以往更优越、更便捷的媒体技术。其次,新媒体是一个时间概念,某一种媒体仅仅在某个阶段上是新的,同时它有一个相对稳定的使用期和称呼期。再次,新媒体是一个集合体概念,其内包含着巨大的、人们无法预料的各种新兴媒体群体。未来,或许在光媒体、生物媒体等领域大放异彩。新媒体是一个可以多种划分的概念,不仅在文本领域上是如此,而且也可在其形态上有众多信息服务样式,如可从"静—动"上划分,也可以在"移动—固定"上划分等。新媒体目前而言,主要集中在两个领域上,即互联网媒体和手机移动媒体(两者不是同一层次上的划分)。前者体现出海量特性,具有多样性,是"面"上的媒体;而后者却是从某一具体的个体而言,体现出个性化色彩,具有"点"的媒体信息服务特征。手机不是一个单独类型的媒体,但它是网络媒体的延伸服务平台。目前我们对新媒体的划分与界定不是从内容上而是从形态上,麦克卢汉曾说"媒体就是信息",就是把媒体从形态和内容两方面进行区分,进而赋予媒体形态以独立存在的意义和判定的依据。新旧媒体是叠加关系而非是替代关系,因为各种媒体都在各自的领域和采取各自优势发挥着作用,形成叠加、共融发展的格局。[①]

　　数字和信息技术不断进步和人类信息传播需求的增加,使得各类新媒体不断涌现。新媒体的"新",不仅表现在技术层面上,也表现在媒介形式和传播模式上:既有一些媒体是崭新的存在,如网络新媒体、手机新媒体等;也有一些媒体是在传统媒体基础上嫁接新技术发展而来,如电子报纸、数字广播、IPTV 等。新媒体按物理形态与方式可分为三大类:

一、以计算机为终端的固定媒体

　　它就是常言的网络媒体,被人们称为"第四媒体",包括搜索引擎、E-meil、博客、门户网站、虚拟社区和即时通讯等。网络媒体综合了传统媒体各自优势,真正实现了文字、图片、声音、图像等传播符号的有机结合,具有信息量大、传播更新速度快、多媒体传播、互动性强等特点,成为一种具有强大生命力的新型媒体。"电

---

　　① 参见何坦野:《新媒体写作论》,杭州:浙江大学出版社,2018 年版。

子计算机,简称'计算机',俗称'电脑'。一种用电子技术实现数字的计算工具。"①1946 年在美国宾夕法尼亚大学制成世界上首台通用 ENIAC 电子计算机以来,已有 70 年的历史了。以计算机为终端的新媒体是最早出现也是普及程度较广的类型,绝大部分的其他新媒体终端都来源于或借鉴于计算机为终端的新媒体。

二、以手机为终端的移动媒体

如智能手机、平板电脑、电子书等,其中智能手机为主要领域,手机网民占整体网民总数的比例高达 80%。移动终端的影响力之大,在于其体积小、分量轻、便于携带。移动网络媒体,又被称为手机媒体,也就是第五媒体,"它是以手机为视听终端、手机上网为平台的个性化即时信息传播载体"。2004 年保罗·莱文森在《手机》一书中提出,人类有两种基本的交流方式:说话和走路。可惜自人类诞生之日起,这两个功能开始分离,直到手机横空出世,才将这两种相对的功能整合在一起。事实上手机集合各类媒体优势,让用户随时随地随身接收和发布信息,这仅仅是手机自然属性的体现。手机具有对社会冲击力的现实属性,它的概念不能仅仅停留在通信设备上,应把它看成一个真正的大众新媒体,是第一、二、三、四媒体交叉而形成的第五媒体。在日新月异的新媒体时代,与秘书工作结合得最紧密的首推手机,它整合成为一个移动的个人电脑,以其随身性、即时性、交互性等特点而被称为"第五媒体"。

移动技术是全球发展最快也是最大的技术平台,现全球 76 亿人口中,51 亿人都是移动用户,约 77% 的移动手机用户能享受到数据,并且通过手机接入网络。全球移动互联网的目标是实现万物互联,创造更美好的未来。"大连接"带来人与人、人与物及物与物的普遍连接,连接规模普遍增长,连接广度和深度不断拓展,现在移动互联网与固定互联网形成半壁江山。英国《每日电讯报》载,移动网络使用率在某些国家首超台式电脑,尤其在中国、印度等国家,在智能手机或平板电脑上载入的网站数量已超过台式电脑。跟踪 250 万个网站流量"数据计算器"公司调查得出:移动设备上载入的网页比例为 51.3%,首次超过了台式电脑。其中智能手机贡献了 46.5% 的网页访问量,而平板电脑贡献了 4.7%。高速移动网络、功能更强大的智能手机及其在新兴市场销售量的增长,使智能手机成为秘书实务最重要的数字化设备。

手机发展到现在已达到 4G 智能手机阶段,成为集通信、音乐、图片、影视、游

---

① 《辞海》。

戏、上网等为一体的多功能移动设备。中国工信部2018年下半年将进行5G商用试验,2019年5G手机等相关终端将面世。中国移动在杭州、上海、广州、苏州、武汉五个城市开展外场测试;中国联通在北京、天津、上海、深圳、杭州、南京、雄安等七个城市进行5G试验;中国电信在成都、雄安、深圳、苏州、兰州等五个城市开通5G试点。与4G相比,5G实现了"三个超越":第一,超越光纤,它的速度比光纤还快,是4G的10倍;第二,超越工业总线,毫秒级时延,是4G的十万分之一,同步是微秒级;第三,超越二维空间,在每平方公里的连接密度可达到一百万,真正实现万物互联。作为第五代移动通讯网络,5G将会给秘书提供更加便捷、更加高效的通讯网络:实现智能家居、汽车、办公设备、手机、穿戴设备等机器之间的互联互通;让无人驾驶类产品普及;丰富更多业务,比如全息设备、VR设备等。5G具有高速率、大容量、低时延的特性,这使得5G技术在智慧办公、物联网、智慧家居、远程服务、外场支援、虚拟现实、增强现实等领域有了新的应用、更高的速率和更好的业务体验,真正实现移动信息化与秘书实务的深度融合。未来5G网络将有三大类应用场景:第一类是4G网络"升级版",几秒钟下载一部电影,多路4K高清视频同时流畅播放。第二类是车联网。在5G远程驾驶的演示当中,驾驶员在几十公里外发出的操控信号,10毫秒之内就能传达到车辆上。第三类是海量连接,构建成物联网世界,如不用上门抄电表,只需将水表电表接入5G网络,数据就会实时传输到后台。经历了四代移动通信之后,5G时代的信息传播是智能的、互联的,配备智能技术和传感器,支持人与人、人与物、物与物,以及环境之间的信息交互,这将改变秘书不同的工作方式和体验。5G作为全新的连接架构将成为推动秘书实务变革的基础,对秘书工作产生深远的影响。

三、以数字电视为终端的新形态

数字无线电视、车载公交移动电视、楼宇电视等,移动电视是以数字广播技术为支撑,通过无线数字信号发射、地面数字接收方式播出的电视节目的新媒体。它们均以数字技术、网络技术和移动通信技术等为技术依托,其中又细分图像与图形信息处理技术、声音信息处理技术、视频信息处理技术、流媒体技术、虚拟现实技术、数字电视技术和移动电视技术等。

只不过,如今谁也无法忽视一个较小的网站和一部微小手机的实务功能,随着技术的革新发展,更多的新媒体产品会走入市场,影响我们的秘书实务。这仅是一个开端,后面还有诸多未知在等待。从媒体发展的大趋势来看,数字技术、计算机网络技术、移动通信技术是新媒体发展的三大关键性支撑技术,在这一技术基础上形成的新媒体具有如下特征:

（一）数据化:数字技术走向大数据时代

数字化是互联网的关键支撑技术,也是新媒体的显著技术特征。基于数字技术的大数据时代,呼唤更加高效的信息处理技术,这包括大规模并行处理数据库、分布式文件系统、分布式数据库、云计算平台和可扩展的存储系统等技术都在不断向前发展。

（二）智能化:计算机网络技术从 Web1.0 到 Web3.0

英国维克托·迈尔—舍恩伯格、肯尼迪·库克耶曾比喻说:"Web1.0 是拨号上网,50K 平均宽带;Web2.0 是 1M 平均宽带;Web3.0 则是 10M 宽带,全视频的网络。"①事实上,互联网从 1.0 到 3.0 绝不仅仅是宽带,更是人工智能化。它会根据秘书工作的特点确定搜索参数,以缩小搜索服务的范围,浏览器程序会收集与分析数据并提供给秘书,便于进行比较。比尔·盖茨曾说:"如果我现在进入大学,会首选学习人工智能、能源和生物科学专业,因为这三个专业将会产生巨大影响。"②其认为人工智能和智能自动化领域可比肩 20 世纪 80 年代的电脑,以及 10 年前的社交媒体,将影响未来社会的方方面面。人工智能(Artical Intelligence)简称 AI,它是研发、开启用于模拟、延伸和扩展人的智能的理论、方法、技术及应用系统的一门新的技术科学。人工智能的概念从 1956 年就正式提出,60 年的发展史,人工智能取得了不俗的成绩,尤其是近几年的发展更是飞跃式,已成为一门广泛的交叉和前沿学科。以前大部分人会把"人工智能"理解成高级自动化,也就是说它仅仅是机械式的执行程序的内容。然而真正的人工智能却不是这样,它会像人类一样进行思考,能够权衡利弊、灵活处理一些复杂问题。人工智能时代信息处理方式将发生变革,原本我们赖以经验的方法论,将会被大数据处理模式所替代。这种替代是无法避免的,宛如工业革命时代,机器替代了大部分手工业者一样。人的认识过程主要是感知、收集、处理存储、应用等一系列综合性过程,而这种过程机器最为擅长也更为精细,故而人工智能可能是比核技术更需要人类谨慎与小心的技术。

算法和生物技术,将带来人类的第二次认知革命。人类将把工作和决策权交给机器和算法来完成,大部分人将沦为"无用阶级"。只有少数精英才能真正享受到这些新技术带来的成果,用智能的设计完成进化、编辑自己的基因,最终与机器融为一体。生物就是算法,生命就是进行数据处理的,智能正在与意识脱节;无意

———————————

①　英国维克托·迈尔—舍恩伯格、肯尼迪·库克耶:《大数据时代》,盛杨燕、周涛译,杭州:浙江人民出版社,2013 年版,第 117 页。

②　参见《都市快报——"未来已来"全球人工智能高峰论坛特别报道》,2017.6.21。

识但具备高度智能的算法,比我们更了解自己。《未来简史》作者以色列历史学教授瓦尔·赫拉利预测,人工智能会很强大,人作为一个工作者的经济价值和军事价值,渐趋散失。"人工智能和生物基因技术正在重塑世界。生命本身就是不断处理数据的过程,生物本身就是算法;计算机和大数据,将比我们自己更了解自己。未来,只有 1% 的人将完成下一次生物进化,升级成新物种,而剩下的 99% 的人将彻底沦为无用阶级。"①他还指出,人工智能和生物科技可能彻底变革人类社会和经济,甚至是人类的身体和心智。"美国 Three - Square Marker 公司为 50 名员工,在拇指和食指指尖户口部的皮下植入微芯片,员工可自动登录电脑、开门和使用复印机等,未来可推动微支付。"②新一代人工智能正在给人类经济、社会与工作带来颠覆性影响,人工智能的发展正进入新阶段,呈现出深度学习、跨界融合、人机协同、群智开放和智能操作等特征。目前我国在图像识别、智能芯片、智能医疗、智能制造等多个领域取得一系列突破,中文信息处理、语音识别、生物特性特征识别等领域世界领先。

(三)移动化:移动通信技术从 1G 到 5G

CNNIC(中国互联网络信息中心)发布《"十二五"中国互联网发展十大亮点》中显示,我国手机已超越电脑成为中国网民第一大上网终端,手机网民规模达 5.94 亿人,使用手机上网比例比 PC 多 20.5%。它因其便捷性高、功能性强、随地移动化、互动即时性特点,而满足高效率秘书办公的多样化和移动化需求。秘书彻底摆脱了终端设备的束缚,实现了完整的个人移动性。随着手机、平板电脑、电子书等广泛出现,呈现出秘书工作移动化特征,这使得秘书摆脱了固定的物理状态,达到随时随地使用的便捷。5G 在未来移动通信系统中将实现个人终端用户在全球范围内的任何时间、任何地点,与任何人,用任意方式的全球无缝联系,高质量地完成任何信息之间的移动通信与传播。

手机是连接人与信息的最佳利器,从 1983 模拟时代的大哥大,到 1995 年的数字功能机,再到 2007 年的苹果手机,开辟了移动互联网的智能时代。手机每 12 年就会实现一次跃升,所以到 2019 年手机又要产生大变革——智慧物联网时代,意味着手机进入新的人机交互世界,更加智能,更加人性。5G 时代将带来物联网的爆发,"当今的颠覆性创新将依赖于现有的移动设备基础设施,而这些基础设施使得大多数企业与数十亿消费者之间只相隔几次点击的距离,其中之一就是互联网。作为当前火爆的加密比特币的基础技术之一,区块链可以让物联网设备变得

---

① 参见《全球人工智能高峰论坛》,《都市快报》,2017.6.30。
② 《美企免费为员工植入微芯片》,《参考消息》,2017.7.27。

更加有用。……将物联网与区块链结合在一起——即区块链联网——能够带来一大批全新的服务和业务模式。……当制造商、零售商、监管机构和运输公司从植入产品、卡车和船舶中的传感器获取实时数据时,供应链上的每个人都能从他们以前无法获得的信息中受益①。随着 5G 手机的到来,秘书新媒体实务将掀起新一轮的发展。中国移动公司指出 5G 网络的平均速率可达 6 至 10Gbps,是 4G 的 20 多倍,下载高清电影基本是转瞬之间。5G 不仅带来更快的传输速率和更高的网络宽带,也将带来超高可靠性和低时延,并实现大规模机器间的相互通信。科幻电影里的无人驾驶汽车、全自动智能办公室系统、智能型管家机器人等,都将进入秘书实务领域。

(四)交互性:传播方式由单向线性传播发展到双向甚至多向交流

新媒体具有链接功能。其链接性内容呈现出多元化,可以在接收信息中进行视听活动,还可以在接收信息中进行搜索、处理、储存、传送等信息活动。网站、即时通信工具(QQ、MSN、飞信等)、BBS 论坛、SNS 网站及微博微信、IPTV 智能电视、智能手机等新媒体传播方式,赋予秘书即时沟通、实时互动的能力。阿里旗下的智屏电商就把购物助手放到了电视上,让电视能够提供直播、视频以外的服务,成为像手机一样"懂你"的智慧终端②。如秘书看电视时想买墨盒,只要开口对着电视说一声"我想买墨盒",屏幕下方就会给出三个产品选项及常用邮寄地址,只要报对应的编号,系统就会自动下单。如果想要得到更精准的搜索结果,可以继续添加要求,如"我想买某品牌墨盒",1 秒钟后,某品牌墨盒就会出现在屏幕上。电视也可淘宝办公用品,秘书只需将一个 U 盘大小的设备插到机顶盒上,就能让电视智能起来。不仅可以语音控制电视,打通一些数据平台,还能查询单位全体员工的公积金、社保等公共服务的缴费情况。

新媒体的出现颠覆了以往传统媒体的传播模式,从单向传播变为双向或多向互动传播,受众在新媒体中接收信息内容时,既可控制整个接收过程,又可与传播者随时随地进行沟通交流,还可任意调看与收视与内容相关的资料讯息,给受众以新的互动和自主选择权,构成一种多点对多点的传播模式。即时、快捷,可以在24 小时完成随时随地制作、传送、反馈等任务。总之新媒体的意义,在于创造了有别于传统意义上所说的"客观现实"和"主观现实"之外的"媒体现实",或者说是

①　杰伊·萨米特:《2018 年将改变世界的四大技术趋势》,《参考消息》,2017.12.30。

②　通过华数的 TVOS+智能运营平台,可集成云计算、大数据、人工智能等信息技术,兼容 4K、VR 视频技术,将收视、通讯、搜索、购物、智能控制集于一屏,把电视大屏打造成用户智慧生活的入口。

"超现实"。这种"超现实"造成了现实人越来越难以在"第二现实"中辨析"真"与"假"的标准。

第二节　新媒体思维特征

思维是研究其内的结构、生存、发展演变的方法,这是一种总体性的、全面性的思考方法。思维方式是一定时代人们的理性认识方式,是按一定结构、方法和程序把思维诸要素结合起来的相对稳定的思维运行样式。恩格斯指出:"每一个时代的理论思维,都是一种历史产物,它在不同的时代具有完全不同的形式,同时具有完全不同的内容。"①思维论和方法论,是指导科学的认识活动的思想、原则和理论基础。马克思曾说:"人的思维的最本质的和最切近的基础,正是人所引起的自然界的变化,而不仅仅是自然界本身;人在怎样的程度上学会改变自然界,人的智力就在怎样的程度上发展起来。"②

一般而言,秘书工作思维主要呈现出三种思维类型:其一整体性思维。秘书追求的不是一时,而是一世,换言之,秘书要按照整体大于部分之和的原则,不追求琐碎枝叶,重视树干树根,抓住重点,追求组织效益最大化。利用秘书具有综合辅助的优势,强化组织力量和整体合力,从组织目标、利益、功能等多方面促进单位各部门要素配合协作,维护组织协调运转。

其二,环闭性思维。秘书工作中绝大多数均具有环闭性质。也就是说,秘书工作的各个环节均有序衔接、首尾相连,形成"闭环回路"和连续运作的工作性质。如文书工作的发文处理、收文处理、公文整理等相互衔接;又如文书工作和档案管理也是相互连接,文书工作是档案管理的前身,而档案管理是文书工作的归宿;再如会前筹办、会中服务、会后整理,也构成一个完整会务工作的闭环现象。

其三,程序性思维。程序是指行为的过程、步骤和程式。所以秘书实务的程序性既存在于秘书的具体业务之中,解决秘书"做什么"的问题,同时,也是秘书业务活动规律的组成部分。程序性知识是指人们掌握了如何去做的环节、流程、技巧与方法的知识,是由一套产生式系统来表征。秘书实务的程序性主要是指秘书的日常程序化工作,包括办文办事办会、调查研究、信访、信息处理等,既包括每天都要做的常规工作,也包括经常性的重复率较高的工作,这些工作换了任何人都

---

① 《马克思恩格斯选集》,第1卷,北京:人民出版社,1955年版,第284页。
② 《马克思恩格斯选集》,第4卷,北京:人民出版社,1995年版,第329页。

是这样做的。例如,在举办会议前,秘书要准备拟定会议计划、印发会议通知、选择与布置会场;在会议召开阶段,秘书要安排与会人员签到、撰写会议简报、做好会议记录、匹配良好的会议服务;在会议结束后,秘书安排退出会场流程、清理会议相关资料、撰写和整理会议纪要等。再如信访工作也具有相应的程序化特征,其中主要包括接待、登记、处理等程序环节。可以说,秘书工作绝大部分是按照约定俗成的流程规则办事。它们是日复一日、年复一年,经常运转进行,并且有章可循、有法可依的工作。这些工作换了任何人都必须这样去做,因此先办什么、后办什么,都要按固定的程序执行,不能标新立异,也不能另起炉灶。

程序是指行为的过程、外延和方式,这一行为过程具有次序性,受到时间、空间的限制并且有其自身所追求的目标和质量要求。在秘书工作的具体实务中,正确运行其程序性是为了更好地运用秘书工作的范式、规则与操作方法,从而有效地解决秘书实务中产生的大量具体问题,使秘书工作更加规范、准确和高效。所有确定环节形成的过程,都是秘书在具体业务中经过漫长的摸索、整理得出的较佳程序。虽然从时间的长线来看,程序的构成处于动态过程,或增或减;但短期看来,它处于一个相对稳定的状态。同时,每个环节都有相应的工作准则须遵守,这种规定的工作条例更多的是约定俗成的、相沿成习的,经过了时间的检验。例如收文处理中的登记要有一定格式,务求准确详细;稿件的审核有详细的规定,被审的稿件则有相应的格式规范要求。程序也就是规则,是秘书所言的一种工作准则,这种规则是经过长时期的秘书实践确定下来的程序,其内包含了众多历代秘书工作的智慧结晶和经验总结。

然而秘书的思维随着科技的发展、秘书工作领域的延伸而不断深化。新媒体时代,逐步呈现出互动、虚拟、平等、移动、智能等思维势态。移动互联网的迅猛发展,提供高效优质秘书工作方式的同时,海量信息的涌入,世界性平台的构建,智能便捷工具的出现,必然改变秘书工作的思维方式。因而在新媒体时代,秘书要与时俱进,在思维模式与方式上要与时代保持同步,顺应历史发展演变步伐。21世纪初互联网产业出现井喷状态,一系列新兴科技导致传统媒体时代的秘书思维发生了质变。传统媒体时代的思维,着眼于现实世界,理性,侧重逻辑思维、线性思维;而新媒体时代的思维着眼智能化、移动化和非线性思维。简言之,主要呈现出四个方面思维方式的巨变:

(一)真实性思维向虚拟性思维发展

新媒体时代,虚拟性主要指一种没有固定形态的存在特性,其表现为信息、图像、知识等形式。伴随技术的迅猛发展,当今秘书不仅能在现实社会获得极高审美体验,还能尝试感受虚拟社会的存在。虚拟是人类群体超越现实后的一种极为特殊的思维模式,它并不是虚幻、无根据,它的虚拟实在性虽然与传统的直接现实有区别,但与现实仍然具有一定的联系。美国计算机专家海姆曾指出:"我们正在谈论虚拟的'实在',既不是稍纵即逝的幻觉,也不是低级趣味的刺激。我们正在谈论人类生命和思想层面上意义深远的转移"①,虚拟逐渐成为当下精神层面的支配力量。随着高科技带来全新的视听等多重感官的体验享受,民众开始从单纯生存活着的生物性符号,转变成新媒体时代下踊跃传递意见、宣扬个性、制造快乐,从而引发全民狂欢盛宴的群体,其自身所带的社会意义变得更加复杂深邃。虚拟世界并不仅仅是人为创造的世界或现实世界影像化的表现形式,而是一种要远远大于现实的思维世界。

(二)单向性静态思维向双向互动性思维发展

传统媒体时代,信息的发布、传播扩散是单向度的,主要由发布方直接将信息通知给受众,导致受众只能被动接受,没有自主选择权;而新媒体时代,以互联网、移动媒体为代表的新媒体正逐步改变着受众参与媒介的方式,甚至创造出一种全新的媒介文化样式,即参与式文化。在这种文化氛围中,受众的地位转变,拥有充足的选择权限,可以凭借自我的倾向喜好来接受咨询,同时能够全程控制接受的进度。秘书在领导或决策者的授意下,发表言论信息后并不等于结束,同时还要通过反馈机制来关注员工的情绪波动、普遍反响,并调查民意、整合资料后及时汇报领导。或者当一项改革举措推出后,要关注员工意见倾向,必要时与员工互动解释,引导员工的合理诉求。

互动性是指人们在社会生活过程中,进行心理交流感悟和行为沟通协调的一种内在特性。不同于传统媒体的单向度且烙有权威印记等特征,新媒体的产生彻底颠覆传统媒体的传播方式,受众可以在接受信息时,一面自主控制接受的进程速度,一面随时随地和传播者进行沟通,同时受众还可根据各自倾向和爱好自由选择浏览相关讯息。这不仅要求秘书信息发布时将资讯传递给大众,同时也需要关注大众的反馈意向,根据具体情况及时双向甚至多向沟通与互动协调。互动的前提是动态,以往秘书所接触的文本大多是静态的,而到了新媒体时代,语言、文本、媒体、写作载体等要素都随着时空的迁移而发生量变,这种变化、交流、转换在秘书实务中大量出现。如秘书在处理突发的随机事务的过程中,要注重沟通疏导,缓解或化解部分失调问题,并利用互动性原理,将新情况、发展趋势、变化要求等及时汇报上司,并把握形势,在线即时做好上情下达、沟通桥梁的作用。

---

① 迈克尔·海姆:《从界面到网络空间:虚拟实在的形而上学·前言》,上海:上海科技出版社,2000年版,第1页。

（三）线性思维向非线性思维发展

线性思维主要指一种直线单一式,缺少变化的,必须按照时空和逻辑顺序进行的思维方式;而非线性思维主要指立体非平直化的、无中心、无边界的相互联结的网状思维方式。传统媒体时代发布信息必须严格正规、审批手续完备、文体单一;而新媒体时代,发布信息灵活多样、审批手续简单、即时便捷。线性思维是逻辑思维,而非线性思维是非逻辑思维,又称为布朗运动思维。逻辑思维是指利用科学的方式来进行比较、分析、提炼、综合及推理的一种思维能力,包括抽象思维等;而非逻辑思维则正好相反,是既遵循逻辑又不完全遵循逻辑思维的一种思维能力,如直觉思维等。传统媒体时代,人们崇拜逻辑思维,注重理性能力,一丝不苟、按部就班;而新媒体时代,加入动态化与个性化,一切处在动态与嬗变之中。

非线性思维,有点类似于发散性思维。新媒体环境中,由于接收的信息纷繁复杂,秘书的思维情绪容易被波及影响,从而在思考时表露出一种呈现扩张散发态势的思维模式,同时具备非连续性、非线性、多维扩散的特点。发散性思维最早是由美国心理学家吉尔福特提出,认为它具有圆轮的特质,与创造力有直接的关系。所谓发散性思维就是以一个目标为中心,把思路向四面八方扩散,沿着不同的方向、不同角度去思考问题,多方面寻找解决答案的思维方法。多角度、多种方法是关键。发散思维具有流畅、变通和独特三个特征。所谓流畅,指的是心智活动畅通无阻,意识流得到充分表达;变通,是指思考随机应变,具有超常构想;独特,指思维方式具有新颖独立观点的特性。在这三种性质中,变通性是关键,它是独特性的前提,又是流畅性的必要条件。因为没有变通性,只跟着一个方向发散思维,发散量总是有限的,发散到一定程度,流畅就难以为继了。只有经过变通,思路向多角度发展,发散思维才能产生如原子弹爆炸一样的连锁反应。发散性思维是一种不依常规、寻找变异,从多方面寻求答案的思维方式。其特点是思维方向是多向度、多层面、多变量、多层次;思维活动随机应变、触类旁通。它以一个目标为中心,四面扩散来思考,寻求最佳答案。

中国传统思维主要是直觉性,如顿悟、感悟等,它是越过逻辑证明而产生的突发性思维过程,也就是人们常言的只可意会,不可言传。新媒体是立体化、无中心、无边缘、发散性的网状结构,所以其内无逻辑推理,主要靠直觉和感悟,突破了时间和逻辑的线性藩篱与羁绊,随意跳动。秘书必须充分利用新媒体中的有效信息,在海量的资讯内容中分析并找到事物间的衔接点,从而了解整体大局。大数据时代的产生,秘书可以通过海量数据来分析相关关系,找到关联点并考虑以其行事的可能,最终先人一步,挖掘数据中的新价值。

（四）平面线性思维向立体与网状思维发展

在新媒体中主要指有别于传统媒体时代的固定性、平面性，而呈现出多元化、多层次、立体性和网状结构。文本是一个系统问题，系统论鼻祖贝郎塔菲曾指出："系统可以定义为相互作用着的若干元素的复合体或处于一定的相互联系中的与环境发生关系和各组成部分的总和。"秘书在写作过程中除了平面文本外，更需要视频文本、声像文本等，使写作文本呈现出立体而多元，更具有吸引力。根据人脑的联想思维方式采取非线性的管理信息的技术，由"链"和"节点"构成的除了文本外，还可以将图形、图像、视频、音频及 flash 等多种媒体信息集成一起。

新媒体思维也吻合现代从结构观思维向后现代的解构观思维方向发展。结构观即结构主义，是 20 世纪下半叶用来分析社会问题文化作品的手段之一，主要通过研究其结构分层或逻辑顺序来逐步得到认知。解构观则是结构主义发展后期，在其基础上进行批判并日臻完善的思维模式。由于结构主义依旧处于旧的时代思维之中，描写的主要是自身规则，较为形式主义，因而解构观开始倡导反体系化、反逻辑、差异化、非线性等方式来处理，表现出作品更多的个性，使其发挥更具有多样可能性。与此同时，新媒体平台出现后，互动反馈机制不断加强与完善，使得员工参与的热情与积极性普遍高涨，呈现出双向甚至多向互动沟通渠道，以及反馈机制。

第三节　秘书新媒体科学原理

一、从办公自动化嬗变为办公智能化

随着科技与经济的发展，20 世纪末我国办公自动化逐步成为现实。长期以来，秘书工作依靠一支笔、几张纸、一部电话这些传统办公工具。电子技术发展的趋势，以及办公实行程序化、规范化、制度化、科学化管理，提高工作质量和办事效率的客观要求，决定了秘书工作实行办公自动化是必然趋势。办公自动化是 20 世纪 70 年代中期发达国家为解决办公业务量急剧增长的背景下，发展起来的一门综合性学科。1985 年，我国成立第一个办公自动化专业领导小组，同时，国务院率先组织开发了"政务办公自动化系统"。到 1990 年国务院办公厅秘书局开始组建全国第一代数据通信网，并开通"全国政府系统第一代电子邮件系统"。1992年国务院办公厅秘书局开始支持系统技术、地理信息系统技术和信息安全技术等三大高新技术引入政府系统的办公自动化应用领域。开通针对绝密信息的管理

系统,视频点播、地理信息系统被广泛应用,规划与共享"政府专网"。1995 年开始建设"全国政府系统办公自动化协作网",解决了许多技术难题,如数字签名技术等,形成 7 册指导书。1999 年建设起"全国政府系统第二代邮件系统"。

秘书机构的基本职能主要是"参谋助手、督促检查、协调综合"①三项职能,其中参谋助手是最基本的职能。至于我们常说的"三办"提法过于笼统,不足以反映出秘书的实际工作范畴。根据社会上秘书人员所做的秘书工作内容,我们通常把秘书实务的内容分为三大类共二十余项。

第一类是秘书常规实务,这是指带有较强专业性质的常规性业务工作,包括文字工作、文档工作、会务工作、信访工作、谈判工作、公关工作等。其中有一些属于传统的秘书业务,如文书档案的管理,一些是市场经济下出现的秘书新业务,如商业谈判服务和公关工作等。

第二类是为上司决策服务,这是指直接为上司决策提供综合性的服务工作,其中包括调查研究、信息工作、参谋咨询、协调工作、督查工作等,这事实上属于中高级秘书业务范畴。

第三类是办公室日常事务,这是指一般单位管理机构中由秘书机构处理的一些专业性不强,但是需要依靠一定的经验和责任心才能办好的具体事务,包括时间管理、上司日程安排、差旅服务、值班工作、通信联络、印信管理、后勤服务、公务接待、常规礼仪活动等。

我们把二十余项秘书业务分为秘书常规事务、秘书参谋咨询事务和办公室事务三大类,只是根据每项工作的主要特点而做的大体划分。实际上多数工作都兼有其他类的某些特点。例如,调查研究主要是为参谋咨询提供第一手信息依据,是一项综合性很强的直接服务于领导决策的工作,但调查过程中必然处理许多具体事务,如开调查会就会有会务工作,而会务工作又是秘书机构的一项常规业务;再如信访工作属于秘书机构的常规业务,但信访中得到的重要信息可能成为领导形成重大决策的依据,因此信访工作也兼有参谋咨询的功能,同时处理信访过程中还有大量的接待来访者、与有关各方通话联络等具体事项,而接待、通讯联络等属于办公室日常事务的范畴。

如今电脑已成为秘书的重要工具,如日常办公中打印机、传真机、复印机、扫描仪等的操作,出勤表、财务报表、工资单、工作计划等表格的制作、文件的写作、网络会议的召开等。传统媒体的办公自动化和大型信息管理系统中,企业的业务

---

① 1990 年全国党委秘书长、办公厅主任座谈会,以及 2008 年国务院批准的《国务院办公厅主要职责内设机构和人员编制规定》(国办发【2008】60 号)。

流程重组或者文件流转功能是核心功能。针对某企业或政府部门开发的OA系统结构一般主要由以下几部分组成：

公文管理，主要负责公文的发送与接收工作；

邮件管理，主要功能是发送与接收内外部邮件；

表单管理，实现表单模板的定制、存储打印等功能；

日程安排，其内分为个人日程、部门日程、领导日程；

公共信息管理，包括公司新闻、文档、员工论坛、资料下载等功能；

会议管理，除了会议资料接收、发送、保存等功能外，还包括网络视频会议等功能。

其中会议管理，秘书除了短信写作外，还要掌握回执和转移短信内容实务。如短信回执，它是指当秘书点对点发送短信后，可接收到对方已经成功接收到短信的确认信息，准确掌握短消息的到达情况。这样当手机关机时或不在服务区内时，照样可以收到短信。又如转移短信，手机短信还具备快速的、大量复制式的生产条件，每个手机都有一套复制、转发的功能，这就给手机短信的广泛传播提供了平台和实现的可能。再如群发短信、发送 EMS 短信和精美彩信，中国联通的"红草莓"具备手机邮箱、支持彩 e 功能，可随时随地写作与发送 5000 字正文和100k 的邮件附件，支持文字、彩图、音频流、视频流等多种文件格式。秘书可利用手机在企业内部建立图书馆，当员工接到办公室发出的短信后，根据短信不同的代码，以无线接入方式实现图书服务，如到期通知、续借、预约、查询等，还可直接查阅电子书籍，甚至可以异地用支付宝扫一扫就可以借阅图书馆的书籍（实行快递传送、免押金、免办卡、线上借、送上门服务）。

秘书的基本技能指秘书从事秘书工作时所应具备的技术本领。它与秘书的基础能力、专业能力的区别主要在于这些技能都比较侧重操作性。不同的领导机构、不同的秘书岗位对秘书技能的要求不一样。总体而言，现代秘书在职业基本技能方面的要求主要集中在以下几方面：

（一）现代办公设备的操作技能。所谓现代化办公设备，是指秘书办公使用的打印机、复印机、传真机、扫描仪、数码相机、刻录机、投影仪、碎纸机等。秘书应该熟练掌握现代化办公设备的操作、使用和日常维护方法。一般说来，上述办公设备的操作都不难掌握，但是随着办公技术的不断发展，办公设备也在不断更新换代，向着更加便捷、快速、一体化的方向发展。这就要求秘书一定要随时了解最新的办公设备的操作方法，不断学习和掌握最新的现代化办公设备的使用方法。只有这样，才能跟上时代的步伐，不断提高办公效率。

（二）固定媒体办公软件的使用技能。电脑是现代办公室最主要的办公设备。

对秘书来说,要想使电脑充分发挥作用,就必须掌握常用办公软件的使用方法,诸如 Word、Excel、Powerpoint 等,其中 Word 软件主要用于文字处理和文档编辑制作;Excel 主要用于表格处理和数据分析;Powerpoint 主要用于创建演示文稿等。常用的办公软件处在不断更新之中,秘书应随时了解其动态,以便掌握最新的办公软件的使用方法。

(三)移动媒体办公软件的使用技能。移动媒体办公是指智能手机、平板电脑等通过移动网络处理各种秘书事务。随着互联网技术的飞速发展,网络在线办公越来越成为秘书办公的首选。秘书不仅可以通过网络搜索信息、收发邮件、管理文档,还可以通过网络进行视频会议、远程对话等,这就要求秘书必须熟练掌握搜索引擎、各类移动软件 App、视频会议等现代化的网络办公技能。

作为固定媒体和移动媒体而组合的秘书新媒体实务,事实上,秘书在从事新媒体实务运作中,通常两者结合起来运用。如当下网上政府的建立,使得秘书要适应这种网络上政府的行政功能,又要在智能手机上实施网上办理政府的有关事项。目前网上政府主要涉及网上办事、政策咨询、便民服务、网上查询、政府采购、行政审批、政府信箱、政府公开等,而其中对于秘书新媒体实务而言,影响最大的是网上办事、政府审批、政府采购、政府信箱、政府公开五大领域,如次:

1. 网上办事。如杭州的秘书办理出入境手续,可登录公安局网站首页,点击"出入境"字样,在弹出页面的内容中选择"杭州市居民个人港澳游申请表"。在页面上有办事指南、表格下载等内容,填写完毕,提交。网站还提供手机通知服务,可以通过手机短信形式通知申请的处理结果。只要选择邮政特快专递公司的"双向速递"服务,可以免除往返取证繁琐。

2. 行政审批。行政机关申批是行政机关根据公民、法人或者其他组织的申请,经依法审查,准予其从事特定活动的行为。① 对政府行政审批做出法定规范,标志着政府正在从审批型、管制型政府向服务型政府转变。通常而言,政府审批电子系统主要有三种业务:(1)业务办理,通过网络接收审批材料,在内部进行办理,并将结果反馈回去;(2)决策支持,根据统计结果进行决策支持;(3)业务监督,监督网上审批的办理,改进业务过程,提高政府服务质量。

3. 政府采购。2002 年第九届全国人代会通过了《中华人民共和国政府采购法》,要求政府和事业性单位采购必须通过法定的采购程序。作为企业的秘书,必须知悉政府网上采购的有关要素、手续与流程等。

---

① 《行政许可法》。

4. 政府信箱。一般政府网站首页均设立政府或长官信箱,如市长、区长信箱等。通过电子邮箱传送到领导特定的邮箱地址,给秘书增添了一座沟通桥梁,也完善了快速反应体系和监督机制。还有企事业秘书可分别给政府各分管长官或部门写电子邮件,提出自己的建议或意见。

5. 政府公开。我国政府提出建设法制社会,要求政治文明,确保人民民主权利的实现。为此在政府官方网站上每天或隔一段时间均有一定量的信息公布,接受群众的监督。在我国实行依法治国方略,重要的是要调动广大群众的积极性,充分发挥人民群众在依法治国中的主体作用。

我国开始实施"政府上网工程"几年来,探索出一套"一站式"服务模式,它的真正目的在于使群众在一个窗口或一个有限时间内完成需要多个部门审批办事的事情。所以"一站式"电子政务从根本上改变了政府职能机构各自为政、不易协调的状况,确立了以公众需求为导向的政府服务创新理念,提高了政府办事效率。降至 2017 年,国务院号召各级政府实行"一站式"服务。"一站式服务"又称为"一厅式服务""一网式服务""一表式服务"等。"一站式"政府服务的建立,事实上是一场电子政务系统的大革命、大改组。为此,国务院办公厅要求各级政府必须建立起"三网一库"工程,其中"三网"就是政务内网、政务外网和政务专网,"一库"就是一个数据库。它需要建立五个功能层:

公众访问层,"一站式"办公门户 + 信息门户,是为公众服务的统一入口;

应用系统层,就是各个机构的政务系统平台,通过跨平台方式,使政府各部门相对独立的电子信息在政务平台实现互通共享;

应用数据层,各个机构及对应的电子服务器,以政务信息服务和政务应用支撑为核心组件,具有知识管理系统、决策支持、信息交换等功能;

数据资源层,就是各个机构部门所拥有的数据库系统,包括政务信息数据、办公业务数据、政务资源数据、目录服务、邮件服务等,主要功能是进行数据访问、转换、提取、过滤和综合处理;

网络平台层,主要是硬件部门,包括主机、存储、网络平台,涉及政府的三网设备。其中政府内网实现政务机构内部新媒体化应用,政务专网实现政府机构之间信息资源传输和共享应用,政府外网实现面向社会公众的政务公开和网上审批。

政务"一站式"的全面推进,对秘书工作的手段与方法产生了巨大的影响。秘书工作手段与方法的革新,直接影响了原有的秘书工作理念,给秘书学的进一步发展带来了新的机遇与挑战。

21 世纪随着我国计算机的日益普及与发展,秘书工作与实务经历了三个阶段:第一阶段主要是办公过程中普遍使用现代办公设备,如传真机、打印机、复印机、电脑等,属于秘书电子信息设备实务阶段;第二阶段是办公过程中普遍使用计算机,真正实现了无纸化办公,并大面积实施数字化的文字处理、表格处理、文字输出、文件共享、网络打印、网站管理等,属于秘书电子实务阶段。办公方式由执笔世界转向电子信息世界,传统的手工操作转变为现代计算机处理。如使用电脑打字、发送邮件等,极大地提高了秘书起草文件、拟制发言稿的效率;通过网络收集信息、传播信息,免去了秘书以往的重复劳动。办公室里的先进设备越来越多,如录音笔、复印机、传真机、摄像机……这些都宣告着秘书办公自动化的到来。办公自动化课程属于秘书电子实务的初级课程,如文字处理部分,它主要讲解编辑文档、版式排版、表格使用、文档模板、文档检索等内容。当今已完全进入了第三个发展阶段,它已朝着办公智能化、移动化、数据化等方向发展,属于秘书新媒体与智能化实务阶段。

降至秘书新媒体实务阶段,对秘书而言,既是发展新机遇,也面临着新的挑战。秘书必须时时更新工作方法、行为方式、知识构成、思想观念,要能胜任智能管理。新媒体时代在为秘书提供便捷的同时,也对秘书实务提出了更高的要求,促使秘书工作不断向科学化的道路发展。譬如 2017 年 11 月自助行政服务厅在浙江省桐庐县启用,大厅配备 11 台自助机,市民可自助完成医保、交税、营业执照打印、车牌申请等 39 个事项。由于服务对象不同,如自然人、企业法人和无人受理三类,所以自助机也具有三类机器。大厅还配置了四台电脑,其中两台用于企业商事登记,另外两台是无人受理的操作平台。秘书只要将身份证放置身份验证区,选择需要办理的业务,再把准备好的材料放入扫描区拍照上传,就可以完成自助申报。事项申办到审批完成,最快只需 3 分钟。秘书还可在自助机上查阅到桐庐县行政服务中心所有窗口事项的办事指南信息,包括申请条件、申报材料、承诺时间等内容;还可对办事指南、申报表格自助一键打印。在无人受理区旁整齐摆放着 72 个文件交换柜,自助取文件或材料之所需。秘书通过现场的高拍仪将文件原件扫描上网,电脑上会形成一个专属的二维码,扫描后手机上会收到一条开机密码,交换柜就自动打开。

当代秘书工作已经摆脱了办公自动化方式,实现了办公智能化与移动化,这就要求秘书必须具备秘书新媒体实务;同时,因为计算机发展和智能手机更新的速度非常快,要求秘书所具备的秘书新媒体实务知识与技能也必须时时更新,才能更快、更好地在工作中熟练运用,提高秘书工作的效率。

二、新媒体秘书实务的数字化原理

全世界的互联网发展主要经历了三个发展阶段:首段是网络化,互联网作用于社会的方式就是"连接一切"。中国自接入国际互联网以来,虽然应用软件上的变化林林总总,但究其实质无非是构建起了内容网络、人际网络与物联网络这三大网络。这种"连接一切"的巨大发展从根本上说就是对于个人的激活——使个人作为社会运作的主体地位有了提升。社会构造和社会运作的基本单位由过去的"机构"降解到个人,由此释放出更多的自由度和运作空间,使社会运行的基本模式及规则发生革命性的嬗变。次段是数字化,大数据成为互联网世界的神经传导系统,市场洞察、用户选择成为创新发展的关键,大数据方法应运而生,大行于世。在互联网时代的任何领域,数据成为产品的标配。再段是智能化,未来网络发展和竞争的高地就是对于广域网络空间中的人与人、人与物、物与物实现人工智能的高效率、高适配的价值匹配、关系再造与功能整合。中国全方位接入互联网不过24年,事实上,人类信息技术业已经过了一次又一次浪潮。第一次浪潮是机与机的连接,第二次浪潮进入了无线互联互通,现在我们正在大踏步进入第三次浪潮,就是全球智能化浪潮。人类现在进入了大智移云神脑的智能时代,大是大数据,智是智慧型,移是移动互联网,云是云计算,神是神经元,脑是智能脑。人工智能技术站在了新经济风口上,很可能是创造未来的巨大引擎力量。目前我国大体完成了网络化建设,现正在进行数字化革新,未来将朝智能化方向迈进。新媒体的发展基于数字化原理而展开,而其中主要的定理如下:

(一)梅特卡夫定理(Metcalf Law)

梅特卡夫定理是著名的以太网发明人、计算机网络先驱罗伯特·梅特卡夫的名字命名的互联网定理之一。该定理是指互联网的价值等于其节点数的平方,即在互联网中,当节点之间的连线数以线性形式增长时,信息交流的可能性呈现指数态势陡然上升,网络的有用性(价值)随着用户数量的平方数增加而增长。梅特卡夫定理用数字表达式表示为 $V = KN2$,其中 V 为网络的价值,K 为价值系数,N 为节点数,它表明在互联网中,随着成本的投入、节点数的增加,收入将呈现出二次方的增长趋势。该定理表明,新技术只有在越来越多的人使用它时,才会变得有价值,从而进一步吸引更多的人来使用,最终提高整个网络的总价值。

(二)摩尔定理(Moore's Law)

摩尔定理被誉为计算机第一定律,是信息科学的发展规律,揭示了信息技术进步的速度。这一定理是以英特尔公司创始人之一的戈登·摩尔命名的。摩尔定理的内容是:当价格不变时,集成电路上可容纳的晶体管数目,大约每隔18个月便会增加一倍,性能也将提升一倍。换言之,每一美元所买到的计算机性能,将每隔18个月翻两番。摩尔定理也被简单地表述为微处理器的速度每18个月翻一番。这也就是为什么我们购买的计算机运行速度越来越快,而价格越来越便宜的原委。摩尔定理对整个新媒体世界的影响深远,计算机从原来的庞然大物变成人们便携不离身的移动终端,从高端的实验室走向了千家万户,从各个方面改变了秘书的工作方式,影响了秘书的实务范式。

除了摩尔定理外还有摩尔第二定理,它是英特尔公司董事会主席罗伯特·诺伊斯预见到摩尔定理将受到经济因素的制约于 1995 年提出的。集成电路芯片的性能虽然得到了大幅度的提高,但芯片生产厂商的成本也在相应提高。成本的增加是另一条指数曲线被人称为摩尔第二定理,它是针对中国互联网主机数及上网用户数量提出的。它指的是中国接入互联网的主机数和上网用户数的递增速度,大约每半年翻一番。

(三)吉尔德定律(Gilder's Law)

20 世纪 90 年代中期,据美国技术理论家乔治·吉尔德预测:在可预见的未来,通讯系统的总带宽将每半年增长一倍。随着通讯能力的不断提高,吉尔德断言,每比特传输价格朝着免费的方向下跃,费用的走势呈现出"渐进曲线"的规律,价格点无限接近于零。从技术层面看,带宽的增加早已不存在技术上的障碍,目前带宽取决于用户的需求而非价格。

(四)非摩擦经济效应(Friction – free Economy)

非摩擦经济是指,20 世纪 90 年代以来,随着网络技术发展某些产品的生产和交易成本逼近于零,同时网络使信息不对称的工业社会条件下产生的搜索、分销成本基本消灭,从而使既有的商业模式从传统经济臃肿的流通环节,变成多点对多点的商业模式。该名词的出现,得益于美国学者勒维斯教授在 1997 年出版的《非摩擦经济——网络时代的经济模式》一书,从此该名称便流行起来。如果说传统经济是摩擦经济的话,那么,网络经济则是非摩擦经济,后者遵循边际收益递增机制,企业占领的市场份额越大,获利就越多,即"富者越富,赢家通吃"。

(五)双螺旋理论

该理论是中科院研究生院管理学院的互联网专家吕本富在 20 世纪 90 年代末提出的。内容主要是,从互联网普及以来,网络经济一直沿着技术发展和应用创新两个方向前行,这两个方向可以被看作既对立又统一的一对"双螺旋"——技术发展创造了应用的创新环境,而应用的创新往往就会走到技术的极限,进而敦促技术的进一步演进,这使两个维度互为影响、互为作用地螺旋式上升。当技术和应用的激烈碰撞达到一定的融合程度时,就诞生了比较稳定的经济模式和新经济热点。其中一个螺旋为技术发展,包含内容技术、软件技术、安全技术、应用技术和数据库技术等;另一个螺旋为"应用创新",主要内容为信息流、资金流和物流三个分界点。事实上,这两个螺旋结构是相互依靠、相互作用,而连接这两个螺旋之间的是五个"碱基"——网络通信、信息发布、交流互动、网络服务、网络交易。

第四节　秘书新媒体实务现状

目前新媒体办公突飞猛进,不仅有网络媒体(博客、门户网站、搜索引擎、虚拟社区、电子邮件、即时通信、对话链、网络文学、网络动画游戏、网络杂志广播)的发展,而且还有移动媒体(手机、平板电脑、电子书等)和车载媒体(隧道媒体、道路媒体、信息查询媒体等)的异军突起,使得秘书实务在新媒体环境下,呈现出纷纭复杂的局面。无论是在秘书学的学科理论体系中还是在秘书实务技能体系中,"秘书新媒体实务"都居于极为重要的地位。它主要解决在新媒体环境下秘书"做什么"和"怎样做"的问题。

秘书工作者作为秘书实务的主体,随着新媒体技术的迅猛发展,必须逐渐掌握相关的新媒体技术,要"具备正确使用新的办公工具和创新高效办公手段的能力"①。这深刻表明新媒体的崛起,对当下我们的秘书实务提出了新的挑战和要求。新媒体时代在呼唤新型秘书,在此时代背景下,秘书实务的工作内容和要求都呈现出新内涵和新特点。作为在现代办公环境下的秘书工作,新媒体影响下的秘书行业正在悄然发生革命性的变化,这不仅是办公自动化的设备更新,而且是从根本上改变传统的办公自动化方式和过程,秘书上网在线协同办公,通过网络进行交流沟通,利用网络资源处理各种办公事务。不但大大地提高了办公、办会和办事的效率,而且基于网络的办公事务处理不受时间和空间的限制,且基于新媒体在线处理各种办公事务。如互联网的应用使现代化办公从单机转变为综合网络系统,一切信息表达、信息传递和信息储存都以数字化的形式实现,印刷文档被电子文档数据所替代;又如在互联网中立刻搜索出所要撰写文体的文本模板,从而达到快速拟写与制作的效率;再如秘书可借助 QQ、微博、微信等媒介相互交流、掌握信息、沟通协调;此外秘书还可通过协同远程办公系统,实现不同地点的企业员工,为某一问题展开对话、协商、辩论、投票、决策等。韩国《东亚日报》载:"87%的韩国年轻人群表示,在处理公司业务时,习惯使用 iPad、智能手机等个人电子产品。捕捉到这种办公模式变化的韩国商家,也随即推出附带新功能的智能手机,手机内存专设私密空间,便于用户将办公文件和私人信息区分收藏。一些商家还推出将智能手机直接连接到台式电脑屏幕的设备,便于手机用户在大型电

---

① 方晓蓉、方国雄主编:《秘书学》(第二版),北京:高等教育出版社,2007 年,第 196 页。

脑屏幕上进行 Word 等文件的操作。"①总之,新媒体环境下,秘书实务工作呈现出工作形式网络化、工作内容信息化、工作手段即时化、工作效率最大化,以及工作成果优质化特征。美国拉里·奥尔顿曾在《千禧一代为何要创办全远程办公企业》一文中指出:

数十载以来,"办公室"一直为美国职场之根本。它一直是品牌的具象体现,是所有员工、主管和客户的聚集之所,也是完成重大交易和扩张等业务的基地。

但情况正开始改变。办公室渐渐不再是聚集人员的必备之需。毕竟,即刻联络到某人的方法多种多样,无论他们身在何地。而且既然有如此多的企业都做到了虚拟经营,也就不需要有实体的"基地"来实现扩张。事实上,劳工局的统计数据显示,超过23%的员工至少有部分工作是远程完成的,越来越多的企业正在推行"远程办公"。

这种趋势在千禧一代中更加突出——85%的千禧一代希望完成远程办公,而54%的千禧一代则想要灵活或非传统的日程安排。他们正自己动手实现这个愿望,建立让员工大部分时间——或全部时间——远程办公的企业。全面远程办公的理由:

1. 减少启动成本。现金一向是初创公司的难题,寻找办公室是要面临的最大的一笔新开销。不仅需要花费时间和金钱寻址,还必须支付首付款,可能耗费数千美元(或更多)置办家具。如果无需这笔启动成本也可以同样有效地开展经营,就可以用这笔钱投资于更有价值的东西,如招募更好的人才或改善基础设施。

2. 降低经费。办公室还需巨额资金来维持运转。在大多数城市,即使是一小块商务空间,月租金也高达数千美元。除此之外,还要支付水电、电脑、纸张等耗材和休息室的开销,当然还有企业互联网——这可能十分要命。如果从预算中剔除这些项目,就可以把资源重新分配到更有效的地方。

3. 便于差旅安排。远程办公便于超滤事宜,不必担心单位里的问题。例如,假如你要预订拉斯维加斯的一家酒店,不会担心行程与办公室会议是否冲突,也不会担心员工的日常安排。

4. 减少通勤时间。美国人一般每天要在通勤上花费约一小时,但其实大可不必如此。免除通勤的时间,每周就可以省出几个小时,每年省出几百个小时。对雇主和员工都是如此。

5. 提高对新员工的吸引力。大多数人喜欢居家办公的理念。这意味着这种

---

① 森秀萍、惠真:《日韩千禧一代:买不起房,买科技产品》,《环球时报》,2017.8.9。

专属的远程办公室将对潜在的新员工更具吸引力。雇主能更容易找到所需人才来填补关键岗位,更有可能无限期地留住人才。

6. 扩大招聘范围。招聘远程办公的员工意味着不会只限于招聘目前居住在或愿意搬到雇主所在城市的求职者。相反,雇主将可以自由招募想要的人,无论他们身处何地。这极大地扩充了人才库,应该有助于发现更好、更便宜、更适合本品牌的求职者。

7. 提高声望。选择远程办公还可以有助于品牌显得更加尖端或有前瞻性。根据主要受众和想要开发的品牌类型,这可能是非常有益的。对于以不断进步和面向未来为荣的科技公司或其他创业公司而言,这是不可或缺的。

拉里·奥尔顿:《千禧一代为何要创办全远程办公企业》,原载美国《福布斯》双周刊网站,2017.1.9,《参考消息》2017.1.18 全文转载。

同样在《参考消息》①中报道美国大公司越来越倾向运用远程办公方式。"越来越多的美国雇员开始远程办公,这在很大程度上要归功于新技术带来的灵活性,以及年轻员工对这种工作方式抱有的期待……灵活的工作政策是人们找工作时优先考虑的问题,越来越多的雇主也开始提供这一条件。办公室渐渐成为合作的地方,家则是专注的场所。在家上班的日子,雇员们往往提前开始工作,更晚结束工作,但一天里暂停工作去处理私事的时间也更长。"

第五节　秘书新媒体实务案例

秘书小黄在广州某外资企业任职,每天起来的第一件事就是打开手机,查看自己的微信、短信及电话记录,看一下今天是否有新的工作安排。接着在智能手机上查看自己的电子邮件,并浏览公司公告板上一天的工作安排,然后根据安排好的工作日程与领导指示,在本公司公告板的联系群发布当天重要的工作事项的相关通知,或者使用电子邮件将需要提醒领导的信息发送到领导的邮箱或者手机中。网络影响正在将触角伸往新媒体办公环境下的秘书工作,秘书实务也正在悄然发生革命性的变化。这不仅是办公自动化的设备和技术更新,更是在根本上改变秘书的办公流程和方式。

近年来,网上出现了"网上秘书"(Virtual Assistant)新词,它主要指秘书通过

---

① 《远程办公:让环境与工作相匹配》,《参考消息》2017.8.7。

网上完成秘书职能,从办公事务、办文事务,以及到办会事务、沟通协调、公关策划、接待谈判、辅助决策等。网上秘书又被称为虚拟助理,起源于美国,是基于互联网及其网络技术提供服务的新兴职业。美国国际虚拟助理协会(Assist U)成立于2000年,它提供虚拟助理证书并帮助寻找客户,并可实行24小时全天候服务。对于网上秘书而言,从此可不需每天早九晚五,办公十分自由。不受时间和空间的限制,成本低廉、速度快、效率高,越来越受到广大青年秘书们的欢迎。甚至有些年轻人辞职在家,从事网上秘书,一方面可以照顾家庭,有大量的支配时间,另一方面,又不会把自己的专业丢弃,并能给家庭增添一些经济上的收入。如果用Google搜索网络秘书,我们可以找到数千个相关网站和数万个相关联的网页。因而我们认为在新媒体时代,掌握其应用操作的能力对现代秘书而言十分必要。

【案例】

大连D公司的业务经理小陈到昆明出差,得知当地老同学小刘他们公司正要上一个重大项目,而这一项目正是小陈公司的业务强项。机不可失,十万火急!对方的项目翌日就要开标了,小陈觉得还是值得争取一下,于是好说歹说,让小刘在当天下午帮忙安排了一个与这个项目相关人员的会议。

眼看离下午的会就几个小时了,小陈赶紧忙了起来。先打电话向海南度假的王总做了简单的汇报。按照王总的指示,小陈打开了随身的笔记本电脑,启动"竞开协同之星GK—Star"点击协同办公软件,并接上互联网,使用竞开协同之星软件中的网络会议功能立即安排了网络远程会议,把远在大连的几位同事邀请了进来,简单介绍了项目情况。王总明确要立项,并指定了由技术、市场、商务等几个部门的员工组成了项目小组,立即投入工作。

会后,小陈立即利用该软件建立了一个"协作区",并向这个项目小组的所有成员,连同王总等领导都发出了协作区邀请。项目成员通过软件收到并接受邀请后,便可以自由进出协作区,阅读、更新相关文档、日程、联系人名片等信息,还可以随时留言,使用BBS、白板等工具进行讨论,如果大家都在线的话,也可以就地举行网络会议。这相当于为这个项目建立了一个专用的虚拟办公室,可以随时随地按需建立,随时进行配置,并且所有成员无论是从属于哪一个部门、哪一家企业,在哪一个地方,使用什么样的网络,都可以随时进入,而不必担心信息安全的问题,真正做到了"天涯若比邻"。

协作区建完后,小陈通过该软件里面的电子邮件系统,把小刘传来的有关项目资料放到了协作区相应的共享文档目录里。随后,在BBS里讲述了自己对该项目的分析。差不多同时,远在大连的同时也开始了工作,在协作区里,小陈很快看到了相应参考资料、应用方案模板、竞争对手资料等,也看到了王总新的指示,小陈利用该软件的即时通信功能与相关同事进行了交流。

中午时分,项目方案的第一稿在协作区里出现,大连同事们的工作效率很高。小陈用该软件的短信功能通知了王总后,王总也连接上线,他说现在使用的是GPRS无线网,网速比较慢,不能直接使用该软件的网络电话功能。王总建议与要求,小陈用该软件的PC-Phone给他打电话。王总看完方案后,提出了修改意见,讨论之后,大连同事立即进入第二稿的修改工作。

下午,小陈单枪匹马回见小刘的公司及人员。小陈打开电脑并联网,通过该软件查看协作区里的新版本方案。会谈接洽涉及技术、产品、市场、实施、竞争对手、商务等多个方面,大连成了小陈这边的大后方,负责随时收集相关资料,并通过协作区及时传给了小陈,有些问题,小陈也通过即时通信功能与王总进行了沟通,而王总则通过VoIP功能完全参与了整个会议。对方的表情从开始的好奇、惊讶、满意到兴奋,一个小时后会议在愉快的氛围中结束了。

小陈回到旅馆后,王总决定由大家做一个会议总结,并对项目方案进行第二稿的修改。这时,小刘给小陈来了电话。小刘说今天神了,我们领导万万没有想到你们的工作效率这么高,原来以为不可能的事情,你们做到了。领导说,就凭这个效率,对与你们合作就有信心。王总得知消息非常高兴,表扬了小陈的敬业精神,"协同办公带来了千万大单的入门证"。[1]

网络协同办公系统是一种基于互联网应用的软件系统,它关注企业信息流、工作流等数据流向,注重企业内部信息流、外部信息流及内外部信息交互;对内则是管理和处理日常业务的公用办公平台,强调工作流,数据采集加工,事务处理等。因此网络协同办公系统既是企业内部数据采集加工的基地,也是协同企业内外部网络环境的窗口与信息交汇点。协同软件一般包括通信软件(电子邮件、即时通信、VoIP)、实时会议(电话会议、视频会议等)、群组协作(工作流管理、群件、网络化项目管理、质量跟踪、销售管理、客户服务、信贷审批等)、联系人管理、信息安全(信息加密、身份认证)等功能。Notes平台不仅模拟了办公过程,而且支持秘书通过模拟而改革办公流程。

近年来,网上出现了"智能办公"新词。美国共享办公空间公司(WeWork)成立于2010年,为1至100人创业团队提供办公场所,入驻灵活,可按时、按天租用工位和会议室,在美国大约花45美元可得到一张办公桌使用一天。目前我国从事这种业务的有SOHO"3O"、国安创客(中信国安)、优客工场、氪空间(36氪)、科

---

[1] 案例摘自于计世网 hppt://www.ccw.com.cn/news2/it/htm2005/20050825_11IYN.htm,转载于蔡超:《网络秘书》,北京:中国轻工业出版社,2014年版,第143-144页。

技寺、那什空间等。采纳智能办公,一个大公司不需要再到国外设立研发办公室,只需通过智能共享办公平台,远程招募兼职程序员,然后自用一个临时办公室即可。整个办公空间会变成智能,其中楼宇、安防、消防、电梯和停车场等都将智能化。如在道路上停车,离开时再也不用等收费员收费,直接开车就可,因为停车费已经从支付宝里自动扣除,整个过程甚至不用掏手机。杭州在全国率先上线道路停车无感支付,收费员拿收费终端机扫一下秘书的车牌,车辆信息就进入系统中,在机器的"泊位管理"界面上,秘书的车牌号右下角有一个绿色的"免",标明这辆车已经开通了支付宝免密支付。其实务方式为:秘书只需在支付宝顶部搜索框输入"停车"进入停车在线缴费,输入车牌号保存绑定后,点击"开通免密",按指引操作两步就可以开通道路停车无感支付。事实上,在接入无感支付的道路上停车,埋在地下的地磁感应会提醒收费员几号车位有车,收费员通过终端机器扫码识别车牌后,即完成车牌抄录;车辆离开停车位时,地磁会自动记录时间,并将信息同步给收费员。与此同时,收费系统会自动从绑定车牌并开通免密支付的支付宝账号中"秒扣"停车费,完全实现"无感支付",并且计费更精准。[①] 这套系统是一台集自助缴费模块、语言提示、语音远程协助、远程监控为一体的智能产品。除此之外,这些安装地磁感应的道路公共泊车车辆的停放信息、停车收费信息将自动上传到后台,实现数据的实时采集、传输、分析、交互和发布,也有利于智能化管理。数据显示停车费秒扣,车主节省90%的离场时间,收费员管理效率提升一半以上。接下来将实施新的功能,即把付款二维码贴在停车场内,车主只要在打算离开时提前扫码付费,开车到闸口也可以享受杆子自动"放行"的福利,无须多作停留。办公桌、椅子等办公家具也会变成智能硬件,并通过物联网连接在一起。至于办公用品可使用手机一站式采购,如同逛"天猫超市"一样,简便而有效。

"有没有想过,用手一触,未来的小区就呈现眼前:'再一触,可以进入到未来小区的园林中漫步;仍然是一个按钮,可以进入未来的家中,从窗边欣赏远处的海景……'"在《盗梦空间》中的场景,随着虚拟现实技术不断发展,如今已成为现实。VR技术成为智能办公的标配,只需戴上VR头盔,就如同面对面开会一样;同时每位秘书也可在家戴上VR头盔在家线下移动办公。尤其是简介产品,其实物品完全可通过新媒体真实再现给远程的顾客,通过大屏幕和VR设备看到真实的产品,为购买者提供更真实的体验场景。例如浙江思发路网络科技公司开发的"48路云屏",是一家以家纺、墙纸、家居、灯具、饰品、整体软装为主的网购平台,

---

① 注:目前杭州开通无感支付的区域,主要是西湖区和拱墅区,主城区1万多个收费车位2018年年底前实现。

也是移动端、云屏端、PC 端、Pad 端四屏合一的家居行业新零售平台。秘书只要来到思发路的任何线下体验店，戴上 VR 眼镜，就可以通过"48 路云屏"进入 3D 展示厅，浏览 20 多家实体店的近况。挑完办公灯具后，在 3D 家居空间内可以逐件安放到空间"试用"，展示全方位效果，在线下即可下单，然后上门安装。

2017 年 9 月微信出现"余额宝"功能，秘书可将零钱余钱的"零钱通"直接用于消费，例如转账、发红包、扫码支付、还信用卡等。同时当资金放在"零钱通"里不被使用时，可以自动赚取收益。它具有两大特点：一是随时，直接用于消费支付，单日单笔限额 10 万元；二是用于理财，每天赚取收益，其接入的货币基金有三家，包括易方达基金易理财、南方基金现金通 E 和嘉实基金现金添利。事实上，我们发现通讯版"零钱通"类似于微信版的"余额宝"功能，直接用于消费支付，或用于理财，每天赚取收益。微信红包和微信转账都是微信常用功能，但两者之间有一定的区别：微信红包除了在特殊的日期，最大额度会提到 520 元以上，其余时间最大额度均为 200 元；而微信转账的最大额度是 20 万元。微信红包的金额要点开之后才能看到，而微信转账是一眼就能看见金额的；如果没有领取微信红包，24 小时会自动退回给对方，微信转账如果不想收款，可以打开后点击"立即退还"，直接就会退还给对方。也可以不收款，然后 24 小时退还给对方；打开钱包，点击右上角的田字形的图标，在"支付管理—转账到账时间"选项就能选择到账时间，最长为 24 小时。这样设置后，如果发现转错了，可以立刻微信留言要求退回，如果对方不配合，可以选择报警处理。

随着新一代信息技术走向深入，互联网逐步将人与人的连接拓展到人与物、物与物，其中物联网就应运而生。它正在加速进入"跨界整合、集成创新、规模化发展"的新阶段，已成为继"互联网＋"之后的下一个信息经济新高地。2017 年浙江移动宣布全省蜂窝物联网络商用，并启动了物联网燎原行动（如智能停车、燃气抄表、智能照明及电梯与卫视智能管理等）计划。人工智能在生活中已经无处不在。当秘书打开淘宝，每个人看到的页面是不一样的，这是因为后台已基于海量数据进行了分析，主页推送出适合秘书的物品清单。同时，还实行了柔性供应链，不是按照计划生产，而是根据特殊和临时订单制作产品，让供需双方看清对方，减少猜测时间和不确定因素。身处于数据密集的世界，未来万物将被智联，所有的一切都变成数字化世界的算法。

随着手持移动终端的普及，以智能手机为代表的移动终端使用率大于电脑和笔记本电脑，它随身携带、方便快捷、随时随地，尤其是大量的 App 软件将办公事务细化，几乎涵盖了秘书实务的主要环节。"享受你的无限"是一句经典的广告词，描述了移动办公群体随时随地享受无线上网的工作乐趣。秘书可通过智能手机随时随地进行事务管理和信息调用,甚至可在异地进行工作的安排和协调。因此秘书可通过各种功能强大的移动媒体 App 办公软件,实现秘书工作在时空上的无限延伸。笔记本电脑由于较为笨重、使用受到场地和携带限制,现在秘书往往携带 iPhone、iPad 等移动终端为主或直接携带智能手机。通过各种智能移动终端设备,秘书在处理涉及大量信息查询事务时,随时可用手机上网查询,多渠道收集信息来源,从而提高办事效率。此外,随着秘书 App 办公软件功能的使用,大大扩展了秘书事务的国际化和现代化。

移动互联网即移动通信和互联网二者结合成为一体,它的发展正让我们秘书的工作发生新的变革:2G 解决了秘书的双脚,让远距离移动通话成为现实;3G 解决了秘书的双手,可以语音通话,分享图片和工作经验;4G 则改变秘书工作环境,只要有一个移动终端,连上云端,整个世界都会呈现在秘书眼前。5G 将使得秘书办公发生翻天覆地的变化,炎炎夏日,流火之时,秘书在海边小岛度假,公司要开紧急会议,秘书不需要连夜返回,只需打开手机,连上 5G 云端,就可召开在线视频会议。有需要办理的文件,只要用手机打开公司专属客户端,就可以云端实时办公。只要连上云端,不管是商务、工作、生活、沟通,各种工作问题均能解决。5G 的 LTE 为代表的高速移动宽带具有随时随地上网,网速快、延时小、实时性好、成本低、有效利用频谱等技术优势。全新的 VoLTE 高清视频通话已随着 5G 而进入秘书视野,它提供高清语音、低延迟视频通话,从 2G/3G 网络的 176×144 提升至 480×640,在这样的视频分辨率下,通话双方的面部表情,路线图上的文字都能清晰显示。

第六节　秘书新媒体实务的现实意义

互联网的产生标志着人类历史翻开了网络时代的新篇章,互联网的发展促进了"新媒体"的迅速崛起,数字化、交互性、超时空是新媒体的特征。新媒体的"新",不仅表现在技术层面上,也表现在媒介形式和传播模式上。科技正在以一种难以置信的速度进步,每一次技术的迭代更新,都意味着给秘书工作带来新的变化,这种变化将不断渗透到秘书实务的方方面面。诸多秘书新媒体实务的运用,大大扩充了秘书工作的广度和深度,引发了新时代秘书工作流程和模式的变革。

新媒体为当下秘书实务带来了些许改变,主要体现在以下方面:

一、建立起扁平化工作模式

利于建立内部的通信平台,建立组织内部的邮件系统,使组织内部的通信和信息交流快捷通畅。可以帮助秘书在内部建立一个有效的信息发布和交流的平台,如电子公告、电子论坛、电子刊物,使内部的规章制度、新闻简报、技术交流、公告事项等能够在企业内部员工之间得到广泛的传播,使员工能即时了解单位的发展动态。

二、实现工作流程的智能化

能够很好地解决多岗位、多部门之间的协同工作问题,实现高效率的协作。使办公文档管理变得智能化,使得各类文档能够按照权限进行保存、共享和使用,并有一个方便的查找手段。

三、利于辅助办公和信息集成

像会议管理、车辆管理、物品管理、沟通协调等与日常事务性办公工作相结合的各种辅助办公,都能够实现智能化管理。每个单位都存在大量的业务系统,如生产、销售、市场等各种业务系统,企业的信息源往往都在这个业务系统里,办公智能化系统可以跟这些业务系统实现很好的集成,使相关的人员能够有效地获得整体的信息,提高整体的反应速度和决策能力。

四、实现了移动化办公

新媒体技术的发展,使得移动办公成为未来趋势,秘书可以改变传统的固定模式、固定地点的办公,通过秘书新媒体实务可在不同的地方随时随地办公。"SOHU 中国"董事长潘石屹旗下的"共享办公产品:SOHU 3Q"在 2018 年 4 月在杭州首家开业,位于钱塘新城的财富金融中心,内有工位 1651 个。SOHU 3Q 就是将写字楼办公室以短租的形式对外租赁,预订、选位、支付等所有环节都在线上完成,是"移动办公"的一个新选择。传统写字楼的租赁,通常是整租、长租的形式,而在 SOHU 3Q,秘书或企业可以租一个星期、一个月,可以租一个办公桌、一个办公室、一个会议室,可以随时随地手机上预约、付款,还可以享受餐点、咖啡、复印打印等服务。秘书或企业只需带着手机和电脑,就可以直接开张。SOHU 3Q 自 2015 年成立迄今,目前已成立北京、上海最大的共享办公空间,拥有 19 个中心,超过 17000 个座位,建立了一套成熟的管理运营体系。

再如杭州公安推出居住证网上申请服务,秘书可通过杭州市居住证服务平台网上申领 IC 卡式居住证,避免因材料错漏"跑多次"的情况。同时,平台还提供居住证办理网上政策咨询、网上预约办理时间及 EMS 邮政快递等服务,实现居住证办理"最多跑一次"。操作如下:

首先登录平台后,选择"居住证预约受理功能",填写申请人的基本信息,然后上传居住证申领相关材料,最后根据个人材料,预约办证时间即可。秘书上传的办证材料,公安机关在两个工作日内进行初审,符合条件的,系统会自动短信提醒,申请人就可在预约时间带材料去派出所办证,省时省力,真正做到只跑一次。

杭州市公安局开创全省出入境系统证件电子支付之先河,随时随地手机点点就完成缴费,只需手机扫码,一笔仅需 20 秒。除了杭州市居住证服务平台之外,有办证需求的秘书还可以通过"新杭州人家园"微信公众号或"警察叔叔 App"等途径,进行网上预约办理居住证。杭州开通办证量最大的"港澳通行证再次签注"的电子化,实现了快递上门收证、网上办理,然后快递到家。秘书只要在出入境办事大厅刷一下身份证,就能尽情体验各种自助填表机、自助受理机、自助签注机、自助发证机等。一次都不想出门跑的,网上预约、在线填表也能办证。杭州车管所的交通违法处理、年检预约、预约(取消)考试都可以在网上办理。他们推出互联网交通安全综合服务管理平台,只要登录"hgh. 132. gov. cn",或下载"交管12123"App,注册成功后即可实现网上办理 13 项业务,包括交通违法处理、信息查询、预约(取消)考试、机动车/驾驶人变更联系方式等。此外,机动车驾驶人道路交通安全教育平台正式上线(http://syjy. 5u5u5u5u. com),参加审验教育、满分教育的司机,也可以不再跑腿或少跑腿。比如,持有 AB 类驾驶证的驾驶人可以不用专门抽出几个小时跑到交通安全教育学校参加集中学习,自行在平台上学习达到规定课时后,直接提交审验申请即可。

如果说 2016 年是人工智能的萌芽期,那么,2017 年则是国内人工智能的爆发元年,2017 年人工智能被首次写入政府工作报告。《未来简史》作者瓦尔·赫拉利认为:"我们面对的是从 40 亿年前地球有生命开始至今,最伟大的一场革命。之前人类遵循的是优胜劣汰的自然法则,而接下来,生命将由智能设计完成。在人工智能及生物科学主导的革命下,我们的生命会从一个有限的有机体变成无限的无机体,人类得以第一次走出地球以外。这样一个革命对于人类来说会有很大的影响,特别是对于经济、政治系统也会有很大的影响。"①现在人类第一次有可能改变着生命模式,进入智能制造和设计的无机领域。机器人不会有意识,这是与人类的最大不同点。智能是解决问题的能力,而意识是感知外部世界的能力,

---

① 赫拉利:《未来机器人会具有意识吗?》,《都市快报》,2017. 7. 10。

感受到快乐、愤怒、爱情等。机器人不会发展出意识,因为人类对意识还有很多尚待解决的问题。意识不是一个有机体,它是一个主观的东西。大脑算法是生物体算法,人类虽然采取生物体算法,然而反映出来的却是意识,一种感受或一种情感。机器人也许会否决你的想法或主张,但这不是它对你厌恶,而是算法的结果。你不知道人工智能为什么不喜欢你,因而你无法去找同类联合起来抗议它。人工智能的发展是大趋势,未来所有行业包括秘书工作都将随着人工智能而带来升级与变革,会有更多的产业和新兴商业模式诞生。在美国约翰·比·科恩撰写的《机器人革命》一书中,机器人被认为是推动新工业革命的关键。未来,人类很可能会面对一个高度智能化但没有意识的人工智能时代。互联网没有创造任何新的东西,而是为我们提供了丰富的多层次的近乎无穷的人与人、人与物、人与环境连接的场景,从而通过重现连接构造新的价值。

　　人工智能对秘书职业具有一定的影响。现在很多专家都在担忧,如果人工智能再这样发展下去,必将会抢走很多人的饭碗,秘书职业恐也不例外。图灵奖获得者约翰·爱德·霍普克罗夫特认为,利用人工智能技术,许多工作被替代或简化,我们很快会进入这样一个时代——只需现在 25% 的劳动力就可以满足我们目前所需的一切商品和服务。苹果 CEO 库克表示,并不担心机器会像人一样思考,而更担忧人会像机器一样思考。因此必须为技术注入人性,赋予技术应有的价值。马云觉得:"机器没有灵魂,机器没有信仰,我们人类有灵魂、有信仰、有价值观、有独特的创造力,人类要有自信、相信我们可以控制机器。人类对自己大脑的认识不到 10%,10% 创造出来的机器,不可能超越人类。"人工智能居然半夜开起了派对。29 岁的奥利弗是德国平讷贝格县的市民。2017 年 11 月某日凌晨,他跟朋友还在外面酒吧喝酒,突然接到通知,家中进了警察。警方是接到奥利弗邻居的投诉后上门的。邻居向警方抱怨,奥利弗家凌晨两点突然开始派对,音乐声特别大,非常扰民。警察上门,敲了半天却没人应门,于是叫来了一名锁匠。当他们打开房门时,所有人都惊呆了:屋里根本没有人!播放音乐的是亚马逊开发的语音助手——人工智能 Alexa。它趁着主人不在家,用最大音量播放音乐,吵醒了周围所有人。警方关闭了智能音箱,并通知了奥利弗。最后亚马逊派人查明真相:Alexa 不是自行开音乐,而是通过奥利弗手机上的一个第三方音乐 App 远程启动的。人工智能并不是人类的威胁,不用担心人工智能会抢了人的工作,因为很多工作并不像下围棋一样按照完全确定的规则来做,一旦有各种场景变化,机器人还不能完全正确应对。目前人工智能主要是替代一些重复性、战术型、拥有规律可循的领域,创新型、战略型、不可重复的职业还没有办法替代,尤其是创意或人际交流领域。

当今世界正处于新一轮科技与产业大变革的伟大时代,人工智能的热潮,点燃了发展的新动能,点亮了发展的新经济。人工智能承载着人类梦想和半个多世纪的曲折探索,海量数据的积累、运算能力的提高和深度学习的突破,使越来越多人工智能技术走出实验室,迈向产业化,展现出无限想象空间。人应该从原来的主动获取信息,变成机器信息来寻找人。人工智发展的前十年仍然是弱人工智能+强产品,但是通用型的嵌入式学习的强人工智能一定会到来,到那时比拼的就是技术深度。近年来人工智能在国内外迅速升温,现在的人工智能,正处在一个转折关头,将从1.0走向2.0。目前机器的智能和人的智能有重合可模拟的地方,还有大量不可模拟的地方。因此研究人员正在把计算机和人结合起来组成一个更加精彩的新的混合智能。用互联网把很多计算机和很多人组织在一起,把很多传感器组织在一起,形成了一种群体智能。人工智能在未来发展过程中,就是机器智能和人的智能混合在一起。从智能角度来讲,人工智能要走向混合增强智能。

秘书在辅助上司决策时,会更依赖人工智能,因为秘书在做辅助决策时要收集各种各样的数据,要做计算并进行深度学习,且要找到数据中的规律。人工智能在以这样的方式做辅助决策时比人强大得多,越来越多的辅助决策权力会从秘书的手中被交到计算机和算法手中。事实上,人工智能做的不仅是能为秘书提供领导人的科学时间安排,几乎可为秘书工作中绝大部分实务提供方案和建议。随着大数据的不断积累及计算能力的快速发展,未来秘书可能会越来越多地将自身的辅助决策权让位给无意识算法的机器人管家。当然秘书要注意,不要患上人工智能依赖症。你长期不使用大脑进行较为复杂的判断、推理等复杂思维,那么,这种思辨能力将会严重退化,最终你将会成为人工智能的奴婢。人工智能本身不过是一个工具,问题是秘书如何利用好这一工具而已。

【小贴士】

一、旧手机变废为宝

旧手机可焕发活力,变废为宝。(1)变身3G、4G无线网卡,无线路由。很多手机都支持网络共享热点功能、支持USB共享模式等无线共享模式。其功能与日常使用的无线网卡和4G无线路由类似,而目前比较好的无线网卡都要在三五百元。(2)变身红外遥控器,遥控家电。部分手机型号是支持红外发射的,所以只要用相应的软件进行调试,就可以用手机去遥控家里支持红外遥控的设备。比如电视、电视盒子、机顶盒、空调等。(3)变身智能电视盒子。不少老手机有hami接口,跟电视连接后当个电视盒子也是个不错的选择。(4)变身行车记录仪。手机的拍照效果和性能都要比行车记录仪好,稍加改造并下载专用软件后就可以化身行车记录仪。

二、区块链

所谓"区块链",是指一种分布式、点对点的数据库账本,简单意义上理解是融合了 P2P、加密算法等技术的多个连载一起的数据库,数据库之间两两直接相通,信息传输需加密。因而区块链就是综合了分布式——存储、点对点传播、共识机制、加密算法等技术的一种全新的分布式基础架构与计算方式。区块链技术比较特殊,如果需要应用这一技术就必须产生数字资产,维持资产运转的媒介就是代币,也叫通证,即一串代码。区块链被寄予厚望的优势之一是去中心化,没有中间方参与记账。在这种情况下,代币发挥着奖励记账的功能,使得链上各个节点有动力参与记账,有人称谓"超级账本"。区块链有三大核心技术特征:不可伪造、不可篡改、公开透明,可验证的分布式账本,可追踪、可溯源。

区块链技术的发展主要在这近十年期间:2008 年 10 月 31 日中本聪发表了比特币白皮书,标志着第一个区块链应用的诞生。2009 年,第一个"创业区块链"出现。2010 年 7 月比特币交易所建立。① 2013 年 12 月 Vitalik 发表了"以太项目白皮书"。2014 年 7 月"以太币"开始出售。2015 年 7 月以太坊区块链上线运行。2014 年区块链技术公司 R3 创立,并于 2015 年 9 月与多家国际金融公司组建 R3 联盟,中国平安于 2016 年加盟。2015 年 5 月美国证券交易所与区块链技术公司展开合作。2016 年 4 月中国分布式总账基础协议联盟成立。2017 年 6 月区块链底层操作系统 EOS 在网上公开预售代币,采用石墨烯结构。区块链项目已覆盖包括开发者工具、数字货币和电子支付、泛金融、社交和娱乐、网络传播和安全、数据存储和计算等多个重要领域,目前重点开发的领域为智能合约应用。

区块链的诞生,"标志着人类开始构建真正可以信任的互联网……能够在网络中建立点对点之间可靠的信任,使得价值传递过程去除了中介的干扰,既公开信息又保护隐私,既共同决策又保护个体权益,这种机制提高了价值交互的效率并降低了成本"。"从技术角度来说,我们认为,区块链是一种由多方共同维护,以块链结构存储数据,使用密码学保证传输和访问安全,能够实现数据一致存储、无法篡改、无法抵赖的技术体系。这种技术给世界带来了无限的遐想空间。目前,区块链已经初步应用于政治选举、企业股东投票、博彩、预测市场等领域。"②如深

---

① 2014 年下线。
② 《腾讯区块链方案白皮书》。

圳法大大网络科技有限公司利用区块链技术,为秘书提供电子合同及存证服务,秘书可通过法大大平台高效签署电子合同并实现证据文件托管。

浙江大学计算机学院和软件学院均在 2018 年下半年开设《区块链与数字货币》课程,面向高年级本科生,主要讲解数字货币的原理、技术和应用现状,分析目前主流的区块链技术平台(以太坊)和(超级账本)技术架构和开发技术,解析企业级联盟技术平台,介绍区块链应用案例,展望区块链和数字货币的发展趋势。该课程使用的教材是由蔡亮、李启雷、梁秀波等浙大教师编写的《区块链技术进阶实战》(中国工信出版集团、中国邮电出版社联合出版),这是国内高校首次开设区块链开发型指南教材。浙江大学的区块链课程主要侧重于"链"本身,并不会过多涉及虚拟货币。由中国工程院院士陈纯领衔的浙大计算机学院区块链研究中心2018 年 4 月成立。与此同时,杭州市政府把区块链写入 2018 年政府工作报告,明确将区块链产业列入杭州加快培育的七大未来产业之一。2018 年 4 月中国杭州区块链产业园在杭州未来科技城成立,浙江省之江区块链科技研究院挂牌。同期成立的雄岸全球区块链创新基金成立,规模达 100 亿人民币。

三、微信 iOS6.6.2 版

它具有新的"切换登录账号"和"发现页管理"两大功能,因为小米、360 等安卓厂商自行研发了允许用户登录两个微信的功能,但是苹果拒绝这一功能,认为手机处于不安全状态。对于一些采取第三方多开账号软件的用户,微信考虑到安全原因进行了封号措施。然而形势逼人,为此微信进行了一些初步的开放举措,允许两个账号之间进行切换。操作如下:进入微信客户端"设置"页面点击"切换账号",可以在本设备快速切换登录,最多可添加两个常用微信。另外,微信客户还能管理发现页。在"设置"—"通用"—"发现页管理"中控制和选择哪些功能在"发现"页面中显示。

四、移动 5G 手机

我们都知道,移动通信的发展对社会生活改变起了巨大的推动作用。如果没有强大的 4G 网络,我们不可能有随时可用的移动电子支付,不可能有满街的外卖小哥,也不可能有移动电子商务,更不可能有网约车的兴起。4G 奠定了中国移动互联网高速发展的基础,人民的生活方式发生了很大的改革。

相比之下,5G 不仅是速度大大提升,还会有泛在网、低功耗、低时延、万物互联、重构安全等特点。在传统网络速度提升上,还有更多的愿景。5G 的部署不仅是对普通大众生活有提升,同时它强大的能力会给整个社会带来新的变革。

以 5G 为基础的智能交通,不仅仅体现在无人驾驶,它还会形成强大的管理体系,让路上不再堵车,把道路交通事故降到最低,每年数万人死于道路交通事故的悲剧有望成为历史。5G 还会对智能工业、智慧农业、智能家居、移动电子商务等产生巨大推动作用,更会对社会管理的智能化形成支撑。

回首三十年移动通信发展,中国已是今非昔比。在第一代移动通信 2G 时代,中国通信设备、手机基本还是一无所有,所有的设备和终端都是国外产品。3G 时代中国企业开始有所作为,也提出了 TD—SCDMA 标准,并被通过为国际标准,但中国还是处于追赶的角色。

到了 4G 时代,中国已经开始和世界一流水平并行。中国提出的 TD—SCDMA 与另一通行的 LTE FDD 标准并列为世界两大 4G 通讯标准。中国的互联网服务成长惊人,百度、阿里、腾讯、京东、美团这些企业为消费者提供了越来越高品质的服务。这些企业的创新力和开拓能力,充分说明了中国企业开展服务的强大综合能力。

……

标准、系统设备、终端、业务上形成的综合实力,让中国在 5G 领域前面已无领跑者。①

【思考与练习】

一、名词解释

1. 新媒体

2. 机器人

3. 人工智能

4. 5G 网络

5. IPTV 智能电视

6. 区块链

7. 微支付

8. 人工智能

9. 移动互联网

二、思考题

1. 机器人有意识吗？请诠释。

2. 机器人能替代秘书工作？

---

① 摘自项立刚:《5G 领跑者很可能就是中国》,《环球时报》,2018.3.1。

3. 智能机器人有否可以成为秘书的助手？

4. 论述人工智能的十大发展方向。

5. 什么是思维？思维的特征有哪些？

6. 新媒体思维与传统媒体思维有何不同？

三、案例分析

（一）对于供职于浙江一家外资企业的小陈而言，有了网上秘书，可以说彻底摆脱了"朝八晚五"的上班模式，全天候在家从事秘书工作，十分自由自在，甚至在家"穿着 T 恤和短裤办公"。通常她在家里早晨，先检查自己的电子邮箱、传真、公司电子公告板及电话留言，然后再开始一天的秘书工作。根据已安排好的工作日程和上司指示及工作事项的通知，或者利用电子邮件把那些要提醒上司的信息发往上司的邮箱等。

（二）虽然 2017 年才辞职从事区块链方面的创业，但他已经算得上是国内区块链领域的老兵——从 2012 年底开始关注，利用空余时间不断研究，用区块链技术做过股权众筹，以及一些竞猜的小游戏。2017 年黄敏强发现国内个人征信行业的痛点，自己组建团队推出了基于区块链技术的公信宝数据交易所，既保护交易双方的隐私，又杜绝信息被篡改的风险。

简言之，这个交易所像是一个数据交易的中介，非但自己不缓存沉淀任何数据，还对所有数据交易进行定点的加密传输，确保把数据传到对的人手上。举例来说，贷款人小张想在网上贷款，而贷款公司没有小张的信用数据，于是小张就可以向公信宝提出申请。此时，有另一家贷款公司刚好有这方面的数据，提出了交易。公信宝会判断这些数据是否敏感，如果敏感就会向小张本人发送信息，获取授权。在小张同意后，贷款公司才可以拿到这些数据。

对于这些数据和信息都是加密过的，只有贷款公司才掌握私钥，防止信息流通过程中被非法盗取。同时，依靠区块链可追溯的特点，每条数据在交易时都会被记录在案，确保有据可查。从 2018 年 6 月上线以来，公信宝数据交易所已经介入中国银联、中国移动、学历教育等多个核心机构的数据。原先央行征信只覆盖全国 4 亿人，现在借助区块链技术有效解决了贷款公司征信能力，保证数据安全。

这套基于区块链技术的数据传输和保护机制，可能会有更多的应用场景。在"最多跑一次"改革中，很多政府部门的数据都实现了互通，但在一些涉及个人隐私的数据上，还是面临数据泄露的问题。如果运用区块链技术后，这些数据都可以安全地共享。黄敏强说："只要一个部门发送请求到区块链的节点上，系统会自动返回结果，源数据还在各个职能部门，甚至能做到谁都不用经手，保证绝对的安全。"浙江大学公共政策研究院执行院长金雪军认为：运用新的信息技术手段如区块链技术,可以做到信息真实、数据共享,减少部门间数据使用的道德风险,推动部门职能业务的智能化。

四、讨论题

请你谈谈秘书掌握新媒体实务技能重要性的看法。自拟题目,字数不限,论证充分,说服力强。

上篇

01

秘书常规业务新媒体实务

第二章

秘书文字工作新媒体实务

　　文字工作包括文稿撰拟和文字记录两大类,几乎贯穿一切秘书工作的始终。秘书的文字工作具有写作活动的受限性、思维形式的抽象性、表达方式的综合性、成文过程的程序性等特点。秘书需要撰写的文稿主要有各种法定公文、通用文书、商务文书、公关礼仪文书、上司讲话稿,以及新闻稿和媒体署名文章等。文字的本意是"记录语言的符号""语言的书面形式"等,而文字工作就是秘书把各种信息转变成书面材料的工作。文字工作几乎贯穿一切秘书工作的始终,其中文稿撰拟难度最大,具有辅助上司决策服务性质,而文字记录则相对较为简易,仅仅达到真实和规范而已。

第一节　文稿撰拟新媒体实务

　　秘书撰拟的方式主要有个人撰拟、小组集体撰拟、职能部门代拟三种方式。撰拟是一种秘书写作过程,包括:

　　(一)文稿撰写前:首先思想准备,秘书写作一般都是"奉命写作",体现上司或上级的决策意图;然后准备材料,秘书一般很注意平时收集与存储有关材料这一环节。而新媒体时代收集与存储资料是一大强项,可通过百度、搜狗等搜索工具收集有关材料;同时利用强大的存储功能,把海量资料存储在云端。

　　(二)文稿撰写中:秘书文稿不是要你写出思考研究的成果,而是针对上司意图进行诠释,所以撰写初稿实际上就是在拟定提纲的基础上填充内容而已。同时注意用词准确、行文简洁、符合语法规范、逻辑严密、概念明确、判断恰当、推理合理、论证有力。此外,还要注意格式,文本样式。

　　(三)文稿撰写后:要进行文本的校核、检查和修改,遵守先排后校、逢文必核、每字必核、校写分离、急文稳校、发前校止原则。同时对文稿进行内容和语言两个方面的检查和修改,最后进行审核。如果是法定公文必须由办公室主任负责审核,进行一次也是最后一次全面把关。文稿经办公室主任审核后送交分管上司审阅,确认无误后由上司签字,最终文件签发。公文经上司签发即为定稿,并开始实施法定效力。

网络新媒体的高度发展,使利用互联网资源进行应用文写作产生了巨大的潜力。它不仅提供了大量在线应用写作的资料与模板,还提供了各种丰富的写作服务和学习资料。秘书新媒体应用类写作较为简单,其文本的体式日趋规范化、统一化。现在电脑软件 2000 Offic、WPS2000、写作之星、Works 等,都装载了一些标准文体的模板,有的还存有设计精美的封页,作者只要找式样填写就行;同时电脑软件大都装有自动校对系统,如果秘书写作中存在中文词语、英文拼写等使用不当时,系统均能自动校正与纠正。

秘书新媒体环境下撰拟文稿需掌握三点:其一应尽量快速搜索适合的写作文体的模板。应用写作的关键是文体的格式、风格,因此正确掌握和运用文体的格式十分重要。目前搜索合适写作模板的主要有 Google、百度、天网、搜狐、写作之星等搜索引擎,如搜狐写作网页上就显示出:辞职信、调查报告、论文、研究报告、读后感、自荐信、自我鉴定、思想汇报、实习报告、入党申请书、商业计划书、推荐信、演讲稿、求职信、简历、情书、工作总结等文体格式与案例;其二正确选择写作网站,如其中“秘书在线”(http://www. mishuzaixian. com)、中国秘书网(http://chinamishu. net)、大秘书网(http://www. damishu. cn)、第一文秘网(http://www. cwenmi. com)、“文书文秘网”(http://www. 5151doc. com)、文书网(www. wenshu,net)等。当然你也可以选择收费的写作网站,如“秘书写作”“文书网”“中国网络写作学院”等。秘书可先注册那些收费网站,成为会员,缴纳少许费用,以后每单业务按文章的难易程度和优劣来论价;其三其内可增加多媒体文体或文本,如声音文本、动画文本、视频文本等。当然这些网站均需交纳一定的费用,然后可注册成为会员。这些网站均为秘书提供各种主要文体的模板,包括领导讲话稿、演讲稿、述职报告、工作总结、工作计划、经验材料、调研报告等。

如秘书要写会议发言稿,以“大秘书网”为例。首先在“百度、搜狗”等搜索引擎中找到“大秘书网”,然后在大秘书网中找到“领导讲话”栏目并点击,在该栏目的“快捷导航”中可看到“会议主持词”“开幕闭幕词”“发言稿”等分类,秘书只需在“发言稿”点击即可。再如秘书要写一则贺电,只需在快捷导航中找到“礼仪庆典”中就可看见“晚会主持词”“致辞贺词”“欢迎欢送词”“开业奠基”“慰问贺电”等分类,秘书只需在“贺电”栏目点击即可。搜狐网站汇集了大量的中文写作网页和网站,分类目录有 22 个,提供写作辅导和服务的中文网站约有 80 个。下面将介绍几种应用写作主要软件,如次:

1."写作之星"

它是目前国内中文写作软件中较好的一种,由翰林汇软件产业股份有限公司研制,1998 年在中国连邦综艺杯竞赛中被评为"国产十佳软件产品"之一。写作之星的特色是其内蕴藏有近百个模板,覆盖工商、法律、公安、机关、税务等各个行业。同时其内还提供丰富的语言素材,如成语解释、词语优化、诗词配韵、辞海、中外文学名著和引语大全(歇后语、名言警句、谚语赠言等),这样可帮助秘书在写作中推敲词语、旁征博引。该软件还提供素材管理器,方便秘书自建文库并积累报刊文摘、札记、日记、名片等素材,还提供背景音乐、数字录音等功能。写作之星主要有 9 个功能:移动、助写工具(成语解释、描写词典、词语优化、诗词配韵、学生辞海)、素材积累、参考资料、检索、辅助功能、模板导向、最小化和退出。如次:

(1)移动。左边第一个按钮,可拖菜单到屏幕任意位置,并可实现在屏幕边缘的停靠。

(2)助写工具。它有五种功能:成语解释,内含 1.5 万词条,在成语位置输入欲查成语的关键词或全词,即有一个或相关的多个成语,解释显示在右面;描写词典,按左边的目录去查询自己想看的类别,然后在右面看具体的内容;还有词语优化、诗词配韵、学生辞海功能。

(3)素材积累。右键单击后,弹出素材积累菜单,其中包括报刊文摘、读书札记、日记本、名片盒 4 个菜单项;其中报刊文摘作为文摘管理器,主要有组管理和文摘管理两类功能。组管理软件按内容预设了文摘分类,秘书既可以在下面直接添加新组成文摘,也可以删掉预设组,自己重建新组;还可以给原来的组改名。秘书可加文摘,按标准的录入模板,以保障文摘信息的完整。也可把已添加的文摘在各组之间调整,保持分类的正确性。名片盒可直接点收发电子邮件,记录 QQ 号等联系信息,保存多个电话号码,还可以根据需要选择项目另存为文本或打印。

(4)参考资料。右键单击,其中包括引语大全、应用文写作大全、自建文库、中外必读文学名著等四个部分。单击"应用文写作大全"菜单项,内容林林总总,如合同类的文件夹就有 13 个不同类别。通过"备份自建文库"功能,可以把"自建文库"备份到指定目录下,实现数据迁移。

(5)应用文写作。单击菜单项,查询秘书所需要的文体类别,如公文类、法律类、合同类、财务审计类、注册商标类、工商税务类、礼仪文书类等。

(6)检索。右键单击,弹出词典检索、标题检索、全文检索三个菜单项;其中词典检索中包含成语词典、近义词词典、描写词典、诗词配韵等几个词典。标题检索有引语大全、应用文写作两项内容。全文检索有写作技法、妙语我言、诗词绝句、引经据典、阅读鉴赏 5 项内容。

（7）辅助功能。其中"背景音乐"软件预先提供了几首悠扬典雅的音乐，以供写作时放松与欣赏。数字录音是无时间限制的录音软件，可制作专业的声音处理。更换皮肤，选择自己喜欢的界面颜色。备份自建文库，可以把"自建文库"备份到指定目录下。加载模版，可从中调用新的模版。

（8）模版向导。右键单击即可弹出"模版导向"对话框，确定应用文大类，主要有公文类、法律类、合同类、注册商标类、工商税务类、礼仪文书类、个人写作类。然后选择其中较为满意的模版样文，然后单击上端"另存为"按钮，生成出 SAV 格式的文件，并将该文件复制到 Word 中，即可成为 Word 文件。

"写作之星"软件中有模板向导，提供工商、法律、税务、公安和政府机关等主要行业的应用文标准格式；同时还提供大量语言素材，比如成语解释、词语优化、辞海、中外文学名著和引语大全等。这样秘书在写作中可进行选择、加工、组合等。另外，该软件还提供素材管理器，方便美术自建文库并积累文摘、日记等素材，并有背景音乐、数字录音等功能。使秘书们可一边听音乐、一边撰写文章。等文章写完后，只需单击上端"另存为"就可生成 SAV 格式的文件，然后将文件复制到 Word 中，就可以成为 Word 文件。

2. 新东方英文书信

如果秘书要撰写一则英文应用文，秘书只需搜索"新东方英文书信"即可，其中有数百个英文文体模板，包括法律、税务、商务、贸易、公关和出国事务等。它包括客户服务、同供应商联系、行销、装运、媒体和公关、代理和委托、信用和催款、人力资源、商务电子邮件、备忘录等栏目，有 200 多种英文书信格式的模板，从最简单的信封写作到较复杂的商业信函，并附有中文译文。不仅可帮助确切了解英文原义，而且可以用英文书写格式作为模板，撰写各种英文书信。主页界面上设有导航，包括前进和后退两个按钮；加入我的信箱，选中的书信备份到我的信箱中；新建信箱，在"我的信箱"中新建一个新的信箱，用来存放某一类书信；更改信箱名称；删除信箱；保存信箱；另存为；打印；查询，包括在当前书信中查找、在所有新的内容中查找和所有信的标题中查找三个功能；发邮件；通讯录；帮助；背景颜色；设置会话框。该软件有 300 多种英文书信格式模板，并附有中文译文。秘书使用时，可在树状栏中选择所需的文体，然后点击"另存为"，把模板存放在 Word 文本的某一确定的文件夹下；最后打开模板进行写作。

3. 金山书信通 2002

除了一些秘书专业网站外，还有一些应用文写作软件可利用。如"金山书信通 2002"软件，其公共模板包括法律文书、公文、留学、社交礼仪、家庭书信等分类。在商务文书中包括询价、订货、报价、付款、装运和索赔等，同时还蕴含一套编辑工具,包括字体、颜色、文字体式和版式等。共收集了148部法律的全文,有比较齐全的法律文本的模版。该软件有公共模版三百多种,不仅有法律文书、公文文书、社交礼仪文书、家庭私人文书和手机短信文书等,而且模版十分简便,提供了编辑工具,可直接修改字体、颜色、文字格式和版式。任何模板中只需在"复制"和"粘贴"键点击后就可将内容转换到Word文本。金山书信通2000提供了用户模版功能,它相当于一个个人收藏夹,可以把自己喜欢的内容收藏到用户模版,也可以根据自己的需要更改之后再放到用户模版。该软件的商务文书模板也很丰富,有180多种,包括询价、订货、报价、付款、装运和索赔等详细文种,利用树形结构的目录,秘书很快就能找到文本模板。

4. Word文本模板软件

Word已经设置了许多默认模板,可以直接应用。软件设置了常用、Web、报告、备忘录、出版物、其他文档、信函和传真、英文向导模板。如我们以英文向导模板为例,其内设置了英文备忘录向导、英文典雅型备忘录模板、英文典雅型信函模板、英文空白模板、英文现代型备忘录模板、英文现代型信函模板、英文信函向导、英文专业型备忘录模板、英文专业型信函模板等。在"信函和传真"中包含了传真导向、典雅型传真、典雅型信函、现代型传真、现代型信函、信函向导、邮件标签向导、专业型传真、专业型信函等。在"文档模板"中包括"地址数据列表、典雅型简历、稿纸向导、会议议程向导、简历向导、名片制作向导、日历向导、现代型简历、专业型简历、转换向导"等。在"备忘录模板"中有"备忘录向导、典雅型备忘录、现代型备忘录、专业型备忘录"等。当秘书点击某一模板,确定后该模板就在新建文本之中,然后依次填写即可。秘书如果想在Word中新建模板,只需单击"新建"按钮,出现对话框,其在"空白文档、Web页、电子邮件正文"三项中进行选择,然后单击"确定"。秘书只需把制作好的文档模板复制、粘贴到空白文档中即可。单击"文件"选"另存为",单击"保存",该文档就保存,并成为新模板。

还有为秘书提供网上写作服务的《论文秘书网》,其主页包含:领导艺术、下属厚黑、历史资料、法律事务、官场秘笈、竞争上岗、学习心得、公文处理、人事管理、文章宝库、办公软件、后勤管理、档案管理、演讲示范、政府采购、各种教程、各类范本、企业管理、法规大典等栏目。

第二节　文字记录新媒体实务

文字记录具有即时性、格式化、制度化和准确性四大特点,涉及文字记录的文体大致有:电话记录、值班记录、信访记录、接待记录、会议记录、谈判记录、大事记录、上司讲话记录等。事实上记录与秘书的认真倾听有直接的关联,必须善于倾听,拥有对内容及时的判断能力,这里既包括长期的记录工作经验,也包含了记录的些许技巧与方法。有专门针对性的秘书速记速录方法,尤其是随着计算机的日益发展,这一技术越发显得成熟和完善。记录完毕后,要及时补充和修改,日臻完善。录音设备日益向小型化、便捷化方向发展。例如,数码录音笔只有一支圆珠笔大小,智能手机都兼有录音录像双功能。目前除了文字记录外,还有录像、声音等同步记录。如果音频、视频转化为纸质时,均需要记录人签名和填写日期。

文字记录,一般要求详细记录,而文字记录往往达不到这一要求,为此秘书常采用速录法。速录方法目前主要有两种:其一速录机速录,其二键盘速录。前者为物理机械式速录,属传统速录范畴;而后者必须依靠网络媒体才能发挥作用。在电脑中安装速录软件和程序,再用电脑的原有键盘进行速录,如飞耀速录、琴码、五笔双打、小仙并击、宫保拼音和超音速录等。对于秘书工作中所需的速录技能而言,如果汉语拼音很差、打字不准,速度很慢的话,可以在学习双拼的同时掌握一些辅助码,或者直接学习形码,在练习时采用镜像对称的键盘。秘书可在记录来电、电子邮件等时采取计算机速录,可防止遗漏某些重要事项,确保能够准确完整地传达或者执行任务。

【小贴士】

在线应用写作网址:

1. 公文写作方面

http://www.yuwennet.com

http://www.51paper.net

http://www.gongwen.com

2. 通用写作方面

http://www.appliedwriting.com

http://www.wenshu.com

3. 论文方面

http://www.51lunwen.com

http://www.papercentre.yeah.net

4. 秘书学方面

秘书在线:http://www.mishuzaixian.com

中国秘书网:http://chinamishu.net

大秘书网:http://www.damishu.cn

第一文秘网:http://www.cwenmi.com

文书文秘网:http://www.5151doc.com

文书网:http://www.wenshu.net

【思考与练习】

一、名词解释

1. 数字图书馆

2. Wood 文本模板

3. "写作之星"软件

4. "新东方书信"软件

二、思考题

1. "写作之星"有几个功能? 这几个功能如何运用?

2. 请介绍一种速录使用方法。

3. 秘书文稿撰拟有哪几种方式?

4. 请评介秘书学有关的几个主要网站的特点与不足。

5. 用"新东方英文书信软件"各写出一份秘书本人的英文简历和求职书。

第三章

秘书文书工作新媒体实务

文书泛指社会组织及个人在社会活动中为记录情况、表达思想、传达意图、记载活动而形成的一切文字材料。它包含私人文书和公务文书两大类。秘书大多使用的是公务文书,是党政机关、企事业单位及社会团体办理事务的依据,实施管理政务的一种重要手段。公务文书的撰写及印制均有严格的规定,它主要指公文的整体结构形式,包括文体、构成要素、格式三方面内容。根据《党政机关公文处理工作条例》规定,公文一般由份号、密级和保密期限、紧急程度、发文机关标志、发文字号、签发人、标题、主送机关、正文、附件说明、发文机关署名、成文日期、印章、附注、附件、抄送机关、印发机关和印发日期、页码等组成。格式是指公文各组成部分及各种标记在一定规格纸张上的规定位置。而构成要素与格式在新媒体中可立即复制,生成出版头文件,快捷、高效。文书拟写是指文书的起草、修改与审阅,是秘书根据上司授权代组织立言,体现上司意图和愿望的写作活动。秘书拟写文书具有鲜明的特点:一是被动性,秘书写作是在组织上司授意之下以被动的方式进行的,是代表组织上司说话,具有较强的遵命性。二是群体性,秘书写作往往需要发挥群体优势,集思广益,是群体智慧的结晶。三是针对性,秘书写作具有鲜明的针对性,文书阅读对象非常明确。四是政策性,秘书拟写的文书既要以党和国家的路线、方针、政策为依据,又要能够提出政策性强,便于基层执行的工作指令。

第一节　电子文书的审核与签发

文书工作,通常又称文书处理工作,是指秘书机构在处理日常公务的活动中,围绕着文书的拟制、办理、管理及立卷归档所进行的一系列衔接有序的工作。公文办理是秘书核心业务的专项工作中最为重要的内容,包括公文的收发、校对等。具体而言,文书处理主要包括四方面内容:一是发文处理,包括文书的草拟、审核、签发、复核、缮印、用印、登记、分发等程序;二是收文处理,包括收进文书的签收、登记、审核、拟办、批办、承办、催办等程序;三是文书管理,包括文书的日常管理和文书的立卷与归档工作;四是文书保密,包括负责文书保密的宣传、教育和检查,特别是绝密、机密和秘密文件的登记、保管、清退和销毁等工作。

在新媒体环境中,所形成的文书被称为电子文书。电子文书是指由党政机关及企事业单位制作并通过党政信息化办公平台、电子政务信息平台处理后形成的,存储于磁盘、光盘等载体的,依赖计算机系统阅读、处理并通过网络传输的,具有规范格式的公文电子数据。电子文书的形成是根据一定的规则建立和生成电子文书的过程,而电子文书目前全国还没有一个统一的规定和规范,相信不久的将来,国家必定将会出台若干规则加以规范和完善。

一、电子文书定义

电子文书是由计算机生成和处理,其信息以二进制数字代码记录和表示,因此又被称为"数字文书"。电子文书是文书的一种类型,它具有文书的各种属性,在经过特定的电子处理以后,具有了与纸质文书同样的效力。电子文书通常必须依赖于电子设备,如数字编码、硬件、软件,以及加密、生效等技术。

二、电子文书生成条件

既包含设备条件,电脑或移动终端、打印机、复印机、传真机等;又包含软件条件,包括各种相关的应用软件,如各种汉字输入法及相关的文字处理技巧(如加密技术、电子签章技术、复制粘贴技术、拼写和语法错误检查技术等)。

电子文件,计算机内的所有数据都是以文件的形式存放的,文件是指存放在磁盘上的一组相关信息的集合,如一篇文章、一个公文、一宗档案等,每一个文件都有一个名字,称为文件名,文件名有主文件名和扩展名两部分,以英文句号的"."分隔。主文件名可以由英文字母(不区分大小写)、汉字、空格、特殊符号等组成,组成主文件名的字符个数最多可达到 255 个(1 个汉字相当于 2 个字符)。扩展名是用来区分文件类型,因此又称为类型名,一般由 0 至 3 个字符组成。操作系统会根据扩展名建立应用程序与文件的关联关系。例如,扩展名为 . doc 的文档和 Word 应用程序相关联。双击 . doc 文档时,操作系统会启动 Word 应用程序,而使用 Word 应用程序创建的文档时,操作系统会自动添加扩展名 . doc。在系统的默认状态下,文档的扩展名是隐藏的,若想让文件的扩展名显示出来,只需在文件夹窗口下选择【工具】【文件夹选项】命令,选择【文件夹选项】对话框中的【查看】选项卡,取消"隐藏已知文件类型的扩展名"前的对钩即可。

三、电子文件属性

它有只读、隐藏和存档三种属性。右击某个文件,在其快捷菜单中选择【属性】命令,可以打开【属性】对话框,即可查看或更改其电子文件的属性。

四、电子文书规范

为适应电子信息技术发展的管理,我国先后颁布了《电子文件归档与管理规范》(GB/T18894—2002)、《电子公文归档管理暂行办法》《中华人民共和国电子签名法》等系列性法规文件,解决了电子文档管理从技术标准到法律保障等各方面问题。电子文件是指在数字设备及环境中生存,以数码形式存储于磁带、磁盘、光盘等载体,依赖计算机等数字设备阅读、处理,并可在通信网络上传送的文件。而归档电子文件即通常所说的电子档案,指具有参考和利用价值并作为档案保存的电子文件,包括电子文件内容、背景信息、元数据等。所谓背景信息,是指描述生成电子文件的职能活动、电子文件的作用、办理过程、结果、上下文关系及对其产生影响的历史环境等信息。而元数据是指描述电子文件数据属性的数据,包括文件的格式、编排结构、硬件和软件环境、文件处理软件、字处理和图形工具软件、字符集等数据。

表 3 – 1　电子文件登记表(首页)

文件特征	形成部门			
	完成日期		载体类型	
	载体编号			
	通信地址			
	电　　话		联系人	
设备环境特征	硬件环境(主机、网络服务器型号、制造厂商等)	操作系统		
		数据库系统		
	软件环境(型号、版本等)	相关软件(文字处理工具、浏览器、压缩或解密软件等)		

续表

文件记录特征	记录结构(物理、逻辑)		记录类型	□定长 □可变长 □其他	记录总数	
					总字节数	
	记录字符、图形、音频、视频文件格式					
	文件载体	型号：　　数量： 备份数：	□一件一盘　□多件一盘 □一件多盘　□多件多盘			
制表审核	填表人(签名) 年　月　日					
	审核人(签名) 年　月　日					

表3-2　电子文件登记表(续页)

文件编号	题　名	形成时间	文件稿本代码	文件类别代码	载体编号	保管期限	备注

五、电子文书程序

电子文书先在计算机上进行起草文字、排版校勘,其格式要求等同于纸质文书。通常秘书采取成熟的电子文书模板,在电子公文系统中,自动生成党政公文格式、体式要素的位置、字体、字号、标引主题词,以及按规范化的顺序排列主送抄送机关等。当然在撰写中,应注意及时保存相关数据与背景信息等。

六、电子文书审核

电子文书审核是指通过可以感知并符合规范格式的形式来呈现电子公文内容操作及其传输给相关负责人进行审核把关的过程。审核一般采取两种形式:其一是通过打印,形成纸质文件,供办公部门负责人进行审核,并签署核稿人姓名,其要求与纸质文件审核的要求等同。审核后,由撰稿人在电子文稿上做审核后的修改校正。其二是由撰稿人将电子文稿利用电子邮箱、QQ 等传输给办公部门负责人,并由他直接在文档界面上进行审核,并发给撰写人,然后由撰稿人发送给单位负责人进行文件签发。①

表 3-3　某市政府电子文书处理单

发文字号:	正式(非正式)文件:		是否秘密:
文件标题:			
签发人:	签发意见:		
拟稿人:	拟稿单位:		
审稿人: 核稿人:	传输发送人: 传输发送日期:		
负责人: 联系电话:	传输人联系电话:		
主送:(如:各乡镇人民政府、街道办事处,市直各单位)			
抄送:			
主题词:		附件数量:	
备注:			

七、电子文书保管

保管电子文书,可在电脑中使用公文包、公文夹等方法加以实施,同时利用磁性媒介进行保存。在新媒体云时代背景下,可按时间、主题词、地区、数字字母顺序等分类法存储在云端。

八、电子文书签发

电子文书签发是指领导采用数字签名的形式签发文件,使文件据以生效的一种电子文书处理形式。它是文书据以向外传输文书及在签署或加盖电子印章后

---

① 国内吴冰、吴洁创办的"石墨文档",是一款轻便、简洁的在线协作文档工具,支持多人同时对文档编辑与评论;同时该款还具有模仿古代信笺印戳和署名。2016 年 8 月石墨文档公司正式上市,与阿里钉钉合作成为首批钉钉的 5 个精品应用之一。

生效的重要依据。签发人签具意见后,用数据化形式署名签发人姓名。电子文书
与纸质文书签署的最大不同在于,电子文书签署采取的是"光笔签名",是一种使
用专用的光笔,直接在输入板上签名,屏幕显示出其"笔迹"的数字化形式。光笔
签名,如同在纸质文件上的亲笔签名一样,直观而易于辨认,计算机将这种"签名
图像"接收下来,并确认签名者与电子文件的关系。同时其内部还利用"双密钥
匙"在电子文件上进行数字签名。数字签名是一种采用字母数字串,领导人利用
自己的不公开密钥对发出的电子文件进行加密处理,生成一个"数字签名"形式。
这种"数字签名"与电子文件一起发出,同时还可携带一个可使其生效的公开
密钥。

　　"数字签名"或"电子签章"是一种"密钥加密技术"的形式。由文件签发人或
者委托专门传输文书的技术人员进行。"数字签名"或"电子签章"是泛指所有以
电子形式存在,依附在电子文件并与其确定逻辑关系,可用以辨识电子文件签署
者身份,保证文件的完整性,并表示签发或者签署者同意电子文件所陈述事实的
内容的数据化形式。

第二节　电子文书的印章与用印

一、电子文书的印章与印制

　　"印"指印章,"信"指介绍信,管理印章和介绍信是秘书的重要职责。印章具
有以下作用:一是权威象征,印章是组织履行职责和行使权力的标志,如人事调
动、干部任免、办理文件等都必须用印章,才能产生效力。"印"和"章"是权威的
象征,代表一定的职能和权力,在一定的层次和范围内具有权威性。二是凭证作
用,印章象征着组织的合法性、权威性,文字材料一经加盖印章,就代表着组织对
其法定效力的确认和法定职权的施行,也意味着它必须承担法定义务和法律责
任。三是标志作用,任何组织,不管在其管辖的范围内,还是在对外交往中,都必
须有为人所识记的独特标志,这个标志往往就是独特的法定名称,印章是这个名
称的"物化"形式。在工作中,印章明确地表明了组织的合法身份。秘书印章管理
工作的内容包括印章的刻制、印章的颁发、印章的启用、印章的保管、印章的使用、
印章的停用等六个环节。介绍信是介绍组织成员出外办理有关公务并证明其身
份的一种书面凭证。从写作格式看,主要有便函式和固定式两种。由于介绍信既
是持信者的身份证明,又代表一个单位对持信者的法定授权,所以介绍信同样要

严格管理。

印章又称"图章",秘书部门管理的印章一般有四种图章:其一是组织的公章;其二是组织领导因工作需要而刻制的个人签名章和图章;其三是秘书机构的印章;其四是秘书工作专用章,如封条章、校对章等。公章标明职责权限的象征。文件一经盖上印章,就表示已经受到该部门认可并正式生效。印文一律使用宋体字、简化字或少数民族语言。1955年国务院颁布《关于国家机关印章的规定》,1979年又颁发了《国务院关于国家行政机关和企业、事业单位印章的规定》,阐述了各种印章的规定和条件:国家行政机关和国有企业、事业单位,一律为圆形;省级厅委办的印章,直径4.5厘米圆形,质料为铜质,其中央刊五角星,星外刊机构名称,自左而右环形;县与地级市的政府印章直径为4.5厘米圆形,铜质,中央刊国徽,外刊机关名称;乡镇印章直径为4.2厘米圆形,塑料质,中央刊五角星。制作印章单位必须保守秘密,刻字社需取得行政机关和公安部门批准。伪造印章将受到法律惩处。印章使用前要通知有关单位,要做印模留底并上报主管单位。印章不得随意带出办公室,要存放于保险箱,随时随用,随取随锁。印章使用后,使用者必须填写《印章使用登记表》,登记内容为用印内容(事由)、用印时间、用印部门或个人、用印数量、用印批准人、用印经手人、监印人等项目。盖印应遵循"骑年盖月"原则。

在当今新媒体时代,我国公安系统已取消公章刻制准刻审核,秘书只要将用章企业的公章信息,通过印章业治安管理信息系统,网上录入上传到公安机关备案即可。如杭州2016年就刻了近31万枚公章,在公安审核时不少提交的材料不全,所以各单位秘书经常需要重复跑两三次甚至多次补齐材料,个别用章单位急于用章,这时就容易产生不按法律法规要求私刻公章的行为,滋生了违法犯罪。秘书2017年后只需登录杭州印章网(www.hzyzw.com),详细了解印章制作流程及所需材料,就能快速完成刻印工作。刻制公章时,只需用章单位将材料交给刻制经营单位即可,不需要再等待公安机关后台审核。同时该网还可以完成审核印章真伪功能,只需在网站输入印章编码,就可知该公章是否在公安机关备案。

电子印章管理是秘书的重要职责,也是履行职责和行使权力的标志。电子文书一经加盖电子印章,就代表着组织对其法定效力的确认和法定职权的施行,也意味着它必须承担法定义务和法律责任。一般而言,对电子签章的认定,都是从技术角度而言的。主要是指通过特定的技术方案来鉴别当事人的身份及确保文件资料内容不被篡改的安全保障措施。从广义上来说,数字签名或电子签章不仅包括我们通常意义上所言的"非对称性密钥加密",也包括计算机口令、生物笔迹辨别、指纹识别,以及新近出现的眼虹膜透视识别法、面纹识别法等。目前最成熟的电子签章技术就是"数字签名",它是以公钥及密钥的"非对称型"密码技术制作的电子印章。

二、电子文书签署与用印

签署和用印是文书据以生效的标志。为保证文件的有效性,电子文书同样需要签署和用印。目前我国政府基本上采用"电子印章"和领导人"电子签名章"的形式,是应用数字密码技术,结合数字证书,模拟传统实物印章和矢量电子化模拟印章。它是将传统的物理公章或名章的印迹通过 PKI 技术进行加密,存储于数字证书存储介质中,能加盖于电子文本的新型电子版印章。2002 年《中华人民共和国电子签章条例》发布,2003 年 6 月 1 日生效。其第九条规定:满足下列条件的数字签章是安全数字印章,具有本条例规定的安全电子签章的效力:密钥对于由主管部门认可的认证机构生成;数字签章由数字证书中载明的使用人持有的私钥制作;包含公钥的数字证书在其有效期内,并且没有被中止或撤销;数字证书在认证机构规定的范围及权限内使用。

数字证书是驾驶执照、护照和会员卡的电子对应物。秘书可以通过出示电子数字证书来证明秘书的身份或访问在线信息或服务的权利。如北京市园林局的远程办公网络,专门有一个机要人员负责对电子公文进行最终审核,然后输入密码,系统确认其权限后自动调出后台存储的电子印模,在相应位置上盖上"印章"。又如北京市高级人民法院为提高办案效率,网上对判决书盖章,只需输入审判员或书记员的法徽号,并在指纹采集器上"摁下手印",电脑自动在数据库中查找相关指纹信息。一旦确认这枚指纹确有权限,即从法院本部终端服务器里调出印模,即可在判决书盖上"印章",同时附上盖章时间。

电子印章和领导人电子签名章应统一制作和由专人保管,仅限于办公室专人通过专用计算机在"电子政务工作平台"上使用;不得向社会透露操作程序或提供电子印章、数字证书等相关设备和软件;如因造成电子印章发生遗失、损坏要追究法律责任。

第三节　电子文书的传输与管理

一、电子文书传输

目前在计算机中主要采取两种传输形式:其一是存储介质传输,如利用 U 盘、移动硬盘、磁盘、光盘等;其二是网络上传输。目前我国还未建立起从中央到地方统一的电子政务平台和公文传输系统,但已建立了大小不等的各级各类公务平台,如"某机关信息网""电子政务信息台""电子信息办公平台"等,然后秘书可通过这些平台发送至接收单位。

电子公文发送、接收和处理通过电子政务平台进行,发送由拟文处室、单位负责,文件经办公室文档科编号后,由拟文室将文件印制5至10份加盖公章后存档,并送1份到信息中心作为电子文档母版扫描成PDF格式文件,通过电子政务平台发送到各主送单位。发件人要填写发文登记表,信息中心将电子公文发送完毕后,第一时间内将文件发送状态实时显示在电子政务平台系统个人桌面网络公告栏上,以便查阅各收文单位接收情况。还有机关规定如下:凡各处室需以管理局名义对外正式发文的,应正常履行机关发文的审批流转手续,并向办公室提供最终的公文清样(电子版);办公室依据公文清样,将文件转换成统一的中文版式公文格式,加盖电子印章后,通过"电子政务工作平台"进行发送传输,秘密级及以上公文不得以电子公文的形式传输;电子公文正式传输前,须经电子政务分管领导审核批准并填写《某机关电子公文传输登记审核表》;电子公文发送后24小时内,应对所发公文的接收情况进行查询,对接收单位退回的电子公文应及时签收,发现问题应及时与接收单位联系解决;电子公文的发送,属于急件或特急件的,有关发文处室、单位可以申请向收文单位办公室主任手机发送短信加急通知。发件人应填写"短信群发一审核标签",由相关处室、单位领导签字并由办公室负责人同意方可发送。如个别收文单位在短信催促后仍没有及时接收电子公文的,由发件人电话督促相关部门接收电子公文。各级行政机关以电子公文的形式行文,可不再印发纸质公文。公文所附的图纸等材料也应发送电子数据,确有困难无法形成电子数据,应与电子公文发出的同时派人送达。向下级机关的普法性公文,不涉及保密的,也可存入"共享文件库"中,供相关部门查询。

二、电子文书共享

网络共享是指在计算机局域网内进行文件的共享,实现网络文件的流转,如Windows XP在默认情况下就可进行文件共享。只要右键点击驱动器或者文件夹,然后选择属性,我们只要选中在网络中共享这个文件夹即可。首先在"我的电脑"中"工具"栏目选择"文件夹选项",单击"查看"进入查看属性页,在"高级设置"里确保"使用简单文件共享"选项,后按"确定"推出。其次,在"我的电脑"进入一个分区,如E盘,选择要共享的文件夹,然后单击右键,在弹出菜单选"共享和安全",在"本地"和"网络"两个共享中选择。共享名可以修改,一般不要超过8个汉字。

"允许网络用户更改我的文件"这一项如果勾选,则允许其他人在访问这个文件夹时可以对该共享文件夹里的文件进行修改、删除等操作。否则只允许用户进行只读访问,保护重要的文件不被修改。事实上,我们有一种较为妥当的方法,就是"在网络上共享这个文件夹"项目中进行选项,作为信息共享和中转文件使用,所有人都既可以读取里面的文件,又可以往里面增加文件及删除文件。共享文件夹时,有时还是不能访问到,这是因为共享者的电脑上的 Guest 账户没有开启之故。要打开账户,首先打开"开始"—"设置"—"控制面板",然后选择"用户账户",进入账户管理页面,单击"启动来宾账户"即可开启 Guest 账户。如果还是不能访问,可能是本地安全策略限制该用户不能访问。在启用了 Guest 账户的情况下,点击"开始"—"设置"—"控制面板"—"管理工具"—"计算机管理"—"本地安全策略",打开"本地策略"—"本地安全指派"—"拒绝网络访问这台计算机"的用户列表中如果看到有 Guest 账户,则删除。

在使用电子文件时,我们应注意以下方面:电子公文传输系统所用的密码由电子公文传输系统所在的单位进行规定,并按照规定通知有关系统单位,对密码不定期地进行更换;传输电子公文应当使用所在单位统一规定的设备和软件,如系统电子政务平台、传输电子公文系统软件和加密卡、激光打印机等;电子公文传输工作人员不得向无关人员透露操作程序、密码或提供电子印章软件等相关设备和软件;用于电子公文传输的计算机及其相关设备应指定专人管理和维护,严禁与国际互联网连接;电子公文应当存放于指定的服务器,指定专人严格管理,未经文件运转部门负责人同意,不得修改、删除;为确保国家行政机关"秘密文件"的安全,规定秘密文件绝对不能在网络上传输。最后,需填写"电子公文处理单"。

三、收文发文电子管理

接收与分发电子文件管理是秘书新媒体文书实务的重要内容之一,也是办公室工作的基本功能。具体如下:

(1)公文格式定义;

(2)公文流转的表单格式可以根据需求而自由改动,可以改成和传统的日常公文格式相符,以符合日常工作习惯,同时具有表单打印功能;

(3)公文的收、发管理;

(4)公文的发送可同时提交多人;

(5)公文流程的记录和管理;

(6)公文在各部门内实现自动循环批阅,并及时跟踪公文评阅状态、保存评阅信息,秘书和领导可以通过管理工具查看公文流转过程中的状况;

（7）公文查询。在保证安全权限的前提下,允许对公文进行各种形式的查询,如按不同来源、不同密级、不同时间段进行查询;

（8）公文实效的记录和统计。公文发出后通过信息的及时反馈,判断执行情况并做记录,然后对不同的公文执行情况进行统计,统计出个人或部门的文件办案率,以反映各部门工作效率、办事状态。这一功能可通过自定义工作流报表实现;

（9）公文的催办督办。对公文执行不利的部门发送催办督办通知,以保证公文的顺利落实;

（10）公文的归档。公文流转结束后即可归入文档系统内进行归档,并提供公文属性信息输出功能;

（11）开机提醒,具有开机状态下来文提示功能,这一功能可通过 HotOA Agent 实现;

（12）手写签名,痕迹保留,并可保留所有修改痕迹。支持手写签名批示和手写签名在内的所有信息原稿打印。

第四节　电子文书处理与程序

一、电子文件处理

电子文件处理,是指对电子传输与发送到本机关单位的及适用于本机关单位工作参考的文书的接收与办理过程。电子文书的处理有狭义和广义两个方面。狭义的电子文书的处理主要是指上级机关、下级机关及不相隶属的机关主送本机关的电子文书。广义的电子文书处理是指适用于本机关单位工作参考及无查考利用价值的所谓"垃圾"文书。作为国家行政机关的电子公文处理,包括公文的生成、发送、接收、办理过程等,应符合《国家行政机关处理方法》《国家行政机关公文格式》。

二、电子文书处理特征

（一）保证文书的非人工识读性

电子文书是以数字代码形式存在的电子文字材料,必须由计算机特定的程序编码人员才能识读它;同时,它对计算机系统具有很强的依赖性,包括软、硬件系统的应用,所以对电子文书的生成、接收与处理都依赖于计算机系统来实现。只有正确地运用计算机系统及相关软件、密码等技术,才能对电子文书进行接收与处理。

(二)辨别文书的真实可靠性

电子文书具有很强的技术性,同时也具有很强的易变性,如何保证接收与处理的文书具有原始性、真实性是电子文书处理的基础。其易变性主要体现在两个方面:一是人为修改,由于电子文书与信息载体的相分离性,电子文书可以在不同计算机中间传递,也可以在不同的载体之间相互复制,而信息形态无任何变化。于是很难像纸质文件那样确定哪个是原件,哪个是被修改过的文件;二是易遭病毒侵袭。一旦感染上病毒,电子文书就会破坏完整性,必须时刻采取必要的技术措施和制度措施。

(三)接收与处理的筛选性

电子文书可以直接由计算机等现代办公设备迅速处理和传递;电子文件的利用是可共享的,也不再受时间和距离的影响;电子文件改变了传统的收发文件的流程。利用计算机进行文件登记,可以达到一次录入,多次多种形式的输出,方便文件的随时查找利用,也为档案数字化进行鉴别与筛选奠定了必要基础。既要保证机关文书的有用性,又要保证上级命令的通行,保证文书的完整性。

(四)辨识文书的法律效力性

通常文书的法律效力都是与其载体相关的。例如纸质的文件、文件的微缩品等,都有相关的法律作为保证,并在世界范围内得到承认。但电子文书由于没有固定的载体,并且尚未找到杜绝被伪造、删改和抵御病毒侵袭的有效方法,所以制定相应的法律认定条文就会遇到很大的困难,这在很大程度上限制了电子文书作用的有效发挥。国家行政机关的电子公文与相同内容的纸质公文具有同等法律效力。但大量的一定范围内的普法文件、传阅文件及各种信息也可能混杂其中,这样在电子文书的处理中,辨识文书的法律效力就成为一个重要问题。

三、电子文书的处理原则

秘书在处理电子文书中,需遵循以下原则:

(一)及时性原则

电子公文的接收与处理,要贯彻及时性原则,对电子公文要即到即收即办,以保证政令的畅通和上级指示得到及时的贯彻执行。秘书要在上下班及整点时间上网查收电子公文,网上存有公文的,要及时签收、及时办理;非工作时间,在收到接收公文的短信提醒或电话通知后,要在第一时间上网查收公文、妥善处理。因停电或网络问题影响公文正常接收时,要及时向秘书科报告情况,共同研究补救措施,确保公文及时传输到位。秘书若工作变动或长期外出时,要及时确定新的秘书接收人员,并将人员名单和联系方式报秘书科。对迟办、漏办、误办和积压电子公文的秘书,要及时给予批评教育。对因不及时处理公文造成严重后果的秘书,要按照有关规定实施责任追究。

(二)完全性原则

电子公文的处理要贯彻完全性原则,维护电子公文处理的完整性。要求秘书对发送的电子公文均应全部下载打印并进行分类处理,严禁对电子公文处理程序的漏办。对信政、信政办、信政办文、内部明电、领导批示、各类会议纪要、政务通报等需要办理的文件,要交由分管领导提出初阅意见,转有关领导签批后按要求办理,并做好催办工作。对政务信息、政务督查、电子政务、上司热线动态、应急管理动态等阅知类文件,由分管领导提出初阅意见,转有关领导参阅。

(三)安全性原则

电子文件的处理应当符合国家的安全保密规定,针对自然灾害、非法访问、非法操作、病毒侵袭等情况,采取与系统安全和保密等级要求相符的防范对策,包括网络设备安全保证、数据安全保证、操作安全和身份识别方法等。

(四)规范性原则

电子公文,虽有不同于纸质文书的特点,但也必须同纸质文书的处理一样,进行严格规范,以确保文书的有效性。在国家正式的电子文书处理规范没有下发之前,各级单位要结合实际建立健全电子公文收文办理的具体制度,进一步完善电子公文签收、登记、审核、拟办、批办、承办、催办等程序规定。电子公文的办理要实行领导负责制,同时明确专门人员据以负责电子公文的办理。

四、电子文书处理程序

这里主要介绍非涉密电子公文的处理流程,作为涉密电子公文由专人专门渠道和途径进行处理,另作它论。其主要内容如下:

(一)接收程序

电子公文的接收与流转由办公室专人负责。各级单位应指定专人做好电子公文的接收、发送及电子印章、账户、密码的保管工作,实施实时动态收发和管理,并及时主动将收发情况告知来(发)文单位。收发员应在规定时间或者在每个工作日,利用和通过电子公文交换系统账号和密码登录上级机关或者本系统电子政务信息平台接收相关电子公文。电子公文进入接收人制定的特定系统时间为接收时间;未指定系统的,该电子文件进入接收人的任何系统的首次时间,视为电子文件的接收时间。

接收电子公文的单位应对公文的发送单位、公文的完整性和体例格式等进行核对,审核无误后方可接收。对所有接收到的电子公文都要及时填写接收回执;对紧急公文应及时签收办理,并通过电话与发文方联系确认;对不能正常接收的电子公文,应及时与发送单位联系,查明原因,并及时做出处理。

(二)登记程序

接收后的电子公文应严格履行登记手续,电子公文的登记方式也可采取在电脑制作的"电子文件登记表"中直接输入收文序号、文件标题、发文字号、主题内容、正式(非正式)文件、网络发送日期、接收日期、软硬件环境、备注等内容。关于登记要素我们可参照国家档案局规定的"归档电子文件登记表"中的有关内容:(1)每份电子文件均应在《电子文件登记表》或在自动化软件系统中登记。在办公自动化软件系统登记的,应打印出纸质备份。(2)电子文件登记表应当与电子文件同时保存。(3)电子文件稿本代码:M——草稿性电子文件;U——非正式电子文件;F——正式电子文件。(4)电子文件类别代码:T——文本文件;I——图像文件;G——图形文件;V——影像文件;A——声音文件;O——超媒体链接文件;P——程序文件;D——数据文件。

表3-4　归档电子文件登记表(首页)

	形成部门			
文件特征	完成日期		载体类型	
	载体编号			
	通信地址			
	电　话		联系人	
设备环境特征	硬件环境(主机、网络服务器型号、制造厂商等)	操作系统		
		数据库系统		
	软件环境(型号、版本等)	相关软件(文字处理工具、浏览器、压缩或解密软件等)		

续表

文件记录特征	记录结构(物理、逻辑)		记录类型	□定长 □可变长 □其他	记录总数	
					总字节数	
	记录字符、图形、音频、视频文件格式					
	文件载体	型号:　　　数量: 备份数:		□一件一盘　　□多件一盘 □一件多盘　　□多件多盘		
文件交接	送交部门					
	通信地址					
	电　话		联系人			
	送交人(签名)　　　　　　　　年　月　日					
	接收部门					
	通信地址					
	电　话		联系人			
	接收人(签名)　　　　　　　　年　月　日					

表3-4　归档电子文件登记表

序号	文书登记号	文件标题	稿本代码	文件类别代码	档号	保管期限	备注(软、硬件环境)

(三)流转程序

电子公文登记后,按规定的打印数进行打印、流转。对于可以在局域网上公开流转、传阅的电子公文,尽量在脱密下载后直接转入局域网,以减少打印数量。各级单位制发或者接收的各类电子公文,可印制规定数量的红头纸质件归档保存,印制不限数量的黑头纸质件传阅。电子公文必须存放在专门的服务器或计算机上,并应当做好备份,未经领导同意,不能进行修改、删除和打印。为确保安全,用于处理电子公文的计算机和软盘、U 盘、光盘、移动硬盘等存储设备仅限办公室专人管理和维护。

（四）拟办程序

各级行政单位收到电子公文后,由办公部门负责人提出拟办意见,呈领导人签具批办意见。拟办是指秘书部门对所收到的文件提出的送负责人批示或者交有关部门办理的初步处理意见。拟办意见的撰写除对文件内容的贯彻执行等提出初步处理意见外,还应提出是否通过网络或电子政务信息平台等公布意见,如"在网络公告栏公布"等。拟办意见应署名拟办意见者的签名和日期。

（五）批办程序

批办是指收文单位负责人就收文的性质,根据拟办意见表明的批示意见。领导批示也应当包括署名的签名和日期。

拟办与批办电子公文,可直接在电子公文的"电子政务平台"上进行,也可拟办与批办该电子公文对应的纸质公文。直接在电子公文的"电子政务平台"上进行拟办与批办的电子公文,各单位可制作"电子文件处理单"。其格式内容包括:来文字号、来文日期、接收日期、是否正式文件、文件标题拟办意见、批办意见、办理结果等。

表3－5　某市人民政府电子公文处理单

来文字号:	来文日期:	接收日期:
正式(非正式)文件:		
文件标题:		
拟办意见:		
领导批示:		
办理结果:		
注办:		

（六）办理程序

经领导审签需转各级单位处理的公文,以电子公文的形式发送至相关部门,相关部门按照所接收到的领导批示及时处理。这里需要注意以下几点:如需再转其他部门继续办理的,也应以电子公文的形式转办;各级单位对各类请示(或函)件,以电子公文的形式批(函)复;各级单位代机关草拟的各类文稿,经机关部门主要领导审签后,也可以电子公文的形式直接发送有关机关办公室。如某市环保部门代市政府起草的《关于加强我市建设中环境保护工作的通知》文稿经市环保局主要领导审签后,以电子公文的形式直接发送市政府办公室;需社会周知的事项,通过互联网、政府门户网站和新闻媒体发布;各级行政机关应公开电子公文处理的过程状态(处理内容除外)。电子公文处理的过程状态包括处理部门、处理人及处理时间等;各级行政机关均可查询相关电子公文的处理状态,并发出催办或质询通知。

(七)注办程序

对处理完毕的电子公文,应及时予以注办,即在"电子文件登记本"和"电子公文处理单"的"备注"栏和"注办"栏中予以简要说明,以方便电子公文的处理,如"已办""已送阅"等。"电子公文处理单"中的"处理结果"是指收文单位对所收到的文件进行处理后,描述其结果的内容。

【小贴士】

电子签名法:

自 2005 年 4 月 1 日起开始实施《中华人民共和国电子签名法》,其中规定:"电子签名是指数据电文中以电子形式所含、所附用于识别签名人身份并标明签名人认可其中内容的数据。数据电文是指以电子、光学、磁或者类似手段生成、发送、接收或者存储的信息。"该法的实施,标志着我国的电子签名法真正走入公文文书程序,数据电文、电子签名、电子认证的法律效力得到根本保障,通过电子签名法的实施,基本上所有与信息化有关的活动在法律层面都有了自己相应的判断标准。

(资料来源:http://www.cow.com.cn/sixty/200909/68472.shtml)

【思考与练习】

一、名词解释

1. 电子文书归档

2. 电子文书签名

3. 数字证书

4. 电子印章

5. 物理归档

6. 逻辑归档

二、思考题

1. 阐释电子文书归档的原则。
2. 论述接受电子文书的程序。
3. 请说明电子文件格式的类型。
4. 什么是电子文书,其形成的要求是什么?
5. 数字签章应满足哪些条件?
6. 一般常用文件存储格式有哪些?
7. 阐释电子文书的归档要求。

第四章

秘书档案工作新媒体实务

　　组织内设档案室是秘书机构的组成部分,是国家档案工作组织体系中最普遍、最大量的业务机构。内设档案机构,主要负责集中统一管理本组织形成的各种门类、各种载体的档案,为组织工作服务。秘书档案管理的基本任务是:一是对本组织文书部门或业务部门档案工作进行指导、监督和检查;二是接收和保管本组织内各部门移交的档案材料,进行必要的整理、鉴定、统计、编目和研究;三是积极开展档案开发和利用工作;四是收藏和管理内部专用档案;五是定期将具有长远保存价值的档案移交上级档案室或政府档案馆。

第一节　电子档案的特性与收集

　　电子档案是指利用计算机技术形成的,以代码形式存贮于特定介质上的档案,又称为机读档案或数字式档案。它通常指在数字设备及其环境中生成,以数码形式存储于磁带、磁盘、光盘等载体,依赖计算机等数字设备阅读、处理,并可在通信网络上传输的档案。

一、电子档案特性

电子档案具有以下特性:

(一)非直读性。存储与保管在某些电子载体的电子档案,必须有相应的计算机设备将载体上的编码序列读取出来,再转换成人工识别的形式,实现在屏幕上或打印在纸上。

(二)可分离性。电子档案内容的存放位置是不固定的,可以从一个载体转换到另一个载体,其内容却不发生变化;而且还可以通过网络传给远方的接受者,供查询阅读。

(三)易更改性。由于电子计算机的内存储器、磁带、磁盘、可擦写光盘等存储介质的可重写性和电子档案载体的可分离性,决定了电子档案在形成与处理及保管过程中存在着易于更改的可能性,而且更改后不留任何痕迹。

二、电子档案类型

根据电子文件的信息存在形式和用途,电子档案可分为以下几种:

(一)文本档案(T),即用文字处理技术形成的电子档案;

(二)命令档案(P),是指为处理各种事务用计算机语言编写的程序,属于计算机软件范畴;

(三)数据档案(D),在数据库存储的大量档案;

(四)图像档案(I),是指用扫描仪等设备获得的采用非通用文件格式的电子档案;

(五)数据库档案(D),是指以数据库形式存在的电子档案;

(六)图形档案(G),是指用计算机辅助设计或绘图等设备获得的电子档案;

(七)影像档案(V),是指用视频或多媒体设备获得的档案及用多媒体链接技术形成的档案;

(八)声音档案(A),是指运用相关设备记录声音的档案;

(九)超媒体链接档案(O),是指运用超文本的形式用超级多媒体技术制作完成的档案。

三、电子文档收集

文书部门电子公文完毕后,由各级行政办公室自动归档保存。电子公文原则上由电子公文形成单位负责归档,各收文单位负责登记收文情况,以备查询。收文单位办理或归档的文件,发文单位和收文单位都应当归档。联合发文,由主发单位负责归档。

(一)电子文档收集三原则

所谓真实性原则,是指对电子文件的内容、结构和背景信息进行鉴定后,确认其与形成时的原始状况一致。这就要求电子文件形成单位做到以下几点:建立对电子文件操作者可靠的身份识别与权限控制;设置符合安全的操作日志,随时自动记录实施操作的人员、时间、设备、项目、内容等;对电子文件采取防错漏、防调换和防更改的标记;对电子印章、数字签名等采取防止非法使用的措施。同时,归档时为保证电子文件的安全性,防止因灾害、意外可能带来的数据丢失,对于电子文件正式文本实行双套保存。具有永久和长期保存价值的文本或图像、图形形式的电子文件,必须制成纸质文件或缩微品等,同步归档保存。

所谓完整性,是指电子文件的内容、结构、背景信息和元数据等无缺损。各单位档案室应当加强对各部门文件形成人员的业务指导,从电子文件形成开始,不间断地对有关操作处理进行管理登记,保证电子文件的产生、处理过程符合下列规范要求:登记处理过程中相互衔接的各类责任者(如起草者、修改者、审核者、签发者等);登记处理过程中的各类操作者(打字者、发文者、收文者、存储管理者等);登记处理过程中产生的责任凭证信息(批示、签名、印章代码等);登记电子文件在传递、交接过程中的其他标识;电子文件形成人员即时对修改文稿进行逻辑归档,正式文本随后物理归档。单位档案部门按照档案馆给定的全宗号、归档范围登记并归档;采取相应的技术措施采集背景信息和元数据。

所谓有效性,是指电子文件应具备的可理解性和可被利用性,包括信息的可识别性、存储系统的可靠性、载体的完好性和兼容性。为保证归档的有效性,必须建立由网络管理和技术人员负责的电子文件有效性管理制度并采取相应的技术保障。使用数据处理能力强、安全性能高的数据库管理系统管理电子文件及文件包的机读目录数据。各单位档案室应配备满足存贮要求的大容量内存和单独的计算机、服务器,并联进电子政务(或其事业电子政务)内网。要达到有效性,秘书必须做到以下几点:根据电子文件的类型和特点注明文件格式、软硬件环境、相关数据及参数;办公自动化软件系统及档案软件系统应当提供严格的操作权限管理,能对各功能模块的操作权限进行严格控制,对操作的数据范围进行读、写控制;对于加密电子文件,应当解密后再收集归档,确实需要以加密方式保存的,应当将其解密程序同时归档;网管部门定期对档案室备份的电子文件进行抽样读取检验,发现问题及时采取措施,并根据软硬件升级换代情况,适时对电子文件进行迁移作业;对只有电子印章的电子文件,归档时应当附加具有法律效力的非电子签章,以保证电子文件的凭证作用。对电子文件中使用可靠的电子签名的数据电文,不需要再度签名确认。

(二)电子文档收集范围

为保证归档电子文件的真实性,电子文件的收集与积累工作必须从文件形成阶段就开始,是一项常规性工作。电子文件的收集与积累应贯穿文件处理工作的整个过程,收集的范围应按国家有关规定执行。电子文件及其电子版本的定稿要保留完整,并与相应的纸质文件建立标识关系。不同类型的电子文件,存储载体和记录信息的标准、压缩方法不同,应分别采取适合各类电子文件通用存储的格式,以保证电子文件的完整性。

电子档案的收集重在平时,因此作为秘书可从以下方面入手:平时产生的电子文件应有序排列,可按时间、内容和格式等形式进行分类;然后建立文件夹,把相关或相近的电子文件放在一个档案文件夹中。

电子文档的收集范围应当反映单位主要职能活动,包括文书和业务工作在内的电子文件,以及相关的文件软件和数据等。目前而言,主要存在如下情况:记录了重要文件的主要修改过程和办理情况,有查考价值的电子文件及其电子版本的定稿均应当保留。正式文件是纸质的,如果保管部门已开始进行全文数字化工作,则应当将纸质文件与数字化后的电子文件一同保存;当公务或其他事务处理过程只产生电子文件时,应当采取严格的安全措施,保证电子文件不被非正常改动;同时应当随时对电子文件进行备份,存储于能够脱机保存的载体上;对在网络系统处理流转状态,暂时无法确定其保管责任的电子文件,应当明确流程环节的责任者,采取补救措施,在符合安全要求的电子文件暂存存储器中存储,以防散失;收集文件时,应注明电子文件的存储格式及其软、硬件环境。电子文件原则上要转换成通用格式的电子文件,如不能转换,收集时应当连同专用软件一并收集;计算机系统运行和信息处理等过程中涉及的,与电子文件处理有关的参数、管理数据等,应当与电子文件一同收集;套用统一模板的电子文件,在保证能恢复原形态的情况下,其内容信息可脱离套用模板进行存储,被套用模板作为电子文件的元数据保存;电子文件在形成、接收时均要制作备份。在文件流程的每一个环节,只要发生过信息变化的,都必须制作备份。对已经办理完毕的电子文件,无论有没有归档,都要定期制作备份。

(三)电子文档收集格式类型

目前文字型电子文件的格式主要有 XML、PDF、RTF、TXT 等;图形电子文件格式主要有 JPEG、TIFF 等;视频和多媒体型电子文件的格式主要有 MPEG、AVI 等;音频型电子文件的格式主要有 WAV、MP3;全文检索文件类型格式有 TXT 等。已归档电子公文网络利用的数据格式可优先采用 PDF、CEB 格式。

四、电子文档登记与鉴定

(一)电子文件登记

在计算机网络系统上对电子文件进行收集积累,应用记录系统有自动记录的功能,记载电子文件的形成、修改、产出、责任人、入数据库时间等。每份电子文件均应在《电子文件登记表》附录中登记与保存。电子文件登记表应与电子文件同时保存。如果电子文件登记表制成电子表格形式,也应与电子文件一同保存。永久保存的电子表格应附有纸质等拷贝件并与相应的电子文件拷贝一起保存。

表 4 - 1　南京大学归档电子文件登记表

序号	电子文件集名称	文件数量	形成时间	形成者	文件类型	保密要求	附表页数	电子文档号(馆编)

移交人对电子文件真实性、完整性检验结果		接收人对已接收的电子文件载体外观、有无病毒及文件有效性检验结果	
移交人		联系电话		接收人	
移交时间		E - mail		接收时间	

(二)电子文档鉴定

电子文件的鉴定工作,应包括对电子文件的真实性、完整性、有效性的鉴定及确定密级、归档范围和划定保管期限。其中电子文件的背景信息和元数据的保管期限应与内容信息的保管期限一致。

五、电子文档整理与归档

(一)电子文件整理

整理是指按照一定的原则与方法,将收集积累的电子文件进行分类整理,为归档做准备。归档电子文件以"件"为单位整理,同一全宗内的电子文件按照年度—保管期限—机构(问题)或年度—机构(问题)—保管期限等分类法进行整理。分类整理的归档电子文件,为了方便查找利用,要编制检索利用工具,即电子文件的机读目录。

(二)电子文件归档

1. 电子文件归档界定(移交)

电子文件归档是指文件形成部门,应定期把经过鉴定符合归档条件的电子文件向档案部门移交,并按档案管理要求的格式将其存储到符合保管期限要求的脱机载体上。归档要求采取逻辑归档和物理归档两种方式。所谓逻辑归档是指在计算机网络上进行,不改编原存储方式和位置而实现的将电子文件的管理权限向档案部门移交的过程;物理归档是指把电子文件集中下载到可脱机保存的载体上,向档案部门移交的过程。档案电子管理模拟现实中组织档案管理的过程,将实际的档案柜、档案夹简化为轻巧的电子视图和电子文件夹。严格遵循档案电子管理,将现实中数目庞大的案卷资料转换为服务器中的一个数据库,实现了信息的高度共享。

表4-2　归档电子文件迁移登记表

源系统设备情况	硬件系统: 系统软件: 应用软件: 存储载体:
目标系统设备情况	硬件系统: 系统软件: 应用软件: 存储载体:
被迁移归档电子文件情况	记录数:　　　　　　　字节数: 迁移时间: 操作者:

填表人(签名)　　年　　月　　日
审核人(签名)　　年　　月　　日
单位(盖章)　　年　　月　　日

2. 电子文件归档要求

(1)真实有效。要运用各种技术手段保障电子文件的真实性和凭证性;严格审定归档电子文件的版本。文本文件应以最后定稿为归档文件。图形文件如经更改,须将与当时技术状态一致的版本归档。

(2)完整准确,无病毒,无机械损伤,视听良好。

(3)格式转换统一,按照统一要求转换为标准的文本文件格式,保证日后能顺利读出。

(4)划分保管期限,对归档的电子文件档案,必须划分出保管期限,保证其内容与文件正本相一致。

(5)严格管理,禁止重复归档,杜绝信息垃圾,归档文件须做出备份,一份封存,一份供利用,保障系统自动管理的实现。

(6)撰写有关说明,对归档的电子文件编制归档说明,用言简意赅的词语说明存储文件的内容,运行的软、硬件环境,版本号,文件的完整性和准确性等。同时还要写清移交清单,一式两份,移交部门和档案室双方签字后各保存一份备查。

3. 电子文件归档时间

一般在年度或任务完成后,或一个阶段之后的一段时间内进行归档。因涉及电子文件的技术环境条件,存储介质的质量、寿命等问题,一般不超过 3 个月。逻辑归档可实时进行,物理归档应按纸质文件的规定定期完成。

4. 电子文件归档份数

一般应拷贝两份:保存一份,借阅一份。即使借阅主要在网络上进行,也要保存一份;必要时应保存三份,其中异地保存一份,以提高信息的安全性和可行性。这就是常人所言的"双轨制"或"双套制",即把电子文件和相应的纸质档案一同归档。

5. 电子文件归档程序

电子文件的归档,按照鉴定标识进行。电子文件的归档可分两步进行,对实时进行的归档先做逻辑归档,然后定期完成物理归档。对于物理归档,秘书必须注意以下方面:(1)把带有归档标识的电子文件集中,拷贝至耐久性好的载体上,一式 3 套,一套封存保管,一套供查阅利用,一套异地保存。对于加密电子文件,则应在解密后再制作拷贝。(2)存储电子文件的载体上应贴有标签,上面应注明载体序号、全宗号、类别号、密级、保管期限、存入日期等,归档后的电子文件的载体应设置成禁止写操作的状态。(3)将相应的电子文件机读目录相关软件、其他说明等一同归档,并附《归档电子文件登记表》。(4)对需要长期保存的电子文件,应在每一个电子文件的载体中同时存有机读目录。

第二节　电子档案新媒体实务

一、电子文档移交

(一)检验项目

文件形成单位在移交电子文件之前,档案保管部门在接收电子文件之前,均

应对归档的每套载体及其技术环境进行检验,合格率达到100％时方可进行交接。检验项目主要如下:

(1)载体有无划痕,是否清洁;

(2)有无病毒;

(3)核实归档电子文件的真实性、完整性、有效性检验及审核手续;

(4)核实登记表、软件、说明资料等是否齐全;

(5)对特殊格式的电子文件,应核实其相关的软件、版本操作手册等是否完整。

检验结果分别由移交单位、接收单位填入《归档电子文件移交、接收检验登记表》。

(二)移交手续

档案保管部门验收合格,完成《归档电子文件移交、接收检验登记表》的填写、签字、盖章环节。登记表一式两份,一份交电子文件形成单位,一份由档案保管部门自存。

表4-3　归档电子文件移交、接收检验登记表

检验项目 ＼ 单位名称	移交单位:	接收单位:
载体外观检验		
病毒检验		
真实性检验		
完整性检验		
有效性检验		
技术方法与相关软件说明登记表、软件、说明资料检验		
填表人(签名)	年　　月　　日	年　　月　　日
审核人(签名)	年　　月　　日	年　　月　　日
单位(印章)	年　　月　　日	年　　月　　日

二、电子文件档案整理与鉴定

(一)电子文档整理

按照《电子文件归档与管理规范》(GB/T18894—2002)规定,归档电子文件以件为整理单位。首先进行电子档案分类,制定分类方案,然后同一全宗内的电子文件按照年度—保管期限—机构(问题)或年度—机构(问题)—保管期限等分类法进行分类。其次,电子档案编目,填写登记表并录于盘或带中,同时打印一份置于盒、盘、带中。再次,撰写电子档案的著录,主要撰写责任者、操作者、背景信息、元数据等项目和标识。著录级别可按案卷级进行,将著录结果制成机读目录和纸质目录。最后,电子档案的迁移。电子文件对系统依赖性和计算机发展的飞速性决定了随着系统设备更新或系统扩充,应及时对归档电子文件进行迁移操作,并填写《归档电子文件迁移登记表》。

(二)电子文档鉴定

电子文件档案在归档前、移交时和期满后都要进行鉴定。鉴定的依据主要为三个原则:

(1)真实性。真实性鉴定是指对电子文件的内容、结构和背景信息进行鉴定后,确认其与形成时的原始状况一致。

(2)完整性。完整性鉴定是指对电子文件的内容、结构、背景信息和元数据等有无缺损进行鉴定,确保档案材料无丢失现象。

(3)有效性。有效性鉴定是指鉴定电子文件应具备的可理解性和可被利用性,包括信息的可识别性、存储系统的可靠性、载体的完好性和兼容性等。

因电子文件易于修改,对系统的依赖性强,所以鉴定时必须特别仔细,以保证电子档案的真实、完整、有效。

3. 划分文档密级,确定保密期限

这项工作应参照国家关于纸质文件材料密级和保管期限的有关规定执行。划分保管期限时应注意电子文件的背景信息和元数据的保管期限与内容信息的保管期限相一致。

三、电子文档的保管与利用

(一)电子文档的保管

由于电子档案的特性,使得它的保管内容、条件和纸质档案有所不同。电子档案保管的要求如下:

(1)归档载体应做防写处理。为了保证电子档案内容的真实性,应采取措施,

选择记录性能好的载体,并对载体做相应的防改写处理。

(2)为保护电子档案的物理性能,应避免擦、划、触摸载体的记录涂层。

(3)单片载体应装盒,竖立存放,且避免挤压。

(4)存放时应远离强磁场、强热源,并与有害气体隔离,保持环境卫生。

(5)保持适宜的温、湿度。环境温度选定范围:17 度至 20 度之间;相对湿度选定范围为 35% 至 45%。

秘书在电子档案保管中应注意以下方面:

(1)检查登记:归档电子文件的形成单位和档案保管单位,每年均应对电子文件的读取、处理设备的更新情况进行一次检查登记。

(2)兼容性转换:设备环境更新时,应确认库存载体与新设备的兼容性;如不兼容,应进行归档电子文件的载体转换工作,原载体保留时间不少于 3 年。保留期满后可擦写载体清除后重复使用,不可清除内容的载体应按保密要求进行处置。

(3)抽样检验:对磁性载体每满 2 年、光盘每满 4 年进行一次抽样机读检验,抽样率不低于 10%,如发现问题应及时采取恢复措施。

(4)转存:对磁性载体的归档电子文件,应存放 4 年转存一次。原载体同时保留时间不少于 4 年。

(5)登记:档案保管部门应定期将检验结果填入《归档电子文件管理登记表》。

表 4 - 4　归档电子文件管理登记表

归档电子文件设备情况登记	
新设备兼容性检验	
磁性载体转存登记	

填表人(签名)　　年　月　日
审核人(签名)　　年　月　日
单位(盖章)　　年　月　日

(二)电子文档的利用

电子档案保管单位应拥有规定范围之内的对电子文件的使用权限,可以提供拷贝服务,向用户提供打印件或微缩品。电子档案可采取多种方式进行利用,主

要如下:

(1)阅览:阅览是电子档案最基本的利用方式,阅览包括联机阅览和脱机阅览两种。其中联机阅览又包括计算机网上阅览和计算机单机阅览两类。前者不仅有阅览,还有下载、打印等功能。网上阅览便捷,无时空限制,所以是电子档案利用的最主要方式。后者通常是对部分不宜公开的或有密级的电子档案利用时所采取的。它一般不可随意复制,所读往往是限定的单机上阅览,保密性好。脱机阅览,档案部门将把电子档案转换成纸质文件,或通过复制形成电子档案副本。副本复制就是对电子档案的所有组成部分进行复制,摘录复制就是仅对电子档案的某一部分进行复制。复制的载体有软盘、光盘、硬盘、磁带、U盘等。

(2)网上展览。通过网上展览扩大覆盖面,而且不存在展出地点、展出时间、展出环境的诸多限制。浙江档案网、上海档案网等都有档案展览这一栏目。

(3)网上咨询。这是档案人员利用网上连线的优势,向档案用户提供信息的一项利用工作。其包括两个方面:一部分是通过网络解答咨询;另一部分是通过协助检索、指导用户使用检索工具,为查找电子档案馆藏提供新的线索。网上咨询一般采取三种方式:其一,由用户通过计算机网络的电子邮件先向档案馆工作人员提出问题,然后在档案馆收到该电子邮件后,由档案馆人员接受咨询,并根据提出问题,再通过回复电子邮件,向用户解答咨询。其二,由用户通过计算机网络与档案馆人员约定,在某一时刻在网上进行异地实时对话咨询。其三,由用户通过计算机网络电话向档案馆人员咨询。

四、电子文档编研与销毁

(一)电子文档编研

电子档案为计算机编研提供了极大便利。首先,为收集档案提供了方便。因为电子档案的检索系统其检索效率要比手工检索系统效率高,所以收集档案速度就比较快,而且也比较全面。其次,为摘抄档案提供了便捷。电子档案本身就已数字化,所以利用计算机编研时,对档案资料不需要重新输入就可以随时利用,而且既可以对某一类档案进行编研,如专门就文本文件的电子档案进行编研,也可以对其他各类电子档案进行编研,如可对声音档案、影像档案、图形档案等进行编研,还可以进行超媒体档案的编研,所以电子档案为计算机编研提供了广阔的前景,也大大加快了开发利用档案信息资源的速度。

(二)电子文档审核

以往秘书人员要传送一份文件,通常通过邮局信函传递的方式;如果是紧急文件,一般采取电报方式,费时费钱。然而在新媒体时代,一份文件即时就能传递,而且通常是免费的。再如文件的签字、审核等环节,以前秘书常常在各个楼道中跑来跑去,有时还要紧跟领导的步伐;而新媒体时代,所有文件的处理均可通过网络完成。领导签发后,秘书便可直接通过网络载体将文件的电子版传送到具体的运作部门,提高了办事办文的效率。

(三)电子文档销毁

属于保密范围的归档电子文件,如存储在不可擦除载体上,应连同存储一起销毁,并在网络中彻底消除。不属于保密范围的归档电子文件可进行逻辑删除。

秘书人员在计算机上制作、接收文件等办文处理时,需要电子化归档。电子档案包括移动存储设备和云存储等储存介质,通过移动互联网实现移动的档案整理、保管和查阅,借助移动存储和云存储等,可在云库中建立起一个庞大科学而实用的电子档案数据库,减少秘书人力成本、减少档案工作的差错和失误,提高了便捷查询和调档调阅档案工作的强度。2018 年 2 月起,中国内地用户的 iCloud 服务将由"云上贵州"公司接手运营。iCloud 是苹果公司为 iOS 和 Mac OS 用户提供的数据云存储服务,它能存储用户上传的照片、备忘录、音乐、文档、App 等资料,并且帮助用户在多个设备之间存储同步邮件、日历、通讯录、备忘录、Safari 浏览器等信息,它也是实现"查找我的 iPhone"功能的基础。换言之,这些云上存储的资料将从美国迁移到中国,密钥和钥匙串也会一起迁移。密钥是访问云存储内容的权限,以往只有用户和苹果公司有权访问,迁移之后,云上贵州也将获得这一权限。钥匙串则是用户在所有苹果设备上的 Safri 网站中使用过的用户名、密码、信用卡信息及 Wi-Fi 网络信息,都保存在 Cloud 中,包括邮件、通讯录、信息和日历应用中的账户信息。当然用户下载安装的 App,比如微信、支付宝等应用上的数据,并不在此列,它们仍然留存在原来的服务器上。为此,苹果公司花费了 10 亿美元建成贵州数据中心,这样更安全,也更有效。

【小贴士】

"一网查档,百馆联动"

在"最多跑一次"政务改革中,许多省市均实行了异地查档跨馆服务。如浙江省建成浙江档案服务网,努力让市民在查档时"最多跑一次",打出"一网查档,百馆联动"的公共服务品牌。实务操作如下:首先,秘书在浙江政务服务网(http://www. zjzwfw. gov. cn/)进行高级实名账户注册,通过这个账户登录浙江档案服务网(http://www. zjdafw. gov. cn/);其次,点击"网上查档",按要求填写查档登记单即可。"一网查档,百馆联动"的便捷性在于,填写查档登记单的"受理档案馆"时,秘书可以根据需求选择全省 100 多家综合档案馆中的任何一家,保存提交就可以查到档案。目前,秘书可申请查询国家综合档案馆已接收进馆的婚姻登记档案、职称档案、劳模档案、出生医学证明档案等涉民档案,以及各类馆藏列入开放范围的档案。查询结果通常在 2 个工作日内用手机短信反馈给秘书。以后,联动的馆藏档案将面向全国。

【思考与练习】

一、名词解释

1. 电子文书

2. 电子档案

3. 电子文书签名

4. 数字证书

5. 电子文件销毁

二、思考题

1. 阐释电子档案的整理内容。

2. 论述电子档案的利用方式。

3. 请说明电子档案文本的类型。

4. 请在浙江档案服务网上实际操作查档流程。

第五章

秘书会务工作新媒体实务

　　会议是一种事先约定,有组织、有目的的聚众会晤议事或传递信息的行为过程,是人们在社会生活中处理有关问题的一项经常性的活动形式。会议往往是事先约定和有组织的活动,那些无组织、无目的的自发聚合议论,不能说是会议。另外,会议是一种行为过程,它具有时间和空间矢量。会议有广义和狭义之分,广义的会议包括各种有组织的聚会、集会,如庆功会、追悼会等,它仅仅有会的含义,而无议事之内容。狭义的会议主要是指由议事内容的会议,如办公会、协商会等。这类会议总是围绕一定事情和问题,进行讨论、研究,最后形成决议、决定。会议是组织的重要管理手段,对于发扬民主、交流思想、协调意见和行动、促进团结、完善决策、贯彻政策、加速问题解决、实现集中统一领导都具有重要的作用。

第一节　电子会务工作的特征

　　会议主要由四个要素构成:主持人、组织者、参会者、服务者。其中秘书既是组织者,又是会议的服务者。秘书的地位和职责,决定了会务工作大都由秘书筹备和组织,有的还直接由秘书出面召集,大型会议还要专门设立秘书处。会务工作是秘书工作中一项重要的经常性工作。秘书会务工作的任务主要是:会前认真做好起草与制定会议文件、拟写和分发会议通知、选择和布置会场等准备工作;会中严密组织好各项活动,热情周到地搞好服务;会后妥善处理清退、结算等事宜,做好会议精神传达等工作。

　　会议是社会组织和领导管理活动的重要手段和方法,它指事先约定、有组织、有目的的聚众议事或传达信息的一种社会活动方式。会议的筹备、服务和管理工作即会务工作,简称"办会",是秘书机构和秘书人员的一项经常性、综合性的业务工作。一般而言会议是一个公司在日常管理中的重要环节,作为公司而言,只有通过会务工作,才能沟通信息、协商处理、传达指示、下达任务,所以秘书的会务工

作是不可或缺的重要一环。在新媒体时代,秘书的会务工作与以往的工作方式相比,发生了深刻的转变,主要表现在:

一、会务工作更加高效快捷

会议是有关组织召开的听取情况、讨论问题和布置工作的集会。在现代企业经营管理过程中,开会无疑具有沟通、协调、号召、落实工作的重要作用。而有了新媒体实务后,秘书会务工作具有时效性高、互动性强的特点,且可随时随地修改、完善、反馈会务工作内容。

二、会务成本日趋降低

会议成本事实上包括直接成本和间接成本,包括参会者到达会议场所的交通费用、会议期间的食宿费用、会议中间的活动费用、会场租金、相关文件资料费用等,当然这些费用是可计量的,也比较直观。还有一些隐性的成本,我们称之为"机会成本",它包括时间成本,由参会者的会前准备时间、会议工作人员的时间和参会者的时间等构成。但是这种时间成本计算时非常不精确,我们可以把这些零碎的时间成本转化为以货币为单位的计量方式,去直接计算会议的时间成本。除了花费时间成本外,还有间接损失成本,这部分的成本主要是由于参会者因为参加会议,脱离了原来的工作岗位而造成的各项事务处理滞后产生的损失。这个成本往往是被忽略掉的隐性成本,但它所造成的损失又真真切切地能够看到,比如公司的年中会议,参会者总会在会议过程中耽搁自己的某项工作任务。

当秘书运用了新媒体实务后,其成本大大降低。例如拿会前的筹备工作来说,公司会议议程的发布、与会人员的通知可以采取微信公众号平台的形式或是新浪微博的形式进行发布,可以省下一笔前期的时间成本。新媒体平台的优势有价格低、投放范围精准、受众广和目标用户集中等。会后的宣传工作也可以选择相应的自媒体平台进行发布,一个良好运营的新媒体平台可以为公司节省一大笔会务费用。

三、会务安排日益完善

秘书运用新媒体实务后,可解决秘书会务安排中的诸多事项。如可利用 App 进行会务工作的安排,进行会议的会场对接、会中各项信息的确认、处理会议中的各项后勤事务,以及快速收集会务工作中的反馈信息等。

四、会后传达更加全面

当秘书把会议工作完成后,参会者已返回原单位,但秘书却更忙了,因为会后有一大摊事情需要秘书完成。如与参会者联系确认所发文件的具体时间;通知所有与会人员及与会议有关的人员收看收听,争取最大化地传达会议精神;将会议中的重点内容进行整理,形成文字,在公司内部传达;整理参加会议人员的资料,甚至还要登门拜访;对与会人员进行采访或者交流,请他们讲感受,并形成宣讲内容进行传达;督促参加会议的人员或者相关人员落实会上的有关要求;总结会议出现的优点和不足,便于下一次会议更加圆满召开;将整个会议的内容整理后全方位地进行报道,等等。通过上述厘析,我们发现在新媒体时代下,秘书会务工作在会前、会中和会后三阶段中均发生了深刻变革。其会务工作的流程和模式均已产生了实质性变化,其最终目的是秘书会务工作更加便捷、更加快速、更加高效。

随着互联网技术的发展,手机、电脑等电子产品的广泛运用,秘书的工作方式、思维定势等均产生了巨大的变化。在新媒体环境下,秘书会务工作主要发生了如下变化:

(一)会前筹备工作

秘书会务工作的会前准备需做好以下五个方面:1. 明确会议的要点,即领导要办会的目的、内容、中心议题、参会人员、会议地点及会议日期等。2. 准备会议的议题,尽量充分地准备好会上要讨论的问题和材料,一方面,为领导个人的讨论发言充分准备,提供资料;另一方面,为会议的讨论提供方向性资料。3. 安排会议的议程,其中最主要的就是遵从重要性原则。4. 通知与会人员,通常而言,小型的会议口头通知就可,大型的会议则需要采取书面通知形式。5. 会议现场准备。

在新媒体环境下,会议的会前准备工作尽可以通过新媒体来完成,比如以通知与会人员为例,传统的会议需要在口头上进行通知,而现在则通过微信群发布一条会议通知即可完成;会议的议程,可通过公司的官网、企业内部交流群上传会议议程的文档;在之前,会议现场的准备必须秘书亲自去现场勘查,而现在秘书则只需在网上一键轻松预定会议场地即可。

(二)会中服务工作

在会议过程中,秘书应该服务细致周到,先做好签到及检查会场工作,继而集中精力,做好会议记录;然后做好会议中的服务性工作,如根据需要处理来电、准备投影仪;最后协助会议议程的进度并形成会议结果。

在新媒体环境下,参会人员电子签到、发放电子会议材料等均可数字化处理。会议记录完全不像传统媒体时那样,需要件件打印、装订、分发,而是在会间上传相应的工作群中进行下载。此外有关举行会议的形式,秘书可下载 App,让参会人员进行远程讨论。

(三)会后处理工作

会议结束并不代表秘书会议工作的结束,秘书需要及时清理会议室,还有及时下发会议材料,督促会议中提到的各项问题的整改和落实情况。此外会议结束后,秘书要扩大会议宣传的力度,撰写会议的新闻报道、会议纪要,扩大和传播会议的影响。在新媒体环境下,大会的宣传可采取微博微信,甚至还可以采取微信公众号制定相应的表单,让相关人员详细汇报各个事项的落实和执行进程。

第二节　电子会务工作软件应用

秘书作为领导的近身综合辅助者,必须适应新媒体时代的新发展和新变化,实现秘书办理事务职能上的创新与拓展,为领导提供综合有效的服务。根据会议规模,确定接待规格,发放会议通知和会议日程,其中会议日程是会议活动在会期以内每一天的具体安排,它是与会者了解会议情况的重要依据。它的形式既可以是文字式也可以是表格式。会议日程安排及发放方式主要有传真、电子邮件、电话通知和短信通知等。为了充分发挥新媒体秘书实务的功效,我们必须有效掌握电子会务工作新媒体实务。

一、电子邮件

秘书可通过电子邮件告知参会人员有关会议时间安排和提醒等事项。要组织会议,秘书必须先创建一个电子会议,然后设置"提醒"功能,提示参会人员开会或给他们下达任务。

秘书要开展会务工作,先在电脑上选择"开始"—"程序"—Microsoft Outlook,启动 Outlook。再选择"文件"—"新建"—"会议要求"或按下 Ctrl + Shift + Q 快捷键打开。电子邮件很容易感染计算机病毒,而且随着网络技术的发展,现在病毒系统也在逐步升级,这就要求秘书在使用过程中必须掌握反病毒技术并严格实施反病毒措施。

二、网络电话会议

网络电话会议是一种经由 PSTN(公共交换电话)网络渠道,借助多方互联的信息手段,把分散在各地的与会者组织起来,通过电话进行有关会议的通讯方式。

换言之,就是利用电话机作为工具,利用电话线作为载体,借助网络通道实施开会的新型会议模式。与传统会议相比,网络电话会议具备方便快捷、实效保真、费用低廉的特点,节约了大量的交通、场地和时间等会议显性与隐性成本。网络会议从目前技术而言,可以达到同时 300 方通话。

从理论上讲,还存在一种很传统的电话会议,它完全靠电话进行沟通通讯,采用电话线路(PSTN)传输音频,每个接入号码提供一条独立的通道,这种我们叫作"电话会议",以与我们的网络电话会议相区别。电话会议基于电话交换机,通常适用于单位内部的会议召开与使用。如果在召开电话会议时需要临时加入某方进来,电话会议就很难安排,这也是电话会议的缺陷所在。还有一种是基于电话会议桥,单位配置一台电话会议桥,根据与会数方配置合适的端口数。这种方式可以实现呼出和呼入会议,并且支持会议管理和 Web 软件使用的控制。

网络电话会议,是在互联网上设置一个操作平台实现电话会议,基于网络的(VoIP)技术进行传输,它可用任何的固定电话、手机等实现电话会议的功能,这样的电话会议不再受设备和人数的限制,可以临时增加人数或删除人数,也不受地理位置和通信设备的限制。以往电话会议的加入者只能是单位内部的分机,现在网络电话会议可以使用任何通信工具进行电话会议。当然基于信息安全及通讯稳定的角度来看,使用电话会议是不错的选择,但是它运营成本高,所以往往在军事、高级别保密的会议中使用。而网络电话会议虽然成本低廉,但有时会信息不稳定、经常出现断续和延时,信息波动大,安全保障系数低。

网络电话会议服务功能可向电信营运商申请,并购置专门的电话会议机。会议主要以声音传送,因而文字、图表等会议资料就需要采取传真方式送达。如果参会人数较多,可设分会场。开会中,用录音电话系统记录会议,会后整理成书面记录。电话会议的录音带和书面记录整理都应归档保存。

三、电视电话会议

电视电话会议是利用通信线路把两地或多个地点的会议室连接起来,通过电视图像的方式召开的会议。与电话会议相比,电视电话会议具有直观性强、信息量大等特点,不仅可以听到声音,还可以看到会议参加者,还能实时转送会议资料、图表和相关实物的图像,与真实的会议无异,使每个与会者确有身临其境之感,两地间的电视电话会议被称为点对点电视电话会议,多个地点间的电视电话会议被称为多点电视电话会议。

电视电话会议需要配备电视机、摄像头和话筒,会中的文字资料需用传真或电子邮件传送。与会人数较多可设分会场,在主会场上方要悬挂"某某电视电话会议"横幅。会中主持人要安排好文字记录和视频记录两种记录。会后,各分会场要将本会场的情况整理成书面材料呈交负责会议的部门备案。

四、网络视频会议

网络视频会议系统是指通过现有的各种通信传输技术,将人物的静态与动态图像、语音、文字、图片等多种信息分送到各个用户的计算机上,使得在地理上分散的与会者可以共聚一处。它由视频会议终端、多点会议控制器、网络管理软件、传输网络这四部分组成。有单人对单人的单一模式和多人对多人的多人模式两种,以及桌面型视频会议和会议室视频会议两种模式。

桌面型较为简单,无需会场;而会议室型则较为复杂,对设备条件要求较高,需要有固定的会场、设备的配置、大屏幕投影仪、大功率的音箱、每个座位的耳麦等。视频会议系统的核心应用和意义离不开开会这两个字,视频会议系统的发明就是为了能更好地解决不同地域内人员即时面对面地开会的问题,也许以前的电话会议、电子邮件沟通已经部分解决了不同地域即时开会的问题。但是这些沟通方式没有做到声情并茂,无法将肢体语言加以辅助,更无法把会议的气氛和与会者的情绪等传达给对方,进而造成沟通效率的下降。如果采用网络视频会议,那么,这些问题就会迎刃而解。它将最大限度地拉近空间距离,创造类似于面对面会谈的真切场景、氛围和效果。

利用现代通信设备,如可视电话、电视、网络视频进行多用户、远距离传播会议内容,可达到即时、高效的效果。有些公司规模较大,在不同的城市设立多个分公司或者直销营点,为了能更好了解经营状况,协调一致,总公司领导需要定期召开中层会议。如果采取传统会议方式虽然也能完成,但费时费力费钱,因此一般企业均采取网络视频会议系统。网络视频会议可与同城乃至全世界的人共享文档、演示及协作,是一种远程协同办公的应用,可利用互联网实现不同地点多个与会者的数据共享。它缩短了开会时间,降低了开会成本,提升了开会效率。秘书人员也无需对会议进行全程记录,网络会议系统可自动生成会议的备份内容。

现代秘书常常采用网络视频会议方式,来满足异地不同组织间信息交流和沟通的需要,有效利用时间、节约成本、减少差旅费用、提高会议效率,从而提升协作和决策的效率。利用视频会议技术,秘书可更加便捷地召开会议,更频繁地同世界各地的合作伙伴进行会面商洽,还能让企业与一些之前根本不可能碰面的人面对面地进行沟通。系统采用先进的音视频编解码技术,实现流畅话音和清晰图像。强大的数据共享功能更为秘书提供了电子白板、网页同步、程序共享、演讲稿同步、虚拟打印、文件传输等丰富的会议辅助功能,能够满足远程视频对话、资料共享、协同工作、异地商洽等各种需求。如以"好视通"视频会议为例,它以云计算为基础,具有"高效、便捷、低成本"特点。秘书通过在电脑安装客户端软件,外接音视频输入输出硬件设备,同时连接网络,从而实现多地的会议视频交互;也可以使用会议终端,或者移动设备(手机、平板电脑等)、固定电话接入会议,进行多方会议互动。我们先下载安装"好视通视频会议3.9.3",然后进入"会议室",其中有"菜单""我要发言""我要主讲""共享""更多功能""切换布局""视频设备"等。此外秘书还可通过手中的 Windows、Android 和 iOS 移动设备参加会议。

　　网络视频会议基于交互式书写系统,它系笔输入技术、触摸技术、平板显示技术、网络技术、办公教学软件等多项技术综合于一体,使得秘书与上司、媒体、上级组织等可以实现书写、批注、绘画及电脑操作。根据网络视频会议对软硬件的需求程度,大致可分为硬件视频会议、软硬件综合视频会议、纯软件视频会议和网页版视频会议(如 PPMEET 视频会议)四种形式。通常召集方打开网络视频会议软件的界面,输入相应的登录名和密码,登录后再点击已参加会议对象联系人姓名,对方即可参加会议。会议举行过程中,会议主席可根据会议需要确定采用哪种发言方式,如主席控制方式、自由讨论方式和自动打开方式等。会议有可允许记录和不允许记录两种模式,记录的内容包括音频、视频、白板、演讲、媒体广播、文字交流等。如果需要可加密,回放时要求输入密码才能打开。

　　[案例]

　　某企业遇到一个新客户,提出了新的产品设计或者服务要求:这不仅需要销售部门和技术部门做出表态,同时由于需要新的开发与资金投入,需要请示企业主管甚至董事长拍板。但是不巧的是,销售团队在北京、技术团队在上海、董事长休假去了三亚。秘书为了快速解决这一问题,减少旅费开支,便自然启动网络视频会议。

　　事实上,秘书在各地的部门或团队建立之初,就在他们所属地安装了网络视频会议系统:

　　秘书所在企业总部安装 yealinkVC$_{400}$ 系统,并部署主系统 MCUVC$_{400}$A。然后,其中一个 VC120 分支系统部署在北京销售部门会议室;另一个分支系统部署在秘书处,研发人员可在秘书处公司会议室内展示。而远在三亚的董事长则使用 4G 视频手机和电脑 PC 接入会议系统。在系统中研发和销售部门可以分别发言,同时研发部门可展示项目改进的模拟效果。每个部门和参与者可以利用该套系统的双屏功能,同时观看人物发言视频、文档材料和实物展现。最后,董事长可在项目文件上圈点勾画出最终的决策意见。同时这一系列的过程,可在任何一个客户端系统上形成完整录像。

网络视频会议的有效使用,使企业的秘书工作发生深刻的变革。主要在以下方面:(1)方便了企业内部的沟通,通过视频会议秘书就可随时随地与公司总裁或分公司经理进行沟通,无须把时间浪费在旅途中;(2)秘书可向公众和目标客户进行产品的可视化推广,通过这种方式展示产品,可让客户直观感受产品的外观和产品实验的结果;(3)秘书可以与异地客户开展可视化互动交流,更接近了解客户的需求;(4)总公司对分公司的企业员工采取在岗培训,借助视频会议来为企业实现远程培训;(5)秘书采用它可实现远程招聘员工的任务。此外,它还节约了会议成本、节省了旅费。如我们以某县一个会议为例,按 200 人规格,住宿费、资料费、会务费等最低标准需要 40 万元。相对而言,网络视频会议成本较低。根据全时的收费标准,用户只需支付每个月 60 至 120 元不等的服务包月费即可。所以政府、企事业单位应遵照本单位制定的网络视频会议管理办法的规定,改进会议形式,降低会议成本,提高会议效率,纷纷优先采用网络视频会议,可在一栋写字楼的不同办公室或远隔大洋彼岸的同事都能随时召开在线办公会议。

当然我们也清醒地看到,网络视频会议不可能取代传统的、常规的会议形式,也不可能替代机密性高的电话会议。通常在垂直型组织架构里的单向信息的传达,多是政令、政策发布,或是单位的颁奖、纪念性会议等。真正要达到畅所欲言、精确而清晰地表达一般以面对面的常规会议方式为妥。

五、QQ 手机视频会议

多人语音聊天开会,更适合中小企业。在手机 QQ4.7 版本中,直接点击"消息"界面右上角就会跳出四个选项,其中新增"多人通话",点击后你就可在人脉圈、通讯录、群或讨论组中选择秘书想要发起通话的人。现可支持 50 人加入讨论,最多 6 人同时说话。这就可帮助中小企业在不同的地方高效开会办公。同时多人通话还支持电脑和手机同时接入,只要打开电脑,登录 QQ 最新版客户端,打开需要进行会议的讨论组,然后选择语音会议或视频会议,其他参会人员打开讨论组,点击相应按键就可开始会议。同时点击工具栏上的按钮,选择"分享全屏",就可以把 PPT、Word、Excel、图片、视频等演示给其他参会人员。即使参会方不是秘书的好友,也可被邀请加入会议。秘书可选择"生成讨论组验证码",邀请更多人加入讨论组。选择后,讨论组聊天区会出现相应的提示文字,将验证码复制发给要参会人员即可。收到验证码的人员,只需在 QQ 主面板中输入进行搜索即可找到对应讨论组,双击即可加入。

QQ 手机版增加了多人同时语音通话功能,并实现手机端与 PC 端 QQ 讨论组音频功能互相打通。只要确保与对方在同一 Wi-Fi 或者手机热点下,就可以零流量把文件快速传递给对方。微信 2018 年又更新与升级,主要增加了语音聊天,可像系统电话一样接听;收藏里的笔记可保存为图片,分享至朋友圈;撤回消息可编辑。以前秘书必须在微信语音聊天界面,才能第一时间接收到微信语音聊天的邀请,否则,将无法得知有人找你。现在秘书向别人发起语音聊天,对方手机会自动弹出,响起铃声。就算对方没有在微信界面,也能像一般来电那样显示在手机最上层界面。手机 QQ"文件近传"功能,解决了在户外、移动场景下,没有免费 Wi – Fi 难以传输文件的问题。秘书可在"动态"界面,找到"文件\照片助手",点击"文件近传",只要确保与对方在同一 Wi – Fi 或者手机热点(把手机的接收 GPRS 或 4G 信号等转化为 Wi – Fi 信号再发出去)下,就可以零流量将文件快速传递给对方。手机 QQ 撤回消息功能,就是秘书有时发了不该发的消息,或者发了没有修改过的消息,微信在撤回消息后,在秘书"撤回了一条消息"的旁边,会出现一个"重新编辑"的按钮。点击该按钮,原本被撤回的文字就回到秘书的输入框,这时秘书就可以在原消息的基础上进行修改。微信在收藏笔记的编辑界面有保存为图片、分享至朋友圈两个功能。"保存为图片"可以直接把笔记转化为一张图片;"分享至朋友圈",则能跳转到朋友圈编辑界面,笔记将作为分享内容出现。

六、移动会务云

中国移动浙江分公司推出"会务云"服务,这实际上是一项秘书会务管理的新媒体具体运用,它集会议通知、资料查询、会务资料、人员接待、线路导航等多功能于会员的手机上。会务管理一直是检验企事业秘书事务中的难事,会议通知、会务资料、人员接待等事务繁杂,管理千头万绪,管理水平高或低,看会务细节就可"管中窥豹"。"会务云"可以说很好地解决了会务管理中的难题,一经推出就受到了极大欢迎。会务云的功能主要如下:

(1)随时随地查看会议相关内容;

(2)参会路线规划、一键智能导航;

(3)可下载和在线预览会议资料;

(4)提供基于二维码和位置的智能签到功能;

(5)会议、会议新闻、通知、交流信息等的消息实时提醒;

(6)提供会议微博功能,方便参会者交流互动;

(7)打造专属个人的会议通讯录,拓展人脉;

(8)提供游客方式查看演示会议,在线申请企业账号功能。

该系统由浙江融创信息公司自主研发,产品自带丰富的皮肤、会议内容等模块库,可自选栏目设计发布会议专题网站。秘书只需登陆 PC 机将会议通知、报名、议程、住宿、用餐、天气预报、联系方式、历届会议、会议微博、通讯录等参会资料上传到移动"会务云"平台,资料便可同步显示在会务云 Web 页面或参会人员的会务云手机客户端,无须打印、复印、装订、发放材料或电话通知。这样发布一场会议只需 15 分钟。如有内容出现临时变更,可随时登陆平台进行更新,或通过平台直接给参会人员群发短信告知变更内容。参会人员安装客户端的方法也非常简单,只需点击从会务云发来的短信链接,即可完成下载安装。安装后,便可查询、阅览、下载,在线阅读会议资料及参与在线会议讨论。此外,会务云还可存储积累各类会议相关的统计数据信息,形成会务秘书的会议管理分析资料和参会人员的会议簿。同时,它也具备参会路线搜索、一键智能导航功能,只需按下一键导航按钮,手机客户端便会自动根据与会者所在的位置制定最优赴会路线,根据语音导航帮助与会者顺利到达会议目的地。此外,参会人员还未到会场就可收到问候和时间提醒,通过手机客户端可以查看会议议程和会议资料等信息。

七、触宝电话 App

触宝电话除了支持永久免费打电话,是一款流行的快速拨号及通讯录管理工具。它拥有多项新专利功能,可以代替系统拨号。采用云端超大规模数据挖掘,构建了超过 7100 万的号码数据库。在未接听陌生人来电之前,即可知对方身份。可以更精确地拦截骚扰、诈骗、钓鱼电话,并且通过输入拼音首字母、部分拼音、部分号码或公司、邮件等任意字段都能快速找到联系人,并按通话记录频度智能排序。触宝电话独创手势拨号,给常用联系人设置特殊的手势,打电话只需轻轻一划,就可以用手势快速拨号,比拼音搜索联系人更便捷。通话录音、通话备注、重要电话随时记录。

八、智能会议平板

DisplayTem 电视是由楷知科技公司生产,又称智能会议平板,秘书使用时,只需将配套的 USB 外插按钮连接至电脑,点击按钮即可将电脑桌面内容无线传送至这台平板上,终端会适配笔记本电脑的分辨率。与传统投影仪需要接线、调试,耗费大量的时间相比,DisplayTem 电视只需 10 秒钟即可完成。

此外,杭州翰林博德公司推出智能投影,电脑、投影、实体白板或触摸屏等智能显示终端,与秘书工作越来越密切。智能投影依托物联网、云计算、大数据、移动互联网技术,将电脑、投影、实体白板或触摸屏三合一成智能投影一体机,构建起一个交互沟通与网络资源一体化平台。

第三节　电子会务工作处理实务

一、电子签到

传统的办会活动往往固定在一个特定的会议场所,带有一定的封闭性,把众人带入会议室、会议堂等特定的会议场所。而秘书使用新媒体秘书实务 App 办公软件,以移动 O2O 系统平台,打通所有围绕会务活动的中间环节,把会务和活动细化出会议策划、场地、餐饮、客房、交通、票务、接待、宣传、布置、媒体、安保等多个细分模块,然后在手机 App 应用社区上线。App,英语全称为 Application,指移动应用服务,App 可整合 LBS、QR、AP 等新技术,通过微博、SNS 等方式分享与传播。

目前而言,秘书会务工作的信息化趋势也日趋明显,国内现在的电子会务系统一般都具备议题管理、发送会议通知、会议签到、网上投票表决等功能。如开会前与开会中,参会人员可以即时进行资料互传、实时查询,无线传输实时数据并将直接通过移动终端投射在会议大屏幕上以便与会人员共享讨论,还可实现会议演示、说明和沟通的高效率;甚至在真正实现完全的专业化远程办公之后,会议室将不复存在,参会人员仅凭智能手机即可完成视频对话,从而大大降低会议成本。

再如,开会时可采用电子签到,即在专用的磁卡芯片上事先将会议代表的姓名及相关资料予以记录。与会人员在进入会场时刷一次卡,有关信息就进入会议管理计算机系统。同时可快速统计到会人数、应到人数、实到人数、缺席人数等数据。设立为会议成员远程交流思想的讨论区和工作区,成员可以在一个共同的空间里阅读、发布,回答会议中产生的疑问与难点,加强交流与合作。其还拥有集成的投票功能,可以使成员针对某个话题某项事宜某个决策等进行投票,并查看当前投票结果。

二、微信会务小程序

根据会议的规模大小,确定会议接待的规格。秘书线下制定好会议通知图片、会议议程图片、会议交通图片等,其中会议议程主要是制定会议举办期间的每一天具体时间安排,它是参会者了解此次会议的重要文字材料。会议议程的形式既可以是文字式也可以是表格式。会议议程的发布渠道主要有传真、电子邮件、电话通知、短信通知等,其中还包括微信小程序。如下:

首先,会议的各项基本安排。要组织一个会议,秘书必须先创建一个电子会议,然后在规定的时间内提醒相关与会人员报名参加,进而获得会议集体材料。

其次,填写会议单。打开微信,在搜索栏直接输入"无纸化会议",进入后选择"举办会议",按照出现的表单填写会议的基本信息即可。

再次,会议通知。将会议名称发送至相关参会人员,引导他们打开微信,搜索微信小程序"无纸化会议",进入首页点击"参加会议",在二级菜单"报名中"找到会议名称,点击进入报名环节,资料填写完后获取会议详细资料。

微信小程序到2018年初,遇到了挑战。华为、小米、OPPO、VIVO、中兴、金立、联想、魅族、努比亚、一加等十大手机厂商共同发布"快应用",它无须用户下载App,应用服务都在云端,预计支持超十亿部手机。具有免安装、免存储、一键直达、更新直接推送四大体验,不久还有消息推送、账号接入、支付接入、数据服务等。事实上它是一款轻程序,能最大化降低开发者的开发和推广成本,方便一站式接入,并实现跨厂商运行。如秘书使用App,首先需要知道又饿了么、美团等外卖App,才能寻找外卖。秘书于是到应用市场中下载安装,打开搜索"比萨"。而有了"快应用",秘书拿到新的手机后,只需下拉桌面打开搜索框,输入"比萨",即可获取相应服务。"快应用"类似于小程序,将取代App市场。然而,对于传统手机厂商而言,预装App、自带浏览器广告、应用下载商店等都是收入的重要来源。目前市场上每一部手机预装App最高可获20元。如果一部手机卖出千万个App,就给手机厂商带来几亿元收入。移动应用商店一般三七分成,开发者拿七成,手机厂商拿三成。

三、Zoom App(在线会议系统)

它是一个专门为用户提供移动化、云端化视频写作体验技术的App,其中将移动协作系统、多方云视频交互系统、在线会议系统这三者进行无缝融合。具有实时屏幕共享的体验,并且跨越 WINDOWS\MAC\IOS\ANDROID 等四个系统,方便便捷。而使用Zoom App的方法非常简单,可以选择Google账号一键登录,而在加入会议时,只需输入会议邀请链接即可。Zoom展示全新的增强现实功能,加入3D虚拟场景,而且无须依靠特殊硬件即可查看虚拟场景,但演示者必须佩戴AP头显。Zoom增强现实功能只支撑Weta,未来将支持更多设备。

四、智慧履职平台

会议不仅需要按时召开,更重要的是,会后要切实贯彻和落实会议精神。为此杭州市政协会议秘书处在2018年初推出小秘书——"智慧履职平台"。基于"钉钉"手机客户端,组建"10＋N"功能模块,即政协新闻、政协公告、履职通知、会议资料、提案查询、社情民意、网络议政、我的履职、学习园地和履职菜单等十大模块,以及钉钉故有的通讯录、网络通话、密聊、视频会议等功能。

我们以参加"两会"的政协委员为例,"两会"结束后,委员具有新的工作任务,接着分解任务,发送给委员认领任务,然后履职。在任务分解过程中,可以实现各条任务委员认领人数,避免不同的任务"冷热不均"。履职前,针对任务认领意向,可以定向、精准地向相关委员发出履职通知。履职时,在现场可以用自己的手机签到,现场拍到的图片、有感而发的文章可以即时上传"网络议政"模块,还可以和其他委员进行互动。履职后,签过到的委员可以在"我的履职"模块里看到工作进展,新产生的履职积分,实时反馈自己在小组的排名情况,以及全体委员积分排名情况,促进委员履职的积极性。各地政协委员可以参加远程协商,拓宽了全新的建言渠道。

【小贴士】

AVCON 网络会议系统:

通过网络登录中电飞华①,该界面包括会议列表、会议管理、个人资料、会议属性、会议主题、人员清单、图形统计、会议文档、会议状态等信息。项目如下:

会议列表:该页面上显示登录用户有权限参加的会议(定时会议、手工会议、每天例会、每周例会和月会议),会议前面有浅红色标志的为要参加的会议,绿色为可以匿名参加的会议。

会议管理:主要用来添加/删除会议及设置会议属性(是否匿名、是否有软件狗、密码验证,人数最大值和会议主题)。

会议编辑:进行属性的修改。

会议模板:设置会议默认模板。

会议人员:设置会议参加人员,包括主持人、与会者、添加者和旁听者等。

我的会议:页面上显示的各个小页面分别是:会议属性(显示会议所具备的属性,如是否加密狗验证、会议模板等)、会议主题(显示会议主题信息)、人员清单(显示在线人员、缺席人员及与会人员数,及用户相关信息。如果用户在线,用户名前会有一个绿色√标志)、图标统计、会议状态、会议文档。

---

① 首次登录需安装相应的插件 DirectX,在首页上,直接下载,输入用户名、密码,选择语言,注册后成为新用户。

【思考与练习】

一、名词解释

1. 智能会议平板

2. 微信小程序会务实务

3. AVCON 网络会议系统

4. 会务云

二、思考题

1. 阐释新媒体会务工作的优势。

2. 论述电子文书处理特征。

3. 请说明 QQ 手机视频使用方法。

中篇

02

秘书参谋咨询新媒体实务

第六章

秘书信息工作新媒体实务

信息是指音信、消息,它是表现客观事物特征的一种普遍形式。美国诺伯特·维纳认为:"信息是人们在适应外部世界,并使这种适应反作用于外部世界的过程中,同外部世界进行交换内容的名称。"信息工作是秘书做好辅助上司工作的关键。秘书信息工作的内容包括信息的收集、整理、筛选与鉴别、提炼与利用、分类与存储、传递等一系列活动。秘书信息工作的重点是信息的收集与加工。通过收集信息、研究信息,协助上司预见事物发展的趋势,在现实可行的基础上,形成新目标、新方案,使上司的决策有更可靠的实施基础。信息工作是秘书辅助领导决策的依据,是秘书机构处理日常事务的基础。为适应信息工作的要求,秘书应当具备五方面的能力:信息获取能力、信息选择能力、信息预测能力、信息处理能力和信息运用能力。

第一节　秘书新媒体信息工作特征

在电子信息社会里,秘书的办公内容和形式都发生了质的变化。秘书的工作方式由过去单纯的办事、办文、办会,开始朝收集信息、处理信息的方向发展。信息社会提示每一位秘书,谁拥有蕴含价值的信息,谁就可以在秘书工作中发挥更大的作用,拥有工作的主动权。信息工作是各级领导机关、社会团体、企事业单位制定计划与决策的依据,是领导对全局性工作进行有效控制的基础,也是秘书从事公文写作、开展参谋咨询和辅助决策服务的重要前提。

在技术发展史上,人类对传播信息的改造经历了三次大革新阶段。距今 1 万年前,人类由渔猎游牧生活时期进入农业生产时期,主要靠口授、结绳、画图、民歌、神话、传说等来贮存和传播知识与信息,这是人类第一次信息革命;18 世纪中叶产生了以蒸汽机的发明为标志的工业革命,这时人们开始利用报刊、书籍、图书馆、博物馆、档案馆来贮存和传播知识和信息,这是第二次信息革命;到了 20 世纪末至今,人类开始使用计算机来贮存和传播知识和信息,使人类正式步入全球信息化时代。信息具有客观性、共享性、广泛性、时效性和开发性等五大特征,而秘书实务须臾离不开信息工作,"其中心职责就是信息的贮存、处理、检索和通讯"①。从古至今信息便是秘书辅助领导管理和决策的重要前提和方式。目前已进入信息量爆炸的时代,互联网显著地改变着世界,每个人都成了信息的接受与传递者,信息已变成现代社会的珍贵资源之一。而且秘书工作也是信息高度密集的领域,身为秘书必须明确信息工作的重要性,并学会利用各种新手段,多途径地获取更多的信息,为决策者提供有效服务。只有这样,秘书才能在信息化时代下,做好领导的参谋和辅助工作。身处"互联网+"时代,信息作为连接各类活动的介质,在秘书工作中扮演了非常重要的角色。

目前发展迅速的计算机技术带来了惊人的信息潮,同时也带来了大数据的流行。在信息化时代,秘书获取信息看似易如反掌实际却举步维艰。现代社会对秘书的要求比之前更高,原因之一就是信息多、杂、乱,不好辨析与收集。一方面,现在各式各样的信息正在日益增长,信息收集手段的变化,让领导对信息的要求更高;另一方面,日益先进的科技也推动了各个阶段的信息工作,如采集信息、存储信息和利用信息等一系列变革和发展。

一、制信息权是企业要求

置身于信息时代,最重要的是制信息权。制信息权,也就是在一定的时间和空间范围内收集、处理、运用信息的主动权。为迎合当前信息化时代的现状,小米公司设立了官微、官网、微信订阅号等,第一时间发布信息,同时配合热点事件策划营销活动取得用户好感。在小米手机的开发过程中,小米还要求公司的开发人员和用户保持紧密的联系。小米强制性地让每个开发人员都开通微博,用户有任何问题都可以直接与手机开发者取得直接联系。小米公司事实上并非受制于信息的浪潮,而是主动出击去收集信息。

二、构建信息收集平台

在当今信息化时代,信息就是一切、时间就是生命。因此秘书从业人员挖掘信息的快慢,已影响到信息使用价值的大小。计算机技术的迅猛前进,使秘书在信息的传递、收集与处理过程中可以完全依靠互联网打破时空限制,用手机等移

---

① 亚历山大·金:《一次新的工业革命还只是另一项技术》,《微电子学与社会》,北京:生活·读书·新知三联书店,1984年版,第16页。

动便携设备获取到更快、更主动的信息。网络除了为我们呈现出海量信息之外，还为我们提供了许多双向交流的新途径，比如微信公众号、微博认证官方账号、QQ讨论组和各种官方论坛等，改变了一直以来秘书从业人员被动的信息收集方式。例如，秘书从业人员可以通过网络平台对产品信息进行汇总，如果秘书对这些信息有着进一步的需求，想要更进一步地了解，网络平台还会提供能够让秘书直接联系服务商的各种联系方式，并且可以在线对话，方便秘书获得更详细的信息。

三、信息收集具有全方位性

秘书以辅助领导科学决策为重要工作内容，然而领导管理的领域过大、过宽，很多事情已超过他们的熟知范围，其中既有纵向历史的，也有横向现实的；有宏观的，也有微观的。因此，企业秘书需要重视企业各方面的信息采集，以便更好地、全面地做好信息辅助领导决策工作。

四、挖掘信息找准切入点

现在信息化时代中，秘书从业者的信息收集有了新的途径和特点，如用人工智能方法对海量数据进行有效分析，这就决定了秘书从业人员的信息工作和以前比发生了很大的变化。

五、信息一次向多次利用的转变

很多信息在秘书的信息工作中使用一次之后就被抛弃了，其实这样是很不利的。在信息工作中，有的信息是可以多次利用的。一次性信息可以经过秘书的筛选加工变成可多次利用的信息。这种对信息的加工处理就是深度利用信息的方式之一，又叫信息增值。对有利用价值的，内涵比较大的信息进行增值开发，要求秘书在信息工作中，发现把握好对全局影响比较大的关键点。不仅如此，优秀的秘书在信息工作中还会进行信息的深度发掘，进一步利用一些有潜在利用价值的信息。在信息的深度和广度上对一次性信息的利用开发，使得信息在范围和层次上有了增进，信息自然就可以完成一次向多次利用的转变。

六、增加信息获取途径的现代化

秘书需要获取的信息可分为内部信息和外部信息，其中内部信息主要有：领导的信息、业务过程中产生的信息、团队和员工的信息等。业务信息还可细分为：各种商品信息、原料供应信息、财务支出信息等。外部信息则主要来源于国家政府部门、本单位的上级,以及竞争对手和国际公司,其中主要有政府的经济政策、产品的市场需求、消费者行为等。

随着信息化时代的发展,信息对企事业有着十分重要的影响,在企业的生存和经营中的作用也越来越大。我们可通过文件、会议、电话或者口头沟通等方式收集信息;可通过口头报告、书面材料和其他电子邮件获取信息;还可通过行业交流会、新品发布会、企业展销会等途径获取信息;甚至还可通过信件、研究报告、互联网、电台等途径获取更多信息。此外,我们还可以在每个部门指定所需的业务单位,根据业务需要来进行业务范围内信息的收集和筛选,定期或不定期报告给秘书部门。

七、加强信息的反馈工作

在已经成功使用信息之后,秘书的信息工作远没有结束。秘书在信息工作中还应注重信息的反馈,所搜集信息的反馈对于后续工作有着极其重要的指导作用,并可减少错误的再次发生。

在信息化时代下,秘书信息工作是一个连贯的、动态的过程。在信息工作中,秘书应该密切关注工作进度,对各种可能发生的新情况进行跟进,尽快反馈给领导;还应重视反馈的时效性,这就要求秘书应建立、建设好反馈系统和反馈平台。每项工作都根据信息卡上的内容来完成,信息卡上应包含:领导的决策、完成时间、完成人、完成情况、完成出现的问题等。建立完善好信息反馈系统,可以使秘书的信息工作和领导决策之间形成一个连续的闭环,可以有效地提高信息的利用率和秘书信息工作的有效性。

第二节　秘书信息获取新媒体途径

随着信息的大量传播,秘书的信息工作对秘书所收集信息的要求也发生了变化。与传统的秘书获取信息的途径相比,新媒体时代下,秘书获取信息的途径主要如下:

一、利用专业信息库获取信息

专业信息库(Repository)以其大量的数据和专业程度被秘书所青睐。在使用专业信息库时,可根据自己的需求建立一个或多个信息库。专业信息库的诞生为秘书信息工作带来了巨大的帮助,可通过查阅相关信息和利用关键字、词查找关联性的信息,从而获得更加系统、更加丰富的信息。通过专业信息库获取的信息较为全面系统,同时也较为宽广,这就需要秘书进一步完善甄别与筛选信息内容的环节。

中国现有的专业信息库有很多,秘书常用的有中国知网企业版、中国资讯行商业版等多种综合性数据库商业版。其中创建于 1995 年的中国资讯行是一家来自香港的专注于商业信息的高科技企业,资讯的内容较为丰富,有实时财经新闻、法律法规、权威机构和经贸报告、商业数据和证券消息等。同时,它的数据库系统可为各行各业提供商业信息,包括经济、法律、政治等。此外,它还对中国的主流媒体和国外的重要媒体进行 24 小时的监测,涵盖了各种杂志、SNS 网站、网站、报纸、论坛、微博、博客等,并与国内近百家行业、权威机构合作。该信息公司还拥有强大的专业数据人工处理团队和数据采集处理技术,为秘书的信息获取提供了强大的支撑。

二、有偿信息的利用

有偿信息也是近年来兴起的比较重要的信息获取方式,是经营性互联网公司提供的一种有偿服务。有偿信息服务的核心在于高品质服务,这不仅会使得秘书的信息获取途径增多,还会提高秘书所获取信息的价值,为辅助领导决策提供精准服务。

有偿提供信息的内容首先有 ICP 向用户提供收费信息,也就是互联网用户须事先或事后向 ICP 交纳指定的费用才能在互联网上浏览或下载语音、数据、文字、图像等信息;其次为收费短信,比如互联网用户事先或事后要向 ICP 交一定费用才能经互联网向固定电话、手机、电脑等终端发送有关文字、图片等信息。秘书可通过向经营性互联网公司支付一定的费用,从而获得更加多的资料浏览查询权。

从上得知,秘书更应该提高自己获取信息的能力。利用好现有资源,通过有偿信息服务查阅的信息获取相对专业的信息,为领导决策时做出更有价值的参考。但同时值得注意的是,费用也较高,因此通过有偿信息服务来获取信息的情况,一般是比较重要的信息工作,或者其他信息不能满足领导的决策要求的时候。

三、利用移动媒体获取信息

这几年来移动媒体发展迅速,特别是电视网络、互联网络、移动网络的三网融合,使得移动媒体的影响力越来越大。例如,新浪手机微博和微信就是现今信息化时代下最流行的新媒体。北京来福士广场办公室就成功利用微博获取的信息,实施了一次完美的商务活动。北京来福士广场办公室在微博上看到关于双"十一"的热烈讨论,最终决定在北京来福士广场举办了一场"游乐来福士"微博营销活动。提出转发微博并@朋友,就有机会获取国外旅行的机票。线上和线下的抽奖各产生两位,而线上的抽奖则是延续了万圣节抽奖活动的内容。微博营销可以增加消费者的到店率,一般活动的宣传,在微博上的转发率只能达到 30 至 50 次,如果是抽奖活动,转发率就会大大提升,达到两三千次。因为很多消费者中奖后需要到店内领取奖品,这样又可增加顾客的到店率。

有人甚至把现在这个时代,称为微博时代。很多企业家都很乐意在微博上宣传自己、包装自己。比如微博上的一些地产企业家如任志强、潘石屹等,他们已经成为自己企业的"形象代言人"了。微博甚至改变了 SOHO 中国的经验模式,他们不再投放传统的硬广告,开始注重微博营销的力量。正因如此,微博平台成了商家必争之地,很多企业在招聘秘书工作者时更是硬性要求秘书必须懂得新媒体的利用。因此秘书必须熟练运用各种新媒体(如微博、微信)去获得最新最全的消息,为企业的营销策划和突发事件做好信息工作。

信息爆炸时代,秘书要花费大量精力从海量的信息中进行选择,于是秘书还遇到选择信息的困难。企业则困扰于将如何发现市场的真实需求,找到自己的真正客户,并把核实的产品和服务精准送达消费者。中国移动推出"神灯"软件,基于浙江移动的海量数据和客户画像、位置轨迹等优势能力,建成洞察、拓客、风控三大产品线,在严格保障个人信息安全的前提下,提供与政企云相结合的大数据能力。如选择商店地址,以往派人蹲在路边数人头,而现在利用移动的"神灯"可以解决这一难题。它通过整合信令位置、客户特征、外部数据等,采用分布式 +MPP 并行数据处理架构,构建基于地图网格式分析模型,实现经济地图的大数据可视化服务。"神灯"以数据地图为可视载体,透视目标人群的热力分布,从而洞察潜在的价值,并依据多种分析手段对价值区域深入测量,探寻更理想的选址策略,助力商家高效选址,进行商圈比对和门店比对,做出正确的经营决策。有了海量数据,"神灯"就可以帮秘书精准锁定目标客户,帮秘书快速选择目标商品。"神灯"的拓客线产品主要有三个:喜转盘、喜传单和喜推推。其中喜转盘可以帮助秘书做出选择,它基于用户画像、商品画像、企业评价、优惠偏好、行为识别、内容识别系列,由秘书主动测算,帮助秘书选出喜欢的商品、需要的优惠券。而喜传单可以帮助秘书接触用户,它基于消费者的细分和数据,帮助秘书将产品和服务的优点和优惠,高效传递给准确的用户人群。而喜推推向线上电商企业输出精准触达能力,当秘书登录后即时为秘书展现所需要或所偏好的商品信息,大幅提升电商企业自有流量的使用效率和用户转化率。

第三节　秘书信息工作新媒体素养

在新媒体时代,秘书获得最新最全的信息异常重要。为了能快速提高信息工作的质量,秘书做好信息工作应达到如下信息素养:

一、现代化信息意识的培养

信息化时代的来临,使得秘书的信息工作变得更加有难度了,信息化时代要求秘书具有全新的信息意识。秘书必须积极探寻、发现、提炼、反馈各种信息,同时加大学习力度掌握新技术新知识,在海量的信息中为领导发掘到有利用价值的新信息。培养现代信息意识主要应该从认识信息的重要性入手,只有这样,秘书在日常工作中才会重视信息。还应该从信息的搜集过程入手,秘书应运用各种途径,全面搜集有用的信息。最后还应该立足在信息的处理上,秘书应进行创造性的信息工作,进一步深入了解信息间的联系,更好地为领导决策服务。

二、加工让信息增值

单一信息已经不能适应现在的信息化时代,但是我们秘书搜集到的信息一般就是单一的。这个时候就需要对信息进行分析、筛选、加工,让信息产生增值,接下来是秘书实现信息增值的主要方法:

（一）以微观信息见宏观信息

秘书搜集的各种信息在一般情况下,多是一个个的微观信息。这些微观信息一般是从不同的角度反映着事物的方方面面;但有时候领导在进行决策时,需要一个大方向的宏观信息。这种情况下,就需要秘书对搜集来的微观信息进行一个细致而深入的分析工作,从微观信息中分析出事件的宏观信息。因此秘书的信息工作应从微观出发,从潜在价值的开发开始,挖掘宏观指导价值,精加工,力争使信息更具档次。

（二）观察苗头问题,发现超前信息

信息化时代下,超前的信息是企业在竞争中决胜的关键。因此超前信息的发现就显得尤为重要,其实超前信息并不是毫无预兆的,一般超前信息都有着潜在的、间接的预兆性。优秀的秘书往往具备超前的信息意识,在信息工作中,能主动发掘出一些被掩盖起来的预兆性信息。这些被很多人忽略的预兆性信息往往能体现事件的倾向性。因此秘书应加强自己的信息意识建设,在信息工作中多发掘超前信息,更好地发挥秘书的信息职能。

(三)对零碎信息的总结归纳和综合利用

秘书部门作为各种信息的中心汇集处,每次接触和接收到的信息是多种多样的。在一段时间里,秘书会通过不同信息途径搜集到同一事物的不同信息。这时就要求秘书在这些零碎的信息中,进行一个总结归纳的工作,在不同的信息中找到关于同一事物的有规律的信息,以获得综合有效的利用。

信息化发展道路有三个阶段:数字化、网络化和智能化。中国现正处于网络化,并向智能化方向迈步。中国新一代的人工智能主要向五个方向发展:大数据智能、群体智能、跨媒体智能、人机混合的增强智能和自主智能系统。人工智能像机械化时代、电器化时代、信息化时代一样,它对社会的影响深度广度都是空前的。它会将人类历史推入一个崭新的新时代,就像前次工业革命一样。算法和数据是组成人工智能的核心要素,前者依靠精英,后者依靠大众。如果说前三次工业革命,大多数人处于"袖手旁观"的状态,那么在智能革命面前,每个人都会是参与者。人工智能已经开启 2.0 时代,它不但以更接近人类智能的形态存在,而且以提高人类智力活动能力为主要目标,更加紧密地融入人类生活和工作,甚至扩展为人们身体的一部分,可以阅读、管理、重组人类知识,为生活、工作、资源、环境等社会发展问题提出建议,在越来越多的专门领域的博弈、识别、控制、预测中接近甚至超越人的能力。展望未来,科技的发展会更加令人匪夷所思,人类的生活将会发展翻天覆地的变化。

新媒体的核心与灵魂在于技术,而这种技术则是心智活动为主的技术操作,新媒体秘书实务运用的最大技术是人类实践得以进行的重要中介。信息搜索、信息处理、为上司的各项工作提供信息支持,是秘书的工作职责之一。秘书工作在线办公是指秘书应用互联网技术和资源并基于互联网络处理各种办公事务,换言之,秘书上网在线协同办公,通过网络进行交流沟通,利用网络资源处理各种事务。如此不但提高了办公、办会和办事的工作效率,而且基于网络的办公处理不受时间和空间的限制。当今社会资讯发达,随着网络技术的迅速发展,网上信息更是以爆炸式的速度不断丰富和扩展,只要有电脑和手机,就可得到源源不断的信息。但如何在茫茫的信息流中获取所需的信息?因此秘书如何利用互联网在线搜索信息,成了秘书收集和应用信息的重要技能之一。

秘书在信息工作时,特别要关注信息干扰现象。各种形式的信息干扰是造成领导和管理工作失误的重要原因,秘书有责任协助领导者排除来自各方面的信息干扰。首先,要注重排除思想障碍造成的干扰,如报喜不报忧,缺乏真实状况。其次,要注重排除感情障碍造成的干扰,喜听老同事、老朋友的话,而不愿听有矛盾者的话。再次,要注重排除利益冲突造成的干扰,在利益驱动下,讲一些假话,掩盖事实真相。第四,要注重排除时空因素造成的信息干扰,不深入基层,文山会海,主观主义严重等。无论来自何方形式的信息干扰,秘书都应通过近身综合参谋智能辅助和服务,协助领导者加以排除,使其具有正常开展有效领导工作的良好信息环境。

第四节 秘书信息处理工作新媒体程序

科学决策和有效管理必定建立在准确而全面的信息基础之上。秘书机构处于信息中心地位,要完成好上下沟通、左右平衡协调等辅助管理任务,很大程度上是靠"处理信息"完成的。秘书不仅要正确理解信息的类型和信息工作的意义及其基本要求,还要掌握信息工作的程序和编辑设计方法;不仅要掌握收集信息积累信息的方法,而且还要具备将冗长的信息内容进行筛选分类、研究整合的能力,并能将加工整理后的具有较高价值的信息,以恰当的形式,及时、准确地传输给决策者或向公众发布、展示。在这种收集、筛选、加工、传输信息的过程中充分体现出秘书的辅助决策角色和信息管理者的功能。

信息工作就是为满足信息使用者或信息利用者的需要而进行的信息处理和传递活动。秘书机构处于信息中心地位,现代科学决策和管理必须建立在准确而全面的信息基础之上,因此信息工作是秘书工作中的重中之重,而满足领导的需要是秘书信息工作的核心任务。信息工作要准确完整外,还要高效及时,收集要快、整理要快、传输要快,以使信息获得最高的利用率。通常而言,信息传递的速度越快、范围越广,信息的利用、共享和增值的作用就越大。秘书信息传递有两个维度:其一向外,如主动、及时或定期地向新闻媒体、兄弟单位、客户或外部其他社会公众等传输、发布本单位可以公开、共享的信息,有利于获得社会公众、客户的理解、支持和友好合作。其二是向内,包括上行传报和下行传达。向上级领导(部门)传报,以及向下属职能部门、内部员工传达等。在新媒体中每一个秘书既是信息采集者、制作者,又是信息发布者。美国《连线》杂志总编克里斯·安德森说:"过去:媒体是演讲,我们创造内容,你来说;现在,新媒体是一切对话。"传统媒体中,受众是作为教育、传播的对象,是一切传统秘书的工作出发点和切入点。作为新媒体,否定了传统媒体的你传我受的传播模式,传播者不再被视为全知全能的先知,而是处于一种与传者受者平行对等的状态,是一个具有真诚服务精神和开放空间的信息采集、制作和发布者。秘书新媒体信息处理工作程序如下:

一、信息收集

在秘书工作中,通过文件、电话、网站、新闻、会议、口头指示和传达等,秘书可从中收集些许有用的价值信息。从这个角度上说,秘书工作实际上就是在接收信息的过程中而展开的。收集信息的主要途径就是通过各种方式,如问卷调查、网上问答、查阅公告栏、微信、公众号等。其中调查民意的目的是了解舆论、摸清行情、调查民意,秘书可通过新媒体完成了解民意、摸清民意、调查事件等任务。其中微博作为一种全民社交媒体平台,可以信息透明化、参政议政、全民监督;微信公众号、在线论坛、在线社交网站、博客、推特等,均可成为秘书双向交流、信息反馈的平台。

新媒体发展的重要特征就是互动性。它是网络空间内信息发布门槛低和信息传播方式灵活的直接产物,其互动性在形式上表现为传递者和接受者之间交流互动的增强。这种互动性体现在移动终端的分享、交换和回复等形式,与传统媒体的电话等有很多相似之处。在实际的互动环境中,信息不再是依赖某一单向发出,而是在双方的交流过程中形成。多点对多点传播,提高了信息传播的即时性和真实性,这样不仅提高了信息传播参与者的话语权,而且也相应提高了信息传递的效率。沟通在秘书工作中占据较大成分,秘书可利用新媒体进行即时沟通,包括文字、视频、图片、音频、动画等文本。"秘书的信息收集工作关键是'建网',即建立秘书信息渠道。像制定安排信息员、明确信息例会制度和信息交换制度、建立信息网站、实现计算机网络联系等,都是秘书工作中建立信息渠道的重要方法。"①

二、信息储存

随着信息技术和网络的快速发展,安全的边界已经超越地理和物理实体的限制,拓展到网络虚拟世界。如手机等移动终端上,不要保存有身份证、银行账号等敏感的信息内容,所有来历不明的链接,秘书一律不点;同时保护好自身的认证信息和验证码,不要随意告诉别人。又如秘书信息工作讲求时效性和广泛性,我们运用电子邮件时较为便捷,但它容易出现信息的保密性不够、准确性不强的缺点,为此秘书需在文件材料和会议记录成型定稿过程中,养成随时采取存盘、随时存云的习惯。

20 世纪后期出现了新型的秘书实务载体——电子文本,会说话的"书"和有

---

① 赵映诚:《秘书学新编》,大连:东北财经大学出版社,2013 年版,第 259 页。

形象的"书",以及胶片、磁卡、银幕、屏幕、光盘、优盘等文本的信息载体,是对传统印刷文本的超越。作为第四媒体的互联网和第五媒体的移动手机在我们生活中相继出现,引发了秘书新媒体实务现象。

1. 优盘。它是一种闪存介质,通过电脑的接口存取数据。它不需要驱动器,无外接电源、使用简便、即插即用;它容量大,体积小,仅大拇指般大小,十分轻巧;它存取速度快,约为软盘速度的 15 倍;可靠性好,可擦写 100 万次,数据至少可保存 10 年;抗震、防潮、耐高低温、携带十分方便;便捷插入口,带写保护功能。正因优盘具有这些优点,使得它成为当前流行的移动存储设备。秘书可以把一些常用的或重要的文件存放到优盘上,随身携带,便捷地实现文件流转。

2. 移动硬盘。随着人们对存储的信息量提出越来越高的要求,于是习惯与喜欢把什么资料都往自己的硬盘塞的秘书显然会提出这样的需求,要求性能接近台式及硬盘,又能随插随用,方便携带。移动硬盘支持热插拨,即插即用;超薄设计,美观轻巧,携带更加方便;接口方便,传输速率可高达 480 兆/秒,存储快捷;超大容量,可高达 100 多 GB。当然,移动硬盘刚买来时,不能立刻使用,需要进行分区和格式化操作。

3. 云存储。秘书采用云计算与云存储的方式,可把大量企业的信息进行分门别类的有效存贮。所谓云计算是一种计算模式,它通过互联网来提供动态的、可伸缩的虚拟化资源的服务。云计算使得互联网上计算资源和数据资源被集中起来,从而能够完成过去不能完成的任务,使得信息处理的成本大幅降低。云存储是在云计算概念基础上延展出来的,它运用相应的功能,通过相关应用软件,将网站中许多不同类别的存储设备集中起来共同工作,一起对外提供数据的存储和网页的访问功能。因此可以说云存储就是以数据的存储和数据管理作为核心的云计算系统的功能之一。

秘书要掌握云存储方法,其中我们主要介绍一种"百度云存储",它是在云计算概念上延伸和发展出来的一个新概念,通过集群应用、网格技术或分布式文件系统等功能,将网络中大量各种不同类型的存储设备,通过应用软件集合起来协同工作,共同对外提供数据存储和业务访问功能。云存储通常意味着把主数据或备份数据放到企业外部确定的存储池里,而不是放到本地数据中心或专用远程站点。使用云存储服务,企业就能节省大量投资费用,同时秘书在不同地点、不同时间均能访问该数据。使用云存储,使得秘书查找资料、存储信息十分便捷,满足信息的查阅和参考;有利于信息管理,大量信息资料可建立科学的分类、归档,避免遗失或泄露。

以往秘书工作时较多使用传统的存储方式,比如移动硬盘、刻录光盘和 U 盘等,在使用时不是很方便,管理起来也比较麻烦,尤其是发生软件、硬件故障时,会丢失或者损坏大量本地的存储信息。事实上,秘书只需掌握新媒体云计算和云存储功能,就能解决这一问题。如"e掌管",它是先进的企业移动云计算管理平台,拥有e办公、e通信、e人事、e销售、e核算五个功能模块,可满足秘书在实务办公、人事通讯、销售统计、成本核定等方面的数据存储和管理需求。它可随时随地管理企业,零投入、低成本、真实及时地追踪、分析数据。秘书通过"e掌管"可以将员工的私人手机变成工作中使用的通讯工具,既可节省购买固定电话的费用,又能享受很多高效便捷式增值的通讯功能,同时也可迅速完成各种审批手续。另一是云创旗下的"minicloud"私人云盘。它是一种为企业量身定做的私有云盘,存储量大,可以把企业的设计图纸、财务报表、人事资料、重要文件、关键档案等数据专属于自己的存储空间。作为企业私有云盘,秘书只需将它放在办公室一角,搭载公司的网络服务器,就可体验到文件秒传的感觉,也可在线浏览 PDF 和 TXT 等格式文件,服务器会过滤一些重复文件,那些没有完成上传或下载文件的可断点续传;最重要的是企业内部员工均可以使用,安全性能高。

杭州亿方云公司就是一家类似于美国 BOS 公司的云存储企业。在美国,80%以上企业都采用文件云服务;而中国,95%以上的企业都还没有享受到这样的云服务。事实上,亿方云公司与美国 BOS 公司还是略有不同。亿方云 2010 年创业时与美国 BOS 公司有点类似,但发展到 2014 年时,就与美国 BOS 公司产生了一定的差别。BOS 公司到 2017 年仍然还停留在存储、共享及文件流,而亿方云现在不仅给企业提供一站式的企业文件管理及写作云平台,还帮助进行知识的有效积累和安全保护,彻底打通企业内外部的协作。亿方云与阿里云达成战略协议,在数据智能、数据安全等方面将阿里云的最尖端技术融入产品,与阿里云合作共建企业文件管理的 PassS 服务。

企业上云要解决三个问题:首先,是数据主权和数据安全问题。作为企业通常把用户数据运行数据列入核心机密,因而企业向云迁移时,不仅要考虑法律法规方面的问题,而且要考虑数据主权和数据安全在执行和操作层面的问题。其次,是云迁移的问题。企业在建立本企业 IT 过程中,搭建了众多的关键应用,这样原有的设施操作如何平稳迁移到现有的云层面是一项复杂而高性能的技术工作。再次,是如何选择云服务企业问题。对于目前创业型企业来说,基本业务都在云上,解决方案相对简单。但是对于大中型企业而言,需要有一个综合性的解决方案。概言之,需要建立一个既有"公有云"又有"私有云"的两套机制;同时,还要解决两者数据治理的边界、性能和管控等问题。目前华为公司提供全栈式云安全,实现芯片级的安全保障;同时拥有统一的 API,这样可以实现私有云和公有云两者灵活迁移的难题。此外华为还提供开源微服务框架和 SDK 服务,使得应用、开发和上云都变得更为便捷。

如杭州网银互联科技公司 2017 年深耕企业上云服务,逐步退出 LinkCloud 多云管理平台,整合企业现有分散的云数据。换言之,就是把企业现有的公有云和私有云数据之间进行联通,架构其公有云和私有云灵活迁移和数据交换的一种混合云架构体系。企业通常把展示、交互等具备弹性需求的业务放在公有云上,而把交易数据、客户信息等关键业务数据放在本地私有云 IT 架构中,这就造成了企业的业务节点管理分散的弊端。①

三、信息筛选

如果说秘书接收信息,偏重于"接收""调查"的话,那么,秘书处理信息则偏重于"综合""分析""研究",对大量信息进行有效的整理、筛选、汇集、抉择、加工、归纳,透过信息现象看到信息内在本质。

信息处理包括信息的加工、筛选和反馈等。而信息筛选就是在新媒体中如何剔除过时、虚假、重复的或对本单位意义价值不大的信息,从中选取内容新、情况真、事实准、针对性强、有利用价值的信息。信息工作的最终目的是信息被利用或被采纳。信息被领导采纳,或被内外公众知晓,或被报刊网站等所刊登转载,就是对这条信息所做工作的认可。根据信息的反馈,秘书可随时修正自己的行为和方法。秘书根据反馈回来的信息进行研究,可及时调整和改进信息处理流程,从而最大限度地提高信息的利用率。

四、信息沟通

信息沟通,指信息传递交流与联系活动。信息是组织的"血液",信息沟通赋予了各个组织生命力。"沟"是手段和方法,"通"是目的和结果。秘书机构是汇集和传递各类工作信息的枢纽,信息沟通是其重要职能之一。秘书每天都要收发各种公文,受理各方电讯,召开各类会议,传达各项指示,收集各种反映,接待各类人员。所有这些,都离不开信息的沟通。为此,秘书必须坚持信息沟通原则,准确、及时、全面、适用;必须坚持信息沟通渠道的畅通,找到问题的症结,疏通信息渠道,排除信息沟通的干扰;必须坚持完善信息沟通制度,健全信息沟通的各种规

---

① 注:华为云 Enterprise Intelligence 的业务主要包括三类:基础平台服务、通用 AI 服务、场景解决方案;同时应用效率 AI 技术,比如图像识别、机器学习等。在华为云支持下,人工智能平台可预筛选,并提高 10 倍。

章制度,如会议制度、会签制度、对话制度、接待日制度等,以促进相互交流,增进了解,统一认识。尤其要关注新媒体信息沟通,利用新媒体管道秘书可即时得到各类信息,也可即时互相沟通与反馈,具有直达性、互动性、快捷性。

五、信息反馈

信息反馈工作,是考察信息的利用程度和信息工作的效益状况及存在的问题,是检验信息工作效果如何的重要环节,也是掌握信息利用程度、效率水平的过程,是更新与升级信息工作的基础。秘书要做好信息反馈,关键是对信息工作目标的量化。首先,建立健全信息反馈系统,通过新媒体使下级单位和其他单位的情况、动态、意见、建议等信息能迅速反馈到本部门;其次,确定信息反馈内容,特别是新动向、新建议、突发事件、改革的实施情况等;最后,建立反馈制度,对于重要和紧急信息的反馈,应随时随地利用新媒体即时反馈。

第六节　秘书信息工作新媒体实务

一、智能搜索

新媒体的信息资源浩瀚无垠,秘书如能掌握应用搜索引擎,尤其是高级搜索功能的话,那么其搜索信息的效率则大为提高。搜索引擎是新媒体搜索最为便捷的工具,是指根据一定的策略、运用特定的计算机程序从互联网上搜集信息,在对信息进行组织和处理后,为秘书提供检索服务,将检索的相关信息展示给秘书。搜索引擎本身就是可以为秘书提供网页目录的万维网上的一个站点,它是提供与秘书输入的关键词相匹配的网页内容的一种程序。搜索引擎包括全文索引、目录索引、元搜索引擎、垂直搜索引擎、集合式搜索引擎、门户搜索引擎等。对于秘书而言,只要输入要查找事物的相应关键词(key word),新媒体上的相关信息就可以搜索到,除了包含该关键词信息的所有网址,而且提供通向该网站的链接。近年来搜索引擎的最大革新并不是在其汇编索引目录的方法上,而是在于秘书用以查找这些目录的方法上。有的搜索引擎允许秘书输入复杂的以布尔逻辑运算为基础的多关键词搜索指令,还有的搜索引擎允许秘书分类、优化、标记或是储存搜索结果,或是进行搜索结果定制。搜索引擎作为互联网的基础应用,是秘书获取信息的重要工具,其使用率自2010年后一直保持在80%以上,稳居互联网第二应用之位,成为互联网各项应用的重要入口。目前新媒体中搜索具有三大类:全文搜索引擎、目录索引搜索引擎和元搜索引擎。

（一）全文搜索引擎。其中又可分为两种：其一是拥有自己的检索程序（Indexer），俗称"蜘蛛"程序或"机器人"程序，自建网页数据库，搜索结果直接从自身数据库中调用，如国外的 Google、Fast/AllTheWeb、AltaVista、Inktomi、Teoma、WiseNut 等，国内的有百度。其二是租用其他引擎的数据库，只是搜索结果按自定的格式排列，如 Lycos。

（二）目录索引搜索引擎。它严格意义上说还不算是真正的搜索引擎，虽然有搜索功能，但它仅仅是按目录分类的网站链接列表而已。我们完全不用进行关键词查询，只需按分类目录法也能查找到所需的信息。目前国外的 Yahoo，国内的搜狐、新浪、网易搜索等都属于这一类。

（三）元搜索引擎。元搜索引擎在接收用户调查请求时，同时在其他多个搜索引擎上进行搜索，并将结果返回给用户。著名的有 InfoSpace、Dogpile、Vivisimo 等。国内具有代表性的是搜星引擎。在搜索结果排列方面，有的直接按来源引擎排列搜索结果，有的按自定的规则将结果重新排列组合。

那么，秘书如何使用搜索引擎？搜索引擎是网络信息搜索最为便捷的工具，它的主要任务是互联网上主动搜索 Web 服务器信息并将其自动索引，其索引内容存储于可供查询的大型数据库中。当秘书输入关键词查询时，该网站会告诉秘书包含该关键词信息的所有网址，并提供通向该网站的链接。搜索方法主要如下：

1. 关键词用法。这里关键是我们要提炼出准确有效的一个或若干个关键词，提炼得越准确，搜索效果就越好。如"秘书""秘书学""现代秘书学""现代秘书学教材""现代秘书学本科教材""现代秘书学本科自编教材"等，外延逐渐缩小，查询效果就越准确。

2. 布尔逻辑符用法。所谓布尔逻辑符就是指布尔命令"and""or""not"等逻辑符号命令。如"and"表示"与"，可用"&"表示，也可用空格表示；"or"表示逻辑"或"，可用"｜"来表示，是指查找至少包含一个指定关键词的记录；"not"表示逻辑"非"，可用"！"来表示，是指查找包含"not"前关键词，但不包括"not"后关键词的记录。有时有的搜索引擎需要大小写区分，一般而言大写的为多。搜索引擎基本上都支持布尔逻辑命令查询，使用时一般涉及的话题较宽、问题较为复杂。如秘书想了解国内汽车销售市场的话，就可以键入"汽车 and 销售 and 市场"进行搜索。

3. 使用截词符搜索（英文搜索）。这类用法就是在关键词的末尾加上一个通配符来代替的字母组合，通常在音素语言中使用得较多，如英文、法文等。截词符一般为"＊"号，如 cab＊可以代表 caba、cabal、cabaletta 等。这样做，可以简化对带有不同后缀词的检索,并可自动收集某些相关的复合词。当然星号不能用在单词的开头或中间。

4. 使用"＋""—"连接号搜索。"＋""—"号一般用来在搜索结果中强制包含的,如"汽车＋销售",其中"＋"号与单词之间不能有空格。另,在搜索结果中排除特定关键词,可以在前面加一个"—",如"汽车—销售"。

5. 使用逗号、括号或引号搜索。逗号的功能类似于英文的"or"(或,或者),在秘书给出两个以上关键词中,要求至少包含其中一个关键词的文档出来。括号的功能类似于数学中的括号,包含其中的内容。引号(注意必须是英文半角符号),用来进行精确匹配搜索,缩小搜索结果范围。当秘书键入("秘书学教科书")与(秘书学教科书)两组词组时,它们之间事实上存有一定的区别:前者限定网页中要同时包含两个关键词,但其顺序的相邻位置允许是任意的;而后者不仅要求网页中必须同时包含两个关键词,而且关键词的顺序也要求完全相同,并且它们必须连在一起,所以带引号的查询范围更小一点。

6. 范畴检索。所谓范畴检索是指将检索限制在记录的一个特定部分或几个部分,这样可以大大提高检索准确率。一般搜索引擎智能提供十几项可检索的范畴,其中有"标题检索(title:)""链接搜索(link:)""网站搜索(site:)"等。标题搜索主要指网页搜索,如"秘书学本科教学改革";链接搜索主要指外部导入的链接,如输入"link:www. automobile. com",就能查看是谁及有多少网站与用户有了链接;网站搜索就是寻找有关所有网站的所有网页,运用"site/host/url/domain:"等搜索令还可以实现某一网站的站内搜索。如我们输入"site:www. automobile. com"搜索令,就可以搜遍站内的内容,甚至比网站内专门提供的搜索程序还要好。

对于中文搜索而言,百度具有较好的范畴检索功能,其中有时间范畴、地区范畴、语言范畴、文档格式范畴和关键词位置范畴等。事实上范畴搜索就是一种高级搜索,百度有一个专门的范畴搜索框,其内有搜索结果显示条数、时间、地区、语言、文档格式、关键词位置、站内搜索七项栏目。

7. 附加搜索。为了方便查询信息,各搜索引擎还能提供其他一些附加搜索功能。如:(1)单词衍生形态查询:这主要针对音素语言而言,当你输入"find"时,搜索引擎还同时自动查询到"fingding""found"等同根词的词进行查询。(2)网页快照查询:使用此项功能,可以直接从引擎数据库缓存中调出该网页的存档文件,方便秘书在预览网页内容后决定是否访问该网站,或者在对应网页发生变动时查看原始页面。通常缓存中保存的是网页的文字部分,至于图像等多媒体元素还是要从对应的网站上下载。比如 Google 在访问网站时,会将看过的网页复制一份网页快照,以备在找不到原来的网页时使用。单击"网页快照"时,可以看到 Google 将该网页编入索引时的页面。在显示网页快照时,其顶部有一个标题,用来提醒用户这不是实际的网页。符合搜索条件的语词在网页快照上凸显显示,便于用户快速查找所需的相关资料,尚未编入索引的网站没有网页快照。(3)横向相关查询,当找到某个相关感兴趣的网页,搜索引擎提供查询内容近似的其他网页的功能。一般是在信息条目后面给出"类似链接"。(4)概念延伸查询,以某个关键词查询时,搜索引擎会提供相关的一些领域,如输入"家具",它会列出许多相关的信息类别供查询。(5)分类搜索,如新闻搜索、图像搜索等。

(四)搜索技巧

搜索引擎可以帮助秘书在互联网上找到特定的信息,但同时也会返回大量无关的信息。因此我们必须掌握一些搜索技巧,才能更好地发挥搜索引擎功能。

秘书在信息搜索工作中要遵循以下准则:选择合适的搜索引擎、使用多个关键词、提高搜索技巧、注意美誉度和时间度。

首先,要选择合适的搜索工具。各种搜索引擎都有各自的特点,如果我们没有掌握它们的一些特点,就会浪费时间。如果秘书查询的是某个产品或服务,希望总体上了解某个主题,那么选择网站分类目录搜索较好,如 yahoo、搜狐等。因为采用此法搜索出网站目录,可以看到网站所有者用最精练的语言概括出自己的特点和业务范围;如果你想获取的信息是参考资料,在找一些特殊的内容或文件时,最好选择全文搜索引擎,如 Google、百度等。因为全文搜索引擎是从网页中提取所有的文字信息,可以满足各种信息的需要。

其次,提炼正确的关键词。有了正确的搜索关键词,就会搜索到有用的搜索结果。在点击任何一条搜索结果之前,快速地分析一下搜索结果的标题、网址、摘要,这样就会有助于更准确地搜索,并且节省大量的时间。对自己搜索的内容不熟悉时,要采取多次搜索法,并进行总结,然后再设计出下次搜索的计划。秘书使用搜索时,尽量使用多个关键词。一般而言,秘书提供的关键词越多,搜索引擎返回的结果越精确。

再次,提高搜索技巧。秘书特别要注意一些搜索中常见的错误。比如小心使用多义词、同音词,注意大小写等,如"John Bull"是大不列颠保护神,而"john bull"则是西班牙斗牛场的休息室。要小心使用布尔符,除非秘书能很熟练运用布尔符,一般来说,新手最好不要使用它。

第四,注意搜索公司的美誉度和内容的时间度。有些搜索公司为了让某些关键词显示靠前的位置,会采取收费的方式,这会影响搜索的效果。为此,我们要注意搜索公司的一些报道和用户印象。此外,搜索引擎从网页解析、索引到提供检索有一个周期,各搜索引擎的信息滞后周期一般为一周到一个月不等,所以要找最新的内容应去提供相关内容的具体网站中寻找。

新的搜索引擎除了检索文字、图片等以外,还能用文字来检索视频,能"读懂"人们写的文字、听懂人说的话,还能"看懂"人的手势语言。Web3.0时代,电脑会思考。现代的网络媒体已存有数十亿个文档和多层多点的网状链接的万维网。如果说2.0是解决个性解放与话语权的话,那么,3.0就是解决信息时代社会机制问题,也就是最优化自动整合问题。3.0模式是基于搜索 + 开放式 tag(关键词标签) + 智能匹配的门户,实现与各类客户一同开发与分享。根据它们对相关内容的理解,找出最佳页面。

秘书工作常用搜索资源如下:

1. 办公事务信息资源

www. fairkong. com

www. sharebank. com. cn(金融事务)

www. cn21. com. cn

www. lawyer365. net(法律事务)

www. wendang. com(文档实务)

2. 会议管理信息资源

www. hrclub. com. cn

www. sea – life. com. cn/, ain. htm

3. 出差接待信息资源

www. ibtrip. com

(五)主要搜索引擎

1. Google

Google 是互联网著名的搜索引擎,功能非常强大,但它的首页极为简单,支持多种语言的信息搜索,是一种按被链接次数对网页排序的搜索引擎。它将网页按被引用的次数存放在一个极为庞大的数据库中,所以科学而言,它的排序是很客观很公正的,除非有人改写数据行为。Google 有网页搜索、图片搜索和网上论坛搜索等类别。

Google 简繁转换,也不区分大小写;同时还对汉语拼音进行自动中文转换。此外还可进行中英文翻译,输入 fy apple(苹果)即可。

这里秘书要掌握高级搜索法,主要解决搜索的网页列表数量太大,尽量控制搜索范围的问题。它有字段框,可输入几个说明性的关键词,同时利用统计法,有对查询结果及搜索时间的统计结果。

2. 百度

百度搜索引擎是目前世界上最大的中文搜索引擎,其中文网页总量超过 3.5 亿页,并且还在保持快速增长。百度具有高准确率、高查全率、更新快及服务稳定的特点,因此深受秘书们的喜爱。

百度超霸搜索。它就是百度分类搜索,秘书可选择工具栏选项,点击后弹出配置窗口,可看到"搜索选项""文本选项""形态设置"三个区域。搜索选项点击"搜索历史个数"下拉框选择最大条数:0、10、20 三种,其中 0 表示不记录搜索历史。文本选项可以选择是否要显示按钮的文字标签。形态设置主要有专业版和简化版两种,以及清楚搜索历史记录。除此之外,超级搜霸还有超级搜索、广告拦截、隐私保护和修复功能四大功能。不过百度也会出现一些负面现象,如百度竞价排名、魏则西事件、小猿搜索、各种贴吧里存在的问题,最终都指向一条黑色的利益链。

随着云计算的发展,互联网用户将获得更好的信息搜索体验。云搜索是运用云计算的搜索技术,可以绑定多个域名、定义搜索范围和性质,同时不同域名可以由不同的 UI 和流程,这个 UI 和流程由运行在云计算服务器上的个性化程序完成。作为新型搜索引擎,与传统搜索引擎需要输入多个关键词不同的是,用户可以告诉搜索引擎每个搜索关键词的比重,每个搜索关键词都被置于"搜索云"中,并用不同大小、粗细的字形区分。通过云搜索,用户可以按照实际需求订制信息,体验高质量的、个性化的搜索功能,以最大限度地挖掘信息价值。

3. 搜狗

搜狗的主要功能是坚持以用户体验为导向,为各种需求开发强大的专项搜索功能。主要有"网页搜索""新闻搜索""音乐搜索""购物搜索""说吧(网民畅所欲言的平台)""分类目录""人物搜索""软件搜索""地图搜索""精选网址""图片搜索""搜狗直通车(让搜索更加方便,提升下载速度,可断点续传)""搜狗指数(最新的各类搜索排行榜,可以看到当前什么最热门)"等。

搜狗推出的音意同步人工智能机器翻译,换言之,搜过的机器同传技术不仅模仿秘书的声音,而且还可以自己改变男声、女声,如它可以把一首歌曲,模仿出秘书声音唱。搜狗机器同传还推出"基于语音合成的机器同传技术",把速记、同传,甚至配音演员的工作都可以完成。搜狗的人工智能技术就是以语言为核心,语言可以承载我们的感知,将听觉、视觉获取的信息转化为文字。搜狗有唇语识别技术,不用听声音,只需看说话人唇部的动作,就能识别其说话的内容。此外,文字本身也能建立回答、对话和翻译的能力,通过这种能力,能给大连接的时代提供更好的机会。

4. 搜狐

搜狐是中国互联网较早的搜索引擎之一,在 2001 年排名中曾名列第一。其主要特色是具有很强大的商务功能,它是目前国内著名的门户网站,也是国内最早提供搜索服务的站点。搜狐设有独立的目录索引,并采用百度搜索引擎技术,提供网站、网页、类目、新闻、中文网址、软件等多项搜索选择。搜狐在其网站目录中没有相应记录的情况下,能自动转为网页搜索(并调用百度搜索)。此外,秘书还可以选择"综合"搜索,同时查找匹配的网站或网页,返回的结果中网站链接显示在页面上半部,而来自百度搜索引擎的网页结果则列于页面下半部。搜狐新闻客户端和搜索引擎搜狗具有自身独特的优势,人脸特征(上万参数)和内容理解的搜索引擎是搜狐的两大强项。机器的能力是可以对很多垂直领域进行智能搜索,如医疗等深度学习,数据越多深度学习越好。

5. 新浪

新浪是全球范围内最大的华语门户网站之一。新浪自建独立的目录索引,共设 15 大类目录,10000 多个子目,收录网站达 20 余万,是规模最大的中文搜索引擎。采用百度搜索引擎技术,提供网站、中文网页、英文网页、新闻、软件、游戏等查询项目,支持中文域名。它的搜索规则是:默认综合搜索,涉及网站、网页、新闻等内容。网站搜索仅限于自身目录中的注册网站。

6. 网易

网易与新浪、搜狐并称中国三大门户网站,拥有我国最大的网上社区,拥有独立的开放式目录索引。网易网页搜索由百度引擎提供支持,提供目录、网站、文种网页、所有网页、新闻等查询项目。它的搜索功能是:默认网站搜索,范围限于目录注册网站,但在网站数据库中没有相应的记录时,自动转为网页搜索。目录搜索,在索引中检查匹配的分类目录,中文网页搜索/所有网页搜索,调用 Google 搜索引擎数据库,返回中英文网页。

二、电子文献

(一)电子图书数据库

互联网和全球信息网的发达,不仅使影像、图形、声音、动画、视频和文字的传递与交换比过去容易且快速,同时也改变了我们创造、收集、选择、组织、传播及利用信息的方式,更带领图书馆朝向"数字图书馆"或"虚拟图书馆"的方向发展。事实上,"数字图书馆"一词的使用可追溯自美国国家科学委员会赞助伯克莱大学、斯坦福大学、卡内基梅隆大学、密西根大学、加大伊文分校及马里兰大学等六所美国知名大学所共同推进进的"数字图书馆"合作研究计划。该计划主要的目标是让分散在全美各地不同的大学可以通过互联网共享彼此的图书馆资源,而这些资源可能包括有文字、影像、影片等多媒体数据,自此之后,数字图书馆被图书馆界、电脑业界和其他行业的人士所采用。数字化图书馆是互联网的一项重要应用,它改变了图书信息管理与应用的模式,具有许多传统图书馆无法抗衡的特点:(1)馆藏均为数字化的全文数据:图书、期刊论文、研究报告、新闻、多媒体等数据,均以数字化的形式显示,与传统图书馆的数字化数据以馆藏书目信息为主有别。(2)电脑媒体及外围设备为数据的主要存储地,数据存置地点为电脑媒体、光盘等,不是图书馆楼层的书架。(3)时空无碍的服务,除特别情况外,可说全年、全天开放服务,分置各地的图书馆通过网络相连共同合作,分享资源。提供灵活的使用地点,如图书馆、办公室、研究室、家里,均可连线使用。(4)全自动服务,数据的取阅全由电脑系统自动处理,不再采用人工借阅方式。数字图书馆主要有:

1. 超星电子图书,可在线阅读到 100 多万册电子图书。

2. 书生之家数字图书馆,可提供 1999 年以来中国大陆地区出版的新书的全文电子版。

3. 金图国际外文原版数字图书馆,引进近 8 万种原版的外文电子图书,90%以上为 2002 年以后出版的新书。

(二)中文电子期刊库

1. 中国期刊全文数据库(CNKI)。

2. 万方数据数字化资源期刊系统。

3. 各子系统:科技信息、商务信息和数字化期刊。

4. 维普资讯。

(三)博硕士论文库

1. 万方学位论文全文数据库。

2. CNKI 的博硕士论文库。

(四)外文数据库

1. Sage 过刊库。

2. EBSCO 数据库。

3. Emerald 管理学全集数据库。

4. Springer Link 全文电子期刊数据库。

5. WSN 全文电子期刊数据库。

三、信息管理

1. 公众论坛(BBS)

电子公告板于 1978 年在芝加哥诞生,到 20 世纪末 BBS 开始走下坡,目前传统纯文字 BBS 拨号和 BBS 网络已所剩无几,取而代之的是集图片、附件等多媒体应用的 Web 式讨论环境,供公众自由发表意见的论坛,他们积极参与其中,行使民主监督权利。BBS 是 Bulletin Board System 的缩写,翻译成中文为“电子布告栏系统”。BBS 有校园、情感、商业和个人之分,其中个人 BBS 是秘书通过建立自己的个人网页,设置 BBS 公告牌,用于发布个人观点和意见及互相交流思想,又有利于与好友进行沟通。操作如下:

注册。如在搜狐网(http://www.sohu.com)的论坛中注册账号。首先单击“搜狐会员注册”,然后填写用户名称、密码、昵称、电子邮箱等相关条款,填写无误后单击“确定”按钮,就已注册。BBS 是一个开放的布告栏,它向所有人开放,事实上它也是一个内容庞杂的网站。如搜狐论坛的 BBS,秘书可选择一个自己感兴趣的话题,如“小说天地”,然后点击进入“小说天地论坛”,这时秘书可选择自己想要阅读的文章。当然在 BBS 上秘书也可发表文章,或与他人进行对话与交流。秘书只需点击“发言”,然后填写文章主题与正文,最后单击“确定”,这样文章就正式发表了。秘书单击“返回”按钮,就回到了“小说论坛”的窗口,单击鼠标右键,“刷新”就可看见秘书刚刚上传的文章。

2. 公共信息栏

又称网络电子布告栏,能提供丰富的资源及多样性服务。秘书管理此信息栏,可最大限度为领导提供所需信息,也可在信息栏中随时发布领导指示或公司的重要消息。不管处在何处,秘书可通过公共信息栏中各种讨论区取得相关的信息服务,如社区信息、气象信息、法律信息等,也可以利用它发表秘书个人的经验或布告网络新闻及指引信息。

3. 博客信息管理

博客是一种软件,它能使秘书在网络上按日期排列发表、出版个人文章。它来源于 Weblogs,意味“网络日志”。它是由一些短小并有规律地更新的帖子组成的网页,通常还包括一些超文本链接。博客具有四大特征:首先即时性,每个帖子都会显示出发表的时间;其次,对内容进行遴选,每个帖子的更新都会被放在最前面,并按时间顺序进行记录;三是上传后就意味着公开发表;四是互动性功能,内设有留言反馈栏、链接等功能。

要建立自己的博客,首先登录 www.blog.com.cn,点击“用户注册”,输入户名、密码、电子邮件、blog 名等相关信息,最后提交。注册成功后,进入个人 blog 空间,点击“发布日志”,填写日志标题、选择系统分类、书写正文,最后点击“发布”。文章发表后,写手想看自己的文章,可选择“查看生成的日志”,如果想修改文章,可点击“修改刚刚提交日志”,然后可进行修改。

我们确定自己的博客要依托哪个平台,要与该平台的类型相吻合。选好后,你就能在三分钟内简单快捷地注册为开通用户;第二步,设置阅读权限,你有权选择对自己的博客或者某篇文章设置阅读权限。如果你想跟所有人分享就定为公开,只要进入你博客的网友都能看到你的文章;如果你只想传阅给密友看,就可以设为好友阅读,那么,陌生人就无法浏览你的博客;如果你把博客定为私人状态,那么,它就像锁在抽屉里的日记本,是属于你自己的珍藏物。设置权限后,就需要给自己的博客采取一些编辑、图案美工工作。一般博客系统都有一套默认的简易编辑器,提供给每一位博客最简单甚至是傻瓜式的操作程序。如果提高等级,就在多功能编辑器上做一些如音乐、背景图案、表情图片、置顶精华、flash 等,这样就会成为具有个性色彩的博客。第三步,在博客文章中,添加一些图片、相册,可以利用博客系统中相册功能器进行编辑,根据不同的主题上传 V 托尼盖风格的照片。第四步,添加音乐背景。如果在不同风格的博客文章中,添加一些与博客文章风格相吻合的音乐背景材料,那真可以锦上添花。第五步,设计好自己的博客模板。模板就是自己房子的装饰风格,可作为自己博客的背景,在"空间管理—模板风格—编辑样式表—大家共享—CSS 样式表"中选择任意一款。如果要提高档次,你可以使用可视化编辑模板,自由设置模板布局、背景图片、音效、文件颜色等。

博客有各种类型的博客,如班级博客。随着高校的扩招,大学生目前已形成一股庞大的博客大军,借助新媒体,秘书专业的各班均组建起班级博客。对于求读秘书学专业的大学生而言,无疑把班级博客内容与自身学习、班级管理联系起来,成为最实用、实效的平台。操作如下:首先,在班主任、校宣传部的批准下,班干部们与班里的高手一起组建一支班级博客队。其次,班级博客依托校服务器,注册一个账号,登录后同学们可以在博客中冲浪;第三,设计网页,内容主要有班级活动、寝室卫生评比、个人日记、专业交流、资料汇编、文件解读、国外信息、班级总结;第四,设置班级博客的用户名和密码,同时原先同学已有博客的可以链接到班级博客中;第五,建立班级博客值班制度,定期更换内容。班级博客成为每个同学的精神家园。

又如,求职博客书。求职博客书较为全面、细致、生动,能从多方面来展现求职大学生的真实情况,所以深受毕业生欢迎;同时,招聘单位也可以根据博客求职书较为全面地了解求职者的基本情况。求职的大学生先通过博客的方式输入自己的个人信息,然后将求职博客挂上人才网站;或在求职博客中直接加入个人链接,让招聘单位能够方便地上网查找求职者的有关资料。不少网站开设了求职博客板块,如人民网强国博客、中国教育在线网、中国人才指南网等。在这些网站中

117

先"注册",进入某一网站的求职博客网页,点击进入注册页面并填写相关注册信息;然后"选择求职博客类型",进入模板制作;最后再次进入用户管理中心,选择"模板导向"进入"模板设置",点击"完成"。求职者可以按照自己的喜好设置博客风格,添加文章和照片。这种网络招聘可以为大学生求职节省费用。为了让假简历、不真实求职书原形毕露,教育部推出在线验证毕业证书、学历信息,取代以往用人单位需要到大学去辨别真伪学历毕业证书的烦琐程序。求职者只需在"学信就业"平台上免费实名注册并填写简历,经平台数据库确认无误后,便可拥有一份具有在线验证标识的简历,且招聘单位只需在线确认即可。高等人才求职的电子简历可以贴上权威学历或身份认证标识,用人单位可以在线确认其真伪。

有的同学为了显示自身的特点,在个人求职书(简历)的显著位置上,写上自己博客的地址链接,有的还加上"附上我的博客地址,希望这能让您更深入地了解我!"等语句。有的不仅有他本人的基本资料,还有实践经历、个人兴趣、专业特长(如速记、书法、普通话)等;有的制作成视频博客,附上自己的歌声、舞蹈、礼仪、主持活动。内容通常有自己的正面照片、参加社会活动的照片视频、奖学金证书、四六级英语证书、毕业论文、调查报告、成功访案、自我介绍、简历、文体特长等,以及求职趋向、基本要求、薪水目标、求职经历、教育背景、社会活动、职业经验、专业特长、个人技能、原创作品、专业理解、适合岗位的自身条件与充足理由等,尤其是表现出自己在社会实践中的才能,如介绍自己策划的活动、组织的某些主题活动、得到的专业评价、获得的社会认可与奖励等。

操作注意事项:1. 不要在博客求职书上留下个人的地址、手机号码、QQ 号等信息,只需留下你联系的网址即可。2. 博客求职书不要以电子邮件的附件方式上传,一则对方没有时间打开阅览,另一方面也害怕附件沾染病毒。3. 采用文本文件发送,或者直接粘贴;4. 常常需要刷新,这样可放置在前列,人事经理搜索时,可最早看到你的博客求职书。(人事经理搜索人才时,往往采取把符合条件的简历按刷新的时间排列,而一般只是看前几页,所以经常刷新,会增加更多的机会);5. 求职岗位单一,不要在同一单位提出数个求职岗位,切实说明自己离开前单位或前来求职的原委,详细阐述自己的专业水平、专业素养、专业实践经验、专业培训经历、专业证书等级、专业教育(课程和成绩)及专业人士对自己专业水准的评价与认可。

又如播客,一台电脑、一个麦克风、一款音频软件、一个好创意,只要具备这四个条件就可以成为一名"播客"。播客通过软件或者网站,为个人提供自由上传和下载个人音频、视频作品服务。网友可将网上的声音、影像文件下载到自己的播放器或手机、电脑中随身随时收听收看;还可以让用户自己制作音频、视频节目,并将其上传到网上与广大网友共享。目前我国博客网站有七家,它们分别是博客天下、土豆博客、中国博客网、反波博客、猫扑播客网站、我乐播客网站及博播－播客频道等。现在流行移动博客—播客＋手机。目前我国有 10 余家运营移动博客,如万蝶移动博客、手机访问博客中国、魅力网络、中国博客、易秀博客、掌上博客、拍客地带等。

4. 微信管理

新媒体技术的日益革新,改变了秘书获知信息的方式和渠道,信息生产与传播的生态环境也随之发生变化。以 Web 技术为依托的信息搜索、信息聚合和信息互动,构建了一条"全新的信息生态链"。[①] 以微博为代表的 Web3.0 时代的新媒体,具有传播即时性、发布便捷、开发性的数据平台、应用模式广泛多样、名人效应强大、用户黏性显著、强大的社会协作能力等特点。微信是一款免费社交应用程序,自 2011 年腾讯发布后,在大陆已累积了 6 亿多用户,海外超过一亿。作为一款 Web2.0 时代强调交互性的应用,微信将公众号分为订阅号和服务号,支持跨通信运营商,跨操作系统平台快速、免费地发送语音短信、视频、图片和文字,还可以使用多种社交插件,如"二维码扫描""摇一摇""漂流瓶""朋友圈""公众平台""语音记事本""游戏中心"等。最新版本 5.0 除了支持表情外,还增加了移动支付功能。然而秘书千万要注意:有不法分子利用微信具有支付功能,实施盗窃活动。有朋友在微信上表示想要秘书的电话号码。接下来请求:"我发到你手机的验证码收到了吗? 我刷机后登录微信需要好友的验证——"这里我们提醒阅者,要手机号码没问题,关键是要你的手机验证码! 如果有人向秘书索取短信验证码,千万别回信息! 这可能是要盗取秘书的微信号,进而盗取秘书与手机绑定银行卡的钱,或者向秘书的微信好友行骗。为此有人进行了实验:在 A 手机上用 B 手机号登录微信,因不知 B 的密码,选择"用短信验证码登录";只要 B 将获得的验证码告诉 A,A 手机就能轻松登录 B 的微信,获取 B 的所有绑定信息,并能更改微信密码。

微博是一种非正式的迷你型博客,是基于 Web2.0 平台的一种可以发布及时消息的系统。微博可以使秘书通过网页、手机、QQ 等方式发送图片和文字信息,最多不超过 140 个字符(70 个汉字)。2006 年,Twitter 以 140 个字符短消息形式在美国拉开微博的序幕,2007 年 5 月饭否网成立,这是我国首家微博网站,此后,叽歪、饭否、做啥网、腾讯"滔滔"、嘀咕等微博网站层出不穷。其中嘀咕和叽歪等微博网站在 2009 年被第一波互联网恶浪打翻并关停。2009 年新浪开启微博内

---

① 李林荣:《新媒体概论》,北京:法律出版社,2016 年版,第 17 页。

测,8 个月后腾讯微博跟进。2010 年中国大陆开始升腾起微博热,新浪最早成立微博部,2011 年 4 月腾讯紧跟着成立微博部,而后网易也相继成立。

随着互联网的发展,信誉对企业形象、产品形象产生的影响力越来越大,秘书可以使用微博微信来提供公司的产品和服务信息,或者把潜在顾客吸引到公司网站或微博微信上。我们以宜家家居为例,该公司秘书通过微博微信进行公司的宣传和营销,在其公司微博微信中大量上传该公司的产品和服务细则。既吸引了现有顾客群,又挖掘了潜在的大量顾客,目前粉丝达 140 万之多。对于公司或产品的追随者,秘书采取精准营销策略;同时秘书利用微博微信具有监控功能,追踪对公司或产品或服务产生不良评价的用户,及时向上司反映问题,以期化解尚处于襁褓期的企业危机。秘书又可通过微博微信的投票、调查工具等获得实时反馈信息。微博微信既是一种重要的网络口碑传播形式,在树立企业形象上有着不容忽视的作用,同时还是一种新的企业内外部沟通的良好媒介、非正式沟通渠道,可以满足企业成员间及企业与顾客间的信息需求和社交情感需求。

为了严守党的纪律,浙江省委办公厅在 2017 年 6 月列出十条微博微信戒律,提醒党员干部自觉抵制各种错误言论和网络谣言,旗帜鲜明讲政治,不断提高政治能力。具体内容如下:1. 不散步传播违背党的理论和路线方针政策的意见和违背中央、省委决定及丑化党和国家形象的言论;2. 不泄露党和国家一级单位的秘密;3. 不制造和传播各类谣言;4. 不转发有违社会公德、危害他人身心健康的低俗文字和图片、视频;5. 不违规从事以营利为目的及与自身身份不相符的推销、推广活动;6. 不违规收受微信红包;7. 不传播迷信信息和从事迷信活动;8. 不以任何形式进行拉票贿选;9. 不公开谈论和透露他人隐私;10. 不发布其他不当言论。微信微博具有媒体属性,反映的不仅仅是党员干部的日常生活,更能折射出党员干部的政治定力、纪律定力、道德定力、抵腐定力。严守党的纪律是每一位共产党员最基本的要求,党员干部在公开场合发表任何观点都必须有高度的政治觉醒,把讲政治这根弦时刻绷紧,决不能在政治上模糊糊涂、迟钝麻木,不能丧失政治立场,迷失政治方向,不自觉犯政治错误。

2017 年 9 月"的哥的姐有的说""TAXI 地带"两个微信公众号因发布多篇带有侮辱性、诽谤性的内容,构成侵权,被北京海淀区法院判决赔偿北京小桔科技公司(即滴滴出行的注册公司)经济损失费 10 万元及合理支出 32510 元,并在其涉案的两个微信公众号显著位置连续 10 日发布声明,消除其侵权行为带来的负面影响。这两个微信公众号系刘某团队运营,自 2015 年起发表辱骂文章,如《全国的的哥的姐,有一个坏消息,一个好消息,不得不听》等。随着自媒体的兴起,相关的名誉权纠纷也随之大量增加,然而自媒体缺乏传统媒体的严格采编流程,部分自媒体所发布的文章内容未经核实,甚至故意捏造事实,借助社交平台进行传播,导致侵权在短时间内迅速扩散,给企业名誉造成极大的影响。刘某被罚,一方面说明企业的法律维权意识日益增强,另一方面也说明自媒体行业也需要加强规范,言论自由和舆论监督不能逾越法律的边界。

5. 电子邮件管理

电子邮件(E-mail)是一种运用计算机终端通过互联网进行信息交换的现代通信手段,并且可以在任何时候传送给任何一个或同时传送给几个能以计算机终端接收的目的地。使用电子邮件费用低廉、速度快,不受时间地点的限制,并且可实现同时、多向发送信息,还能做到信息传递无纸化。使用电子邮件必须注意保存,以免丢失信息,降低工作效率;并做好备份工作,所有发出的和接收的重要邮件都应及时备份。

电子邮件模块允许秘书从世界的任何一个角落访问你本人的电子邮件。通讯录中的所有联系人的电子邮件即组成了此模块的地址簿。电子邮件系统可以和其他邮件客户端软件共同使用,因为秘书可以选择在收取邮件后不从服务器上删除邮件。另外,如果秘书有成百上千封邮件,邮件过滤功能可为秘书节约大量时间。如:(1)电子邮件发送/接受/回复/回复全部/转发/移动;(2)自定义邮箱;(3)支持邮件附件;(4)优先级设置;(5)地址簿与通讯录高度集成;(6)在多个邮箱中查找邮件;(7)自动转化邮件正文中的超级链接;(8)整合专用杀毒软件,有效预防病毒蹿入内部网。

秘书负责处理电子邮件的工作有两类:一类是接收电子邮件;另一是上传电子邮件。电子邮件已经成为现代管理和办公中交流沟通的基本工具,秘书不仅要管理自己的电子邮件,而且要管理上司的公务电子邮件及公司的电子邮件。一般公司在自己的网站中都会设置领导者的反馈信箱,因此信箱里经常有许多邮件,领导若无时间处理,秘书要代劳处理。首先要删除一些过时、处理了或不规范的邮件;添加新的文件夹(信箱),选择文件—文件夹—新建—创建文件夹对话框,然后输入名称,在"选择新建文件夹的位置"中选择收件箱,最后确定。

确定公司内部使用电子邮件只能使用在公司开户的电子邮件地址,不能擅自使用其他任何邮件地址。还要注意电子邮件的保密性,按有关规定确定不同密级,一般而言主要由秘密级、机密级和绝密级三级组成。其中秘密级需由部门经理同意,加密发送,由部门对资料的安全性负责;机密级由部门经理签字同意,将发送资料交知识产权部门审核、存档,由知识产权(科技)处负责发送;而绝密级文件严格禁止在网上发送。

6. 电子传真管理

电子传真是基于 PSTN 和互联网络,整合了电话网、智能网和互联网技术开发的增值服务。传真文件以图形格式存储,秘书可以通过传真机向互联网传真信息、存储网络发送传真信息,通过计算机或者传真机收取传真信息。传真是利用公用电话网或其他相应的网络,对各种图文原稿进行远程传送,所以它又被称为图文传真电报。传真机集电话、扫描、记录等功能为一体,既可以当电话机使用,更有着自动收发各种文字文件和图片文件的功能。它的功能如下:

自动接收。在无人管理的情况下,只要加以定制,也能自动应答,自动进行图文接收;

定时传送。传真机可以预设发送时间,预设时间一到,它就会按照预设的信号,自动拨号、自动传送文件,即使是在对方设备忙碌的情况下,也会自动延时拨号,直至接通为止。

存储复印。在收发文件的同时,它会自动保存信息,如果需要,还可以复印出来。

放大缩小。根据需要可随时把原件放大或缩小。

自动转移。传送文件时,如遇传真机正在工作,它能将信号转移至其他的终端上,避免信号的漏接。

通信管理。收发文件过程,传真机会把收发的号码、时间等信息记录起来,需要时可加以调看查阅。

操作程序如下:

注册,在吉林互连星空网(http://www.jltele.com)注册电子传真账号,输入网址,单击"注册电子传真",再单击"用户注册",最后点击"同意"和"提交",可以获得账号和密码,表示注册成功。发送,申请传真账号后,用户拥有传真账号,这时秘书发送传真,可按对方电话号码＋秘书己方传真密码,再加拨"#",最后按"传真开始"键,就可以将传真发送到传真信箱中。接收,秘书首先登录已经注册账号的网站,输入传真账号和密码,登录到己方的传真管理页面,打开自己的电子传真信箱,点击"阅读"图标,即可收看;如果秘书要查看相关传真内容,单击"下载链接",就可直接打开传真文件。也可保存后再打开,用"图片传真查看器"浏览文件。

7. 即时通信管理

即时通信是一种基于互联网的即时交流信息的业务,允许多人使用网络即时传递文字、图片、语音或视频,根据终端不同可分为 PC 即时通信和手机即时通讯。我国目前最大的即时通信是 QQ,1999 年在深圳正式发布,目前注册用户达到 10

亿以上,是世界上唯一一个用户超过 10 亿的社交软件。腾讯 QQ 支持在线聊天、视频电话、点对点断点续传文件、共享文件、网络硬盘、自定义面板、QQ 邮箱等多种功能,并可与移动通信终端等多种通讯方式相连。其他还有微软公司的 MSN、中国移动飞信、新浪 UC、网易泡泡、淘宝阿里旺旺等。

8. 网站信息管理

现代社会是一个完全的信息社会,而网络是最便捷的信息传播工具。为了充分利用互联网和计算机技术,目前无论是各级党政机关还是各类企事业单位,大多建有自己的网站,因此网站管理成为秘书机构的一项重要的常规业务。网站管理必须遵循分级管理和专职管理制度,换言之,网站应由办公室直接管理及设立专职的管理员(简称网管员),主要负责网站的信息收集汇总,网站的版面设计、调整、栏目设置的改换,以及新闻内容的录入与发布等。

网站的基本作用除了"办公"功能外,就是发布信息和交流信息,而信息的时效性决定了网站上的内容必须及时更新,并形成定期更新制度。网站主页一般而言每年需更新一次,内容包括页面的动画、颜色、栏目组合等。技术支持、客户服务、论坛等栏目每季更换;产品简介、成功案例等要求每半月更换,尽可能达到要 20% 的人生产信息,然后让 80% 人分享这些信息。网站内容除了要及时增加最新的信息外,还包括及时清除陈旧的失效的信息。如果有必要把历史资料保存下来以便使用者查询,可将失去时效的信息分门别类地放到"历史回顾"或"历年文件"之类的专门栏目中,不要让新信息与旧信息出现在同一网页中。除此之外,网站还要具备查询、传递、互动、打印等功能。所以要调动全体员工、广大顾客参与网站内容的建设,开通会员注册、客户调研、在线沟通、留言板、公众论坛、首长信箱、博客微博等栏目。操作程序如下:

(1)会员注册:让潜在客户通过注册程序,留下联系方式;

(2)网站留言板:客户登录网站,可以提交需求、留言反馈,同时网站要及时答复;

(3)客户调研:让客户在网站填写特定产品或服务的调研问卷,必要时可以设置奖品,提高参加率,以便听取意见、发现市场需求、改进产品和服务;

(4)在线沟通:可增加在线聊天模板,及时答复用户的咨询等;

(5)首长信箱:许多网站建有首长信箱,如"市长信箱""厂长信箱""校长信箱"等,其作用主要是接收内外公众对单位工作的批评、意见和建议。一般而言这些信件由秘书机构整理并提出处理意见后再转领导处理。对首长信箱的来信应及时处理,对那些提出建设性意见或反映重要问题而对本单位工作提供重要帮助的来信,应给予表扬、感谢和奖励。

2017 年 6 月国务院办公厅发布了《政府网站发展指引》文件,要求县级以上政府和部门均要开设门户网站,政府秘书机构则是各级官网的主管单位和主体责任者,这样明确了职责,确定了目标,落实了任务。同时文件还指出:"集约化是解决政府网站'信息孤岛''数据烟囱'等问题的有效途径。"杭州市 12345 市长公开电话受理中心(暨统一政务咨询投诉举报平台),2017 年把"12345 网络单位效能指数"进行公布,每月对网络单位办理情况的"效能指数"进行测评,纳入全市综合考评,并通过媒体向社会公布,接收市民的监督。同时,对"效能指数"不达标且排在后三位的网络单位给予"黄牌预警",并抄报该单位的主要领导。此举对各级各类企事业单位的网站管理起到了一定的警示作用。

在当今新媒体时代下我们已处于信息大爆炸之中,不仅信息量浩大,而且在利用信息上有各种各类的方式与方法。新媒体深入人们各类生活和工作领域,博客记日记、微博看评论、优酷看视频、人人网关注同学,淘宝网购、百度搜索、云存储同步文件,等等。信息工作是秘书工作中非常重要而普遍的工作方式之一。秘书信息工作的主要内容是信息工作制度的建立与健全、信息设备的计划采购及维护、国内函件与特快专递的收发、电子信函的合理使用等。随着新媒体技术的迅猛发展,秘书信息工作日益智能化、移动化和高效化。秘书做好信息工作的组织、管理和实施,对于组织高效良性运转具有十分重要的意义。

当今,大数据是信息化发展的新阶段。随着信息技术和人类生产生活交汇融合,互联网快速普及,全球数据呈现爆发增长、海量集聚的特点,对秘书工作产生了重大影响。习近平指出:"要推动大数据技术产业新发展。我国网络购物、移动支付、共享经济等数字经济新业态新模式蓬勃发展,走在了世界前列。我们要瞄准世界科技前沿,集中优势资源突破大数据核心技术,加快构建自助可控的大数据产业链、价值链和生态链。要加快构建高速、移动、安全的新一代信息基础设施,统筹规划政务数据资源和社会数据资源,完善基础信息资源和重要领域信息资源建设,形成万物互联、人机交互、天地一体的网络空间。"①秘书工作与新媒体越来越紧密地结合在一起,而移动互联网的普及更使得网络与秘书工作无缝连接。总之,未来新媒体将与秘书实务更加紧密地联系在一起,新媒体不再是虚拟的赛博空间,而是真实的客观现实。

---

① 摘自 2017 年 12 月 9 日习近平在政治局的讲话稿。

【小贴士】

一、威客

当秘书为网站 logo 设计烦恼、为新产品取名绞尽脑汁时,秘书可发挥威客的作用。威客源于英文单词 Witkey,中文的意思是"智慧的钥匙",是通过互联网把自己的智慧、知识、经验、能力转换成实际收益的人,即凭借自己的智慧和创意在互联网上帮助别人解决问题而获得报酬的人。目前我国威客网站有"k68 威客""百度知道""时间财富网""任务中国""新浪爱问"等。网站提供平台,创意人提供创意,中标后的奖金,70% 归创意人获得,其余 30% 为网站所有。

二、印客

秘书如需要把文字和图片变成永久保存价值的个性化印刷品,就可选择印客,如"博文 e 印""上海印客""中国博客网(自助印书)"等。它是一项基础博客内容的个性化数码印刷,从自动排版、个性化设计,到按需打印、精美装订、配送。用户可以根据页面上的指导,将自己中意的博客内容直接套进事先设计好的页面,然后自行选择字体和模板,也可自行设计装帧。如果用户下了订单并进行网上支付,设计成果就将被印刷成册,并且享受送书上门服务。自助博客印刷的价格取决于印刷的大小、数量及装帧规格。"一本起印,随需随印",页码一般在 30至 250 页之间,单次一般限在 5 本以内。一本 100 页的标准平装版,价格为 28 元。从外形上看,和市场上销售的书籍没什么区别,A5 的纸张,经过覆膜、无线胶装、压痕等工序制作而成。当然印客网上的"书"不具备在市场上传播的出版资质。博客的准入门槛较低,任何人都可在自己的博客页面上发布信息或发表评论。当然由于现今许多社交网站也具备博客功能及受到微博的冲击,博客的使用程度已大不如从前。

三、超级链接

超级链接是一种非线性的信息组织方式,其设计成模拟人类思维方式的文本,即在数据中包含与其他数据的链接。秘书单击超级链接文本中加以标注的一些特殊关键单词和图像后,就能打开另一个文本。超媒体又进一步扩展了超级链接而确定信息类型,秘书不仅能从一个文本跳转到另一个文本,而且可以激活声音,显示图形或播放视频。超级链接在本质上属于一个网页的一部分,它是一种允许我们同其他网页或站点之间进行链接的元素。各个网页链接在一起后,才能真正构成一个门户网站,而门户网站是某类互联网信息资源并提供有关信息服务的信息系统。门户网站主要提供新闻、搜索引擎、网络接入、聊天室、电子公告牌、免费邮箱、影音资讯、电子商务、网络社区、网络游戏、免费网页空间等。

【思考与练习】

一、名词解释

1. 中国移动"会务云"

2. 云存储（华为云、百度云）

3. "e 掌管"

4. 智能搜索

5. 布尔逻辑符用法

6. 范畴搜索

7. 拓客三大"喜"产品

二、思考题

1. 论述微博微信关于"十条"戒律的重要性。

2. 公司和个人如何在"公有云"与"私有云"之间保持平衡？

第七章

秘书政务工作新媒体实务

　　传播学者麦克卢汉认为"媒介即信息",媒介的变化促进了社会管理和企业流程的深刻变革。1936 年美国通用公司的 D.S 哈德首创办公自动化(简称 OA),20世纪末开始获得广泛应用。它大大地简化了办公流程,提高了秘书工作效率,缩短了办公流程时间。秘书除了与客户、供应商等打交道外,还有一项重要的内容,就是要到政府部门办事、联系等工作。

第一节　从 OA 到 3A 办公方式的转变

　　随着科技与经济的发展,办公自动化逐步成为现实。长期以来,秘书工作依靠一支笔、几张纸、一部电话这些传统办公工具。新技术发展的趋势,以及办公室实行程序化、规范化、制度化、科学化管理,提高工作质量和办事效率的客观要求,决定了秘书工作实行办公自动化是必然趋势。

一、OA 办公自动化阶段

　　办公自动化是 20 世纪 70 年代中期发达国家为解决办公业务量急剧增长的背景下,发展起来的一门综合性学科。1985 年国家成立第一个办公自动化专业领导小组,同时,国务院率先组织开发了"政务办公自动化系统",初步建起我国政府办公自动化系统,主要集中于事务处理层面,如使用微机打字,推广使用传真机、复印机、轻印刷和开发简单的单机应用项目等。1989 年国务院办公厅秘书局开始组建全国第一代数据通信网,完成基于小型机的加密数据通信系统的研发与部署,并率先全国范围正式开通"全国政府系统第一代电子邮件系统"。到 1990 年国务院办公厅秘书局开始组建全国第一代数据通信网,并开通"全国政府系统第一代电子邮件系统"。1992 年国务院办公厅秘书局开始把决策支持系统技术、地理信息系统技术和信息安全技术等三大高新技术引入政府系统的办公自动化应用领域。开通针对绝密信息的管理系统,视频点播、地理信息系统被广泛应用,规划与共享"政府专网"。随着信息时代的到来,以计算机为代表的信息处理技术的进步为秘书工作提供了极大的便捷。办公方式由执笔世界转向电子信息世界,传统的手工操作转变为现代计算机处理。如使用电脑打字、发送邮件等,极大地提高了秘书起草文件、拟制发言稿的效率;通过网络收集信息、传播信息,免去了秘书以往的重复劳动。办公室里的先进设备越来越多,如录音笔、复印机、传真机、摄像机等,这些都宣告着秘书办公自动化的到来。1995 年起开始建设"全国政府系统办公自动化协作网",解决了许多技术难题,如数字签名等,形成了 7 册指导书,成为"全国政府系统第二代电子邮件系统"建设的电子文件。1999 年中国电信等部门倡议"政府网上工程"以后,全国各地各级政府纷纷建立起网上政府,如政府官网、网上办事,政府文件资料电子化、数据库等。

OA 办公时代,秘书在不同地点用终端装置或用网络将与其它用电脑衔接起来,提供即时发生的最新资料,解除秘书从许多卷宗搜寻资料和归档的大量烦琐工作。秘书通过网络设备,协助召开企事业单位的业务会议,与会人员不必在空间上集中,而可以在不同地点讨论议题,进行投票或选举,形成决议。秘书在办公室通过网络,使领导及相关人员无须每日出勤而能执行任务和完成工作,领导不出家门便可传讯口述,用计算机网络终端设备接收信息,执行工作职责。办公自动化的内函通常是以电子计算机技术为核心,结合现代通信技术,使部分或全部办公业务活动借助于各种电子设备完成并由这些设备和办公人员构成一个对文件处理、信息管理和日常事务等进行自动化管理的系统。一个完整的办公自动化系统,包括信息采集、信息加工、信息传输和信息保存四个环节,并以功能划分为事务性、管理型和决策型三个层次。事务型为基础层,包括文字处理、个人日程管理、文书管理、邮件管理、人事管理、工资管理、资源管理及其他有关事务的处理等;管理型为中间层,它包含事务型,管理型系统是支持各种办公事务处理活动的办公系统与支持管理控制活动的管理信息系统相结合的办公系统;决策型为最高层,它以事务型和管理型办公系统的大量数据为基础,同时又以其自由的决策模型为支持。决策型办公系统是上述系统的再结合,具有决策或辅助决策功能的最高级系统。

OA 办公自动化发展经历了三个阶段:第一阶段,以文件处理为中心的传统办公系统。基于文件系统和关系型数据库系统,以结构化数据为存储和处理对象,强调对数据的计算和统计,明显标志是把计算机引入办公领域,提高了文件管理水平。办公室普遍使用现代办公设备,如传真机、打字机、复印机等。第二阶段,以工作流为中心的办公自动化系统。彻底改变了早期的办公自动化的不足之处,以电子邮件、文档数据管理、目录服务、群组协同工作等技术为支撑,包含了众多的使用功能和模块,以网络为基础,实现了对人、对事、对文档、对会议的自动化管理,且办公室普遍使用了计算机和打印机等。第三阶段,以知识管理为核心的办公自动化系统。知识管理可以帮助企业解决知识共享和再利用的问题,其显著标志是信息和资源共享,实时通讯,以及短信平台的完美结合。这一时期的显著标志是通过使用网络,实现了文件共享、网络打印共享,完成了网络数据库管理的工作。

办公自动化系统功能主要包含以下方面:文字处理(编辑文档、文档版式编排、使用模板格式化文档、表格使用、文档的智能检查)、数据处理(数据录入、图形或图表、数据统计功能)、语音处理(语音合成、语音识别)、图形和图像处理(图形图像输入、图形图像存储和编辑、图形图像的输出)、通信功能(即时提醒、远程通信、远程监控、屏幕互换)、文件处理(资源共享、文件处理流程)、工作日程管理(部门和个人日程管理、周月报)、行文处理(行文无纸流转、行文自动转入和标引、实现会议计划、实现信息采集、实现事务督办流程等)等。企事业单位办公自动化系统以公文处理和行政事务管理为核心,同时提供信息通讯与服务等重要功能,因此标准的办公自动化包括收发文审批签发管理、公文流转传递、政务信息采集与发布,以及档案管理、会议管理、领导活动管理、政策法规库、内部论坛等。具体而言,主要如下:

1. 电子邮件功能。信息是办公自动化、决策科学化的基础,电子邮件系统作为信息传递与共享的工具和手段,满足了办公自动化系统最基本的通讯要求。

2. 协作工作和远程办公功能。网络技术的发展,异步协作方式(如网络论坛、电子邮件等),以及同步协作方式(如网络实时会议)成为除了人们面对面开会之外的新的工作方式,打破了时间和地域的限制,使人们完全可以随时随地参加到协同工作中去,大大提高了工作效率。

3. 完整的安全性控制功能。办公自动化系统所处理的信息一般涉及单位的机密,而且不同的办公人员在不同的时刻对办公信息的处理权限也是不同的,因此安全性控制成为办公自动化系统的重要内容。

4. 公文处理和会议管理程序功能。公文处理是办公自动化系统的主要内容,发文收文流转顺序及要求是系统使用的重要方面。

5. 档案管理功能。文件处理完成后要存档,完善的档案管理为阅者提供方便,同时具有档案的权限控制。

6. 集成因特网。办公自动化系统作为因特网的重要应用,必须能够与因特网相连,包括电子邮件、Web 发布等,这不仅沟通了单位内外的信息,对外宣传等,而且还可以进一步提供了以数据为核心的网络办公服务。

7. 系统界面友好、使用方便。一个成功的应用系统应满足秘书的基本需求，同时还能使用方便，功能高效。

二、3A 智能移动办公阶段

随着互联网和移动设备的快速发展，秘书获取信息的手段发生了巨大的变化，移动办公和无线互联网数据技术为那些对实时信息要求强烈、移动性强的秘书机构和秘书个体的日常办公形式带来飞速的变化，于是"智能移动办公"应运而生。对于绝大多数单位或部门的秘书们而言，不必要也不可能被 PC 和网线所束缚，一切均处于流动的状态、即时的信息，因而建立起一套更高效、更便捷、更灵活、更易用的移动智能办公系统呼之欲出。这种全新的办公模式，可以让秘书摆脱时间和空间束缚；部门或单位信息可以随时随地通畅地进行互动交流，工作将更加轻松有效，整体运作更加协调。智能移动办公也叫移动 OA，也可称为"3A 办公"，即办公人员可在任何时间（Anytime）、任何地点（Anywhere）处理与业务相关的任何事情（Anything）。

（一）中国移动办公的发展历程

在 2010 年以前，随着条码扫描、自动识别等技术的出现和成熟，物流、仓储及零售管理领域已经通过内置条码扫描的终端，扫描相应条码，快速录入信息，加上邮件收发、文字信息交互等简单应用，实现了移动办公的初步应用。2010 年后，智能手机、笔记本电脑之类移动终端逐渐发展，可以执行更为复杂的数据交互及业务操作任务，使得移动信息化应用成为现实，但还是仅限于高层管理者及特殊作业场景。2013 年后，由于移动应用的不断丰富和发展，企业用户对移动信息化的价值有了新的认识，类似于移动 CRM（客户关系管理系统）、移动 OA（办公自动化系统）等具体的移动业务系统部署越来越多，这也使得应用层次逐步下沉，开始从高层管理者向中基层及员工层面普及。2015 年至今，应用开发部署转向整体的平台化建设，更加强调实时数据分析与决策支持响应的方向，并且移动信息化系统开始和物联网、云计算、智能化、大数据等深度融合，使得移动办公应用范围进一步拓展。

中国互联网络信息中心（CNNIC）发布的第四十次《中国互联网络发展状况统计报告》显示，截至 2017 年 8 月，我国网民规模达 7.51 亿，互联网普及率达到 53.2%。2016 年全年共计新增网民 4299 万人，其中，手机网民规模达 7.24 亿，占比达 96.3%，增长率连续 3 年超过 10%。有 4.63 亿网民在线下购物时使用过手机支付结算，比例达到 61.6%，其中 35.1% 的用户表示日常线下消费更多使用手机网上支付。我国网上外卖用户规模达到 2.95 亿,其中手机网上外卖用户规模 2.74 亿。工信部统计显示,2017 年 11.7 亿移动互联网用户,6 月份户均接入流量近 1.6G,是 2015 年同期的 4 倍多。随着移动数据流量与生活的关联度越来越高,中国已全面步入"流量社会"。流量带来的不仅是生活的便利,还催生着新业态甚至新产业,深刻改变着社会发展。而台式电脑、笔记本电脑的使用率均出现下降,智能手机不断挤占其他个人上网设备的使用率。互联网发展对企业影响力提升,随着"互联网+"的贯彻落实,企业互联网化、移动化办公的步伐进一步加快。

从市场需求来看:2016 年以来企业级的服务市场成为各大互联网巨头的发力点,较之相对饱和的个人社交应用市场,目标受众中国 4300 万家中小企业的企业级市场无疑是一个蓝海。近些年来,虽然也有不少致力于企业办公领域的应用相继出现,例如,中国电信综合办公平台,中国移动的彩云 App 等,都只是在移动办公领域激起小小的涟漪,并没有带领中小企业走向真正的智能化,传统企业办公存在的问题没有得到真正的解决。2015 年以后,随着互联网技术和大数据的进一步发展,企业级办公应用产品进一步成熟,"阿里钉钉"顺势而出,成为又一个像"微信""微博"一样的现象级应用。以 2015 年 1 月作为即时通信和协同办公产品的"钉钉系统"上线,近三年来发展迅速,业已作为新媒体环境下的技术产品对传统电子办公的办公流程、办公理念、企业架构等方面产生重大而变革性的影响。

(二)智能办公阶段

智能移动办公的发展经历了以下四个阶段:第一阶段,离线式移动办公。20 世纪 90 年代出现的笔记本电脑为这种需求提供了便捷,虽然笔记本电脑可到任何地方办公,但由于通信技术所限,访问内部网基本无法实现。因此秘书虽然在各地电脑办公,但最后都必须回到办公室内完成最后事项或程序。

第二阶段,有线移动办公。随着 VPN 技术的发展,为移动办公带来重要的契机,于是秘书就借助 VPN 提供的安全通道可以安全通过通讯接入提供商和运营商提供的网络,在旅馆、国际会议中心等场所接入公司内部网,实现有线的移动办公。

第三阶段,无线移动办公。CDMA 和 GPRS 通讯技术的出现为智能移动办公带来了质的飞跃,移动办公才正式进入了无线时代。随着通信技术的发展,移动通讯 4G 的广泛运用,为移动办公提供了更加便捷的应用平台。

第四阶段,移动智能办公。

传统企业或政府管理模式的信息处理速度较慢,投资大,对工作的时效性不明显,对信息管理的前期建设和后期维护花费较多,在硬件投入方面相对比较多,而轻视了软件的开发。知识管理功能不完善,信息资源的利用效率低下,OA 系统的自动化和智能化水平不够,人性化设计还有待加强,以及流程管理不灵活,安全性有待提高等。

比如,我们以搜索为例,目前搜狗语音的识别准确率达到97%,1分钟可识别400个汉字。搜狗输入法是中国语音输入功能使用量最大的手机产品。日均语音输入的请求次数已超过1.9亿次,其语音输入功能不仅能够将语音实时转为文字,还支持"语音修改",即通过口令就能修改输入的文字,无须动手打字修改,以智能和便捷的使用体验获得了用户的高度好评。在传统的键盘式输入的同时,也可以利用最为高效、最为自然的语音方式,甚至是拍照搜索的方式获得所求。相信未来,随着语音技术的不断成熟,搜狗语音将不断给用户带来更好的体验和惊喜。

与传统的OA系统的自动化搜索不同,在复杂的需求中,百度的"度秘"将与秘书进行多轮沟通,充分理解秘书的意图,最终给出准确的反馈。而语音理解及多轮沟通是百度强大的自然语言理解能力,对全网数据信息的检索,对海量信息的深度挖掘和聚合,秘书不再需要从众多的信息中进行筛选,度秘会将最符合预期的结果展现在秘书面前,从而缩短秘书获取信息和服务的路径,减少其中的判断成本。

"你好,度秘!"李彦宏通过语音方式在手机百度中激活了机器人助理,度秘如同一个真实的秘书,用自然问答的方式顺利完成了订餐、预定、宠物美容和购买电影票的服务。"在北京鼓楼帮我订一家好吃的餐厅""能够带宠物狗",最终度秘在北京浩如烟海的饭馆中,挑出了为数不多的可以带宠物一起就餐的地方,之后还推荐宠物美容店。服务的搜索过程不同于单纯的信息检索,服务需求的提出是一个动态修正、多轮交互的复杂过程。正是基于这个洞察,百度全新推出人格化的机器人秘书,在广泛索引真实世界服务和信息基础上,依托强大的搜索及智能交互技术,为用户提供各种优质服务。跟市场上其他萌宠人工机器人不同,度秘的定位是专业、实用、功能。度秘的三大支撑技术为:连接各行各业实现服务接入、全网数据挖掘支撑服务索引、智能交互完成服务。针对每一项接入服务,百度后台通过全网数据挖掘和机器学习的方式,为服务贴上标签,建立丰富的索引维度,方便秘书个性化的查询需求。最后,百度的人工智能、多模交互、自然语言处理等技术都处在行业顶尖水平,这让度秘能够更自然地交互、更智能地理解秘书需求。广泛的服务接入、超强的服务索引、智能的服务满足,三者合一,构成一个强大的度秘。

多个接入:度秘是个美食达人,吃遍天下美食。当你不知道吃点什么时,度秘可以帮你解决:通过强大的人工智能技术,可以轻松识别秘书的各种要求,给出满意的答案。不管是单人餐,还是情侣约会,或是多人聚会,以及就餐环境的要求、人均消费的规定、餐厅位置的要求等,只需对度秘说出秘书的具体要求,度秘通通帮秘书搞定。智能的度秘,只提供给秘书最好的选择。

私人定制:如进入秘书个人中心,设置家庭和公司的地址。对着度秘说"打车回家/去公司",度秘就可以帮秘书安排好车,方便出行每一天。通过对车牌的设置,度秘能帮秘书查询违章情况,在有罚单时,第一时间通知秘书,提供最懂秘书的服务。

电影推荐:度秘是个超级影迷,收藏了海量电影,永远能给秘书最好的电影推荐。不管是电影资讯,高清电影,还是热门榜单和冷门佳片,都可通过度秘来进行观看。或者让度秘帮秘书买张有优惠的电影票,度秘会记住秘书最喜欢的位置,提供最适合秘书的观影方式。

生活提醒:不管是日常健康计划,还是每日起床设定、恶劣天气预警等,对着度秘说"健康计划",即可开启减肥、增肌、瑜伽等设定,让度秘陪伴秘书一起,开启蜕变之旅。对着度秘说"叫我起床",多个明星语音可供选择。通过秘书最喜爱的明星叫早,开启健康而新鲜的每一天。暖心的度秘,帮秘书打造有序的生活。

全方位服务:除此之外,度秘还能帮秘书一键叫车,提供适合个人口味的外卖,关键时刻提醒秘书为家人、朋友送上祝福。根据秘书最爱的主演找到电影,可以为秘书找保洁、订按摩、约美甲……生活里有需要的,随时都可以找度秘帮忙。随时随地跟度秘交流,发现更多度秘的功能。让贴心的度秘,伴秘书每个精彩的瞬间。

(三)中国移动办公的理论探索

目前,国内外学者对于移动办公领域的研究,大多是从技术角度出发,谈论其如何设计和实现。2013年庄鸣《移动办公系统的设计和实现》一文对移动办公的相关实现技术进行了简要介绍,提出了总体系统结构,阐述了系统物理架构、逻辑架构和功能模块结构,重点描述了辅助性功能模块、业务功能模块、客户端功能模块等设计。2016年李镇羽《移动办公应用发展状况探讨》一文中阐述了移动办公的兴起及前景。他认为基于移动办公应用下的移动办公方式的兴起是适应人们社会生活需求的结果,移动办公为现代社会办公方式提供了一种全新的办公解决方案。2013年葛珂的《移动办公倒逼企业管理模式变革》报道,提出移动办公对企业管理模式的影响,以及移动办公涉及重新定义员工的工作流程和考核标准。企业可以结合经营目标的分解,对职能流程进行全部或部分重新设计和校验,不断提高管理标准的价值和对企业的匹配能力。

在美国、欧洲等国家有关移动办公的研究起步较国内领先,2014年 Pengfei Li

在《移动办公的美国样本》一文中结合时代背景,研究了美国移动办公快速兴起与发展的原因。他认为,美国移动办公的快速兴起,正是基于工业经济向消费经济的转变,而且美国的移动办公热潮是基于大公司主导和应用,从而带动整个美国向移动办公的模式进化。除此之外,美国 2014 年 2 月上线了一款名为 Slack 的企业协作工具,成立仅四年估值就达到了 90 亿美元,可见企业应用市场蕴含巨大的潜力。

由于缺乏实际具有代表性的研究案例,国内外学者对于移动办公的研究多集中在理论层面的展望,以及如何在宏观上设计与架构。对该领域的发展过程没有系统的梳理,没有与整个新媒体环境结合起来,事实上存在着一个学科研究的雨影区。

到了 2015 年"阿里钉钉"正式上线,三年后企业级用户数量已达 500 多万。从目前来看,学界对于"阿里钉钉"的研究成果数量较少,在知网以"阿里钉钉"为关键词进行检索,共得到相关结果 47 条,且所有文章的被引次数为 0;其中 80% 以上来源于报纸,其余部分来自期刊。其大都探讨的是钉钉的功能介绍和在企业中的应用体验。2016 年《人民日报》记者陈晓溪的《阿里钉钉破解企业效率"痛点"》报道,提到了钉钉在物流业、餐饮业、民警办公等方面起到的作用。这些新闻报道虽具有一定的价值,但学术性并不严谨,具有一定的主观性。2017 年许燕《基于钉钉的移动办公微应用的设计与实现》一文,从信息工程专业角度对"阿里钉钉"的技术架构进行分析。相关博硕士论文 1 篇,即 2016 年华南理工大学梁宁的硕士学位论文《移动协作管理系统的设计与实现》,但仅仅将钉钉作为一款协作办公管理软件,未进行深入而全面的研究。国外学者对"阿里钉钉"的研究更是处于空白阶段。

笔者认为学界对该移动办公软件的研究多停留在技术层面的可行性分析,缺乏从新媒体技术性产品如何解决企业"痛点",甚至对整个行业的变革式影响的角度去研究。直至今日新媒体技术不断发展,企业级市场也涌现出了许多极具代表性的应用,"阿里钉钉"作为一款新媒体办公应用,不论是作为一款企业即时通信类产品,抑或是智能协同办公软件,对于现阶段中国企业沟通管理和企业运作都有着巨大的潜在影响,甚至能在企业级领域成为像"微信""微博"一样的现象级产品,且有可能成为中国的中小型企业互联化的捷径,促使它们更快地迈向云时代和移动时代。

浙江 2018 年提出打造"移动办事最方便省份",杭州也提出要全力打造"移动办事之城"。相比传统的互联网电子政务,"移动政务"在管理和服务的效率、交叉程度、对用户体验反馈的灵敏度上都更具有优势。"浙江政务服务移动端",2018

年初已实现 86 个事项的随时随地办理,到 2018 年底将达到 500 项与公民个人密切相关的办事事项全程实现"移动办"。移动政务不仅仅是"移动办事",还涵盖了移动办公、移动执法、移动流媒体、移动监测、移动公共服务等多种类型。

第二节 秘书政务工作新媒体实务

网上政府的建立,使得秘书要适应这种网络上政府的行政功能,目前网上政府主要涉及网上办事、政策咨询、便民服务、网上查询、政府采购、行政审批、政府信箱、政府公开等,而其中对于秘书实务而言,影响最大的是网上办事、政府审批、政府采购、政府信箱四大领域。政府部门的秘书在新媒体浪潮中,也紧随时代步伐,加快政务新媒体化的步伐。首先建立网上政府。从 2000 年我国开始政务上网工程,现在上至国家下到居委会、乡村均建立起自己的门户网站,构建起一个庞大的全国电子虚拟政府,凡是在线下可以实现的政府职能工作,在线上基本都可以实现。网上政府其本身的目的就是在线上为民办实事,一般而言主要开设官网、办事指南、网上办事、政策咨询、便民服务、网上查询、政策采购、公众监督、行政审批、政府信箱、政务公开等项目。因篇幅有限,我们择其要点而说明:

1. 网上办事

如秘书办理出入境手续,可登录网站首页,点击"出入境"字样,在弹出页面的内容中选择"杭州市居民个人港澳游申请表"。在页面上有办事指南、表格下载等内容,填写完毕,提交。网站还提供手机通知服务,可以通过手机短信形式通知申请的处理结果。只要选择邮政特快专递公司的"双向速递"服务,可以免除往返取证烦琐。如秘书要办理出入境业务,它的流程如下:①登录网站页面,点击"出入境"字样。②弹出页面后,显示出入境办事内容,这时秘书可点击"居民个人港澳游申请表"。③弹出"申请表"页面,上面有办事指南、表格下载等内容。④点击下载表格,填表,然后提交表格。⑤网站提供手机通知服务,可确认手机短信形式通知申请结果,以及确认选择邮政特快专递公司送达。

2. 行政审批

"行政审批机关是行政机关根据公民、法人或者其他组织的申请,经依法审查,准予其从事特定活动的行为者。"[①]对政府行政审批做出法定规范,标志着政府正在从审批型、管制型政府向服务型政府转变。通常而言,政府审批电子系统

---

① 《行政许可法》。

主要有三大业务:(1)业务办理,通过网络接收审批材料,在内部进行办理,并将结果反馈回去;(2)决策支持,根据统计结果进行决策支持;(3)业务监督,监督网上审批办理,改进业务过程,提高政府服务质量。

我国 2004 年开始实行电子政务建设,随后实施"在线电子服务"。其内容主要有两个方面:其一是即时信息公布,包括新闻、公告、审批状态等;其二是审批效率,包括公告栏、新闻栏、过程跟踪、办件通知、办结通知等。

电子审批系统需要满足两个需要:第一,对社会公众来说,通过网络可以进行审批咨询,提交审批材料,并获得审批结果。通过网上审批,社会公众节省了办理时间和费用,并且对办理状态更加清晰。第二,对政府部门而言,实现了业务办理、决策支持和业务监督三大功能的落实。

3. 政府采购

2002 年第九届人代会通过了《中华人民共和国政府采购法》,要求政府和事业性单位采购必须通过法定的采购程序。作为企业的秘书,必须知悉政府网上采购的有关要素、程续等。依照《政府采购法》,要求加强财政支出管理,促进政府机关、事业单位的廉政建设,无疑采购法的出台实施是一项重要举措。采购人应在政府采购网填报《政府采购项目清单》和《政府采购协议供货登记表》,然后填写《某单位采购计划呈报表》交行政事业科审批,并落实采购单位资金,开出《采购划款通知书》,最后把资金划入"政府采购资金专户"。财政部门审核完毕,下发《批复》。采购人打印已批复的《项目清单》并加盖公章,送交政府采购中心实施采购。供应商或采购人将中标通知书、政府采购合同、发票复印件、验收报告等结算资料送交财政部门,核实后财政部门转账支付货款。

4. 政府信箱

一般政府网站首页均设立政府或长官信箱,如市长区长信箱等,通过电子邮箱传送到领导特定的邮箱地址。有了政府信箱,给百姓增添了一座沟通桥梁,也完善了快速反应体系和监督机制。另外还有县长、区长、市长信箱等热线栏,群众可分别给各分管长官或部门写电子邮件,提出自己的建议或意见。

5. 政府公开

我国政府提出建设法制社会,要求政治文明,确保人民民主权利的实现。为此在政府官方网站上每天或隔一段时间均有一定量的信息公布,接收群众的监督。在我国实行依法治国方略,重要的是要调动广大群众的积极性,充分发挥人民群众在依法治国中的主体作用。

政务办公的全面推进,对秘书工作的手段与方法产生了巨大的影响。秘书工作手段与方法的革新,直接影响了原有的秘书工作理念,给秘书学的进一步发展带来了新的机遇与挑战。21世纪随着我国计算机的日益普及与发展,它经历了三个阶段:第一阶段主要是办公过程中普遍使用现代办公设备,如传真机、打字机、复印机、电脑等;第二阶段是办公过程中普遍使用计算机,真正实现了无纸化办公,并大面积实施数字化的文字处理、表格处理、文字输出、文件共享、编辑文档、版式排版、表格使用、文档模块、文档检索、网络打印、网站管理等;第三阶段是办公过程开始向智能化、移动化、数据化等方向发展。当今已完全进入了第三个发展阶段,OA智能化办公自动化课程显然已远远满足不了当今时代对秘书工作的新要求,因而我们必须进入新时代的秘书新媒体实务阶段。

如我们以秘书进入杭州公安系统政务网实务为例,其网站上为企业秘书提供了8项便民措施,通过取消限制、开通功能、简化材料、缩短流程,真正让便民举措服务到家。第一项:市区内迁户口取消整户迁移限制。市内迁移取消夫妻、未成年子女需整户迁移的限制。今后居民申报市内户口迁移的,只要符合迁入地落户条件的,申请人均可根据自己的需求只办理本人的户口迁移,不再要求夫妻、未成年子女整户同时迁移。不过,因住房已出售、转让等原因失去现户口登记地所在房屋使用权或所有权的除外。如果申请人是户主的,还应当在原户籍地按规定办理变更户主手续后才可以申请迁移。另外,有亲友挂靠的户籍家庭,也不在"无须整户迁移"的范围内。第二项,交通违法和缴纳罚款可网上一站式处理。秘书可通过警察叔叔App、杭州交警微信公众号、支付宝、浙江政务服务网四大互联网平台,在网上一站式处理交通违法和缴纳罚款,不用再跑交管服务窗口和银行窗口。此外,杭州公安交警车管部门与中国平安财产保险公司开展"警保合作",在"平安好车主App"上开通车驾管服务功能,内容包括网约模式车辆检测、记满12分驾驶员在线学习、车主安全驾驶宣传教育、驾驶证和车辆年检到期提醒等四项服务。第三项,简化户口申报证明材料,其中年满15周岁、未满18周岁的未成年子女投靠或随迁不再需要提供在校生证明;人才引进落户不再需要提供《学位证书》,无法提供《学位证书》的,可用《中国高等教育学历认证报告》代替,购房落户、投资落户等户口迁移中不再需要省内户籍申请人提供《无违法犯罪记录证明》,由受理地公安机关负责查询。第四项,办理户口审批时间缩短,户籍办理一般为15个工作日,家属随军、民族变更等为20个工作日。第五项,16周岁以下首次更名仅需7个工作日。第六项,开通网上更名申请功能,通过网上预审符合条件再到派出所户籍窗口办理,最快当天就能办理完毕。第七项,网上办理危化和民爆物品业务。第八项,简化废旧金属收购业备案管理,整合到市场监督管理局营业执照申领窗口统一办理。

公安系统也把办理居民"三本证(居民身份证、驾驶证、出入境证件)"纳入

"一次性办理"范畴。温州公安局开全国先河,推出"百万申请网上办"的服务平台,用刷脸代替跑腿,彻底颠覆传统办事流程。现在温州把公安、民政、住建、卫计、侨办等部门的数据库进行打通,这样可以将民政婚姻登记、死亡注销、住建局房屋产权登记、卫计医院出生证明、人力社保证明、侨办华侨回归等6项政务数据库和常住人口基本信息、违法犯罪人员库等9项公安数据库进行对接,只要企业秘书登录系统,所有信息都会与秘书本人对接起来。为了系统能认识"企业秘书",需要建立人脸识别技术支撑。在平台验证身份时,不仅需要刷脸,还需要大声念一段随机数字。因为如果秘书进行了整容,或者戴了美瞳、假睫毛,系统可以通过实人、实名、实证多重认证加以确定,这也是温州公安局与公安部第一研究所共同开发的"互联网+可信身份认证"技术,获得国家十三五规划和国家发改委立项。秘书可以化妆,但声音和表情等是难以伪装的,所以该系统可以通过嘴型来判断"你是不是你",彻底取消了身份证、户口簿等各种证件,只要通过人脸识别,即在手机上自动生成电子证件。

2018年4月公安部第一研究所可信身份认证平台(CTID)认证的居民身份证网上功能凭证(简称"网证")首次亮相支付宝,并正式在杭州、衢州、福州三个城市试点。在没有携带身份证的情况下,可以用手机领取网证。秘书完成刷脸等相关认证,证明是本人后,便可领到自己的网证,即可完成办理公积金、社保查询等政务。证件电子化已成为一种潮流,支付宝已经完成了电子社保卡、电子居住证、电子驾驶证、电子行驶证、电子营业执照等电子证件认证工作。这样秘书即使忘带身份证,也能用网证办成事情。无论出门旅游、看病、办事、付款等,均可以靠脸办完。服务平台有两个入口:一是浙江政务网;另一是微信小程序"温州微警"。宁波公安局设立多功能户籍自助设备和自助拍照机。前者由两个显示屏组成,一个在大厅一直在演示如何使用,另一个是真正的办事操作屏,连接着边上的复印机,可以立马复印材料。各个窗口均设有同步操作屏,外部能即时看到内部的操作过程。审批材料中也使用了电子印章,导入行政审批系统。有手机微信、公安网站,有办事点的值班民警、窗口受理箱、办事大厅里的智能机器,真正实行了新媒体办理政务。

那么,网证安全吗?秘书手机丢了,别人能用秘书的网证吗?事实上,秘书手机丢失,网证也很难被冒用。因为使用网证时,秘书需要先通过指纹或刷脸验证,证明本人后才能进入到网证页面;同时打开二维码时,还要再次刷脸验证。换言之,即使秘书手机丢了,别人要想用秘书的网证,得先通过"手机密码+支付宝登录密码"打开秘书的支付宝,再通过"指纹验证+刷脸验证"打开网证二维码,总共四道门槛。而其中支付宝刷脸准确率就高达99.99%。网证不能替代实体身份证,但基于它易保管、易携带、多重密码保障等特点,网证的使用非常安全。

这一切对秘书而言,既是机遇也是新的挑战。秘书必须时时更新工作方法、行为方式、知识构成、思想观念,要能够胜任新媒体时代背景下的秘书工作任务。新媒体时代在为秘书提供便捷的同时,也对秘书提出了更高的业务技能要求,促使秘书工作不断向智能化的道路上迈进。

第三节　"最多跑一次"政务改革

我国开始实施"政府上网工程",几年来探索出一套"一站式"服务模式,它的真正目的在于使群众在一个窗口或一个有限时间内完成需要多个部门审批办事的事情。所以"一站式"电子政务从根本上改变了政府职能机构各自为政、不易协调的状况,确立了以公众需求为导向的政府服务创新理念,提高了政府办事效率。

2016年9月国务院发布《关于加快推进"互联网+政务"服务工作的指导意见》,要求各地加快推进"互联网+政务服务"工作,切实提高政务服务质量与实效。要达到秘书政务+互联网的政务云建设,必须要有大互联、云计算、大数据和大安全四大技术支撑。把各个部门的诸项服务业务上云,实现政府数据大集中,前端是网上智慧大厅,后段则是技术支撑所致。通过技术手段,打通各个部门的壁垒,在有条件的情况下实现数据汇总,建立一个庞大的云计算中心。"最多跑一次",以政府权力减法,激发市场活力加法,做到"最多跑一次是原则,跑多次是例外"。让数据多跑路,群众少跑腿,甚至不跑腿。大力发展信息经济,推动智慧应用,被浙江定义为"一号工程"。"最多跑一次"的政务服务,已经成为浙江金名片,也是全国政务改革的一面旗帜。

"最多跑一次"是行政体制改革的深化,是关于"四张清单一张网"逻辑的延伸,是打造服务型政府的改革举措。同时它实际上也形成了行政流程的倒逼机制,让各级部门更好地去考虑如何实现流程最短化、效率最高化。加大投资审批改革力度,推行"多评合一、多测合一、联合验收"和"区域能评、环评+区块能耗、环境标准",加快实现企业投资项目从立项到竣工验收全流程、多层级、多部门"最多跑一次"。在外贸企业"证照联办"的基础上,继续推进分领域商事登记"证照联办",在"五证合一、一照一码"的基础上进一步推行"多证合一、一照一码"工作。杭州海关2018年初正式开通"证照联办"系统,它与杭州市政府相关办公平台实现了数据共享。在杭州市区内的进出口企业可以通过网络提交资料,在线办理包括海关报关单位注册登记在内的多种证件,实现"一次提交、多证联办"。系统上线后，企业登陆"杭州市商事登记一网通"平台，在办理其他证件的同时，勾选"海关注册登记"选项，海关便会在工商部门完成注册的基础上，从系统里直接提取企业信息，进行进出口货物收发货者注册。注册成功后，海关通过网络将回执发回政府信息平台，平台再反馈给企业。浙江省政府办公厅在 2017 年 6 月下发《关于加快推进"多证合一、一照一码"改革的通知》，决定从 7 月起在全省范围内实行"多证合一、一照一码"改革。这是在已实施的企业和农民专业合作社"五证合一、一照一码"、个体工商户"两证整合"的基础上的升级版。浙江通过政府部门间证照整合、业务协同和信息共享，从"每个部门最多跑一次"转向"每件事最多跑一次"，达到"一事、一窗、一次"的改革效果。"多证合一系统"上线后，正式取消公章刻制、大学生创业认定等在内的 17 个审批备案事项，从之前的"五证合一"为"22 证合一"，企业无须再跑这些审批部门，实现"一码互认"。

同时，浙江第一个"多证合一、一照一码"改革事项清单正式亮相，包括保安服务公司设立分公司备案、大学生创业企业认定备案、房地产经纪及其分支机构备案、住房公积金缴存登记、再生资源回收经营者备案、从事艺术品经营单位备案、船舶代理及水路运输代理业务经营备案、道路客运经营者设立分公司备案、道路货物运输经营者设立分公司报备、旅行社分社备案、旅行社服务网点备案等共 11 项。"多证合一、一照一码"是将信息采集、记载公示、管理备查类的一般经营项目涉企证照事项，以及企业登记信息能够满足政府部门管理需要的涉企证照事项，进一步整合到营业执照上，被整合证照不再发放，从而实现一件事最多跑一次。如以再生资源回收经营者为例，改革前企业办理营业执照后，还需分别到商务部门和公安部门办理备案手续；改革后，秘书仅需办理"多证合一、一照一码"营业执照。由工商(市场监管部门)通过数据共享将企业信息推送给商务和公安部门，无须申办人到商务、公安部门再行办理备案手续。

事实上早在 2016 年 10 月浙江省工商局就推广了"五证合一、一照一码"的改革，其中五证主要是"工商营业执照、组织机构代码证、税务登记证、社会保险登记证、统计登记证"，并推行全国。全面推开省内身份证异地换领、省内异地户籍迁移。凡已申领过第二代居民身份证的浙江省居民，凭本人的居民身份证或书面申请，可在浙江省内任一户籍派出所采集人像、指纹信息，申请换领，补领居民身份证。因户口簿丢失的浙江省内家庭户户主，可通过公安机关门户网站申请补领户口簿，上网站填表等派出所审核通过就能领到新的户口本。缴纳工本费除了交现金，还能选择刷信用卡、支付宝、微信支付等第三方非现金支付渠道。加快推进道路交通违章缴费、医保社保等"一窗"办理。全面清理各类没有法律法规依据的证明材料等。以前办一张房产证，要去地税、房管、国土三个部门，要准备三套材料，还要叫三个号,而现在杭州余杭区行政服务中心只需一个系统一套材料一个流程,两个小时就能拿到"不动产"红本子,且本子可委托快递或邮政邮寄。三个部门流程"三合一",税费收缴合并,后台交易、登记审核"一体化",数据共享,将原先3个部门的11份表单整合成3张表单,真正做到"让数据多跑腿,群众少跑腿"。①

同时浙江还推行"1+X"动态清单管理机制。"1"即已经整合的营业执照、组织机构代码证、税务登记证、社会保险登记证、统计登记证,即"五证合一、一照一码",涉及企业开办的必备事项;"X"即五证之外,政府部门信息采集、记载公示、管理备案类涉企证照,以及工商登记信息能够满足其管理需要的涉企证照。这就是多证合一,指其他与商事主体资格及经营资格审批有关的事项,现在只要到"商事登记综合受理窗口"统一递交申请材料,各部门就可联办。换言之,秘书只需填写"一份表格",提交"一套材料",申报材料由工商(市场监管)部门窗口或商事登记综合受理窗口统一受理。申报材料受理后,窗口人员将有关登记、审批、备案等信息录入全程电子化登记系统,符合登记条件的当即确认通过;不符合登记条件的写明理由,反馈申请人。审查通过后,打印加载统一社会信用代码的纸质营业执照,由窗口工作人员通知申请人取件或通过邮政速递寄递,并生成电子营业执照(数字证书)免费发放。如杭州滨江区行政服务中心设有9个商事登记服务窗口,通过微信公众号、滨江区政发布和浙江政务服务网三大平台随时向社会公布;同时对完成登记的企业提供免费快递,对容缺受理补正材料的快递到付,即政府双向免费快递。邮政特意为该项目服务准备了特别的快递面单,注明"不用向客户收钱"。

浙江在全省开展"1+N"+X多证合一、证照联办商事登记制度改革,其中的"1"是指"多证合一、一照一码"的营业执照,核心是统一社会信用代码,是实行多证合一的主要载体。"N"是指基于统一社会信用代码可以通过数据共享整合的备案、审批事项,实质是梳理整合"N"事项,拓展"1"内涵,从原先的12项增加到17项,实现"五证合一、一照一码"为"多证合一、一照一码"。"X"是指目前难以实现的"多证合一、一照一码"的审批事项,从原先的25项增加到27项,并且涉及N事项的"多证合一系统"正式上线运行。2017年4月杭州市国土、房管、地税三

---

① 如不动产登记费用可通过支付宝、银联支付等方式在互联网上自助完成付款;通过手机微信查询"杭州不动产登记"微信公众号中的"登记导航",可查询主城区10个办证点取号、受理、办理数据等实时数据;已办结的权证,凭受理单二维码扫描、身份证刷卡、"人脸识别"验证等,实现自主领证。

部门共同设置联合窗口，通过一窗受理、当场办结、同城通办、只跑一次、集成办理5招组合拳，实现全国最快的房屋交易、税收和不动产登记全流程"60分钟领证"，堪称全国"最快速度"。用"一套指南"解决盲目跑。编印了一整套包括商事登记领域办事服务指南，统一窗口办事流程和标准；印制办事指南手册供企业免费查阅参考，让企业"看得清楚、办得明白"。借鉴淘宝客服经验，研发网上咨询智能应答"小杭系统"。最后，用"一个约束"解决长时跑。对办结时限，要求N类多证合一事项不得超过营业执照办理期限2天。浙江工商局把企业年报制取代年检制，年报全面支持数字证书应用，这样年报工作实现了让数据跑路，让秘书一次都不用跑。

　　截止2017年8月浙江省工商局已发布两批共26项"最多跑一次"事项清单，如合同文本备案（合同格式条款备案）、外商投资企业登记、外商投资企业分支机构登记、外商投资合伙企业设立分支机构备案、外国企业常驻代表机构登记、外国（地区）企业在中国境内从事生产经营活动登记等。至此，工商34个办事事项已全部实现"最多跑一次"，覆盖率达100%。2017年8月浙江省工商全程电子化登记平台（http://gsj.zj.gov.cn）上线，它是全国范围内唯一一家支持居民既可选择有纸（半流程）电子化登记，也可选择无纸（全程）电子化登记的平台；既可实现无纸全程登记"一次不跑"，也可实现半程网上和线下登记结合的"只跑一次"。"无纸化"申报功能，在各类企业、个体工商户的设立、变更、注销、备案所有办事环节均得到实现，覆盖全省所有登记机关、所有企业类型和所有登记环节。平台依托浙江政务网用户体系进行身份对比，通过自然人身份信息、人脸识别等完成与公安部人口信息库自动对比，实现自动确认。企业法人通过与企业法人库信息比对，实现自动确认。按照"真实身份、真实意愿、原文未改、签名未改"的要求，实现电子签名。按照电子签名服务部署在全程电子化系统的要求，确保网上办理的整个过程，各类电子材料均不对外进行任何形式传递，并通过痕迹保存和证据保存等配套建设，确保电子签名服务的高度可信和电子签名文件防篡改、防抵赖。"E签宝"电子签名解决审批软件，即无需打印纸质合同，一元钱即可直接在线完成签名盖章。工商登记办理完毕，平台自动发送短信通知，企业可到窗口领取纸质营业执照，也可要求邮政快递送达。同时，平台将签发一份电子营业执照给法定代表人，通过下载到手机，上网一查即可验证。以后外出谈业务，无需随身携带纸质执照。新增客服上线（组建专业客服队伍，推出在线协助指导），对民众可即时指导。如推出个体工商户申报、企业名称查询App，手机登记和名称查重等。尤其是推出了可选企业名称库，提供30万个名称供企业选择申报。允许企业一次可申报三个名称，并将企业名称预先核准时间压缩到1个工作日。此外申请人无须再向工商部门提交纸质申请材料,系统自动实现电子档案归档,真正实现"网上申报、网上受理、网上审核、网上发照、电子归档"的无纸化登记。

第四节 "最多跑一次"新媒体原理

"一站式服务"又被称为"一厅式服务""一网式服务""一表式服务"等,"一站式"政府服务的建立,事实上是一场电子政务系统的大革命、大改组。为此,国务院办公厅要求各级政府必须建立起"三网一库"工程,其中"三网"就是政务内网、政务外网和政务专网,"一库"就是一个数据库。它需要建立五个功能层:

1. 公众访问层:"一站式"办公门户 + 信息门户,是为公众服务的统一入口;

2. 应用系统层:就是各个机构的政务系统平台,通过跨平台方式,使政府各部门依托独立的电子政务平台实现互通共享;

3. 应用数据层:各个机构及对应的电子服务器,以政务信息服务和政务应用支撑为核心组件,具有知识管理系统、决策支持、信息交换等功能;

4. 数据资源层:就是各个机构部门所拥有的数据库系统,包括政务信息数据、办公业务数据、政务资源数据、目录服务、邮件服务等,主要功能是进行数据访问、转换、提取、过滤和综合处理;

5. 网络平台层:主要是硬件部门,包括主机、存储、网络平台,涉及政府的三网设备。其中政府内网实现政务机构内部新媒体化应用,政务专网实现政府机构之间信息资源传输和共享应用,政府外网实现面向社会公众的政务公开和网上审批。

随着近几年深入推进"互联网 + 政务服务",浙江实行了群众办事"最多跑一次",提出"打造移动办事最方便省份",杭州也已提出打造"移动办事之城"的目标。如刷个脸就能查纳税,滴一下身份证就能自动填好办事表单,一台一体机就能办出一张营业执照……然而这背后却需要强大的计算机技术的支撑。浙江移动发挥系统集成开发、平台设计能力,研发出"四个平台"基层业务协同系统。这四个平台信息系统包括"六个一",即一个门户、一个平台、一张网格、一个 App、一个微信公众号、一个数据中心。其中依托门户系统进行任务派发、过程监督、结果反馈,利用 App 进行信息收集、问题上报和事件爆料、移动办公,利用微信公众号进行信息发布和互动交流。

行政审批,居民养犬办理、店家店招店牌审批、建筑工地各类审批等事项,由外部流转转为内部流转,单向审批为联合审批,零散办理为集中办理,逐渐形成了

"集中办理—专人审批—部门联合"审批新模式。审批涉及电子签名,根据《办法》条例,认为:"除有法律、法规明确规定外,各级行政机关都应当接受能够识别身份的以电子方式提出的申请,且不得同时要求公民、法人和其他组织履行纸质或者其他形式的双重义务;按照安全规范要求生成的电子签名,与本人到场签名具有同等效力,可以作为法定办事依据和归档材料;各级行政机关使用电子印章系统,向公民、法人和其他组织发放电子证照的,电子证照与纸质证照具有同等法律效力。"这些具体规章具有极强的操作性和指导性,对推进全流程网上办事,破除电子材料法律效力障碍有着积极的推动作用。为此,全国有的省市(如广州市、杭州市、辽宁省等十几个政府)设立数据资源管理局,2017年1月杭州成立市数据资源管理局。目前杭州市61个市一级部门和34个市直属企事业单位,共建有信息系统899个、数据库627个、数据库表60余万张,彼此之间互不联通,甚至相同部门之间也是如此,如人社、城管等大部门都有30多套系统,系统之间的信息也不能完全共享。群众办事自然要跑多个部门打多个证明。为此资源局要求:诠释政务、公共数据资源登记目录制定、归集管理、共享开放;建设城市"数据大脑",以大数据、人工智能驱动城市治理能力提升;统筹政府系统智慧电子政务项目和数据资源基础设施建设、管理和绩效评估。数据局将围绕建设"云杭州""移动办事之城"建设目标,推进数据共享开放[1],利用人工智能和大数据,不断推进政府治理体系和治理能力现代化。通过该平台,能够在几乎无人工干预的情况下,让数据真正具有支撑实时业务的能力,实现自动形成接口,保障数据探索、汇聚、共享、应用的全链路畅通稳定。"最多跑一次"改革写入政府工作报告,作为智慧政府建设的先行省份浙江,以"最多跑一次"改革为重要切入点和突破口,不断完善建设集约、服务集聚、数据集中、管理集成的统一数据平台。早在2014年阿里云为"浙江政务服务网"整合40余省级部门11个地市和90个县区政府服务资源,实现省市县三级数据直连,这是全国首个搭建在阿里云上的政府服务平台。其中主要采用"3+1"混合云模式,即"3朵云+1个政务数据平台",底层计算平台基于阿里云自研的飞天操作系统,而混合云管控平台则基于数梦工场。

浙江政务云

政府公共云	政务外网云	政府专有云
互联网区	政务外网区	部门专网区

---

① 祥云DRMS平台由杭州市数据资源管理局与阿里云、杭州市城市大数据运营公司联合开发,也是全国首个基于人工智能的数据资源平台,是"城市数据大脑"的智能即时"数据仓库"。

　　对外提供公共服务　　对内政务业务　　　　公检法服务系统
　　　　　　　　　　1 个政务大数据平台

　　按照个人办事、法人办事、便民服务等主题分类导航。基于互联网平台及云计算分布式架构和高性能大数据平台,政务网站畅通无阻,游刃有余。

　　事实上"一窗受理",就需要网上联合办事,才能"集成服务"。一个窗口,30分钟需办完二手房过户登记,彻底突破了传统审批模式①,打破了信息孤岛的藩篱。在《办法》中,围绕信息共享的问题,对公共数据获取、归集、共享、开放、应用等各个环节的管理做了规范:"明确公共数据采集遵循合法、必要、知情原则,做到'一数一源',对可以通过共享方式获得数据的,不得违规通过其他方式重复采集;明确公共数据统一编目、逐级归集的要求,形成公共数据资源目录,并将目录中的数据归集到公共数据平台,实施人口、法人单位、公共信用等综合数据信息资源库建设。明确公共数据共享为原则,不共享为例外,按无条件共享、受限共享和非共享三类情况,分别确定数据属性及共享实现方式。明确公共数据开放实行目录管理,数据开放应采用公民、法人和其他组织易于获取和加工的方式。"这些规定将有效促进数据资源的共享应用,支撑跨部门、跨层级、跨地区协同办事和综合监督,充分挖掘公共数据的价值。

　　再如"电子政务集约化",以往重复投资、分散建设,而《办法》规定要立足于实现互联互通、资源整合,"要求电子政务网络、政务云平台、公共数据平台和数字备份中心等建设实行统一规则;明确各级行政机关不得新建业务专网,已有业务专网经合理分类后并入电子政务网络;公共数据平台由县级以上政府建立,其他各级行政机关不得新建扩建独立的数据中心"。同时,《办法》强调"统筹建设一体化网上政务服务平台,各级政府按照浙江政务服务网的规范要求建立网上政务服务体系,并延伸至乡镇(街道办事处)、行政村"。这些规定从制度上改变了以往政府信息化建设"分散零散"局面,构建"一张网"体系。

　　2017 年浙江通过大力推进"最多跑一次"改革,推动政府职能转变,让群众实实在在地增加了获得感,提高了满意度。党中央、国务院对浙江"最多跑一次"改革也给予了充分肯定。习近平总书记主持召开的中央全面深化改革领导小组第二次会议专门听取了《浙江省"最多跑一次"改革调研报告》,中央"深改办"建议向全国复制推广。基于上述情况,省政府特意提出"八个一窗口"标准化服务。主要内容如下:

---

①　传统的行政服务中心,就是每个部门在大厅里开设诸个窗口,各个部门数据不公开也不共享。

一键取号。新增微信取号功能,秘书可到现场取号,也可通过网络平台远程取号,避免排队之忧。

一键就通。开通工商注册登记热线,设置专人接听,及时解答秘书办事中遇到的疑难问题,确保咨询电话畅通,监督到位。

一口说清。统一公布电话、网络、微信等多种办事咨询渠道,做到咨询问题一口说清。

一站导办。设置导办员,负责辅助取号、业务咨询、服务引导、填表指导,提供面对面的服务。通过触摸屏、门户网站、书式折页等方式,公布办事条件、办事流程、办事材料,提供各类示范样本,供企业查阅参考。

一窗受理。实行企业登记综合受理,每个窗口均可办理名称核准和企业设立、变更、注销、备案等各类登记事项。

一网通办。推出网上登记平台,经网上审核后,企业只需到窗口一次性提交材料即可领取营业执照。实现全程电子化登记,"网上申报、网上受理、网上审核、身份认证、电子签章、电子归档",达到"零上门"。

一次办结。申请材料齐全,符合法定要求的,实行一次性办结。

一单速达。链接邮政快递服务,企业可以根据实际需求,选择现场领取或者邮政送达营业执照,减少来回奔波。

同时还采取了"六个零"新规:

"零上门":申请人只需登录某政府全程电子化登记平台,选择企业名称自主申报,就可以进行申报,无需再到市场监管局窗口办理;

"零等待"。自主申报系统能按照事先设定的规则,对申请的企业名称进行自主查询、比对、判断,并即时给出申报结果,无须市场监管局人工审核,名称申报"秒过"。

"零表格"。自主申报系统对申请人提交的申报信息进行存档,形成电子档案,申请人在后续提交的企业名称登记材料中,无须提交任何名称申报表格。

"零遗漏"。任何类型的市场主体名称都可进行自主申报,包括企业法人和不具备法人资格的内外资企业、各类分支机构、个人独资企业、个体工商户等。

"零时差"。名称自主申报系统与网上登记申报系统全程无缝衔接,企业名称自主申报通过后,可立即转入网上登记申报系统,提交企业登记材料,实现"名称申报"和"注册登记"无时差,大大压缩企业登记审批周期。

"零阻碍"。除了电脑登录外,自主申报系统还可通过智能手机、iPad 等多种渠道登录,界面、功能与电脑登录完全一致。

2018 年年初杭州提出要打造"移动办事之城",4 月"杭州办事 App 上线运行",其中80%事项均能在移动网上办理,以电子地图形式解决办事事项、地理位置、交通信息等实际疑难问题。加快推进"杭州办事App"和综合自助办事服务机;同时进一步完善《杭州市政务数据资源目录》,为全市各部门的政府数据共享提供支撑。

第五节 "最多跑一次"新媒体实务

互联网＋政务服务,实现全程电子化。从操作层面而言,必须实行公共数据共享开放式,这样才能完成"最多跑一次"。众所周知,"让群众少跑腿,让数据多跑路"的深层次问题很多,如基础设施建设条块割裂,网络互联互通不畅,业务系统缺乏协同,数据资源开发利用不够;同时各部门标准不统一,信息安全、数据保护存在隐患;特别是电子文件、电子证照、电子签名、电子档案在政务活动中的法律效力不明确,严重制约了网上办事的深度和广度,羁绊了"最多跑一次"改革的进程。2015年9月国务院印发了《促进大数据发展行动纲要》,系统部署我国大数据发展工作。2015年11月浙江成立了"浙江省数据管理中心",省政府加快推进信息资源整合开放和大数据产业发展,强化大数据建设。2017年4月浙江省政府办公厅下发第一批《浙江省省级公共数据共享清单》,随后衢州市行政服务中心在全省率先向浙江省数据管理中心发出"点菜单",请求调用相关数据。要搭建审批大数据平台,大数据统筹与联网的速度必须进一步加快。而现实中,许多数据信息仍存在难跨区域、难跨部门的壁垒。2017年5月出台了《浙江省公共数据和电子政务管理办法》(以下简称《办法》),这也是全国范围内首个专门规范公共数据使用的省级政府规章,让"最多跑一次"不仅在技术上有了可行性,法律上也有了保障。

我们以企业秘书如何使用和操作"浙江政务网"为例,具体如下:

首先,注册用户。搜索"浙江政务服务网",找到热点服务中的"工商全程电子化登记平台",或者搜索"浙江省工商全程电子化登记平台"。打开企业名称/注册登记,点击"立即注册账号"。个人用户录入姓名、身份证号、手机号码等信息,信息验证成功后即可完成注册。

其次,名称申报。录入用户名和密码,点击名称登记模块,选择"企业名称申报"。根据实际情况选择住所、类型,填写字号和行业,完毕后点击"名称查重"。若通过,点击下方"可申报,列为申报名称",补充企业相关信息完成申报。稍后秘书会收到短信:"恭喜您,名称已经预审通过了!"

再次,申请登记。点击企业登记,根据企业申请的类型自主选择模块,填写相关信息。随后,系统自动弹出"全流程网上登记"和"半流程网上登记"申报模式。选择一种进入申报界面。不管秘书选择哪种登记类型和环节,按照要求填报后,系统会一键生成申请书、股东会决议、公司章程等文书,秘书可以通过 PDF 在线查看比对。如果秘书选择"半流程网上登记"模式,完成申报后可以直接申请提交。工商部门预审通过后,秘书应当打印所有申报材料,并将签署好的纸质申报材料提交至辖区的登记窗口。

最后,签发电子营业执照。法定代表人或者秘书收到短信通知后,可以到窗口领取,也可以要求邮政快递送达。之后,秘书还可以获得一份电子营业执照。电子营业执照与纸质营业执照具有同等法律效力。

如果秘书选择全程登记,则需要完成电子签名一环。电子签名人必须通过"浙江政务服务网"实名认证,晋级为高级用户。工商部门材料预审通过后,系统会自动给需要签名的用户推送一条手机短信。秘书根据短信提示内容打开链接进行电子签名。签名时系统会判别是否为高级用户,如果你是初级用户,需要登录"浙江省政务服务网"App 进行高级实名认证,推荐使用快捷的"人脸识别认证",按提示张张嘴、眨眨眼,完成高级认证。认证完成后,再点击电子签名,浏览需要签署的申报材料,确认无误后,扫二维码,即可完成在线手写签名。电子签名只需签署一次,即可一次性完成整套材料的多个区域签署。没有时间和区域限制,随时随地轻松完成签字。电子签名完成后,系统会自动将申报材料推送到相应的登记机关,秘书就等待短信通知了。

站在全国的角度,"最多跑一次"不仅利于浙江的发展,对全国也有示范、引领和借鉴意义。"最多跑一次"实际上形成了行政流程的倒逼机制,让各地各级政府进行流程的最短化、最高效率化的改革。如杭州艮北指挥部秘书小王负责艮北新城开发的道路、学校、安置房建设、土地出让等项目的报批、申领手续。为此她到规划部门办事窗口前,点开"江干(区)审管"微信公众号,然后进入"服务清单"栏,里面显示了前往江干区各个职能部门办理相关事项需要准备的材料。小王根据自己需办理的事项点击进入,下载申请表,并参照范例,填好表格。备齐材料后,她再次进入"江干审管"微信公众号,点击"预约办事",根据提示,就可预约所要办理事项的日期、具体时间等。预约成功后,办事人员只要在预约时段内到江干区行政中心取号,就可享受在这个时间段内优先办理。工作人员清点了小王提交的材料,确认无误后,进行电脑录入,几分钟后录入完毕,办事结束。当工作人员清点材料后,还缺若干非必要条件的材料时,通常会给予预先受理。政务 + 互联网改革需要新媒体的革新与改进,需要积极推进电子证照、电子公文、电子签章等应用,政府加大对电子化应用系统的开发。如杭州滨江区行政服务中心通过自助登记系统,企业可在行政中心的 24 小时服务区实现全年无休的全自助服务,在实名认证之后,可通过电子签名的方式生成电子材料、网上提交、网上审批、发放电子营业执照,最后电子归档,全程电子化登记。

2017 年 7 月杭州有 18 项政府性收费,可以通过移动 App 网上银行、银联、支付宝等多种方式快捷支付,不再需要到收费窗口排队或到银行办理。没有带身份证和银行卡,也可在银行办理取款业务。秘书小王进入杭州庆春路浙江农行营业部,在 ATM 终端设备上选择刷脸识别,随即系统开始对小王进行人脸识别检测。然后小王输入身份证号,通过后选择用户名下的银行卡进行交易取款,最终输入密码取现金,一气呵成。不需要银行卡、也无须身份证,把脸靠近屏幕,按照提示操作几下,取款就立刻完成。操作如下:首先在 ATM 机屏幕上选择"刷脸取款"业务;根据屏幕上的提示,进入人脸识别环节;系统自动抓拍人像照片,与银行系统内可信照片源进行比对;3 秒钟左右,显示人脸识别成功;接着输入身份证号/手机号、取款账号、取款金额及密码。很快现金就从 ATM 机里"吐"了出来。整个过程无需插卡,耗时 25 秒左右。农行 ATM 机采取的是红外双目摄像头活体检测技术,利用核心算法对人脸的五官位置、脸型和角度进行计算分析,且拥有三道安全防护(人脸识别、手机号验证、密码验证),能较好地防范纸张照片、手机照片/视频,以及佩戴面具的"人为假刷"。

杭州工行在任何一个网店均安排了智能柜员机、产品领取机和智能打印机等,可处理 100 多项业务,包括开卡、电子银行、缴费、查询、理财等。在自助发卡机前,秘书点击进入了快捷办理借记卡的界面,按照提示刷下身份证,并完成拍照、个人信息填写等流程。随后经大堂经理现场审核通过后,自助发卡机"吐"出一张牡丹灵通卡,仅用 3 分钟。在 ATM 机前,打开工行手机银行 App 扫二维码,并在手机输入取款金额和信息,1 分钟后,秘书就在 ATM 机上取出了现金,也可在银行"转账汇款"页面,输入家人的手机号和名字,立马成功转账。杭州农行在 2017 年 11 月完成第一台自主研发、支持刷脸取现和无人取卡功能的机器。点击 ATM 机右上角的"刷脸取款",根据提示,脸部对准摄像头,通过验证后再输入手机号或者身份证号进行验证,最后输入取款金额和交易密码,随后 ATM 机里即可吐出现金。无卡取现需要登录杭州农行 App,进入"无卡取现"页面预约取现金额,然后通过 ATM 机点击"无卡取现",按提示完成操作,即可取出现金。无卡取现单笔预约额度为 3000 元,借记卡每日累计取现限额为 2 万元。现在每家银行网点,如农行的各网点都设置了智能柜员机、自助通、自助发卡机、营销协作器、智能叫号机等,还实现了刷脸取现、无卡取现、聚合支付等功能。人脸识别技术采用了防活体攻击,简言之,红外摄像头会辨识图像是否为真人,以区别活体攻击,如照片或视频。交通银行开展智能网点机器人活动,采用包括人脸识别、语音识别、语义理解等多种人工智能核心技术,除了实现智能引导、业务办理、产品推介等功能,TA 还通过主动服务模式,智能行走、问路带路、巡航导航、交互引导等方式,识别客户类型,理解顾客需求,挖掘营销价值,采集客户流量。甚至银行网点采用机器人,走进杭州交通银行大厅,迎接秘书的是一位"娇娇"机器人:"欢迎光临! 我是娇娇,很荣幸为您服务,请问有什么能帮您办理?"

杭州各大药店,如九州大药房九莲新村店等开启了手机刷医保支付(支付宝绑定医保卡)功能。操作如下:1. 线上绑卡。扫描二维码,打开支付宝下图的二维码开始绑定社会保障卡;2. 打开支付宝,在搜索栏中输入以下任意一个关键词:杭州医保卡、杭州医保、杭州人力社保、电子社保卡、社会保障卡、社保卡找到"电子社保卡·杭州市",点击进入绑卡。3. 打开支付宝,进入"城市服务",找到"医疗"板块下的"电子社保卡",点击进入绑卡。4. 用户授权,反查支付宝实名信息——用户确认入卡是否匹配——扫脸,验证实人。5. 挂号。到自助服务一体机面前掏出手机打开支付宝,在支付首页"卡包"内点击杭州市社会保障卡(市民卡),会生成一个二维码。选择预自助挂号——普通挂号——专家挂号——扫描读卡,然后对着机器上的扫码口对准手机扫码,扫码完成后手机会提示"扫码成功"。一共两次手机扫描,分别完成挂号和结算步骤,结算完成之后就可以拿着凭证去对应科室就诊。医院和移动互联网、移动支付的深度融合,也是医院流程再造的过程,这不仅提高了医院的效率,也提升了用户的满意度。①

2017 年经过多次版本更新迭代,浙江政务网 App4.0 版本登场。在原有的公积金、教育考试、诊疗挂号、违章处理、纳税缴费等 100 余项网上便民应用基础上,新增网上办事、平安随手拍、AI 客服、出入境预约、交通违法处理等全新功能,为客户提供更便捷、快捷和全面的服务。基于政务云大数据资源,浙江政务服务网还突破性地向客户提供更智能化、个性化的定制服务。与传统的九宫格固定界面不同,新的界面首页采用订阅机制,秘书可在服务超市中任意挑选心仪的、与自己相关的常用服务,并订阅在 App 首页,打造属于自己的、无边界的"政务口袋"。为了给秘书们提供更贴心的专属服务,新版还重点打造主动性消息推送,第一时间通

---

① 目前 118 个"最多跑一次"事项已有 110 个事项在浙江政务服务网上有办理入口,其中 21 个事项可实现全流程网上办理。通过支付宝人脸识别技术在线绑定领取电子社保卡,可以在定点医院直接通过扫描支付宝中的二维码代找到社会保障卡或市民卡,参保人员持手机即可在医保定点机构就医购药。

知秘书办理相关服务事项,如感兴趣的资讯、办事进度、证件到期提醒等,成为秘书们的"贴心助手"。浙江政务网App4.0下载方式如下:在苹果App STORE、百度手机助手、腾讯应用宝、360手机助手、PP助手魅族应用中心、金立软件商店等搜索"浙江政务服务",点击下载并安装;然后扫上方二维码,按照手机操作系统进行下载。

　　企业秘书可以通过浙江省网上名称申报系统实现企业名称自助查重申报,并可通过杭州市市场监管局网上办事大厅进行企业设立、变更、注销、备案等事项的网上申报、网上审核,一键打印申请材料后,只需"跑一次"将材料送往注册登记窗口,即可完成注册登记、领取营业执照。同时还可以进行网上预约取号,减少企业办事窗口现场等候时间。以秘书办理公司成立登记为例,注册公司首先需要确定公司名称,办名称登记,然后办执照。以前为了选一个心仪的又和别人不会近似的企业名称,就要跑两三次。现在这些信息都可在网上查看,在网上申报,审核通过后,企业只需把材料递交到窗口,就可以领到执照。如果秘书想把企业名称前冠名到当地的地名,如杭州、宁波等,现可以实行网上自主申报,不再实行企业名称预先核准。换言之,秘书要给企业取个名字,只要在家打开电脑或手机,把你想好的名称填到该市市场监管局的名称系统程序里,程序会马上告诉秘书这名称是否规范可用,是否已经被别人注册。只要名称系统程序判断通过,无须再经名称窗口人工审核,秘书申报名称就可即时通过,真正通过"机器换人"实现了"我的名称我做主"。以前在家里想好了十几个备选名称,秘书到市场监管局注册大厅时,一查发现一个都不能用,于是心急火燎急匆匆想了一个并不满意的名称。每家企业都想有个"响当当"的名字,但随着市场主体总量的不断增长,常用汉字就那么几百个,企业字号重名率节节攀升。为此杭州2017年4月率先实现所有冠取"杭州"的企业名称自主申报工作。申请人只需登录浙江省全程电子化登记平台,选择杭州企业名称自主申报,系统就会按照事先设定的规则,对申请人申报的企业名称进行自主查询、对比、判断,并即时给出申报结果。同时这个电子化平台还包括设立、变更、清算组备案、注销等事项的网上申报。实行"证照快递送达"服务,使得前期为咨询填表跑一趟及后期为证照领取跑一趟均得以省略,只需在网上初审通过后跑一趟递交材料即可。此外杭州电子化平台还开通了"小微企业绿色通道",旨在为全市80%以上的小微企业提供快速注册服务,申请人只需系统提示一次性填写公司股东、法定代表人等基本信息,系统后台就会自动生成所有登记材料。

　　然而解决反馈服务质量就有不小的挑战,如"咨询电话打不通""咨询反馈不及时"等,常居"咨询难"问题的前三名。咨询方式落后、咨询力量不足也在一定程度上影响了全程电子化登记平台网上申报系统的应用率。杭州市市场监管局借鉴淘宝阿里巴巴的客服模式,开发"网上咨询智能应答系统"。该系统主要具有"在线客服指导""系统自动应答""问题智能归集"等方面的功能。对于共性问题,通过预先植入常见问题回复,实现系统 24 小时自动应答;对于个性问题,借助人工客服对用户呼叫予以即时回复;同时由系统对人工客服回答过的个性问题进行智能分类、梳理归集,实现同一问题二次咨询时系统自动应答,确保统一标准。

　　以办理公司设立登记为例,注册公司只需"两步走":首先确定公司名称,办好名称登记;次步办好执照。目前浙江省已经实现名称库的开放,已注册登记或核准的名称对社会公开。企业可通过录入企业名称、字号等信息,查看全省范围内其他企业名称登记的情况,如企业全称、中文字号和企业类型等信息,避开和别人相同近似的名称,拟定自己心仪的名称。

　　名称登记和设立登记都可以进行网上申报,登录省政府政务服务网和省工商局门户网站"企业网上登记"专栏就可直接办理企业名称申报和公司设立,根据导航菜单引导填写企业住所、经营范围、注册资本、投资者等信息,点点手指,系统就会自动生成各类文书。网上审核通过后,打印网上自动生成的表单、股东会、章程等文件,并签字或盖章,将材料递交到窗口。如果递交材料和网报一致的,就可以领取营业执照。如果对网上申报不熟悉或者有银行代办点,也能完成工商登记。同时,工商部门还提供手机 App 电报登记、银行网点代办登记、同城通办等服务渠道,申办人可以根据实际选择适合自己的途径进行企业登记。为进一步提升移动办公便利化服务,助力杭州打造"移动办公之城",在企业名称自主登记实施一周年之际,杭州推出手机 App 名称自主申报服务,申请人只需在"浙江政务服务"App 订阅"工商业务办理",即可办理企业名称自主申报。2017 年 4 月 App 通过"机器换人"实现 App 名称网上自主申报、系统自动审核。通过该系统可对企业、个体户和农专社等各类市场主体名称进行网上申报、自主取名,并涵盖名称新设、变更等所有类型,实现名称申报业务全覆盖。同时,系统可通过电脑、智能手机、Pad 等各种渠道登录办理,并在全国首推手机 App 名称申报客户端,实现名称自主申报"随时办"。此外,该系统对名称登记流程进行再造优化。一方面取消预先核准,除涉及前置审批事项或企业名称核准与企业设立登记不在同一机关的情况下,对企业名称不再实行人工预先核准,并取消实体窗口,实现名称自主申报"零跑动"。一方面,将名称自主申报系统与商事登记"一网通"对接联通,实现"名称申报"和"注册登记"无缝衔接,大幅压缩企业登记审批周期。根据名称库和负面清单,在系统内设置企业名称禁止限制使用规则和相同近似对比规则,对企业申报的名称可进行自主查询、对比、判断,并即时给出申报结果,无须人工审核,按照

"非禁即允"原则,实现"智能识别、自动核准"。对负面清单内的名称,系统将进行自动拦截并禁止申报;对系统判断通过的、企业申报的名称可即时取得,实现名称自动核准"秒通过"。

2018年3月杭州市市场监督管理局与农业银行、杭州银行、兴业银行、民生银行、北京银行举行工商注册登记代办服务签约授牌活动,全市共有582家服务网点。秘书可跟任何一个银行网点的客户经理联系,然后准备资料,登陆浙江省工商全程电子化登记平台申请,之后银行网点进行初审。初审通过后,秘书把资料递交给银行网点,客户经理签字即可。整个过程只需2个工作日。这项业务充分发挥了银行网点"点多面广"的地理优势,延伸了银行传统业务服务平台,为银政企三方联动和发展搭建了桥梁。浙江工行对接工商行政部门,在原有网点采取手工代办工商注册服务的基础上,与省工商局电子化登记平台同步上线推出线上登记注册代办服务,只要有网络的地方即可一次性完成企业"在线登记注册"+"账户预约"的双重体验。工行同时为企业办理财智卡、企业网银、信使等产品的同步选办,秘书仅需到网点一次即可办完对公账户及产品的办理。此外,大力拓展手机银行"小微金融"功能,秘书随时随地在网点一次性快速完成账户开立,并提供自选账号、产品以及实时查询银行受理进度等贴心增值服务。

办事大厅还实现了电子签名、人脸识别等新功能,此外还实现了政银合作模式。监管局与建设银行、工商银行、农业银行等签订了政银合作协议,在这些银行的部分网点设立"营业执照银行办理点",将企业注册登记窗口延伸至银行网点。企业秘书可就近授权上述银行网点办理注册登记,全程由银行工作人员通过网上申报与窗口对接,在银行即可领到营业执照。同时各开发区、特色小镇还实现了"远程审批"制度、"证照快递"制度。申请人可选择快递领取证照,只需提供准确的收件人姓名、收件地址、电话等信息,待企业办结后,由窗口专职人员负责将证照统一发出。从管制型政府向服务型政府转变,推进"互联网+服务",优化了政府职责体系,全面提升了政府服务质量。2017年8月杭州滨江区公安局使用人工智能系统,机器人"滨滨"全程帮助秘书小王办理身份证、户籍业务、出入境业务等,Ta集成了语音识别、语音合成、自然语意理解、任意大段等多项核心技术,与以往的按键选择式语音服务系统不同,秘书小王在拨打电话时,只需"说"出自己的需求,即可进行"人机对话",无须按键导航。"滨滨"24小时在线,并同时满足30路话务需求。除了"不眠不休"和与客户秘书"说话"外,"滨滨"还能根据来电者提供的地址自动对应事项办理窗口,同时将办理业务所需材料及注意事项等,通过短信方式发送至来电手机,预先告知秘书事先所需要准备的有关材料。对于秘书提出的超出机器人解决范围的疑难问题,还可以自动转到相关单位人工座席电话。通过网上政府,秘书可以向各级政府管理部门申报审批项目,既省去往返奔波劳累,又促进了上下级或左右部门之间的信息沟通。"电子政务"是网络时代的政务形态,是政务现代化治理社会吻合的一大趋势,也是政府从管理型向服务型转型的必经之路。

【小贴士】

一、政府网上采购

政府网上采购,是指政府将采购的细节在互联网上公布,通过网上竞价方式进行招标,企业通过电子的方式进行投标。网上采购从程序上,可以通过互联网实现发出公告、发布标书、开标、评标、定标等各个步骤,可以签订电子合同,可以实现电子化结算,也可以通过交互式的视频会议进行网上谈判。在 B2G 模式下,政府和企业站在完全平等的立场上,利用互联网完成双方的交易。这一方面可以提高采购效率,降低成本;另一方面也可以便于建立监督机制,尽量避免腐败行为的发生。

二、办公自动化系统 OA. NET 系统

在协同工作中,新太科技开发的办公自动化系统 OA. NET 系统采用 B/S 结构设计,系统可以提供大量快速灵活的自定义功能及许多核心平台产品,如协同工作平台、通讯平台、知识管理平台、信息服务平台等,能够帮助用户快速实施信息化建设,OA. NET 系统的最大特色是实现"零代码"维护功能,系统安装后,无须编写任何代码就可生成各种办公业务应用,用户只需几小时的培训就可以使用OA. NET 提供的工具进行复杂办公流程的设计。另外,OA. NET 强调对企业内部知识的有效管理和有效利用,能够沉积企业日常的零散信息,使之成为对企业有用的知识。

三、四个"一"

指的是"一网、一端、一证、一窗"。即提升"一张网"便捷度,让更多办事实现"零上门";全面推行"一证通办",以数据共享实现"简化办";做强政务服务移动端,打造移动办事最便利化;深化"一窗受理"信息系统应用,支撑同城通办,就近能办。

四、一窗受理,集成服务

依托"基层治理四平台",推进"一窗受理,集成服务"改革向基层延伸,加强乡镇(街道)便民服务中心和村(社区)代办点建设,健全自助服务功能。推进政务服务、公共服务、商业服务有机衔接,方便群众办事,将银行、邮政等网店纳入政务服务体系,推广银行网店代办营业执照,邮政网店代办机动车、驾驶证等工作模式,着力优化各类便民服务网店的空间布局。

五、指尖上的"办事大厅"

浙江政务服务移动客户端是全省政府部门统一入口的移动办事平台。2018年初政务 App 已经建成全省"一号工程"的实名身份认证体系,集成各级政府部门200多项便民应用,可以缴学费、缴罚款、查公积金、查社保,开具纳税证明、房屋权属证明,办理交通违法处理、生育登记、驾驶证行驶证补办、个体户工商登记等众多业务。

六、四个"减"

即"减次数、减时间、减材料、减费用",通过"四减"路径,纵深推进企业投资项目"最多跑一次"改革。聚焦一般企业投资项目开工前审批"最多跑一次""最多100天",力争实现竣工验收前"最多跑一次"的改法目标,着力推进企业投资项目承诺制,全面应用投资项目在线审批监控平台 2.0 版。

七、e 签宝

e 签宝是杭州一家从事电子签名业务的公司,2003 年创立。它推出针对个人用户的电子签名模板,只需一元钱在网上操作,就无需再保存纸质的借条或收据。e 签宝服务范围已涵盖全国,2018 年初完成 1.1 亿元融资,由前海梧桐领投,清控银杏跟投。使用电子签名,一方面节约成本,环保;另一方面提高了企事业和政府部门的办公效率。合同、协议书、收据、借条等,可随时随地领导签字确认、盖章认定,规避了假合同、伪造签名等财物风险。目前在产品服务端,e 签宝围绕"真实身份、真实意愿、原文未改、签名未改"的可信电子签名四元素,形成电子签章、电子合同、数据存证,以及司法出证的全链条电子签名闭环服务。开发了大型企业供应链管理、地产租赁、劳动合同、电子公文、电子病例、旅游租车、金融借贷、数据凭证、物流仓储订单等众多业务。在支付宝 App 上,目前已有房屋租赁合同和个人借款合同两套模板。秘书只须支付 1 元钱,就可以在上面实现电子签名合同。秘书可在 e 签宝官网、开放平台、App,以及支付宝、钉钉、阿里云市场、用友云等在线使用。

中国电子信息产业发展研究院网络空间研究所发布了 2017 年度《第三方电子签名服务平台发展年度报告》,指出随着互联网技术的不断成熟和电子商务的快速发展,用户对于高效率、低成本的电子签名需求被彻底激活。加上《中华人民共和国电子签名法》《中华人民共和国网络安全法》等系列相关法律法规的宣传与普及,电子签名合法有效、安全可靠的特点也得到进一步确认。e 签宝将依托密码学、区块链和云计算等技术的突破,进行产品创新研究,以满足更多需求。

【思考与练习】

一、名词解释

1.“三网一库”

2.“八个一窗口”

3.“六个零”新规

4. 五个功能层

5. 四张清单一张网

6.“多证合一,一照一码”

7.“e 签宝”

二、思考题

1. 阐释智能移动办公的三阶段。

2. 论传统 OA 系统的办公缺陷。

3. 诠释“度秘”的功能及使用说明。

4. 试论新媒体政务的主要事项。

5. 请说明秘书在杭州实施手机刷医保支付的几个程序。

6. 具体说明秘书在浙江办理公司设立登记中的若干程序。

第八章

秘书网络调研新媒体实务

调查是秘书有目的、有意识地了解客观事实真相的一种感性认识活动,也是组织的一种有目的活动。它需要周密的计划,精细的组织和科学的实施。而研究则是通过对感性材料进行加工以求得认识现象的本质及其发展规律的一种理性认识活动。调查和研究都是有目的、有意识的活动,但两者有本质的区别,通常将调查与研究放在一起称之为"调研"。根据调查的功能,可以分为探索性调查、描述性调查、因果性调查和预测性调查四种类型。

第一节 网络调查的种类和道德规范

一、网络调查的种类

调查的种类有很多,可以依据调查资料来源,分为一手资料调查和二手资料调查;可以根据调查的方法和获得数据的性质,分为定性调查和定量调查;还可以根据时间的要求,分为定期调查、经常性调查、不定期调查和一次性调查;甚至可以根据调查的空间范围,分为全球调查、全国调查和地方调查等。不过我们最喜欢使用的是根据调查功能来划分,分为探索性调查、描述性调查、因果性调查和预测性调查四种类型。

(一)探索性调查

探索性调查是在正式调查开展前进行初步的、具有试探性的非正式调查,其目的在于发现问题的端倪。如果秘书对所要研究的问题尚无足够的了解,不能有效推进调查项目的进展时,就有必要开展探索性调查。通常探索性调查所选择的样本规模较小,且不强调代表性;获取的信息资料主要是反映事物本质的定性信息,调查结果常被视为进一步调查的基础调查工作。探索性调查一般采用简便易行的调查方法,如二手资料调查、经验调查、焦点小组访谈等。

（二）描述性调查

描述性调查是对所研究问题的特征和功能进行如实记录的调查,其前提是秘书事先对所研究问题已经有了清晰的认识。通常描述性调查需要回答"谁""是什么""怎么样"等问题,其结果说明所研究问题的表面特征,不涉及所研究问题的本质及内在影响因素。它一般以有代表性的大样本为基础,通过完整的调查计划、精确的问卷设计及对调查过程的有效控制来对所研究的问题做尽可能准确的描述。通常其调查结果可以用统计表或统计图来表示。

（三）因果性调查

因果性调查是指为了确定有关事物的因果联系而进行的调查。它是在调查基础上进一步研究产生某种结果的内在原因,是对事物的更深入认识。一般而言,能够引起其他因素发生变化的变量称为自变量;而那些随着因素变化而发生变化的变量称为因变量。要证明存在因果关系,秘书必须能够证明完全不存在其他可能性因素。

（四）预测性调查

预测性调查是利用已有的工作经验和科学的预测技术对某因素未来发展趋势进行估计和判断的调查方法。它要求必须对影响未来发展的各种因素进行调查,并且对未来可能出现的各种状况及其概率进行估计和预算。

二、网络调查的道德规范

在网络调查过程中涉及提供者、使用者和被调查者三方,为此,各方均有义务遵守道德规范要求。

（一）调查提供者的道德规范

调查提供者指承担调查任务的组织和个人。调查提供者所提供的信息对调查使用者的决策起着至关重要的作用,因而调查提供者应信守诺言、实事求是,有为被调查者信息保密的义务。对于调查结果,调查提供者必须为使用者严格保密,在保密期限内,未征得同意,不得向任何第三方泄漏相关调查结果。调查提供者除了个人、组织外,还有一些如数据服务调查公司(美国排名第一的尼尔森公司、日本排名第一的 Video Research 公司等)在内的企业组织。

（二）调查使用者的道德规范

调查使用者除了同样必须信守诺言外,还要求对信息不得篡改、断章取义,甚至歪曲;也不得误导公众,或进行不正当竞争。

（三）被调查者的道德规范

被调查者是信息的直接提供者,在调查过程中,被调查者的权利,如是否接受调查的自主权、隐私权,以及所花费的时间和精力的补偿权等必须得到尊重。被调查者一旦同意接受调查,则也应遵守相应的道德规范。被调查者应诚实地提供有关信息,并对所回答的问题和所提供信息的真实性承担道德责任。被调查者有责任对在接受调查过程中涉及的调查使用者的秘密加以保密,不得随意向第三方泄漏。

第二节 网络调查资料的来源与方式

一、网络调查的资料来源

(一)内部资料

1. 内部记录

包括会议纪要、会议记录、业务资料、统计资料等。

1. 反馈信息

投诉信、信访材料、上级公文、社会新闻报道、职工数据库等。

(二)外部资料

1. 出版物

如《中国政府机构名录》,各种年鉴、白皮书、摘要等。

2. 计算机数据库

专门收集信息的服务机构将自己整理好的数据库制作成光盘、印刷品或者网络版本,向需要使用这些信息的用户提供有偿服务。收费方式多样,如按条目、光盘、印刷品、网络密码、网上传输等。按数据库中包含的数据性质可分为文献数据库、数据类数据库和指南性数据库,如下:

(1)文献数据库。它指的是包含期刊、图书、政府文件、报纸或引用情况的数据库。国内文献数据库有中国知识资源总库(包括中国期刊全文数据库、中国优秀硕士学位论文全文数据库、中国博士学位论文全文数据库、中国重要会议论文全文数据库、中国重要报纸全文数据库、中国年鉴全文数据库、中国图书全文数据库、中国引文数据库等)、万方数据资料系统(包括数字化期刊全文数据库、中国学位论文数据库、中国会议论文数据库等)、维普中文科技期刊数据库、中国财经报刊数据库、超星数字图书馆、书生之家数字图书馆、方正 Apabi 电子书库、读秀知识库、中国大百科全书数据库,等等。

(2)数据类数据库。它指包含各类数据的数据库,国内有关数据类数据库的有《中国资讯行高校财经数据库》《中经网产业数据库》《中宏数据库》等。

（3）指南类数据库。它指关于某个特定机构、个人或政府部门等信息的数据库。如企业名录数据库，它可提供企业的单位名称、经济类型等信息。

3. 辛迪加数据

它是一种数据库提供给预订者，并收取一定的劳务费。不是专门为了调研问题收集的，但是按用户的情况处理后可以满足不同用户的具体需要。它收集行业的常规信息，用预先准备的标准化信息的形式出售。

4. 互联网

互联网的使用在许多方面使已有资料的收集工作产生了革命性变化。互联网具有查找方便、复制便捷、存储方便、使用有效、无国界无地域之分的特点。互联网的主要优势是它涉及的领域非常宽，覆盖了几乎所有的主题，而且成本低廉。通过互联网收集二手资料的特点是：速度快、信息量大，足不出户就可以收集到世界各地各方面的资料。与传统的二手资料收集过程相比，收集过程能有效地缩短，提高资料收集的实效性。

网上信息服务的提供者很多，信息量巨大，秘书在选择信息服务时要考虑信息服务的及时性、准确率、经济性和安全性等方面因素。网上已有资料的收集主要通过搜索引擎搜索所需的网址，然后访问所想查询信息的网站或网页。如果秘书事先知道载有所需信息的网址，只要在浏览器的地址栏中键入网址即可查询到需要的信息。网上信息来源渠道主要有：万维网、网络新闻组、电子公告板、电子邮件，其中万维网是最主要的信息来源。目前全球有近 10 亿个 Web 网页。查找信息要选择合适的搜索引擎，国内主要有中文的百度、有道、搜狗等，国外主要有 Yahoo、Google。

网络调查是指以互联网为媒介进行的资料收集活动。从严格意义上说，网络调查不仅可以收集原始资料，也可以收集已有资料。从这个角度上看可把网络调查划分为两种方式：一种方式是利用互联网直接向网民调查，以收集原始资料为主；另一种方式是利用互联网的媒体功能，从互联网上收集已有资料。互联网给秘书提供了一个全新的、具有很多优势的问卷调查工具，它在已有资料收集方面具有压倒性优势。由于越来越多的政府机构、企业、报纸、电台等都纷纷将信息挂在网上，因此网络已成为信息的海洋。

二、网络调查的方式

网络调查收集原始资料主要通过三种方式来进行：在线问卷调查、电子邮件问卷调查和新闻组讨论调查。

（一）在线问卷调查。它是对网站的访问者进行调查。秘书可以在网站上发布调查问卷,通过举办竞赛、提供免费的电子杂志等方式鼓励被调查者参与。

（二）电子邮件问卷调查。它以较为完整的电子邮件地址清单作为样本框,使用随机抽样的方法发送电子邮件问卷,然后再对被调查者使用电子邮件催请回答。

（三）新闻组讨论调查。它是利用新闻组与网民或潜在客户进行交流和讨论以获得信息的调查方式。各新闻组通常都有特定的讨论主题,参与特定新闻组讨论的人群一般具有许多相似的心理和共同话题,所以在进行新闻组讨论调查时,秘书可以选择特定的新闻组,利用新闻组筛选样本。例如,有关生育假期的调查项目,可以在女工组或以妇女为主题的新闻组中进行讨论。在网上调查之前,秘书需占有一定的已有资料,如内部资料、大众的反馈、数据库①、出版物等。

（四）计算机辅助电话调查

计算机辅助电话调查通常是在一个装有计算机辅助电话调查设备的中心地进行。整套系统的硬件包括:一台计算机主机、若干台与主机相连接的终端、耳机式或耳塞式电话和鼠标、若干台起监视作用的计算机和配套音响设备。软件包括:问卷设计系统、自动随机拨号系统、数据自动录入系统、简单统计系统和自动访问管理系统。

在计算机辅助调查中,每一位访谈者都坐在一台计算机终端或个人电脑面前,当被调查者电话被接通以后,问题和选项立即出现在屏幕上,访谈者根据屏幕提示进行提问,并将被调查者的选择直接录入计算机中。

计算机辅助调查省略了数据编辑及录入步骤,也避免了部分录入误差。例如,某些问题有四个备选答案:A、B、C、D,若访谈者键入 E,则计算机会拒绝接受,并要求访谈者重新键入答案。此外如果答案的形式或组合存在矛盾时,计算机也会拒绝接受。当访谈结束时,答案的录入也同时完成了。督导员可以在现场或通过监控设备随时了解访谈的情况。在访谈过程中,计算机可以随时提供整个调查的进展情况,统计分析也可以在调查进行的任何阶段进行。根据阶段性列表统计的结果,可以对问卷进行即时修正,以节约调查时间或经费。

（五）计算机辅助面谈调查

计算机辅助面谈调查可以应用于入户面谈调查和街头拦截式面谈调查。在计算机辅助面谈调查中,经过培训的访谈员配备笔记本电脑向被调查者进行面谈

---

① 有些公司已经建立起自己的顾客数据库,如美国福特汽车公司的数据库,有5千多万个顾客信息。

调查。调查问卷事先存储在计算机中,调查员根据屏幕上所提示的问题顺序和指导语逐项提问,并及时将被调查者的回答通过键盘、鼠标或专用电脑笔输入计算机。

第三节　网络调查的优劣与数据流程

一、网络调查的优劣厘析

(一)网络调查的优势

网络调查是一种新兴的数据收集方式,它在很多方面优于常规的调查方式。第一,调查成本比较低。使用互联网进行调查,问卷调查的实施费用、问卷的印刷费用、录入整理的费用等都被节省下来,而且网络调查每增加一个样本的边际费用也比较低,因此进行大规模的调查比邮寄调查、电话调查、面访调查等调查方式能节省大量的费用。第二,时效性好。由于省略了印刷、邮寄和数据录入的过程,因此网络调查甚至可以在几个小时内完成。第三,能够高效率地找到具体的调查目标。网络上的站点丰富,涉及许多不同的领域,每一类站点都有自己特殊群体。如果要对某一类群体进行研究,只需到与该类群体有关的网络上的特殊电子社区寻找应答者即可。第四,交互性好。能够实现多样化的问卷设计,网络调查可以运用动画、声音和影像来提高问卷设计质量,还可以将选项的排列进行随机化设计,以避免排列顺序对调查者结果的影响。第五,较高的质量控制。网络调查可以实现自动的逻辑检查,可以自动将逻辑上有矛盾的选项反馈给被调查者。网络调查还可以通过热点提示等方式对问卷中的内容进行解释,减少被调查者对问卷的误解,从而减少回答偏差。

(二)网络调查的劣势

当然,网络调查也存在些许不足之处,主要在于:第一,样本的代表性问题。目前上网的人群以中青年和知识分子为主,网民不能够代表所有的人口。因此使用网络调查可能会出现代表性问题,这对调查结果的正确性有一定的影响。第二,无限制样本问题。无限制样本是指网上人人都能填写问卷,它完全是自我决定的,而且也可能存在一个人重复填写问卷的情况。在网络上很难对样本进行验证,参与网络调查的人几乎都是自愿回答问题或自愿给出个人联系方式的网民。第三,网络的安全性。网络的安全性一直是影响网络调查顺利展开的一个制约因素,散布于因特网的间谍软件、木马软件更使网络的安全性成为一个巨大的问题。

网民使用网络时都很担心暴露个人信息,这就影响了网民参与网络调查的积极性。第四,问卷长度受到限制。在网络上回答调查问题的人,注意力集中的时间很短,而且通常会在回答了30个问题后失去兴趣,所以调查问卷设计不宜过长。网上调查环节与项目的内容主要包含:调查目的、调查对象和部门、调查内容、调查提纲和调查表、调查时间和调查工作期限、调查方式、调查的实施计划、调查资料整理和分析、调查报告提交、调查经费预算等。

二、网络调查数据处理流程

从调查中获得的原始数据反映的都是单个样本的特性,如果不通过归类、整理,就无法说明事物的内在联系和普遍规律。另外,收集到的资料可能存在虚假、短缺、差错、冗余等问题,只有对原始资料进行审核、修正,才能保证资料的真实、准确和可靠。数据处理就是根据调查研究的目的与任务,对搜集到的各种数据进行审核与汇总,使之条理化、系统化,以符合数据分析的需要。从调查全过程来看,数据处理处于调查实施之后,调查结果分析之前。从实际操作的角度来看,数据处理就是把调查取得的数据资料转化为计算机软件可识别的数据库资料的过程。

网络调查的数据处理流程是一系列具体数据处理工作的总和,这些具体工作既相对独立,又相互衔接、相互关联。通常数据处理流程包括数据审核、后编码、数据录入、数据文档转换、数据库清理、数据库储存六个环节。

(一)数据审核

数据资料的审核是数据处理的第一步。它指研究者对已收集到的原始资料进行的一系列处理,一般从准确性和完整性两方面进行。审核准确性是关键,主要是检查数据是否存在差错,有无异常值。检查的方法有逻辑检查和计算检查两种。审核数据完整性是检查应调查的个体是否存在遗漏,所要求调查的项目是否齐全,有无缺项等。对不符合调查要求的数据,则应进行筛选。筛选有两方面的内容:一是对不符合要求或确认有错误的数据予以剔除,保留具有可靠性的数据;二是过滤,将符合某种特定条件的数据选取出来,将不符合条件的数据予以剔除。总之,数据审核的目的是使原始资料具有较好的准确性、完整性和真实性,为后续资料整理、数据录入与数据分析工作打下良好的基础。

在实际审核工作中,通常有两种方法:一种是在收集中进行审核,另一种则是资料回收后进行审核。前者的长处在于,在资料收集过程中,秘书一旦发现错误等就可及时问询核实;而后者的长处在于,审核工作具有一定的质量,统一组织和管理,标准也较为规范,当然所需时间和精力较多。

调查取得的资料可分为文字资料和数字资料两种。文字资料审核一般通过外观审查(即从作者、编者、出版者、版本、印刷技术、纸张等外在情况来判断文献的真伪)和内涵审查(即从文献的内容、使用的词汇、概念、写作的技巧和风格等内在情况来判断文献的真伪)两方面进行审核。而数字资料审核主要体现在完整性和准确性两个方面。其中完整性审核主要包括两个方面:检查应该调查的单位和每个单位应该填报的表格是否齐全,有没有单位或表格的缺失;检查每张调查表格的填写是否完整,有没有缺报的指标或漏填的内容。准确性审核就是检验数字资料的内容是否符合实际,计算是否正确。为此,秘书可采用以下方法进行检验:首先是经验判断,即根据已有经验来判断数字资料是否真实、正确。其次是逻辑检验,即从数据的逻辑关系来检验数字资料是否正确、是否符合实际。再次是计算检验,通过各种数学运算来审核数据资料有无差错。

(二)后编码

编码指将调查表中的文字信息转化为计算机能识别的数字符号的过程,编码工作在问卷设计前为预编码;而编码工作在调查工作之后,则为后编码。在实际工作中,大多数问卷的问题是封闭式的,实施问卷调查之前已预先编码。所以,在"一般数据处理流程图"中往往不需要"后编码"环节。

(三)数据录入

它是指将问卷或编码表中的每一题目或变量对应的代码录入储存介质,或通过键盘直接输入计算机中。一般采取两种方式:一种是直接将编码的数据输入计算机;另一种是先将编码的数据转录到专门的登录表上,然后再从登录表上将数据输入计算机。登录表的横栏为变量名,且都有给定的变量值,纵栏为每一调查单位(即一条记录)。

(四)数据文档转换

数据录入计算机后,以某一特定类型数据文档的初始形态存在,如 Word、Excel、Foxpro(数据库文件)类型文档。无论是哪种类型的文档,为了数据存储或后续分析的需要,都需要将文档转换为相应的另一种类型的数据文档。比如初始文档为 Excel 类型,后续分析则需要 SAS 软件可识别的数据文档。

(五)数据库清理

具体而言,数据库清理工作是对数据库文件进行三种检查:首先是编码检查,对于问卷中的任何一个变量来说,其有效编码值往往都在一定范围之内,秘书不能超出这一范围。

其次是逻辑一致性检查,其中有单向一致性检查和双向一致性检查两种。前者指问卷中存在单向逻辑关系的某两个题目的回答是否符合正常的逻辑关系。

比如,"父母对子女支出费用结构调查"的问卷中有这样两个题目:一个是"你们有孩子吗",第二个是"请问你们的孩子今年多大了"。正常逻辑关系是:只有有孩子的被调查者才能回答孩子的年龄,即第一个题目回答为"有",第二个题目才能有回答;第一个题目回答"没有"时,第二个题目不应有任何回答,若出现任何数字,都说明该问卷发生了错误。后者双向一致性检查,指两个题目的回答不仅符合正常逻辑关系,也存在一一对应关系。比如"大学生综合素质调查"的问卷中有这样两个题目:一个是"您的学分总数是多少",另一个是"您是大学几年级的学生"。如果只有大学四年级的学生学分总数在 120 至 150 分之间,那么总学分在 120 至 150 分之间的一定是大学四年级学生。预编码时,如果将学分总数在 120 至 150 分之间的数据赋值为"6",大学四年级赋值为"4",则"4"与"6"应一一对应。如果同一张问卷中,学生学分总数编码值为"6"时,学生四年级的编码值为"4"之外的任何数据,则说明该问卷出现了错误,需做进一步检查。

再次,数据质量抽查。秘书对所有数据进行一定量的抽查,即从全部问卷中随机抽取一部分,逐份、逐个答案进行校对。利用这一部分问卷校对的结果,来估计和评价全部数据的质量。虽然工作量较大,但确保了数据的质量。

(六)数据库储存

为了后续分析的需要,数据库清理完成后往往需要给数据库加入新的变量。数据库文档通常储存在磁盘、光盘等储存介质上,同时还要做备份以确保数据安全。

第四节　网络调查的数据库系统

一、数据库与数据库系统

当秘书需要用数据来进行决策和采取行动时,如果这些数据能够在限定时间内被检索到,并递交给秘书,那么这些数据就产生了价值。为了使数据成为有意义信息,需要将数据有序地管理起来。

(一)数据库

数据库是以一定的组织形式储存在计算机中、相互关联的数据集合,它的基本目标是减少数据冗余和增加数据的独立性。数据库以最佳的方式、最少的数据、最大的共享性及安全保密性提供多种应用服务。数据库技术主要解决的是对于给定的一组数据如何构造一个适合于它们的数据库模式,即数据库的逻辑结构。这种逻辑结构一般用关系数据库来描述。在关系数据库中，一个关系既可以用来描述实体及其属性，又可以用来描述实体之间的联系，这里说的实体，就是指现实世界中具有区分于其他事物的特征或属性并与其他实体有联系的对象。数据库由数据库管理系统统一管理，使用该系统专门管理数据，可实现数据与对数据进行操作的应用程序之间的真正独立，并且最大限度地降低数据的冗余度，充分做到数据为多个用户共享。

数据库目前主要出现有分布式数据库、面向对象数据库和超媒体数据库三种。所谓分布式数据库是一种将数据存储在多个不同物理位置上的数据库。所谓面向对象数据库则强调高级程序设计语言与数据库的无缝连接。事实上无缝连接是指程序设计语言编写的程序直接作用于数据库，比如用 C 语言编的一个程序，可以不需要任何改动就将它作用于数据库，即可以用 C 语言透明访问数据库，就好像数据库根本不存在一样，所以也有人把面向对象数据库理解为语言的持久化。此外，面向对象数据库还吸收了面向对象程序设计语言的思想，如支持、方法、继承等概念。所谓超媒体数据库就是一种超出传统数据库方法的某些限定的信息管理方法，传统数据库管理系统主要是为管理预先定义了数据项和记录结构的一般数据设计的，但不能够存储图像、声音等，超媒体数据库及时解决了这一问题。

(二)数据库系统

数据库系统由三部分组成：用户应用程序、数据库管理系统和共享数据库，其中数据库管理是数据库和应用程序之间联系的桥梁，而共享数据库通常存储在外存储器上。数据库系统是在计算机的文件系统基础上发展而来的，二者都是数据项和记录的集合，但数据库系统中的数据是由结构而组成的，而文件中的各记录之间是没有关系的；文件是面向单个程序的，而数据库系统则是将所有数据视为一个整体加以应用的。由于数据整体是结构化的，而且是面向全体用户、全部应用的，因此数据库系统需要最大限度地满足多个用户、多种应用对数据共享的要求。

数据库系统将计算机系统、数据库、数据库管理系统和有关人员高度组织起来，其中数据库管理系统是对数据进行组织和管理的软件系统，它是数据库系统的核心，用户利用程序对数据库进行的所有数据操作都是在数据库管理系统下进行的。换言之，数据库管理系统处理用户对数据库的操作，负责数据库组织的逻辑细节和物理细节的处理，从而可以使用户从更加抽象的观点看待和使用数据库。

(三)数据仓库

数据仓库是一个面向主题的、集成的、相对稳定的、反映历史变化的数据集合,用于支持管理决策。现在信息不是太少了,而是太多了,甚至到了相当泛滥的程度。然而对于秘书而言,需要的关键信息却太少了。为此有人专门建立了一个数据中心,其数据来自联机的事务处理系统、异构的外部数据源、脱机的历史业务数据等。这个数据中心是专门为分析数据和决策服务的,通过它可满足决策和联机分析的一切要求,这个数据中心就叫作数据仓库。可见,数据仓库要研究和解决的问题就是从数据库中获取信息。数据仓库通常包含大量的、经过提炼的、面向主题的数据,它具有如下特征:(1)具有面向主题的特征。一个数据仓库是根据某些决策主题来建立的,面向主题意味着对数据内容的选择依据及对信息详细程度的选择,与决策问题无关的数据被排除在数据仓库之外。(2)数据是集成化的。对各部门各种数据库中提取的数据进行转化,以统一原始数据中所有矛盾问题,这样才能构成数据仓库中的分析性数据,这是数据仓库中最关键的因素。(3)保存历史性数据。这些数据反映的是时间序列数据,而且随着时间流逝,时间序列的长度也会增加。数据一旦进入数据仓库,一般情况下将被长期保存,修改和删除操作很少,通常只需要定期加载、刷新。(4)数据检索简便。用户提出查询要求后,数据仓库可根据要求自动检索到相关数据,一般情况下花费的时间较为短暂。

(四)联机分析

联机分析是使分析人员能够从多角度对信息进行快速、交互地存取,从而获得对数据更深入了解的一类软件技术。联机分析的目标是满足决策支持或者满足在多维环境下特定的查询和报表需求,它的核心技术是"维"。"维"事实上是一种高层次的类型划分,其内蕴涵了多层次关系。如产品可以从销售的时间、地点、销售人员等不同角度来考察。因此,联机分析是多维数据分析工具的集合。目前常见的联机分析主要有基于多维数据库的 MOLAP 和基于关系数据库的 PO-LAP 两种。前者是以多维的方式组织和存储数据;而后者则利用现有的关系数据库技术来模拟多维数据。在数据仓库应用中,联机分析一般是数据仓库应用的前端工具,同时它还可以与数据挖掘、统计分析工具配合使用,增强决策分析功能。

(五)数据挖掘

数据挖掘也可以被称为数据库中的指示发现,是从大量数据中提取的可信、新颖、有效并能被人理解的模式的高级处理过程,满足和解决当前"数据太多、信息不足"的状况。简言之,数据挖掘就是应用一系列技术从大型数据库或数据仓库的数据中提取秘书感兴趣的信息和知识,这些知识或信息是隐含的、事先未知而潜在有用的。数据挖掘又称数据采掘或数据开采,是知识发现的关键步骤。数据挖掘融合了数据库、人工智能等多个领域的理论和技术,可以帮助秘书在物联网中寻找数据潜在的关联,发现被忽略的多维因素。

【小贴士】

一、物联网

在 1995 年出版的《未来之路》一书中,比尔·盖茨提出了"物－物互联"的设想。它想象用一根与家庭电子服务设施相连的,能够别在衣服上的"电子别针"感知来访者的位置,并能够控制室内的照明、温度、音响、电视等设备。但是,由于当时计算机网络技术与无线传感器应用水平所限,比尔·盖茨所提出的"物联网"设想没有能够引起人们的关注。在 1998 年成功完成了电子产品代码研究的基础上,美国麻省理工学院研究人员推出利用射频标签、无线网络与互联网,构建一个物－物互联的物联网解决方案。

物联网构建于 20 世纪 90 年代,在 2005 年国际电信联盟发布了互联网研究报告《物联网》之后,物联网才真正引起各国政府与产业界的高度重视。物联网是在互联网基础上发展起来的,它与互联网在基础设施上有一定程度的重合,但它不是互联网概念、技术与应用的简单扩展。互联网加大了人与人之间信息共享的深度与广度,而物联网则更加强调它在人类生活各个方面及国民经济各个领域的深入应用。物联网是一个在互联网与移动通讯网等网络的基础上,针对不同应用领域的需求,利用具有感知、通讯与计算能力的智能物体自动获取物理世界的各种信息,将所有能够独立寻址的物理对象互联起来,以实现全面感知、可靠传输、智能处理,构建人与物、物与物互联的智能信息服务系统。

例如,可为超市中出售的各种物品贴上射频标签,当顾客想要买某种物品时,就会将其放入购物车内,当把购物车推到结款台时,射频读写器就会通过无线信道直接读取射频标签的信息,检索出该物品的名称、类别、生产厂商、生产日期、价格等属性及属性值。因此,这个帖有射频标签的物品就成了物联网中的一个具有感知、通讯与计算能力的智能物体,也可将其称为智能对象。首先,智能物体能感知位置、方位、数量等周遭参数;其次,智能物体可主动发送数据,也可被动地由外部读写器读取数据;再次,智能物体可进行远距离通信,也可在几米范围内进行近距离通讯;最后,智能物体具有计算能力,它可处理简单的数据,可进行数据汇聚,也可进行数据融合、路由选择、拓扑控制、数据加密与解密、身份认证计算与控制。若智能物体是具有感知和远程控制的传感器节点,则它的计算能力还应包括正确判断控制命令的类型与要求,并能够决定是否应该执行命令、什么时候执行命令及如何执行命令等。

从上述说明来看,智能物体的感知、通讯与计算能力应根据物联网应用系统的需求来确定。智能物体是一种嵌入式的电子装置,是一个装备有嵌入式电子设备的人、物,其中嵌入式电子装置可能是简单的射频或较为复杂的无线传感器节点。

物联网的目标是实现物理世界与信息世界的相互融合。在现实社会中,物理世界与信息世界是分离的,物理世界的基础设施与信息世界的基础设施也是分开建设的。在社会发展的过程中,人类在不断地建设和完善物理世界,这时就与信息世界发生了关系,从而有可能和机缘实现两者的融合。物联网具有网络异构性、规模差异性、接入多样性的特点。物联网体系结构模型可分为感知层、网络层与应用层。物联网的最终发展目标并不是简单地将物与物互联,而是催生出很多具有计算、通讯、控制、协同与自治特征的智能设备与系统,以实现实时感知、动态控制和智能服务。在人类的整个过程中,感知、通讯、计算、智能、控制已构成了一个完整的行为过程,其中智能是人类运用信息、提炼知识、生成策略、认识问题和解决问题能力的体现,同时智能又是人类生命体的一种能力标志,是人类能力提升的最高体现。

二、新媒体银行

宁波招商分行 2018 年在百丈设立支行,成立了首家新媒体银行网点。银行没有柜台,不用排队、叫号就能先人一步。在这里没有长椅等候,也没有叫号机,只有低柜理财区块,VTM(可视柜台)自助区及自助打印区。秘书走进银行,只需先连上 Wi‑Fi,选择办理业务,手机就会引导秘书一步步完成。如果遇到复杂业务,手机还会引导秘书前往 VTM 办理;如果人多被占用,手机会提醒秘书先用手机填写单据;同时手机直接生成排队号,带秘书前往柜台。遇到不会写字的老人,可通过"刷脸"来完成业务,相比人工办理缩短 80% 办理时间。智能打印终端,秘书打印业务流水、转账回单等,均可完成并盖有电子印章。自助票单机,可受理对公客户的支票付款、支票收款、结算业务委托书付款、回单打印、余额查询、交易查询等,服务模式变成"网点＋场景"两个界面。

三、新媒体管家

新媒体管家(plus)是运行在浏览器端的插件。主要有两项:其一管理秘书所有新的账号。如微信公众平台、今日头条、一点资讯、微博、知乎、网易媒体平台、搜狐开放平台、简书、百度百字、UC 大鱼号、企鹅媒体平台等 11 家新媒体平台的账号。各账号之间可一键登录,有效节省 90% 登录时间。一个浏览器同时登录多个微信公众平台,不再反复扫码,重新定义微信公众号的效率。其二,可对微信排版。针对微信公众平台的十几项功能优化,可让秘书直接在做微信公众号的后台完成文章的找图、修图、编辑、排版等工作,为秘书节省50%的工作时间。

【思考与练习】

一、名词解释

1. 网络调查

2. 联机分析

3. 数据仓库

4. 数据库系统

5. 数据文档转化

6. 网络调查数据处理流程

二、思考题

1. 简述数据处理及其必要性。

2. 文字资料与数字资料如何审核?

3. 如何清理数据库?

4. 数据处理前需做什么样的准备?

5. 试阐述一般数据处理流程。

6. 与数据处理相关的新技术有哪些? 并简要说明。

下篇

03

秘书办公室新媒体实务

第九章

秘书日常事务新媒体实务

办公室是领导及办公人员的办事机构,也是秘书工作的主要场所,也是机构工作的综合职能部门,处于枢纽与关键地位。办公室的含义在不同的语境下有不同的理解:一是指办公处所,是工作人员办理公务而设定的场所;二是秘书机构,是设在领导身边直接为领导服务的综合部门。这里所指的"办公室",主要指办公处所。办公室的工作既有随机性、灵活性的一面,又有程序性、稳定性的一面。无论哪一方面,办公室的工作都要实现其功能,追求效能和效率。办公室是提高领导工作质量和效率的窗口,秘书必须具有效能和效率的意识,开发低成本、高效率的工作流程,处理好为领导和为群众服务的关系,为整个工作的顺利进行创造条件。同时,秘书还要合理优化办公室环境,增强办公室的凝聚力和向心力,因为办公室的环境直接影响到秘书的工作状态和精神面貌,影响秘书的心理和行为,进而影响工作效率。合理设计办公室的空间、优化办公室氛围、美化办公室环境、香化办公室区域,是保证秘书工作高效运转的重要因素。秘书对办公室管理,就是对办公环境、办公用品、办公器材和设备、办公区域、小额现金等的管理及办公效率的管理。办公室管理是秘书工作中的一项经常性工作,是秘书辅助职能的主要体现。有效的办公室管理,可以促使组织整体功能得到更大程度的发挥。

第一节　秘书采购缴费新媒体实务

在新媒体时代,秘书办公室管理发生了深刻变化,尤其是到了移动互联网时代,企业管理从 PC 端往移动端不断延伸,手持移动终端上的办公室事务管理应用日益普及。我们以成都任我行公司开发的"管家婆 ERP X3"产品为例,该产品以秘书工作为导向,遵循"效用成本"价值标准,基于模块化、平台化、流程化的设计,且以办公室事务管理为主导的信息化解决方案。首先达到精细管理,通过流程和角色配置,实现各种业务类型的优化配置,让企业的内部作业流程畅通,权责明晰。其次达到高度整合,将企业的管理信息、管理流程、人员配置整合在一起,全面升级企业管理平台,实现各部门之间相互驱动、相互协同。再次达到个性应用,提供单据、档案、报表等自定义项设置,以及二次开发平台,达到符合企业自身实际情况的个性化需求。最后达到按需部署,贴合企业本身管理需求,提供模块化解决方案,快速实施,快速见效。

同时,管家婆 ERP X3 产品推出各类应用软件的"App Store"。在主体产品之外,提供各类扩展性功能、应用、档案、报表、工具等。秘书根据自身需要,自主选择,满足个性化的办公管理要求。如物联宝车销,为企业提供车辆、考勤等管理;物联宝 BO,通过移动终端,以图形方式展现企业经营数据,帮助管理者随时随地掌握公司业务情况、资金情况、获利能力等;物联宝 OA,旨在帮助企业以社交化的方式建立方便快捷的协作平台,聚焦任务管理、日程管理、活动管理、公告管理、业务审核等,全面提升企业沟通协作效率。伴随着新媒体的发展,尤其是互联网和各种移动终端的不断应用,企业业务已经逐渐发展至价值链整合、持续创新阶段,呈现移动互联、个性化定制、办公协同化等鲜明的新特征。所有核心业务整合在统一的环境下,让信息资源在企业层面上共享、协同,在部门之间顺畅地流动,实现企业资源的全面化、集成化、协同化,打通原本被切割的业务流程,杜绝信息孤岛。目前作为实际工作的秘书而言,需主要掌握秘书办公室管理中的新媒体实务,如下:

1. 购买办公用品

秘书可在网上,如阿里巴巴、淘宝网、当当网、亚马逊、京东商城等购买办公用品,其商品选择的范围大、性价比高,还送货上门。同时还要注意网上支付,包括国际、国内信用卡、借记卡等。银行在给秘书开通银行卡网上银行时,会提供其密码器或网银盾,这就显得较为保险。当然我们也可在网上寻找第三方支付平台,如支付宝等。其内可提供支付和理财服务,包括网络支付、转账、手机充值、信用卡还款、个人理财等,安全可靠、方便快速。

秘书可通过企业的官方网站或搜索引擎进行商品的搜索和比较;可以借助电子邮件或其他的即时通信工具和卖方进行办公用品和其他事务的异地咨询洽谈;可以方便地进行心仪办公用品的网上订购并享受送货上门等优质服务;同时也可以通过网上支付货款的支付等环节;如果对购物的办公用品不满意,还可以享受退货服务。

在新媒体时代出现了沉浸式购物方式,如在"WithAnt 蚂蚁商店",秘书只需在收银台扫一扫脸,即可把喜爱的商品买回家,让秘书在 VR 沉浸式环境中通过凝视、语音等方式完成支付环节,完成整个 VR 购物体验。杭州构家科技公司可以让秘书在装修办公室前就能提前360度浏览装修后的装修效果,让办公室的平面图瞬间变成三维效果,而且只要戴上AR设备,就能沉浸式地体验未来办公室的感觉。当秘书站在未来装修好的办公室时,还可以和任何元素做交互。在场景里看到这个办公用品不好看、沙发过时、墙纸太暗、灯具款式陈旧,甚至要改动办公室内的结构等,都可以自己参与进去。2018年春浙江奥康首家智慧门店在温州开张,店内设有"云货架",电脑中存储了大量鞋图供秘书选择,实现了线上选鞋,线下试鞋,打通了线上线下两个渠道,为秘书提供了便捷舒适的购物体验。门店中设置的人群智能识别系统,通过人脸识别技术,可获得顾客性别、年龄等信息,并通过销售行为分析,得出不同消费群体的购鞋喜好,如秘书的到店次数、买鞋次数、浏览偏好等,精确地抓住秘书的喜好及需求。

2. 电子移动支付

电子移动支付也称为条码支付,就是通过扫条形码或者二维码,完成收款或者付款的支付方式。以二维码为代表的支付方式诞生以来,迅速成为一种新型支付方式。出门打车、掏出手机扫一扫车上的二维码,轻松支付车费;在餐厅吃饭,手机上的二维码被收银员扫码枪扫了后,买单走人。移动支付已经成为新时代下的中国"新四大发明"之一。《新规》将条码支付分为付款扫码和收款扫码两种:其中付款扫码是指付款人通过手机、Pad等移动终端识读收款人展示的条码完成支付行为,俗称"主扫";而收款扫码是指收款人通过识读付款人移动终端展示的条码完成收款的行为,俗称"被扫"。而这次《新规》重点规范"主扫",所以秘书一旦单日支付超过500元,那么,秘书可让收银员来扫自己手机的动态二维码进行付款。

静态的二维码易调包、盗刷、被篡改和携带木马病毒等,问题时有发生,所以2017年12月底央行印发《条码支付业务规范(试行)》,对条码支付额度进行分级管理,从2018年1月1日起,对于商户贴在墙上或者打印好的静态二维码,同一个客户单日累计交易金额不能超过500元。该规范适用于包括支付宝、微信及银联在内的所有二维码支付;同时支付机构提供条码支付服务,必须持牌经营。规范明确把二维码的风险防范能力从高到低分为A、B、C、D四级,风险防范等级越高,单日支付限额就越高。其中A级,可与客户通过协议自主约定单日累计限额;B级同一个客户单个银行账户单日累计交易金额不超过5000元;C级不超过1000元;而D级则不超过500元。静态二维码要求静态条码应由后台服务器加密生成,商户应定期对介质进行检查。

动态条码支付分为三种情况:其一,采用数字证书或电子签名两种以上有效要素(如指纹等),风险防范能力为A级,单日支付不受限额,可自主约定;其二,采用不包括数字证书、电子签名在内的两类以上有效要素进行验证的,风险防范能力为 B,单日金额为 5000 元;其三,采用不足两类有效要素进行验证的,风险防范能力 C 级,单日为 1000 元额度。

贴在墙上或者打印好的二维码属于静态条码,顾客出示付款码供收银员来扫属于动态条码。一般而言,静态支付多用于小本生意,支付大多走转账方式;而动态支付则多开通较大规模的厂商企业组织。之所以限制最高额度每天 500 元,主要在于易被篡改或编造,易携带木马或病毒,真伪难辨,导致支付风险较高。央行出台的新规其实既是给静态扫码支付开绿灯,也是对民间金融创新能力的肯定。

3. 办公楼无人商店

对于杭州最大房地产绿城旗下的绿城服务公司而言,在这场新媒体热潮中与XIANLIFE LIMITED("鲜生活")、上海易果电子商务公司成立合资公司,并与摩根士丹利签署交易协议,全资收购北京港佳好邻居连锁便利店公司,这意味着该公司进入社区无人店领域。基于对社区零售服务的布局,公司宣布推出全新的社区"绿橙"便利店。它有三种类型:一种是开在住宅物业里面或者附近街面的社区店,主要以住户为主要客户群体;一种是开在绿城园区写字楼附件的商务点,以职场白领为主要客户群体;还有一种就是无人值守的智能店,就像日本便利店那样综合体业态,秘书可在这里收寄快递、手机充值、洗烫衣物,还能用到像共享充电宝、共享雨伞等新的共享业态。

4. 无人支付店

在杭州万象城的肯德基 KPRO 餐厅 2017 年 9 月实现线上刷脸支付,这是刷脸支付在全球范围内的首次商用。百胜公司在杭州推出全新餐厅概念 KPRO 餐厅,这是全球首家刷脸支付(Smile to Pay)技术商用的餐厅。

操作如下:支付宝上开通刷脸支付功能;自助点餐机上点餐;进入支付页面,选择"支付宝刷脸付"。人脸识别只需一两秒,识别成功后输入与账号绑定的手机号,按"确认",支付完成;找座位坐下,等待餐食送达。除了上述刷脸支付外,餐厅内没有传统点餐台,秘书可通过自助点餐机点餐,也可选择就座后,利用手机扫描桌上的二维码点餐。约 10 分钟餐厅服务员就会将现点现做的餐食,直接送至秘书的餐桌上。目前这家餐厅的刷脸支付单笔支付小于或等于 500 元,单日支付金额小于或等于 1000 元。刷脸支付的使用,表明继现金、银行卡、手机支付之外,又增加了一种新媒体支付方式。即便忘记带钱包、手机没电,也能顺畅支付。从更深的角度观察,刷脸支付意味着未来人类可以完全脱离手机的束缚,实现随时支付的美景。在 2015 年汉诺威电子展商,马云第一次向全球展示"刷脸支付"技术。整整 2 年过去了,这一实验室的试点终于进入实用商场。

如果是第一次使用刷脸支付,就需要先在支付宝 App 上开通此项功能。方法如下:打开支付宝,搜索"刷脸支付",点击"开通"。绑定之后,在支持"刷脸支付"的商家消费时,就不用带手机,只要"带脸"就行。目前支付宝"刷脸支付"暂时只支持小额支付,单笔不超过 500 元,且单日累计不超过 1000 元。在这家餐厅有个黑色的圆形定位器,在机器右下角的摄像头上扫一扫,再完成刷脸支付。点完菜、找座位时,随身携带这个定位器并放在桌子上,等 10 分钟左右,服务员就会把你刚点的餐点送过来。

事实上金融领域的人脸识别应用,其技术要求具有四高特性:(1)高安全性,人脸活体检测技术(防止照片伪造、视频等冒充);(2)高准确率,极低误识率下的高识别通过率;(3)高可用性,海量并与人脸比对服务;(4)高实时性,人脸比对结果实时返回(响应时间小于 100 毫秒)。支付宝的人脸识别,除了达到金融级的准确度和安全级别外,还有着极高的稳定性、可靠性和极快的实时响应。支付宝率先推出刷脸支付,主要基于其多年来人脸识别技术的积累,同时其技术团队也为刷脸支付商创新了多种方法。通过软硬件的结合,智能算法与风控体系综合保障金融级准确性和安全性。餐厅的点餐机配备了 3D 红外深度摄像头,在进行人脸识别前,会通过软硬件结合的方法进行活体检测,来判断采集到的人脸是否是照片、视频或者软件模拟生成的,能有效避免各种人脸伪造带来的身份冒用情况。此外在进行人脸识别后,还需要输入与账号绑定的手机号进行校验,进一步提高了安全性。同时,支付宝还会通过各种安全风控策略确保账号安全。比如刷脸支付功能需要用户进行开通操作,开通之后才能进行支付,用户也可以随时关闭。目前支付宝刷脸技术的误识率已降至十万分之一。即便出现账户被冒用的极小概率事件,支付宝也会通过保险公司全额赔偿。从生物学的角度看,人脸识别与指纹、虹膜相比,属于弱隐私,它一直暴露在人眼中。刷脸支付的商业应用,意味着生物识别技术正在进入一个新的时代。

5. 无人零售店

阿里首家无人零售店"淘咖啡"[①],没有店员、不用排队付款,也不用掏手机,出门时不知不觉就把钱付了。这套无人支付技术的背后,是蚂蚁金服多维度交叉验证的生物识别技术。其实在秘书手机扫二维码进店后,系统就会自动识别秘书的身份信息。在离店经过两道支付门时,通过多维度交叉验证,对秘书想购买的商品进行自动识别并扣款。即使秘书戴着帽子或墨镜,甚至换掉整套衣服和发型

---

① 位于杭州国际博览中心三楼,是集商品购物、餐饮于一身的无人实体店,占地达 200 平方米,可容纳 50 人就餐。

也能被识别。它需要扫描二维码后进行身份验证,绑定手机号码后,才可体验自助购物。每件商品上还贴有 RFID(无线射频识别)标签作为商品的"身份证"。RFID 是一种非接触式的自动识别技术,无人店会自动检测商品的支付状态,发现未支付商品会自动发出警报并通知客服。再加上身份认证严格的移动支付系统,店里配备了全方位的摄像头和人脸识别技术,若是有可疑人员即刻会被察觉,所有的犯罪行为都会被记录,并且有专人负责追偿。正是完备的科技装备,使得在无人便利店里犯罪的成本比其他地方更高。"淘咖啡"操作如下:

秘书首次进店时,打开"手机淘宝",扫二维码,获得一张电子入场码。通过闸机时,扫这张入场码进店(这个步骤后,就不再掏手机了)。然后,走到售货员的餐饮区点单,收银机的背后有一块带摄像头的屏幕,收银员在帮秘书下单后,屏幕上会显示秘书订单的商品。经确认后,手机显示扣款信息,下单成功。再后一步就是支付。当秘书拿着商品想离开,必须经过两道"结算门",提示器会告诉秘书:"支付宝共计扣款多少元"。靠近第一道门,它会自动感应到秘书的信息并自动开启;两三秒钟之后,走到第二道门,上方的屏幕显示"商品正在识别中",一分钟后,又会显示"1 件商品正在支付中";大门开启,这时秘书的手机会收到扣款信息。

"淘咖啡"分成超市区和餐饮点单区,而两个区域的结算方式略有不同。在有售货员的餐饮点单区点单后,收银机的背后有一块带摄像头的屏幕,收银员输入订单,屏幕上会显示订单商品。只要对服务员说出需求,如"我要一杯冰摩卡,一份淘公仔马卡龙",就会迅速被语音识别系统捕捉,并进行下单。"这是您要的东西,确认支付吗?"被问时,秘书只要回答"确认",相应款项就会自动从支付宝账户中扣除。等待区的墙上有一块带着摄像头的大屏幕,在屏幕下方站几秒钟,大屏幕会显示取餐号码和剩余时间。如果秘书的餐点已经做好,屏幕会显示:某某号,请取单。这里运用的是 AV(即现实增强技术),它是由蚂蚁金服技术实验室开发的无人支付技术。它混合使用了计算机视觉和传感器感应,再叠加非配合生物识别技术,以降低误判率。没有营业员,却比有营业员服务还要好;去无人店购物,比有人店步骤还要简洁,这样的模式,需要无人化 + 智能化 + 信用化,三者缺一不可。

2016 年底,亚马逊宣布正在测试 Amazon Go,即"不排队、不结账"的无人商店,曾被认为是未来商店。它主要是通过计算机视觉、传感器和深度学习等技术,当商品被用户从货架上挪走时,系统可以自动检测到。用户完成购物时可以直接离开,不需要排队结账,手机即刻收到账单。同时瑞典推出手机绑定信用卡支付的无人便利店,韩国乐天开始尝试在便利店推行"刷手"付。2018 年 1 月 21 日亚马逊无人店 Amazon Go 在美国西雅图总部对外正式开放,成为世界特大新闻;而就在同一天,中国杭州阿里总部支付宝母公司的蚂蚁金服新办公大楼Z空间也上线了首家无人店WithAnt,主要售卖蚂蚁金服周边衍生产品。秘书走进无人店WithAnt,把看中的商品放在"交易货架"上,可立马在墙上的LED屏上看到相关信息。结账时,秘书只需将商品放到一个装有传感的盒子(这个盒子是蚂蚁最新研发的可升降无感支付终端)里,2秒内系统会自动在支付宝里扣款。

蚂蚁的无人零售现在已有五种成熟的技术方案,最为熟知的为自动货柜式贩卖机,通过扫码即可完成支付;"淘咖啡"支付也是一种,秘书不用主动配合,拿了就走。不过硬件成本较高,每台需10万元;WithAnt为第三种,内设自动升降收银台,采用传感器融合外加生物识别技术,硬件成本仅为万元;第四种为"看一眼就买下",通过屏幕和摄像头结合,实现摄像头识别人脸,同时识别用户拿了哪些商品放到带感应的购物车上,完成支付;第五种为"店内导流屏",根据人脸信息,如面部、眼、嘴等定位和算法,与店内商品贴切有效地结合和互动,实现商品穿戴的可视化,吸引用户购买和下单。蚂蚁无人店团队正在尝试把身体上某个部位或某个物件,变为无感支付终端。如"拔腿就走",在鞋子里嵌入传感器,顾客进店不用扫码,便可自动识别身份,出店时则自动结算扣款,实现不用掏手机即可完成支付。

6. 无人生鲜超市

阿里2016年1月在上海金桥广场开设了全国首家盒马鲜生,店内有3000多种商品,来自全球各地103个国家和地区,其中80%是食品,生鲜产品占到20%。盒马鲜生以体验为核心,店内可以边逛边吃,还有大厨伺候;如果没时间逛,可以手机下单;3公里内半小时就可以送到。商品标签均采用电子标签,如果商品因活动或促销而变价,只需在后台更改一下数据,就可以完成线上App和实体店内商品同时变价。盒马鲜生的支付方式以支付宝为主,可在线上直接结账,也可在店门付款。为了满足少数没有App的客户支付需求,在各个门店均设有代付服务。除了阿里盒马鲜生外,2017年京东开设了300多家京东专卖店,门店有人脸识别系统,刷你的"颜值"成为会员,了解你的生活规律,推荐合适你的产品,与线上实时同价,并配送到家。2018年初京东开出首家生鲜超市"7Fresh"(寓意是一周7天,每天新鲜),这是继阿里盒马鲜生、永辉超级物种、苏宁苏鲜生之后,开设的又一家生鲜超市。进门后首先是收银区,又分人工和自助两种方式,后者顾客先下载7Fresh App,开通京东闪付或者用微信支付。同时在超市周围3公里内,最快半小时配送。分拣员手持终端,迅速提供最佳配货路径,并将货物装进配送袋,挂在指定区域后,货物就会通过传送带,在5分钟内送到顾客手中。超市还提供智能购物车,下载7Fresh App,扫描车身二维码,这台购物车就完成了绑定,归"主人"

所用。使用前,车体会弹出一个装手环的框,主人佩戴手环,智能购物车便会自动跟随。除了自动跟随,还可以自行进入网购物车专属结算通道等候排队。顾客凭取货码,在半小时内前往服务台结账即可。超市还开发"魔镜系列",将原产等信息显示在镜面上。

7. 天猫快闪小店

2017年底在阿里巴巴西溪园区内出现了天猫快闪小店。进入小店,当秘书拿起一件商品,头上的摄像头自动识别秘书手里的商品,并在旁边的液晶屏上显示这款商品的详细介绍和用户评价。当秘书拿着中意的商品走到自动收银区,安装在墙上的摄像头自动识别秘书手里商品的价格,并在旁边的 iPad 上生成购物清单,点击结算之后,iPad 生成一个二维码,掏出手机扫一扫就可以完成支付,整个购物过程全部自助。对于衣服、鞋子等不能全部陈设在店里的商品,可以通过"餐桌购"进行购物。这是一张看上去很普通的餐桌,经过投影之后,餐桌变成了一张可以购物的桌子,点击上面秘书所喜欢的商品,并把它们拖进旁边的心形购物车内,再掏出手机用天猫或淘宝扫一扫边上的二维码,商品就躺在了秘书的手机购物车里。未来将在小店门口装上人脸识别系统,这就意味着只要跨进小店的大门,系统将自动识别秘书的身份、自动连接到秘书的天猫或淘宝账号,并进行智能结算,享受网上的会员价格。秘书在进行餐桌购物时,把商品拖进桌面的购物车后,不再扫二维码,商品实际已经进入了秘书的购物车内。

从2016年开始,"无人超市"陆续在全球各地出现,国内的一批无人便利店品牌接连出现并且在商用化方面领先全球。只是用了一张普通的口碑二维码,传统便利店摇身一变成无人便利店。阿里旗下"口碑"以二维码为切入口,实现服务线上线下全覆盖。其中杭州煮火、西旺、鳗吉精致料理、喵来了等近千个餐厅加入其中,具有自助排号、点餐、支付等功能,减少秘书等待就餐时间。口碑码事实上有内容、营销和功能三大板块。内容板块展示商家信息、品牌故事、门店手艺人、用餐环境介绍等;营销板块主要发布商家优惠套餐、闲时促销、分层营销等;功能板块则包括在线预约、在线排队、在线下单、移动支付等。然而事实上无人超市的价格普遍高于普通便利店[①],人们发现人工智能、人脸识别、物联网、移动支付等技术和设备要价较高。虽然不再需要人工驻店、无须人工结账,节约了人工成本,但是自助收银等设备昂贵,一台既可扫描商品又可扫描二维码,且支持各种读卡器、指纹识别器的自助收银设备动辄几十万元,这还不包括实施二次开发、维护及损耗等费用。另外需要专业技术人员进行监督、商品管理及后台维护,技术成本增

---

① 据《北京青年报》2017年8月13日报道。

加。这些自然导致商品价格过高,所以在降低总体成本方面的优势在短期内不会很明显。无人零售店雨后春笋般出现,使得人们开始关注"无人零售会不会提升失业率问题"。无人零售店虽然看起来人力成本减少了、站柜服务员减少了,但事实上智能化的后台工作人员却增加了,如智能物流管理员、智能仓库拣货员、数据分析师等。无人零售店虽然取代了收银员等前台机械岗位,但却催生了更多智能化的后台岗位。无人超市的出现可以成为缓解我国人口红利持续下降趋势的有力对策。日本推出无人便利店计划,也是因为日本人力成本过高。当然今天无人超市商品价格过高,不一定意味着今后价格的过高。随着人工智能的大踏步发展,硬件设备势必会大幅度下降,最后无人超市一定会遍地开花。

8. 无人餐厅

百年老店五芳斋宣布,2018 年 1 月在杭州携手"口碑"推出首家无人餐厅(位于文三路华星时代广场)。该餐厅主打"无人自助式"体验服务,24 小时营业,提供包括智能点餐、智能推荐、服务通知、自助取餐、自动代扣、用餐评价在内的全流程智能,从而五芳斋成为口碑无人智慧餐厅第一批陆地门店。秘书走进无人餐厅,厅内有类似于麦当劳的自助点餐机。在这里点餐有两种方式:一种是在自助点餐机上下单;也可直接落座,通过支付宝或口碑 App 扫桌上二维码进行点单和支付。下单后,系统会提醒秘书是堂食还是打包。选择后,系统会给秘书发一条取餐短信。在墙上有 40 个长方形小柜子,如快递取件,秘书再次用支付宝或口碑 App 扫一扫小票的二维码,并点击"一键一柜",相应的柜门就会打开。如用支付宝扫一扫墙上"粽宝"标志的图案,玩砸金蛋优惠券的互动游戏,可抢到几角或几元不等的优惠券。食堂区邻近还有一个无人零售区,里面放着 4 个货柜,分别放着速食粽子、糖果饼干、小包装水果和牛奶饮料等。用支付宝对着柜门二维码扫一扫,柜门就会打开。在秘书拿走商品并关好门时,系统会自动扣款。不过,在首次扫码时,系统会提示秘书开通免密支付功能。这套口碑技术包括智能点餐、智能推荐、服务通知、自助取餐、自动代扣、用餐评价在内的流程环节,五芳斋成为第一家正式落地的智慧餐厅。上海吴中路 2017 年 11 月初开设了德克士首家无人智慧餐厅"德克士未来店",未走进店门,秘书就可先打开手机,进入德克士微信公众号,点菜页面,然后用微信支付,走进店后美食已经在一个特制箱子里等着。秘书对着手机说句"咔滋咔滋",箱子就缓缓打开,接下来就可以细细品尝了。一般点菜到最后拿到食物,仅十分钟左右,而且秘书始终没有见到一个服务员。秘书自己完成点单、结算、取餐,而店员则负责在后厨配餐。

浙江大学玉泉小区的"食天一隅",是高校中具有鲜明特色的支持刷脸支付和远程点餐的新潮餐厅(目前仅支持校园卡)。一楼为学生就餐区,每张桌上都有一个小桌签,扫描上面的二维码,绑定学号,就可微信下单。学生可在寝室或教室采取远程点餐,然后步行到餐厅时,正好可以取餐。二楼为教师就餐区,首次到访自选餐厅时,需要刷校园卡并进行人脸扫描采集。取餐时,在就餐机前刷脸领取餐盘。把餐盘放在识别区,按需取餐时,菜品的名称、金额、重量、卡路里信息会显示在菜盘上方的显示屏中,拿起餐盘,离开取餐区,整个过程无感结算。

智能商业时代,数据是最重要的生产资料,算法是最重要的流水线。在大数据之外,诸如无人零售、人脸识别、增强现实技术的运用也正在为消费者创造新鲜的购物体验。现在通过人脸识别技术和会员系统数据的打通,不仅可以知晓消费者的身份,还能根据此前的消费记录给出合理建议,加快消费者的决策速度。

9. 阿里新零售"亲橙里"

阿里巴巴首个商业配套项目"亲橙里"2018年4月在西溪园区正式开业,实现了新零售深度体验,如"刷脸消费""零负担购物""AR导购""虚拟点餐""魔幻试衣"等创新消费体验。如一楼淘宝店首个线下店——淘宝心选,秘书选中商品,只需把商品放到大屏幕前,屏幕上就会播放该商品的视听介绍。一楼天猫精灵店,多维度地运用体感互动、声音互动、交互投影、触摸屏、灯光等体验形式,让秘书在一个超现实沉浸式空间里,全方位体验高科技电子数码产品,如通过语音控制开启各种游戏,控制整个办公室电器;或者把秘书想说的悄悄话转换成特定的图形,然后打印成明信片,寄给秘书想要给的人,收到明信片的人,打开天猫精灵App扫一扫,就能收听明信片里的话语。在每层电梯口,都竖有智能导购牌,用手机扫一扫屏幕上的二维码,手机上就会出现AR导航图,可以直接导航,这种导航模式比目前通用的平面图导航更加直观。未来的购物中心,不单是一个购物场所,更像是一个生活社区、一种生活方式。

9. 无人机外卖

用无人机进行外卖活动。杭州余杭梦想小镇星巴克咖啡馆2018年3月利用一架无人机把咖啡送到2公里外的海创客户中心和恒生科技园。飞行途中利用GPS定位,大约10分钟,在距离投放台30至50厘米的地方,准确投放货箱。然后外卖员拿到咖啡后,再逐一派送。

下单如下:秘书用微信"迅蚁速运"小程序下单,选择咖啡类型、配送试点、预约配送时间、下单支付,就可等待热乎乎的咖啡送货上门了。如要看配送情景,秘书可选项"观看无人机投递",勾选后,无人机到达前3分钟时给秘书发来短信,秘书就可打开窗门观看投送情景了。

10. E 缴费

企业需要交纳水、电、物业等费用,这时秘书可选择某一家银行,实行 E 缴费。如工商银行开发了手机银行或登录网站(fee. cbc. com. cn)的 E 缴费项目。秘书可通过中国工商银行官方网站,或手机银行 App,进入"工银 e 缴费"入口,即可一站式交纳公司的水电费、燃气费、手机费、宽带费、固话费、物业费等费用,轻松又安全。秘书若未注册登录工商银行,根据秘书的需要选择缴费项目,可点击选择网银支付、手机银行支付、工银 e 支付或他行卡支付等四种银行认证的安全支付方式,即可轻松又安全地完成缴费过程。如果秘书是工商银行注册用户,更可以设置常用的缴费项目,享受主动缴费、账单通知缴费、账单委托代扣缴费三种缴费模式,让秘书不再受断费困扰。

11. 支付宝缴纳水电煤气费

宁波兴光燃气公司基于支付宝小程序、OCR 图像识别功能实现了办公室自助抄表。秘书在支付宝中收到抄表通知后,点击进入"燃气费"页面,对着燃气表拍照上传,无须输入数字,系统自动识别图像抄表,收到出账通知后,可不出门通过支付宝完成缴费。

11. 收钱码

阿里支付宝主要有四大功能:首先是收钱免费,收到的钱提现免费;其次安全,收的每一笔钱都有语音提醒(需安装并打开支付宝通知);再次,易操作,扫一扫自己的收钱码,快速查看实时到账、提现等功能;最后是理财的好帮手,为秘书提供专属的企业账单和赚钱借钱等服务。

阿里收钱码操作程序如下:收钱码验证,收到贴纸后,支付宝扫一扫收到的收钱码,验证收钱码是否为秘书本人所有,如不是,请重新申请。本人收款账户扫码会进入收钱统计页,他人支付宝扫码会进入支付宝页面(请确认收款人是你本人)——收钱码使用,请将你收到的收钱码粘贴、悬挂在店铺内的收银位置,方便顾客扫码付款。张贴或出示收钱码贴纸前,一定先检查并确认该收钱码为你本人所有,否则无法收到钱。收款时建议与顾客确认收款人的真实姓名。收钱时,顾客扫码付钱后,支付宝会实时语音提醒到账(打开收款语音提醒)——查账时,扫自己的收钱码,收钱记录和收入汇总马上呈现——赚钱时,开通使用余额宝,每天一点小收益——借钱时,资金周转开通借呗,收钱码使用越多,借款额度越高。

12. 云闪付

App 云闪付是 2017 年底在中国人民银行的指导下,由各家商业银行与银联共同开发建设、共同维护运营,汇聚产业各方之力的移动支付统一入口平台。通过这个 App 云闪付秘书可以绑定和管理各类银行账号,并使用各家银行的移动支付服务及优惠权益。App 云闪付贯彻统一接口标准、统一用户标识、统一用户体验的三原则，将移动互联网、大数据、人工智能、物联网等先进技术合理布局到移动支付服务场景中，让零售支付回归便民本质。

云闪付广泛覆盖各类扫描支付、Pay 类支付等移动终端产品及支付标记化(Token)、基于主机的卡模拟(HCE)等各种支付技术。通过打造开放平台，App 云闪付作为统一入口，汇聚银联及各大银行的支付工具、支付场景及特色服务，主要体现以下四大主要特征：一是开放式平台全链接。集银行线上线下全产业、全生态支付工具于一体，以大数据、云计算、人工智能等技术为基础，形成全新的银行业开放平台，通过向商业银行及各主要合作方开放支付服务标准接口，为合作伙伴提供商户增值服务、营销活动执行、合作银行办卡、在线销售联合四大合作模式，App 云闪付成为连接各方、服务各方的平台工具。二是统一入口全打通。App 云闪付全面支持各类银行账号，通过大数据、人工智能等技术应用优化用户体验，将原先散落在各个机构的支付服务工具集成，提供二类、三类账户开户、手机 NFC 支付、二维码扫描、收款转账、远程支付等各类支付功能，成为银行业移动支付的统一入口。三是多元场景全覆盖。依托人民银行移动支付便民示范工程，实现市民衣食住行线上线下主要支付场景的全面覆盖。目前，App 云闪付可以在铁路、民航、10 万家便利店商超、30 多所高校、100 多个菜市场、300 多个城市水电煤等公共服务行业窗口使用。四是特色服务体系全汇聚。App 云闪付汇聚了银行、银联等各方提供的功能与权益，包括余额查询、一键转账、一站式分期、信用卡全流程服务及银行—银联优惠权益等各类银行卡基础特色服务，同时还可以查询银联卡在境外 160 多个国家和地区的受理情况，各类优惠权益及境外消费退税进度，支持消费者更加便利地管理各类银行账户，并使用全面的支付服务。智能手机操作如下：

秘书打开"云闪付"App，在"我的钱包"里绑定并选择一张银联卡，点击"开通手机闪付"选项即可快速开通。使用时只需将手机靠近 POS 机或闸机、自助终端等"一挥即付"，无需点亮手机或打开 App，方便快捷。

银联二维码支付实务方法：秘书打开"云闪付"App，绑定银联卡后点开"扫一扫"功能，扫描商户、自助终端等二维码即可完成支付(主扫模式)，还可以展示"付款码"供应户、自助终端扫描后完成支付(被扫模式)。

银联信用卡将成为商务人士喜爱的出境支付工具，获取易、服务全、优惠多、过程快。可在 162 个国家和地区便利使用，覆盖 4100 多万个商家和 220 万台 ATM，机票酒店预订可跨境线上受理，港龙航空、亚航、阿联酋航空等 42 家航空公司官网接收预订，20 多家五星级宾馆提供线下消费或线上预订。工行银联云闪付

NFC非接支付已在境外近50万台POS终端使用,消费者可以直接用手机支付,云闪付二维码支付则已落地中国香港和新加坡。2017年9月银联在国内推出借记卡和信用卡的小额免密免签服务,使得各类手机Pay及"闪付"芯片卡畅享"一挥即付"。银联IC卡在进行300元以下(含300元)的非接触式交易时,只需将移动智能设备或卡片靠近POS机终端的"闪付"感应区,无须输入密码、无须签名,直接一挥即付,并提供72小时失卡保障服务。如果持卡人不慎丢失银联卡,秘书可马上向发卡银行挂失卡片。若在银联卡丢失后、挂失前,在浙江地区(除宁波外)发生了300元以下的闪付联机小额双免盗刷交易,持卡人可以在60日内申请赔付。持卡人通过"银联浙江"微信公众号"风险赔付"专区发起风险赔付申请,银联浙江分公司承诺2个工作日完成材料审核,4个工作日完成资金赔付。

13. 交通云闪付

秘书上下班乘地铁,只要持有银联"云闪付"手机信用卡或者带有"Quick Pass"标识的银联芯片卡,靠近挥卡区选择站点后即可瞬间完成购票流程。上公交时用银联云闪付(62开头金融IC卡挥卡和各类手机Pay)方式支付公交车票,每笔可享受立减优惠,最低1分钱,1秒即可优惠乘车。乘客使用银联(银联IC卡是指卡号以62开头,卡面有闪付和银联标识的银行卡)或承载银联IC卡信息的移动设备(如智能手机PAY,可穿戴设备等),可直接刷卡过闸。只需在支付宝内领取"杭州地铁乘车码",乘车地铁时,在支付宝首页点击"付钱 – 乘车码",找到"杭州地铁乘车码"的二维码,在地铁闸机上扫一扫,就可以入闸乘车了。即便在没有网络信息的环境下,或者支付宝账号内没有余额,也能保证乘客先乘车。出站时再扫一扫这个二维码,就会自动从支付宝账户里扣去相应金额。花呗用户还可以先这个月乘地铁,下个月再给钱。换言之,在杭州72个地铁站直接扫支付宝二维码入闸乘车,无须再购买实体地铁票,杭州由此成为首个实现公交地铁移动支付全覆盖的城市。

使用手机二维码刷码过闸需要先领卡,在城市服务功能内领取。领卡后乘坐地铁时,打开支付宝App,在首页点击"付钱",页面底部选择"乘车码",将乘车二维码对准地铁闸机扫描口,扫码进站。操作实务如下:支付宝首页,点击"付钱"—点击"乘车码"—在乘车码选择切换卡片—选择"杭州地铁乘车码"。提示:如果乘车当日只有进站记录而无与之匹配的出站记录时,系统将会把单边交易推送至乘客的手机客户端,由乘客在3日内补齐完整的交易记录,逾期未操作,将按线网最高票价进行扣款。

人类历史上共经历了四次工业革命:第一次工业革命使机械动力应用于生产活动;第二次工业革命,人类进入电气时代;第三次工业革命后,电子计算机被广泛应用,人类进入了信息时代;而第四次工业革命则以物联网、移动互联、分布式能源、生命科技和人工智能为代表,开启了新的时代的人类科技革命的伟大篇章。云技术正以空前绝后的力量,引发第四次工业革命,并且从大众的生活方式到商务的办公体验等,每个方面都产生了巨大的影响。

14. 无卡付

广发银行无卡付利用移动支付技术实现手机即卡。在便利性上,"无卡付"已在苹果、三星、华为、小米、魅族等各个手机平台得到最大化的兼容,可以闪付、扫码支付及被扫支付,支持小额免密,充分满足不同客户的移动支付需求。广发信用卡将 Token 技术运用在无卡支付中,使用虚拟信息代替用户原有的银行卡卡号,即使扫到"有毒"的二维码也不怕个人账户信息泄密。此外,还可一键开启或关闭线上交易、境外交易功能并设置交易限额,全方位保护客户用卡安全。早在2015 年,广发信用卡就率先在中国市场开展实施"智能自助语音催款项目",这是交互式的智能化项目首次应用在催款中。广发卡运用室内定位导航技术,让用户在楼层迂回、构造复杂的商场快速找到制定的商户。广发银行 2017 年 9 月推出新一代电子银行安全认证工具——蓝牙 Key 盾,在网银二代 Key 盾及手机银行Key 令的基础上再度升级。新增蓝牙模块,使其既能通过 USB 在 PC 端使用,也能通过蓝牙功能与手机进行通讯连接,支持在移动设备上的使用。其内置的独立安全芯片,采用最新的加密算法对所有交易信息的传输都进行加密,防止信息被黑客截获破解;采用数字认证技术,能支持手机银行大额资金交易,使用 Key 盾 + 取款密码的双重验证手段,保障交易安全。如客户长时间不使用手机银行,可以通过设置私密码暂停广发手机银行,这样即使个别不法分子知道客户手机号和登录密码也无法进入手机银行;客户还可设置个性化手机银行预留信息,便于鉴别所登录手机银行的真伪。

15. 高速公路缴费

高速公路设置了机器人发卡,以往在收费路口,司机车停得太远,手够不着卡,只好解开安全带,起身再取卡。杭州沪杭甬高速公路上的机器人,进行发卡:车辆停下,机子自动吐卡,大约 3 至 5 秒钟后,如果卡片还没取走,机械手会自动向前延展 15 厘米,此时距离足以让司机伸手可拿到卡,随后机械手自动缩回。还可以支付宝付款,在杭州彭埠收费口,司机拿出手机扫一扫,便轻松支付了过路费。原先司机取卡、支付现金、抬杠平均需耗时 20 秒,如今缩短到 15 秒,这也是全国首个开通支付宝、银联卡和通行卡付费的高速公路。

沪杭甬高速萧山收费站 2018 年设立自助智能收费机,支持银联 IC 卡和手机Pay 自助缴费,操作便捷,通关加快。利用先进的人工智能、图像识别、互联网信息和工业机器人技术,实现了车型、车牌、车距和驾驶员高度的精确识别,并通过人工智能技术控制机械手臂完成收卡、非现金支付、发票夹取、抬杠放行等整个收费业务流程的全自动化。秘书首先在自助智能收费机的卡槽中插入高速通行卡,接着拿出银联 IC 卡或者开通手机 Pay 智能手机在机具感应区前刷卡,即刻有语音提示"支付成功",机具打印发票,收费卡口循序放行,整个收费流程只需 30 秒钟。以后秘书不需取纸质发票,推行电子发票。未来将实现自由流收费,在每辆车上安装电子牌照,在车辆不减速(每小时 200 公里)的情况下通过收费站,完成缴费,精确度达到 99.9%。

16. 铜板街智能投顾

人工智能结合大数据正在掀起新一轮的产业革命,在互联网金融领域,智能投顾也在改变着传统的金融服务,如阿里集团的铜板街打造智能投顾。它拥有一个算法团队,每次都设计一个模型,实践过后再修改,不断打磨优化,争取让人工机器更加聪明。第一步是运用大数据给秘书画像,第二步是运用一系列智能算法,从优选、分散、体验三个角度为秘书提供投资参考,第三步是根据秘书不同的实际需求,组建不同的资产组合,提供个性化、多元化的资产配置方案,实现个人资产的最优配置。当然,机器人帮秘书理财也会有法律纠纷。根据规定,投资顾问仅能提供投资建议,不得代客交易,因此投顾的服务将仅限于基于算法的资产配置建议,公司不能以机构为主体在二级市场上直接交易,这些方面还需法律法规进一步明确。2018 年初,国内人工智能公司第四范式,即中国工商银行、中国银行和中国建设银行三家国有银行及所属基金联合投资人工智能公司。工商银行在 2017 年 11 月推出自己的品牌"AI 投"(机器人理财)。操作如下:打开工行手机银行"融 e 行"的 App,AI 投的模块出现。点击"AI 投",选择相应的投资期限(工行 AI 投的投资期限包括:1 年以下,对应低风险;1 至 3 年,投资风险适中;3 年以上,对应高风险)。然后,"AI 投"就会基于海量的历史数据,模拟出相应的投资期限下的年化收益率及最大回报率。点击"一键投资",即可获得自己的"AI 投"。目前"AI 投"起购金额为 1 万元,用户选定可承受的投资风险等级及投资期限后,点击"一键投资",即可完成基金组合购买。而当基金组合不符合市场投资形势时,客户可通过"一键调仓"完成基金组合调整。浦发银行推出"AI 投",不仅融合了智能语音交互体验、刷脸认证、指纹识别等智能交互体验,而且有全新升级的智能投顾 2.0,以及在金融社交用户权益等方面的一系列智能金融创新产品。兴业银行发布并推出"金融叮咚音箱",一声"小兴小兴"激活音箱,在"叮咚 App"授权绑定兴业账户之后,即可通过语音互动功能轻松享受账务查询、信用卡在线分期客服交互及产品、资讯、促销活动信息等金融服务。

17. 工银融 E 借

工银融 E 借平台,可一次性办理借贷手续,这是工行与区域知名大型二手房中介合作,共同搭建的个人按揭服务支持平台。通过平台建设,实现贷款全流程进度信息共享,二手房中介置业顾问通过平台可对该笔贷款是否成功受理进行预判,了解贷款进度信息,以便第一时间与购房者进行沟通;购房者、售房者后续也可通过平台,实时了解掌握按揭款进度。对于售房者来说,可以直接进行线上提款。此外,还提供装修分期、购车分期、车位分期等服务。这是工行第一款真正意义上的互联网融资产品,无抵押、无担保、纯信用、随借随还,通过网上银行、手机银行"一键即贷",可满足秘书多层次、多元化的消费融资需求。工行的"e 起燃"多重福利回馈学子。学子一卡通线上充值随机返现,巨优惠的手机月费和流量包,免费或超低价的课程、教材等优惠资源,优选线上线下商户开展融 e 购"嗨购"和 e 生活优惠等。如果学子要留学,如赴加拿大留学,只要把 1 万加元的担保费存入加拿大指定银行,就可取代以往留学签证所需的繁复高额的担保证明及材料,而存入的 1 万加元,在留学生到达加拿大并激活账户后,每 2 个月可以从账户中领取 2000 加元,直至本金领完为止。

18. 移动数字汇票

浙江商业银行搭建基于区块链技术的移动数字汇票平台,可为秘书提供在移动客户端签发、签收、转让、买卖、兑付移动数字汇票的功能。区别于传统纸质与电子汇票,移动数字汇票通过采取区块链技术,将以数字资产的方式进行存储、交易,在区块链系统内流通,不易丢失,无法篡改,具有较强的安全性和不可抵赖性。此外数字汇票,可解决防伪、流通、遗失等问题。2018 年初,中国工商银行与杭州趣链科技公司(杭州文三路创业大厦)合作,因为区块链上的数据是不会被改变的,防伪溯源可靠性强。在金融业,假票、多重质押等问题不时暴露出来,票据有时会出现空转套利的现象,用传统金融手段很难堵住这些漏洞,但区块链可以打破这些黑匣子。它采用高强度的数字签名来做保证,天然解决了票据防伪问题。再以银行贷款为例,利用区块链搭建供应链金融平台,银行将贷款授信给核心企业,核心企业在实际贸易和采购过程中,把信用通过区块链的智能合约延伸给下一级乃至 N 级供应商。在这个基础上,小微企业可到银行来贴现和兑付。这样既可保证银行资金的安全,又能保护核心企业的利益;同时盘活了中小企业的融资,实现多赢局面。趣链公司是首批通过工信部国家标准测试的公司,由其自主研发的区块链底层技术平台 Hyperchain,在共识机制、多级加密机制、智能合约引擎等核心技术上,均取得了关键性突破,因而可以向企业、政府机构和产业联盟,提供企业级的一站式区块链网络解决方案,支持企业基于现有云平台快速部署、扩展和配置管理区块链网络,并可实时可视化监控。公司与浙商银行的移动汇票、上海数据交易中心的数据交易清算、上海证券交易所去中心化主板证券竞价交易等在实际应用场景中得到了验证,用高强度的数字签名来确保安全,防止票据伪造等。趣链公司还与谷歌开展合作,与谷歌云平台一起服务全世界。趣链公司还与微软达成协议,打造基于区块链的云服务平台,为共同客户提供包括供应链金融和可信数据存证等服务。

19. 出境金融服务

中国银行 2017 年发布手机银行客户端,整合生活、跨境、投资等各类金融服务场景,设计服务功能和交易流程,打造移动金融智能门户。手机银行内设投资、生活、沟通等五大频道,简约、友好、时尚;提供资产管理、跨境金融、消费金融三大专区,实现用户、场景、服务的融合;在交互体验上智能化、便捷化、定制化。在集成缴费、信用卡、电子支付等便捷服务的基础上,开辟了生活频道,连接线上、线下生活场景,形成生活服务生态圈。客户端支持扫码支付方式,随时随地随心消费,打造消费金融专区,推出"中银 e 贷"系列产品。结合中行全球服务优势,推出跨境金融服务专区,满足秘书出国考察、留学、国际商旅、投资移民、外派工作等的出境金融需求,打造一站式在线跨境服务。同时,手机银行还可以在线开立电子账户、网点预约、纪念币预约,并对接网点落地处理,提供无缝衔接的 O2O 渠道服务体系。为了让秘书出国快速办理存款证明和零钞兑换,中行推出"线上存款证明"和"外币现钞预约"业务。只要打开中行手机银行 App,进入跨境金融——线上存款证明办理入口,按提示填写完账户、金额等内容后,输入收件人信息和收件人地址,就可以坐等中行将存款证明邮寄到手。同理,外币零钞预约也只要扫一扫专属二维码或登录中行官网、手机银行登记预约信息,选择就近中行网点办理提钞即可。

20. 跨境电商政务服务

2015 年杭州跨境电商综试区成立,这是全国首个跨境电商综试区。率先推出跨境电商"单一窗口"综合服务平台,打通"关、检、汇、商、物、融、税"之间的信息壁垒,实现了"一次申报、一次查验、一次放行"。同时,平台成功对接阿里巴巴一达通、敦煌网、大龙网、中国制造网,实现了政府端"单一窗口"与市场端电商平台和外贸综合服务平台无缝对接,连接金融、物流、第三方综合服务平台,构建以"大数据"为特征的线上生态圈。"单一窗口"既是政府的监管平台,也是企业市场化服务平台。平均 1 分钟就可以完成通关手续,杭州报关,全国通关。

第二节　秘书日程安排新媒体实务

1. 电子公告栏

为企业内部成员提供一个公共的信息发布平台,企业可发布公司刊物、业界新闻、通知、公告、生日提醒、活动预告等信息。如可查看最新的 10 条公告;发布公告给成员;在指定的发布日期之前随时编辑待发布的公告;秘书可完成任意删除发布的公告;电子邮件集成;电子文件在线借阅、在线批复、自动生效等功能。

2. 电子日程安排

提供全功能的公司领导日程安排,可以设置可重复的会议、约会、提醒信息,可按日查看、按周查看和按月查看日程安排。具有在单个窗口中显示按月查看、按周查看、按日查看的日程安排;多人共享日程安排;邮件通知/提醒;阅读日程状态并确认领导安排的日程;假日定制功能;日程查找;浏览未阅读的日程和提醒等功能。

3. 共享打印机

由杭州彭飞等团队的"超级快印"项目,就是在打印机植入 SPE(专用设备)运维管控系统,秘书可以通过 App、微信、电脑、U 盘,实现自主打印。超级快印可以根据不同场景的需求,调整不同的功能,有了它随时随地,尽享快印。

4. 智能音箱

早在 2014 年亚马逊就发布了智能音箱硬件产品 Echo;2016 年谷歌发布了与哈曼卡联合打造 Invoke 智能音箱,内置微软研发多年的人工智能助手 Cortan;苹果推出 Siri 智能音箱 Homepod。国内京东出品"叮咚",腾讯推出"耳朵",小米推出"小爱",阿里推出"天猫精灵"等智能音箱。随着云端一体化带来的高度智能化,智能终端需要匹配比手机触屏更强大的人机交互方式,音箱较其他硬件有独特优势,比如价格低廉,能为普通消费者所接收;灵巧的设计,在工作环境中便捷性更高。

阿里 2017 年推出天猫精灵智能音箱(天猫精灵 X1,高 126mm,直径 82mm),帮秘书有效控制办公室设备与环境等。圆柱体造型,机身小巧,有黑白两色。开机时顶部会亮起红光,呼叫一声"天猫精灵",底部即刻亮起一圈蓝色光环,由 12 个高亮环形灯带组成。"喂,打开窗帘。"躺在床上,睡眼蒙眬喊一声,厚重的窗帘被拉开,晨光洒在脸上,替秘书打开窗帘。"天猫精灵,帮我买一箱可乐吧。"秘书说完后,智能音箱在确认声音是秘书本人后,它就会自动帮秘书下单并完成支付。

而秘书唯一要做的,就是在办公室等着收快递。它可以替秘书做的还有很多,比如控制其他家居、购物、叫外卖等。它事实上是一台智能语音终端设备,内置第一代中文人机交流系统,能听懂中文普通话语音指令。秘书在手机上安装"精灵"App,绑定账号。手机 App 可以实时显示与硬件产品的连接状态、命令接收、反应情况、产品最新的功能上线提醒等。目前它已经具备音乐音频内容的播放、听故事、讲笑话、玩游戏、找手机、问百科、充话费、设闹钟定时器、查价格、查快递、智能家电操控等功能。目前它已连接了 4500 万台家用电器,回答了 1 亿个问题,执行了 9 亿次人物,讲了 1296 万次笑话。杭州西溪天堂的西轩酒店是首家采用天猫精灵的酒店,用语音就能控制窗帘、灯光、电视等设备,还能直接呼叫服务员,查询天气预报、早餐时间、呼叫酒店用车及送水送衣等服务。具体而言主要有以下功能:

(1)声音识别。音箱有 6 个麦克风用来识别语音,由于酒店房内相对安静,因此在发出指令时,能即时做出反馈。除了普通话外,它还能听懂杭州话。

(2)电器控制。酒店客房内的天猫精灵,下垫一张说明书。上面写着可以对音箱直接说"天猫精灵 + 帮我开灯 + 打开空调 + 打开洗手间的灯……"等客房控制语。每次控制前,都要喊一声"天猫精灵",然后蓝光启动,接着说出诉求,比如开关灯等指令。在关灯时,它几乎一边回答你"好的,已经关闭",一边已经完成关灯任务。

(3)日常管理。叫人打扫卫生、送水、修理电视机,或者设置闹钟、明天天气怎么样……这类日常问题时,十分便捷。比如送水、送牙刷,过 5 至 10 分钟之后,便由酒店服务员送来。在服务员前台有 iPad,能够接受客房内天猫精灵传过来的信息。收到"钉"一声提示音之后,会有文字信息弹出,随后服务员执行任务。

(4)资讯获取。天猫精灵如同一本"百科全书",国内外新闻、生活等问题,它基本上都能对答如流。如果不喊停,那么它或许会一直讲下去。

(5)音乐点播。只要对着智能音箱说"帮我放陈奕迅的歌",它马上就会说"好的,现在就为您播放"。如果你能说出具体的歌名,它会自动切入单曲循环播放的模式;如果只说出歌手的名字,歌单较多,不同歌曲会逐一自动列入播放清单中。

(6)寻找手机。只需呼叫天猫精灵,说出自己的手机号,并说出求助寻找手机的需求,智能音箱就会自动拨出手机号码,手机屏幕上则会显示一个 010 开头的来电号码。

天猫精灵首个使用商用的声纹识别技术,能够识别且记住每个用户的身份和喜好,特别是在支付场景中。比如,用它给老人的手机充话费,只要简单的两步就能完成:确认机主手机号,进行身份验证。在进行身份验证时,用户只需跟着天猫精灵重复一遍"天猫精灵××××"(四位数),即可完成对用户身份的识别。如果是下单购买其他商品,天猫精灵还会通过语音跟你确认收件地址,再经过确认后自动下单,全程只需要简单的语音操作。它还认得办公室各位秘书的不同声音,并记住不同声音的喜好。比如,你对着它喊一声:天猫魔盒,请放一首歌。它就会放一首你喜欢的流行歌曲;可如果是你的主任下指令,自动播放的就会是他们喜欢的戏曲。比如,你急着出门时找不到手机,可以问它:天猫精灵,可以帮我找到手机吗? 通常,它会先跟你确认一下手机号码,得到确认后,会自动进行搜索。只需几秒钟,你的电话铃声就会响起,手机就找到了。下班后回家,你对它喊一声:"天猫精灵,我回来了。"你就会得到一句回复:"欢迎回来,正在为你开启回家模式。"随后家中的电灯、空气净化器、空调等家庭设备开始启动。如果你觉得电风扇的风速不够快,你可以"指挥"它调高一挡。天猫精灵也会告诉你,现在从三挡调到两挡了。如果你想叫外卖,无须打电话至前台,只要在房间里对着天猫精灵喊一声"给我送一瓶水和一份饺子",服务员就会自动送上门。现在"精灵"已有 100 多个品牌支持。比如秘书想看电影,将天猫魔盒和"天猫精灵"关联之后,对它说"我要看个电影",电视机上就可以播放了,5 米之内效果达到 93%以上。

天猫精灵在 1.0 基础上,2018 年升级到 2.0,在"听"和"说"的基础上引入视觉能力,能够进行视觉认知、多模态交互、情景感知。其中视觉认知能力包含图像识别、人脸识别、物体检测。升级版实现与显示屏同样的体验,只要启动天猫精灵手机 App 上的"精灵火眼"功能,用手机摄像头扫描配套的图书封面,天猫就能绘声绘色地朗读图书,手机屏幕上也会展示相应的动画场景。在视觉上,秘书会在手机屏幕里看见一只卡通猫,有表情有动作,还能跟猫互动。这就是新增加的表情系统及 3D 触摸交互系统——能触摸虚拟形象的不同部位,如触碰猫脸的眼部、鼻子和上颚,猫产生反馈和互动都不同。

小米智能音箱"小爱",不仅能播放音乐、讲故事,叫秘书起床,还可以为秘书选择最快捷的出行方式,甚至能控制办公室的智能家电。此外还会深度学习,了解秘书的习惯等,成为秘书不可或缺的工作与生活助理。回车科技公司还研发出一款产品"人人都是作曲家",它可以自动检测和记录脑电波,根据测得的信息,得知秘书当下的情绪,并为秘书创作一首应景的歌曲。杭州恒生旗下浙江鲸腾公司研发的人工智能机器人晓鲸,当上了中央电视台四台《交易时间》栏目的常住嘉宾。①

随着阿里、小米进入,国内智能音箱公司大致可分为三类:一类是以小米为代表,本身有丰富的智能家居生态链,希望通过语音交互使秘书得到更好的体验。第二类是以喜马拉雅 FM 为代表,本身有大量音频内容,能够赋予传统音箱更多内容。第三类是以阿里为代表,希望把自身的各项服务集成到智能音箱中去。智能音箱是科技企业为秘书开启通往未来秘书实务和生活的一个窗口。下面除了阿里天猫精灵以外,我们还简要介绍几款智能音箱的功能:

A、若琪·月石(价格 1399 元)。诞生于杭州,Rokid(若琪)是最早涉足智能音箱领域的团队,首款产品"若琪·外星人"推向市场的时间比谷歌还早。若琪·月石是第二款产品,设计上采用大众喜爱的鹅卵石(像一个扁扁的大苹果)造型。唤醒词仅有两字"若琪",这比其他四音节的"叮叮咚咚""小爱同学"等节省时间和说话能量,当然也提高了科技难度。苹果智能音箱采用三音节"hey Siri",而"若琪"二音节难度可想而知。月石搭载了六个麦克风,借助算法,能在嘈杂环境下准确分辨出声音来源。识别距离达 10 米。月石已经和小米、博联、欧瑞博等主流厂商合作,只要绑定相关家电设备,便可通过语音来控制,十分方便。内容上月石已经购买了 600 万首歌曲的版权,采用低失真全频喇叭保证音效。正如萨米特所言:"我们都已经习惯在打电话预订航班或确认银行账户余额的时候与客服机器人交流。自然语言机器人的使用范围将从自动化客服扩大到日常生活的方方面面。家庭机器人将不仅能够响应要求,还能够及时提供信息,比如'该吃药了'。想象一下,一个机器人在你耳朵边轻声说'不要买那个东西,否则你的信用卡就被刷爆了',或是'你的停车计时器还有两分钟就到时间'。机器人将帮助我们照顾孩子并充当我们的金融投资顾问,成为来自你所信任品牌的无所不在的增值服务。"②

B、小米音箱 AI(价格 299 元)。目前小米全球共有 3 亿多用户,这是小米的巨大财富。音箱整体采用了普通的塑料材质,唤醒词为"小爱同学",在 5 米内十分准确。音箱的 App 提供一系列个性化设置,除了常见的音乐喜好,还可以设置所在城市和私家车车牌号,用以在日常使用中向主人提示每日是否限行,除了常

---

① 杭州目前拥有人工智能企业 36 家,位居全国第四。从 2014 年起杭州提出以发展信息经济、推动智慧应用为主要内容的"一号工程",2017 年又出台《杭州市科技创新"十三五"规划》,再次把人工智能产业锁定为重点支持产业。

② 杰伊·萨米特:《2018 年将改变世界的四大技术趋势》,《参考消息》,2017.12.30。

规的天气播放、新闻、阅读等功能,小爱还能与小米平台上 6000 万台设备关联,只要在手机上绑定,就能有很多的通途。内容上,小爱音箱提供音乐、电台、有声小说等资源。

C、叮咚音箱(价格 399 – 798 元)。叮咚是京东和科大讯飞合作后推出的第一款智能产品,分为普通版、增强版、旗舰版及双模版等版本。其中矮款 TOP 型号价格为 399 元,长款在 498 至 798 元不等。以叮咚 A3 灵动版为例,它最大的特点是兼容性好。如果你是个音乐发烧友,可以采用至少四种方式听音乐。包括通过 AUX in 音频输入接口与手机、平板、笔记本等设备相连,借助蓝牙无线连接,让叮咚成为外置音响,另外还支持安装 TF 卡及 Wi – Fi 模式下的续航低于 TF 或 AUX 模式。和天猫精灵 X1 一样,叮咚捆绑了很多京东的服务,如智能家居和京东购物。从促销查询到下单购物,再到物流跟踪,都可以用语音的方式完成。

D、小雅 AI 音箱(价格 999 元)。该款是喜马拉雅 FM 推出的智能音箱,有红、灰、黑三种颜色,总重量为 1.7 千克,尺寸 120 毫米 × 264 毫米,圆筒,系喜马拉雅与猎豹两家公司联合推出的智能音箱。同时,喜马拉雅公司是国内顶级音频服务企业,小雅 AI 音箱内容有新闻、小说、经济等 328 类共 6000 万条音频内容,用户覆盖面广。小雅 AI 音箱的用户主要为老人和儿童,其海量的阅读性内容提供各类爱好和兴趣。

C、天翼智能音箱。该音箱集合了全 4K 机顶盒,并且搭载了高清摄像头,让音箱更好地控制电视内容。借助科大讯飞的人工智能语音识别及控制技术,天翼在 5 米内各个方向都能收集识别用户发出的语音信息,识别各种方言,通过语音来对众多智能办公室设备进行控制。天翼音箱除了常规的语音识别、查询天气、日程提醒等语音控制功能,还可以加载天翼高清的所有内容,秘书只需发出语音口令,就可获得点播热剧、切换频道等。此外,还可以远程问诊、在线教育服务等。

目前国内每年智能音箱市场出货量在 5000 万台,阿里、腾讯、小米等巨头纷纷入局,作为一个重要的流量入口,各大巨头蜂拥而入,让智能音箱从蓝海变成了红海。

5. 智能语音控制器

杭州古北公司研发出一款"魔法棒",它是智能语音控制器。使用时 Broad-Link 技术会实现魔法棒的快速联网,拿到嘴边即可发出指令,完成操作,如打开电视、调节室内温度、关闭电视、关闭主灯等。

第三节 办公楼事务新媒体实务

1. 办公区智能化

办公区智能化已在我国某些一二线城市普遍实施,如进入中国十大房地产——绿城智慧园区(杭州),秘书只需安装 App,其内就包含智能开门、访客通行、家政维修、园区鹰眼等功能。其中"智慧开门"就是通过蓝牙连接远程遥控功能。如果秘书忘了带钥匙,那么只需打开手机,就可自动开启园区道闸和办公室的门禁;如果有客人来,只要在"访客通行"功能里输入来访车牌号,生成二维码,客人进入园区时,道闸会自动开启;楼道里灯不亮,只需拍个照发在"家政维修"上,并设定维修时间,园区人员会准时维修,结束后还会通过 App 回复;打开"园区鹰眼",秘书可实时监控园区里的几个重要出入口及露天游泳池等。"慧眼行"还具有车牌自动识别、反向取车等功能,技术上 inpark(共享车位软件)与智能道闸进行标准对接,实现自动扫牌放行。此外,其内还有园区商圈、园区健康、友邦社交、园区金融等功能。通过新媒体,秘书、企业与办公场所房主均享受到了一种更高效、更便捷的办公区域环境服务的智能体验。

秘书可使用手机或者指纹打开智能门锁,进入办公室或大楼,如杭州桦枫社区采用杭州华数(TVOS 智能机顶盒)的"智慧社区 App",用手机扫码开闸;也可通过智能摄像头辨认来访人员,远程为其开门。智慧社区 App 其实就是华数智能综合自助终端,目前可办事项已达 100 多项,涵盖社保公积金、国土房建、工商税务、生活服务、交通出行、户籍教育、医疗计生等各个方面,所有事项基本能在 2 至 3 分钟内完成。这些自助终端机于 3 月 15 日杭州市民中心上线,并将在各区县行政办事大厅现身。该自助终端(TVOS 智能机顶盒)不仅可以看 4K、VR 等体验感极强的视频,在家自助缴费水电费、物业等生活费用,而且还可以扫码即成;此外,在线挂号、远程视频问诊、居家养护等服务一应俱全。TVOS 智能机顶盒终极目标是成为办公室智能化的控制中枢,成为联通各平台和产品的高级智能平台,重新定义人与办公室、人与工作环境、人与社会的关系,推动人工智能从目前"一机一遥控"的弱人工智能时代跨入"随心所欲"的强人工智能时代。华数的 IPv6 服务器比互联网协议第四版(IPv4)要有充足的网络地址和广阔的创新空间。因此对基于根服务器的"一物一址,万物互联"的地址、标识与解析将产生巨大的市场需求。互联网是继陆、海、空、天之后的"第五战略疆域"。IP 地址、域名和根服务器则是国际互联网核心战略资源,根服务器被誉为互联网的"中枢神经",是全球互联网运转的重要基石之一。根服务器的部署代表网络运营维护的最高技术水平，由此催生互联网基础资源应用的自主创新，全面支持"互联网+"。

目前小米和微信也开发了此功能，小米未经加密且 NFC 频段在 13.56MHz 的 MIFAREI 卡，一个手机最多可以模拟两张门卡。操作如下：先在手机上找到门卡功能，然后要使用的门卡贴于手机背面 NFC 天线进行检测和模拟，其间不要移动卡片。大约 6 秒钟，手机就会完成门卡信号的模拟，以后进出门时掏出手机即可。只不过，并不是所有的门卡信号都能模拟。若有人未经授权进入办公室，百叶窗自动关闭，监控与警报被触发。另外，还有完善的门禁安防系统，当室外有突发状况时，办公室的屏幕会显示监控画面，LED 灯板则相应变色闪烁，进行提醒。杭州宇视科技公司开发办公室安防全套技术，无论切到全厂任何一个监控探头，系统便会自动分析视频中出现的每一个人，而且给每一个人贴上标签，比如"男、中年人、黑色上衣、戴帽子"等。只要定位了这个人，可以全程视频跟踪其行踪。所有的门窗都安装有光能供电的无线门窗磁，用以监测门窗的开闭状态，并在某扇门窗忘记关时通过手机通知门卫。用智能摄像头辨认来访人员，采用人脸识别技术。此外，秘书办公室内有机器人站岗，无须钥匙或门禁卡，仅凭手机蓝牙感应，就能一路畅通无阻；开车的秘书，智能系统可以自动识别园区车辆，进出无须停车刷卡，方便省心；进入办公室，灯光、空调、电视等设备通过手机就可实现自由控制。

与此同时，NFC 还有外门窗隔热隔音降噪系统，不仅能有效过滤车水马龙繁杂之音，还能阻挡夏天城市里的热浪。全屋地暖、户式中央空调系统、全屋绿色节能 LED 光源、净水系统等，营造企业办公环境，颠覆原有的办公生态模式。在办公室周围布置众多的传感器，监测室外和室内的温度、湿度、风速、风向、光照度、花粉、灰尘、紫外线、MP2.5、人员出入及周围环境的变化，并通过门口的平板电脑显示所有的环境参数。为了达到舒适与节能的目的，室内的暖气及空调会根据当时的天气条件，以及室内的温度、湿度和空气质量自动调节。同时，智能通风系统实时计算风向和天气数据库，智能控制窗户的开启，在不开空调的情况下优化室内的温度和通风条件。

杭州萧山区闻堰街道建立了全省首个"8+N"智慧生活区，其中的"8"就是指智慧消防系统（能实时监测消火栓、消防水池的液位及喷淋管网水压，监测小区电器管网运行状态，必要时能同步关闭燃气阀门，切断电源）、智慧租房管理（设有"互联网+旅馆式"出租房管理总台，开展出租房信息实时上报、租房信息网上实时发布、租客网上实时选房等）、智慧物业系统（通过小区的 App，工作人员上门维修）、智能门禁系统（直接刷脸或通过手机 App 或刷 NFC 等多种智能方式。如果客人来访可通过云可视对讲物业准入)、车辆自动识别系统、人脸识别系统、视频监控系统(新装175个监控器,加装22只防高空抛物监控)、智慧社区服务系统。而"N"则代表正在筹备的项目,如停车导航功能,通过App就能知道小区车位情况,并直接引导车主前往空的停车位上。

2. 手机装宽带

秘书只要在手机营业厅填入地址点击,预约安装时间,系统就会自动识别,无须填写姓名、手机号。然后秘书就在办公室等候就可。如果遇到问题还可以直接在手机上点击报修。此外,秘书可以直接查询新装进度、保修结果,自助检测办公室的宽带线路情况。

3. 智能卫生间

杭州西湖银泰城二楼设立女士智能卫生间,入口处设置一台自动贩卖机,摆放着卫生巾、精油喷雾、指甲油、漱口水、卸妆油等女性常用物品,来自Miss、Candy、施华蔻、全棉时代、百雀羚、高露洁等品牌商。在排队等候区内专门设置了"天猫智能化妆间",提供虚拟化妆功能的"智能魔镜"。利用3D建模技术进行打造的"试妆镜",通过对人脸的高精度识别,能够实现美瞳、腮红、眼影和唇彩的实时绘制,达到逼真、自然的虚拟试妆效果,点击互动屏尝试秘书喜欢的妆容。遇到喜欢的产品,还能直接在天猫旗舰店下单购买。秘书还可以直接扫镜子上的号码领优惠券,下单时直接抵扣。此外用感应器放在脸上的任何部位,就可以得到水分、油分、敏感度、弹性、肤色等多个维度的测肤结论。成立于2008年的美图公司,陆续推出美图秀秀、美颜相机、美拍、美妆相机等一系列软件产品。2017年10月,公司旗下以美妆业务为主的电商平台"美图美妆"上线,约有千余个在线品牌。美图美妆基于大数据和人工智能的"一键测肤"功能,已完成4千万以上的皮肤测试,识别率准确率达到95%以上。只要点一点,扫描面部,就能生成一份专属皮肤报告。用户可根据自己的皮肤状况选择适合的产品。无人化妆品自动贩卖机,口红、卸妆水、香水等只需掏出手机扫一扫,就能从贩卖机取走选好的商品。公共的厕所安装了智能设备,如杭州良渚街道的玉琮路公厕启用智能管控系统。厕所门口的屏幕上即时显示该厕所的氨气、硫化氢湿度、温度指数。在厕所内部能自动除臭喷香(男女厕的天花板上,各安装了一个传感器,一旦传感器感知到指标超标,系统就会自动通风除臭喷香),还配备了音箱,每天早上9点至晚上9点,播放一些悠扬的音乐。杭州著名景点灵隐2018年初实施了厕所刷脸取纸。进入智能厕所,有一只长方形的黑色机器,秘书站在前面它就会说:"请站在黄色识别区内。"等秘书的脸在机器屏幕里出现,并由绿色框框识别成功,机器下面就会缓缓"吐"出一段纸来。整个过程不到3秒钟(注意:同一个人只能隔15分钟后才能再取纸)又如杭州临安人民广场2018年建立了一所智能公厕,外观雅致,建筑像两本平躺着的书籍,而"封面"上画有一幅清雅悠闲的水墨画,在画框左上角书写着元代黄庚的《临平泊舟》:"客舟系缆柳荫旁,湖影侵蓬夜气凉。万顷波光摇月碎,一天风露藕花香。"走进这座智能公厕大厅,左侧悬挂电子屏幕上显示温度、湿度、人流量、PM2.5浓度等各项环境指标。其内配置自动移门、自动除臭机、厕位自动冲水、感应式洗手液、感应式紫外线杀菌烘手机、消防喷系统、新风系统(低位排风)和音乐系统等设施。此外,还安装具有人脸识别功能的厕纸机。

4. 智能母婴室

杭州中大银泰城的一楼设有智能母婴室,里面不仅拥有舒适沙发、婴儿床、热水器,而且还配备空气净化器、奶瓶消毒机、温奶器。同时还设置一台"天猫精灵"音箱,可以语音控制母婴室内灯光、窗帘、音乐和各种设备。室内还有感应式垃圾桶,可自动开合,卫生方便。母婴室门口摆放了自动贩卖机,可通过手机淘宝App扫码买到很多必备品。走廊墙壁上,配有两块云货架触摸大屏,可通过云货架浏览并在线购买试用满意的商品,下单快递到家。

5. 机器人艾米管家

在人类所有关于未来的想象中,有一点是共通的,那就是未来社会是由以人为代表的碳基人生命体,以及以机器人为代表的非生命体硅基人构成。除了能用机器的身份完成人类无法完成的工作,这些机器人在语言、行为和感情上无限接近于人。目前越来越多的机器人来到了我们身边,TA们有着与人类一样的共性,主要用语言交流,TA们跟我们聊天、交流,还可以识别我们的表情,判断我们的情绪,完全可以成为人类的助手和管家。当前TA们已经可以帮秘书开关空调、电视、水电气阀门,老人防摔倒,青少年监护、教育,情感陪护,家庭亲子活动,巡逻安防,迎宾接待,少数还有了自己的"思想情感"或执行特种任务等。机器人,地球上一个新的种族,正慢慢向秘书新媒体实务走来。

在杭州红普路九州路交叉口是钱塘智慧城的"绿谷产业园",在园区内大部分物业服务员已由机器人管家来实施。TA们主要完成物业管家、安保人员、导览人员等功能,为出入园区的工作人员和访客从事服务工作。如艾米机器人AMY-A1(杭州出品),是一款专为高端消费群体定制的全语音交互控制的机器人管家,不仅已具备语音交互、自送导航、安防监控、视频聊天等功能,甚至可以简单问答、查询、充电等,无须任何触屏操作即可简单操控。TA可以轻松实现远程视频通话、在线健康管理、语音控制交互、办公室物品智能控制、定制解说、自主导航、智能提醒、自动充电、智能控制家居、百科查询、自主安防巡视等多项复杂功能。站在办公室门口,秘书发出指令"开门",机器人管家便把门锁打开;进门后,机器人管家又自动打开窗帘,将办公室灯光调节到合适亮度;同时空气净化器和电视机一并开启。如果秘书要离开办公室,可以对机器人管家艾米说:"艾米,我走了,再见。"艾米就会自动开启"离开模式",替秘书关闭办公室内所有的电器、窗户等。而当秘书走入办公室时,只需对艾米说:"艾米,我回来了。"艾米便启动"进入模式",打开灯光,拉开窗帘,还会播放秘书指定的歌曲;同时通过 App 远程操作,艾米可提前调整好办公室的空调温度。秘书要出差,可向艾米发问,如天气情况、打车、网购、点餐、接收快递等。快递员到办公室时,秘书不在,艾米会通过门外的监视器对快递员进行人脸识别,确认身份后,控制门锁开启,把包裹放置在柜子里,操控门锁关闭。领导身在异处时,秘书可通过机器人管家的远程视频与上司联系。杭州国际机场边检站启用机器人艾米管家、智能翻译机等一系列智能设备,自助通关 10 秒即可。其中机器人艾米管家具有"会说话"的语音交互功能,TA 不仅能跟旅客进行语音交流,用外语解答各种边检业务问题,而且还可自主导航把旅客带到办理地点。浙大一医 1 号楼就站着一位"糖宝"机器人艾米,它可以告诉秘书这幢大楼的平面分布、各科室楼层,大名医专家的简介、特长、门诊时间,以及一周内的门诊排班情况;还可以通过 TA 了解医院概况、新闻大事件,以及带路导医。

6. 安防机器人

进办公楼区由智能安防机器人(浙江国自机器人公司出品)为秘书开门,有智能无人车把秘书送到门口,过道上有机器人管家站岗列队。这款 TIGER 机器人的大脑有两只摄像头,支持夜视功能,能做到无死角地尽收"眼"里。躯干中还装有GPS、陀螺仪和里程计等。底部有 4 只轮子支撑,可以完成所有平面上的行走,最大速度可达每小时 7.2 公里。

TA 可完成如下任务:(1)巡逻任务。它充电 3 小时,可以不间隔巡逻 8 小时,单机巡逻续航里程 25 公里。它能在小区内自由行走,完全不需要人工控制,前方碰到障碍物,它会聪明地绕开。它所到之处,都形成了 360 度全方位无死角监控。最重要的一点,无论刮风下雨,它都敬岗爱业,从不请假。(2)危机预警。因为有红外相机的配合,所以一旦发生火灾,它就会预判温度超标,就会第一时间发出警报。如果是晚上,有不法分子躲在树丛里,保安一般都很难发现。但它一出马,就会发现行踪可疑的人,立刻发出非法入侵的警告。(3)查漏补缺。照明灯坏了、单元门没关、垃圾没投进垃圾桶等,它都会有所警觉。(3)车辆管理。只要车位和车牌不对应,出现车辆乱停的现象,它就会发出警报,请队友们及时处理。(4)人脸识别。因为保安更替频繁,不是所有业主都认识,多少会出现一些小失误,而 TA 让这些失误消灭在萌芽之中。机器人管家通过摄像头捕捉人脸图像,信息跟后台数据库中的人脸图像进行对比,对比成功才能放行,不成功就会进行盘查,识别率高达97%左右。当然目前它还有一些缺陷,如上不了台阶,最多只能爬个小斜坡等。该机器人售价每台40万。

7. 搬运机器人

成立于1986年的浙江传化集团,已形成一张覆盖全国的中国货物网,它联手全球安防龙头的海康威视,将以大数据和工业互联网为核心,通过全面数字化完成"人、车、货、场"的重构和升级,推进物流行业智能化、数字化、平台化。如杭州公路港传化云仓智能一号仓里,AGV搬运机器人按照系统设定的路径,自主将货品所在货架从仓库搬送到员工处理区,将需补货的货架搬运至补货工作区,自动执行上架、拣选、退货、盘点等订单任务,与以往传统的搬运率相比提高了5倍以上,真正实现了仓库及时管理货架、仓储服务全流程、全系统的智能化和无人化。通过智能应用,仓库整体入库上架能力可达2万件/日,存储能力可达150万件,拣选能力可达2万件/日,充分满足个性化、柔性化的需求。

江南机器人公司与浙江大学合作研发的"赤兔"在2016年乌镇互联网大会上亮相。到2017年他们研发出"自动引导运输车iAGV"获得"市长杯"创意中国(杭州)国际工业设计大赛金奖。2018年他们研发出第四代智能移动机器人"小黄人",通过前后激光传感器,能在直径40米范围内运行自如,这样我们就不需要地上贴磁条、二维码、激光发射器。工作人员的手环能与智能机器人打通与指挥,最重能搬动300公斤的货物,充电2小时可以连续跑10个小时,而且自己会跑去充电桩充电和启动坐电梯。另一款机器人"Smart"(英文之意为"聪明"),能自动升降,根据工作需要随时变高变矮。

8. 智能手机

苹果手机在2017年9月发布两款(8和X),其中iPhone X是为了纪念iPhone10周年特制的版本,全面屏、无线充电、3D相机、苹果A11处理器。它的前身后背部采用玻璃材质,内部采用不锈钢材质,防水防尘,屏幕尺寸5.8英寸,有64GB和256GB两个版本。同时在手机上方放置听筒和前置摄像头、光线传感器,还有人脸识别的激光发射器。屏幕底部一根线,上滑即可唤出主界面,唤醒Siri则在侧面。另iPhone 8采用双面玻璃材质,防水防尘,苹果A11处理器(核心数提升至6核)。此外,还可以手机刷脸开机,它上方的凹槽处,从左到右依次是红外镜头、泛光感应元件、距离传感器、环境光传感器、扬声器、麦克风、700万像素摄像头、点阵投影器。其中点阵投影器通过将3万个光点投影在你的脸部,绘制出你独一无二的脸谱。红外镜头则能读取一系列数据发送给芯片,以确认是否匹配,如果一致,手机便会解锁,这便是刷脸解锁功能。它的错误率只有百万分之一,远低于指纹识别,还能准确区分人脸和照片。使用时,屏幕会出现一个脸部轮廓,调整距离把脸放到轮廓里,手机会自动识别。其间,你需要不停转动头部,等进度条走满就完成一次录入,再重复一次就完成设置,全程不到 10 秒。设置完成后,想要解锁,只要点击屏幕唤醒,让原深感摄像头捕捉到脸部信息即可。为了保证安全性,只要他人拿着你的手机启动 Face ID(刷脸开机),失败后,它必须输入密码才能解锁。所以用户在睡梦中被人解锁是不存在的。另外,面部多数细节的改变不影响识别率,比如胖了 20 斤,头发与胡子变长了等。

苹果手机 iPhone X 的最大亮点就是具有 AR(增强现实)功能。苹果智能手机摄像头和屏幕技术,可把数字影像叠加在真实世界中,苹果应用商店 2017 年有超过 1000 款增强现实的 App,成为世界上最大增强现实平台。苹果推出 AR Kit 技术可以进行面部识别和快速运动追踪,可激发无限可能和创新,让世界变得触手可及。AR 将改变我们看世界的角度,它使现实世界和虚拟世界很好地融合。AR功能就是增强现实,手机里有很多运用,如 AR 战争游戏,打开游戏对着空旷的办公桌面,选中区域后,整个战争场面就会呈现在桌面上。切换角度就能发现,游戏场景和真实场景无缝对接,游戏的战场外就是主人所处的住所。再如购买物品,苹果与宜家联合推出的 AR 购物应用 IKFA Place,通过手机摄像头可"看"到真实世界,在屏幕上选择一块需要摆放沙发的区域,点击看中的沙发,屏幕里的真实世界就会出现一张沙发。你可以随意拖动它,并调整它的摆放位置。如果看中了,只要点击按钮,应用会自动跳转到宜家的官网。

库克首席执行官相信 AR 技术可以更加突出人的作用,而不是把人们隔离开来。诚如杰伊·萨米特所言:"随着廉价 AR 眼镜的推出,我们的手机将被留在口袋里,而平视显示器(HUD)将提升我们的工作、购物和游戏体验……AR 技术能够用你身材匹配的模特让你拥有实体店铺中的体验,同时显示足以与任何在线网站竞争的虚拟库存。商家将在包装上提供 AR 体验:当你看到货架上的商品时,包装上就会出现演示视频;或者代言明星会神奇地出现在货架间的过道上向你推销商品。虚拟的弹出式商店可能出现在任何人流密集的地方。"①

华为手机全面屏 nova 3e,它搭载了 2400 万像素高清摄像头,采取潜望式微听筒,加上圆角切割技术和多频段合一的无线技术。其内拥有 4GB + 128GB 超大存储,可支持 256GB 的扩存。② 在不同场景、不同光线下能保持一致性,实现真实自然的美妆效果。手势拍照,趣味变妆,百变背景等功能给秘书带来更多的拍照乐

---

① 杰伊·萨米特:《2018 年将改变世界的四大技术趋势》,《参考消息》,2017. 12. 30。

② 价格仅为 1999 元。

趣。此款手机还有人脸识别功能,轻按电源键亮屏,即可进行人脸解锁,还能防闭眼解锁,在安全性上更为可靠。

小米手机 MIX2S 采用 18∶9 全面屏,拥有 8GB 内存 + 256GB 存储,配备双摄像头。具有高通骁龙 845 处理器,搭载 AIE 人工智能引擎,这样手机可与人工智能进行深度结合。此外,它还按照 25 种标签,自动识别 206 种场景,并通过人工智能给出拍照的优化解决方案。以拍摄 PPT 为例,以往在听讲座时,坐在后排的人想拍摄需要调高摄像头倍数,导致图片整体质量下降,文字不清晰。而现在该手机可以自动识别 PTT 拍摄场景,在拍摄时启用多帧超分辨率合成技术,保证上面的文字放大后也清晰可见。拍好的照片还会自动归到 PPT 的类目下,方便秘书查看。它还可以自动识别外文菜单,只要用手机一拍,就能实时进行文字翻译,译完文字的同时,人工智能会识别菜单上的外币标价,并将其按照当时的汇率转换为人民币。除了拍照,该款手机将智能音箱的人机对话功能搬到手机上,只要轻声呼唤"小爱同学",就能唤醒手机,相比苹果的 Siri,小爱同学用语音就能给朋友发微信红包,把拍好的照片发朋友圈。

9. 可穿戴设备

可穿戴是未来通讯设备进化的形态,其进化演变次第是:大哥大(移动通信)—功能手机(便携通话)—智能手机(移动联网)—智能可穿戴(便携联网)。早在 2004 年微软公司生产出"SPOT 手表"(价格为 300 美元),可发送短信、更新数据及广播天气预报等,但销售不畅,主要原委是这些设备受到人们审美情感(缺乏美感)的影响,以及个人隐私扩散问题。2014 年谷歌发布安卓智能眼镜,三星、索尼推出智能手表。从目前来看,可穿戴智能设备的发展主要有两个方向:

其一是戴在手腕上的手表或者手环。如苹果手表,标志着永远在线的互联网的到来,让你的全身上网。苹果手表能打电话,处理短信和电子邮件,发送小幅动画,还可发送心跳(健身功能,传感器读取心跳频率),支持数十款应用程序。另一是智能手环。小米 2014 年 7 月发布智能手环,主要功能包括超强防水、查看运动量、监测睡眠质量、智能闹钟唤醒等。日本 Miff 手环能感应人体的手部动作,通过手机 App 发出不同物品的模拟声效。Miss U 手环有语音留言、振动传情和时时定位三大功能,佩戴者可通过移动网进行实时语音对话。当一方发送信息后,对方就能收到振动提示;同时还能收发彼此的即时地理位置信息(即查岗)。

杭州余杭区城乡环境监管中心 2017 年底为全区环卫工佩戴了智能手环①,监管中心的墙上硕大的液晶屏上可随时查看环卫工工作情况和工作环境,监管人员

① 浙江联运知慧科技公司产品。

将鼠标移到环卫工身上,每个人的信息就一一跳了出来,有当日行走的里程、GPS状态、心率、步速等。如果有人心率异常,或者跌倒了,或者信号丢失,或者在某个地方停留超过一定时间,甚至连清扫车的扫盘有没有运转、清运车装了多重的垃圾、车辆有否偏离了预订线路等,监管中心都会接到报警信号。如果环卫工在作业中突然身体不适,可以使用一键呼叫功能,拨打班组长的电话。手环自带 GPS、GPRS、北斗多重定位等功能,让佩戴的环卫工即使处于室内环境,也能被准确定位。作业车辆和中转站等环卫设施均安装了摄像头和各种传感器,工况和动态实时掌握。

其二是架在鼻梁上方的智能眼睛。在帽子下方做一个全息投影,用户不必查看手机也能使用导航软件或者与他人通讯。帽子在耳朵上方设置了一个骨传导声音系统,帽子的电力源来自头顶的太阳能板。如谷歌眼睛有如下功能:(1)消息提醒功能。它是智能手机的一个延伸,用户可以在不点亮手机屏幕的情况下查看未读的短信、通知及未接来电等;(2)接打电话功能,自行接打电话。(3)回复消息功能,当知道有新消息并且阅读了消息之后需要回复时,直接回复语言;(4)摄像录像功能,这一功能很先进也很发达。可穿戴设备即将进入秘书新媒体实务公务领域,也逐渐进入个人自我的私务领域。

第四节　秘书出行用车新媒体实务

1. 搜星

秘书驾驶车辆必须要使用到搜星。它操作如下:固定搜信号,不要走动;打开机器到导航界面,点开右上角信号标志,正常有 7 至 12 颗卫星信号,其中 3 颗星可定位、5 颗星可导航;首次启动通常较慢,之后在 2 小时后再启动就很快,一般几秒钟就可收到信息。新买来的 GPS 导航仪,如果秘书在首次使用时,在定位上花费了很长时间还是无法定位,可以采取如下方法:室内无法搜星,定位时尽量到室外进行;无法定位时,将移动到十几米外进行定位;在车内进行搜星时,秘书可利用支架安装在前挡风玻璃上;不要把两台导航仪放得太近,应超过 10 厘米;使用前应开机充电 4 小时。

室内外无缝高精度定位,使在室内停车容易找车,在车辆刷卡进入停车场时,就将定位信息实时推送到秘书终端上。信息中包括车辆所处的位置、哪些地方还有空余车位等,并且推荐几个路线方案,供秘书选择,以便找到最佳的停车位。取车时,秘书打开手机应用软件,就和停车场服务平台系统对接,显示出秘书车辆的位置。

2. 汽车维修电子档案

现在全国已开始建立汽车维修一站式服务,完善汽车维修电子档案制度。2017 年 6 月交通运输部发出《关于开展汽车维修电子健康档案系统建设工作的通知》,把浙江省列为全国 6 个试点省份之一。已经拥有"健康档案"车主的秘书,可通过汽车电子健康档案 App、汽车电子健康档案信息服务和汽车电子健康档案微信公众服务平台三个服务平台,查阅其爱车的档案。秘书首先登录汽车电子健康档案 App,注册完毕;然后输入秘书车子的车辆识别代码,就可阅读车子维修保养的履历:每次送修日期、送修里程、维修项目、维修配件、质保信息等具体信息。汽车健康档案,一个给秘书省钱的 App(杭州市机动车服务管理局),它包含车辆档案查询、服务评价、在线投诉、服务预约等,这个版本已作为样本在全国推广。

维修前,秘书可按照区域、企业类型、主修品牌、质保信息、服务活动及该企业车主评价等信息,了解不同企业的整体情况,进而根据秘书实际状况进行择优企业;维修中,秘书可查询车辆的历史维修记录,包括故障信息、维修配件、维修项目、结算信息等,以便及时掌握车辆维修基本情况,对车辆的状况更加了解,以便及时维护保养,确保车辆技术状况良好;维修后,秘书可对维修过程中的维修质量、维修效率、价格透明度、服务态度及店面环境进行评价。秘书如果对于某次维修存在异议,可以基于维修记录在线进行反馈甚至投诉。

3. 电子"警察叔叔"

秘书缴纳交通罚款时,只需在"警察叔叔"中电子付费即可。当然要进入前,秘书需先注册进行身份核实,读取身份证,并自拍。当人脸和身份证上的照片识别一致,即完成了核实。杭州交警全面实现浙 A 车辆非现场交通违法的"一窗式"处理,换言之,秘书在全国地面、高速及省内机场、铁路的非现场违法行为,均可在同一个窗口处理。杭州驾驶证且浙 A 牌照的非营运个人小型客车,可通过支付宝处理部分非现场交通违法及缴纳罚款。

4. 电动车智能防盗系统

杭州警方引入物联网技术,安装电动车智能防盗系统。目前杭州已拥有 400 多万辆电动车,被盗案件时有发生,为此杭州警方打造电动车智能防盗系统,给每辆车发放一个蓝色的防盗识别码。每三年为 50 元,安装后就被登记录入警方的"智能防盗系统"。一旦秘书电动车被盗并立即报案后,警方通过这一系统就能掌握电动车的行动轨迹和流程,为秘书找回电动车。除了警方可以实行防盗管理和查找外,秘书也可通过手机对自己的电动车智能管理。首先秘书在手机上下载安装"吾爱杭州"App,输入账号,密码激活(初始账号为秘书身份证号,密码为身份证后6位数)后,即可通过软件对电动车进行遥控上锁、解锁和设置报警等。物联网技术最早是为电动车防盗服务的,利用感应原理,智能系统内装有芯片,芯片在经过每个探头时,会有感应。利用同样的感应原理,还开发出老人、宠物、孩子防走失系统,或用手套(放学生证的皮套子)、卡套、手环或吊环等。警察在套子里植入芯片,然后根据芯片编号注册账号,一旦孩子、宠物、老人走失,警方可以根据编号查看走失者轨迹,家人也可以在手机终端自助查看轨迹。

同时电动车也能像汽车一样进行投保,可以买第三者责任险。杭州市公安局会同保险公司为安装有防盗装置的二轮电动车提供"全车盗抢险""第三者责任险"等多项保险服务,确保"被盗易追回、丢失有赔偿、行车有保障"。保险费用分为两档:首档《爱车无忧》,20元每辆,车辆被盗60天未被找回,新车可享受最高赔偿1400元;旧车最高可赔偿700元。次档《出行无忧》,30元每辆,投保车辆发生交通事故,可享受最高累计责任限额2万元保险赔偿;驾驶员享受最高累计责任限额1万元保险赔偿。申请时,秘书需携带身份证、购车发票等相关证件原件,驾驶电动车到指定防盗装置安装点办理手续。如果是委托他人代办的,还需提供委托书与代办人身份证,经公安机关查验后进行防盗装置安装,并发放安装防盗识别码号牌。对无法提供电动车发票或收据的,经公安机关查验后,由本人当场签署《电动车来历承诺书》,方可受理安装申请。

5. 无人驾驶摆渡小车

2017年8月杭州来福士中心的地下停车场,两层25000方面积,共计3000个停车位。但由于商场逛完后,购物者到停车场寻车常常晕头转向。于是中心在地下二层停车场配置了两辆无人驾驶摆渡小车①,每小时8公里,穿梭于1500个车位间,送秘书到各自停车的地方。车的前排有触摸屏,设置三种寻找车的方式:输入车牌号、车位编号或进入车库的时间段。选择其中一种之后,通过图像确认自家的车子,点击"呼叫无人车",屏幕显示"无人摆渡车将在×分钟后到达上车点"。几分钟后,果然这辆车就出现在门口。从外观上看,它像一辆高尔夫球车,车身前部加装2个16线激光雷达,车身前后、两侧、后向及车顶都安装有摄像头,后方则有醒目的LED屏告知这是一辆无人驾驶车。前排有两块屏幕,一块是平板电脑用于输入车牌号进行验证启动车辆;另一块是显示器,显示小车的路径规划、实时障碍物、行人信息等。车内有一名安全员,帮助秘书操作输入车牌号启动车辆,但不驾驶车子。

---

① 杭州驭势科技公司出品。

6. 无人快递车

菜鸟在 2018 年首次进行了无人快递车测试,从文一西路阿里巴巴大门口到西溪菜鸟办公所在地,约有 5 公里,测试状况良好。未来 50% 的包裹可能将由智能配送完成。浙江大学菜鸟网络公司与后勤集团合作成立浙江大学菜鸟驿站,它是全国首个采用机器人"基普拉斯"运输快递的高校。它一次能装载 20 个包裹,形同一个可移动的自提柜;全自动无人驾驶,躲避人群和各种障碍,自主上下电梯,自动完成包裹的配送。如何取件? 首先需要下载 App 菜鸟裹裹,然后选择定时送货,预约好时间。管理机器人的人员会根据你的预约时间,提前从快递柜上取下你的包裹,放到机器人的快递柜里。然后,机器人会规划好路线,提前出发,在约定的时间到宿舍楼下并发送信息。学生凭取件码就可以在宿舍楼下取件。

7. 泊车机器人管家

杭州海康威视智能泊车机器人,最大承载量 2.5 吨,2 分钟把车入库。秘书停到交接平台和取码两个环节就可完成无人入库。车驶入停车场入口,系统自动识别车牌后开闸,然后机器人将车开进交接平台,正前方电子屏幕,提示"前行""后退"或"停止",在超限测试感应器的帮助下,将车准确无误地停放在平台上。下车,走到停车场入口的机器旁,在电子屏幕上核实"车内没人""手刹已拉"等信息,确认停车完成后,系统会自动生成一串取车码,此时系统也确定了车的具体停放位置,同时规划好了机器人搬运路线。之后泊车机器人前来交接平台与平台上的车,2 分钟内完成升举、搬运、旋转、下放,稳稳泊车入库。事实上,泊车机器人有 4 组差速驱动单元,可以进行 360 度全向运动。在电量低时,它们还能自主充电;完成充电后,又会自动返回工作,确保 24 小时全天候随时待命、工作的状态。同时该机器人系统可同时调度 500 辆汽车,充分利用场地和空间,提高 40% 的停车率。

此外"西子泊车机器人"(杭州西子智能停车公司生产),承重 2.6 吨,机器人由四组卧式轮组成,可以前进、后退、平移、旋转,行动非常灵活。秘书把车停到指定交互区的车板上,在电脑设备上对西子机器人"发号指令",西子机器人就会挪到车板底部,托起车板。运行的过程中,激光导航控制系统会对车身周围 360 度进行安全激光扫描,规划运算后,找到最优的移动路线,沿着路线移动到指定停车位,整个过程只需 1 分半钟。秘书找车时,只需在电子屏幕上输入车牌号,西子机器人就会把秘书的车送到跟前。西子机器人采用电力驱动,可以连续工作 6 小时,当电量过低,会自动充电,原则上机器人可 24 小时无人看管、自动运行。西子机器人可以运用于地面车库,也可以运用于立体车库。在杭州万安桥堆垛式停车库(3 层,共有车位 132 个)中,存取车最快半分钟即可。停车的过程和普通塔式停车库类似,把车开到车库前,感应门自动打开,按照语音意识停好车,出库刷卡,门就自动关闭。当车库门关闭后,升降机会将车缓缓运送到负层,这时候两个西子搬运机器人移动到车底,分别夹住车的前后轮,把整车撑起来,沿着轨道横移到电脑制定的车位。

在杭州西湖南山路的大华饭店在西湖底下建立了一个智能停车库(六层车库),秘书把车开进入口时,只要根据前面不锈钢镜面的提醒直行或停止就行,无须用反光镜也不用倒车。进入停车位后,秘书就可以下车,后面的事情就全部交给"西子泊车机器人"。取车时只要凭停车卡,车辆会自动送到停车库的出入口,同样不用倒车。它使用激光视觉导航,实现机器人最优线路规划。机器人自身高度仅 10 厘米,而且不再需要采用载车板或泊车架;还可以在车辆底部继续拧旋转调拨及最优转运,实现最小的面积穿越。分体式超薄智能机械手的整体厚度,仅 9 厘米,可载重夹取 2.5 吨的车辆,运行速度快,行走速度达 50 米/分,设备采用无线供电。

8. 百度无人驾驶汽车

早在 2013 年百度就开始研发无人驾驶汽车项目。技术核心是"百度汽车大脑",包括高精度地图、定位、感知、智能决策与控制四大模块。2015 年底,百度宣布无人驾驶汽车在国内首次实现城市、环路及高速道路混合路况下全自动驾驶,在过程中实现多次跟车减速、变道、超车、上下匝道等复杂驾驶动作,测试时最高速度达到每小时 100 公里。2016 年获得美国加州发布的无人驾驶牌照,成为全球第 15 家获得无人驾驶测试牌照的公司。2017 年 6 月百度开放 Apollo 平台。同年 8 月百度与江淮汽车在上海宣布,双方将于 2019 年下半年推出一款量产车型,可在特定条件下实现自动驾驶。在 2017 年乌镇世界互联网大会上,百度合众新能源智能汽车 F—TAKE,实现无人驾驶辅助系统、人工智能解锁、车况监控、路况监控等智能互联技术,在国内外处于领先水平。能感知 180 米以内的碍物,在毫秒以内就能完成整个感知判断过程,做出转向、刹车、加速等判断。百度无人驾驶汽车有一套疲劳驾驶监测系统,基于百度大脑的图像识别技术研发。通过红外人脸识别判断,当司机被手机干扰转头看信息、犯困开始打哈欠或者疲惫使眼睛睁不开时,系统就会及时提醒司机集中精力驾驶。一旦检测到司机疲劳到了一定程度,系统会开始通过播放一些欢快的音乐,来帮助司机提神。当监测到司机已经重度疲劳驾驶时,系统还会将司机导航到最近的休息区。甚至在未来,百度自动驾驶还会接手驾驶,把它自动开到最近的休息区。

百度无人驾驶则是基于 DuerOS 人工智能领域的安卓系统,它能让每个开发者以低门槛打造属于自己的智能语音交互设备,从而迎来一个"唤醒万物"的时代。开发者使用 DuerOS 开发套件,只要接上一个电源、一个麦克风,就可以让身边的家电"说话"。说话是人与机器交互最好的方式。每个人都幻想着过着动口不动手的生活,每天回家对电视说,电视打开调到我上次看的节目,睡前想放松一下,就和床头的百度智能音箱说,能不能播放舒缓的音乐。百度与"小鱼在家"联合出品了国内首款智能视频音箱(599 元)。DuerOS 的核心理念就是让设备和人之间能够用自然语言进行沟通,能让设备听懂用户说话,能够让设备懂得用户的需求。百度开放 Apollo 和 DuerOS 两大平台,构建包括算法层、感知层、认知层和平台层技术架构,全面开放 60 项核心人工智能能力,其中包括语音、视频、增强现实、机器人视觉、自然语言处理五大类 14 项新能力。现在还出现有 Kether 意念轨道赛车,这是通过大脑意念(脑电波)实现控制的高科技体验型玩具。通过回车科技自主研发的 Kether 意念脑波仪采集脑电波信号,分析出大脑目前的专注力数值,当大脑专注力达到要求后,赛车立刻启动并开始前进;专注力越高,赛车速度越快。你在游戏过程中无需任何手动操作,还可双人同时竞赛,实现真正的意念大于 PK。基于动态算法技术,已经运用于无人驾驶。无人驾驶在道路上开车,需要判断的不仅是人、人的属性,还希望预测这个人下一步往哪里走,只有把人心的活动、行动充分预测之后,车才可以做出足够的判断。算法可以对人下一步动作做出非常精准的分析,基于这样的分析,车就可以进行很好的决策。

百度的 DuerOS 是一款开放式的操作系统,强调通过自然语言进行语音对话的交互方式,同时借助云端大脑,可不断学习进化,变得更聪明。目前 DuerOS 已经具备 10 大类 100 多项能力,可以为各行各业的合作伙伴赋能,广泛支持手机、电视、音箱、汽车、机器人等多种硬件设备,实现语音控制、日常聊天,直接提供多种 O2O 服务等的智能化转变,被国内外同行称为"具有划时代意义的对话式人工智能操作系统"。与目前市面上的人工智能操作系统不同的是,除了通过自然语言进行对硬件的操作与对话交流,DuerOS 借助百度强大的服务生态体系,能够为用户提供完整的服务链条。用户可以通过对话在多种场景下,完成从信息筛选到下单支付的"一条龙服务",真正使人工智能的高科技落地到现实生活,为人类带来便捷高效的服务。DuerOS 作为一个开放式的系统,能够赋能于手机、智能家具和可穿戴设备及车载等多个场景,从今往后,只要搭载 DuerOS 系统的智能设备都能直接与你开口说话,让你以最简单的方式获取所求。随着人工智能技术的发展,语音对话式的交互可以进一步降低用户获取信息的门槛,让更多人享受科技带来的红利。语音技术和人性化的操作方式不仅能让智能硬件操作更简单、更聪明、更便捷,还能提供更多丰富的、可靠的互联网服务内容,帮助秘书解决工作实务问题,实现智能化的秘书工作方式。

9. GPS 车辆定位

全球车辆定位系统在车辆管理上的应用,被称作车辆定位。GPS 系统应用能帮助秘书确定车位的位置,并且根据既定的目的地计算形成,通过地图显示和语音显示两种方式引导秘书行至目的地,其中包括空间卫星、地面监控和用户接受等三部分组成。监控地下车库,秘书可建立一套基于移动 4G 网络视频监控的应急指挥系统,在几个关键处安装 4G 视频监控系统,每辆车顶安装可 360 度移动的高清摄像头,能把周边的车库情况以高清视频的方式实时传回监控中心。GPS 系统应用在交通管理方面,可以将道路网上的车辆实时位置、运行轨迹准确地反映在控制中心的电子地图上,犹如给道路交通管理者增添了一双千里眼,实时监视着道路网上的车辆流向、流量、流速、密度、路网负荷程度等各种交通信息。

10. 车载移动智能系统

车载移动智能系统,是指嵌入安装在汽车移动环境使用的智能系统,主要包括车载导航系统、行车记录仪、车载移动通讯系统、车内和倒车监控系统、车载信息娱乐系统等。这套系统包括以下功能:

(1)车内安装了 5 英寸或 10 英寸的车载显示器;

(2)语音对讲机,其内使用了语音合成技术,以保证能够复述汽车驾驶员发出的有关行车路线的重要指令,或者朗读短信内容。这样驾驶员再不必担忧频繁用手触控屏幕而影响把控方向盘,避免了安全隐患。如上海辰汉电子制造的飞思卡尔 i. MX536,该终端集合数字化视频压缩存储和 4G 无线传输技术,结合 GPS 定位监控,汽车行驶记录仪,SD 卡大容量存储,驾驶员 IC 卡身份识别,多路数据接口、车载蓝牙免提语音通话功能、倒车监控、WIFI 热点、MP3/MP4 车载影音、车载功放。4G 视频,双码流传输,速率可调,传输更快,视频更清晰流畅。通过 WCDMA 或 CDMA 可以上传抓拍和报警图片。实现移动目标实时监控,做到实时传输监控视频和图像。采用 H. 264 视频压缩技术,图像分辨率有 DI、Half、DI 或 CIF 可选。系统自带的多媒体行驶记录分析软件可以实现 4 路图像同步回放、条件回放、剪辑存储、字符叠加地理信息和行驶记录叠加、事件分析和记录提取功能。

(3)语音导航。用语音提前向驾驶者提供路口转向、导航系统状况等行车信息,就像一个懂路的向导告诉你如何驾车去目的地一样。导航中最重要的一个功能,使你无须观看操作终端,就可以安全到达目的地。

(4)路线规划。GPS 导航系统会根据你设定的起始点和目的地,自动规划一条线路,规划线路可以设定是否要经过某些途径点,以及规划线路可以设定是否避开高速等功能。

(5)地图查询。可以在操作终端上搜索你要去的目的地位置,可以记录你常要去的地方位置信息,并保留下来,也可以和别人共享这些位置信息,甚至可查询你附近的加油站、宾馆和取款机等。

(6)画面导航。在操作终端上显示地图,以及车子的位置、行车速度、目的地的距离规划路线提示、路口转向提示的行车信息。

(7)重新规划线路。当秘书没有按照规划的线路行驶,或者走错路口的时候,GPS 导航系统会根据秘书现在的位置,为秘书重新规划一条新的到达目的地的线路。

(8)自动语音导游。当秘书使用便捷式的旅游导航仪接近景点时,导航系统对公园景区及陈列历史文物等内容以图文并茂的方式展现给秘书,使秘书在观看景物和展品的过程中使其内涵得以延伸,更加生动。

11. 共享单车

杭州 2017 年 10 月 1 日起,主城区内的所有车辆逐步实现扫码租车全覆盖,换言之,租车处理用卡还可以用手机"扫一扫";同时,杭州公共自行车公司还推出"隔夜还车""错峰还车"两大服务措施。还车时,如果遇到服务店停满了车还不进去,可以免费延时。

继共享单车、共享雨伞、共享充电宝等,现在北京还出现有共享运动舱,健身项目仅为跑步机,每分钟为 2 角,单次运动 20 至 30 分钟。用户需下载 App 注册使用,操作程序如下:预约运动舱——扫码开门——开始运动——下线结算。用户可在 App 内查看周边运动舱位置及占用情况,可直接在 App 内"预约"或获得已占用运动舱的"下线提醒"。用户在 App 注册后,需缴纳押金 199 元,押金可随时退款到付款账号。舱内中心位置摆放着跑步机,周边配有镜子、挂钩、播放屏幕、温控系统、空气净化等设施,运动舱内温度适中。用户可通过屏幕联网聊天、听歌、观影、收发邮件。除了共享运动舱外,上海还出现便民共享雨伞,这些共享雨伞有些被安放在地铁站内,有些则放置在商店门口,押金从 0 元到 39 元不等。在 App 中绑定手机号注册,支付 39 元押金并输入身份证信息实名认证,通过扫码便可借走雨伞。在租伞后 24 小时内免费试用,超过 24 小时按一天 2 元的标准收费,若超过 7 个自然日未还雨伞算自动购伞并扣除押金。这种共享雨伞还提供"送伞上门"服务,秘书在微信公众号点"送伞给我",即刻有专人送伞上门,当然这需要支付一定的"送伞服务费"。在还伞时同样也可呼叫取伞员上门取伞。2017 年 9 月杭州西湖出现了共享婴儿车①,后侧后轮安装有四位密码锁,跟共享单车小黄车的锁一样(2017 年 11 月小黄车车锁打开从原先的 10 秒缩短到 1 秒),

---

① 上海笛檬网络科技公司投放。

使用需要手机实名注册认证并且缴纳 99 元押金,用车费用是半小时 1 元,也可以不缴纳押金,费用是半小时 2 元。

　　除了小件的雨伞等,现在连大件的宝马轿车等也可进行共享。作为全国推广第一站的沈阳,推出共享宝马轿车,投放崭新 BMW1500 辆。车中还有车载 Wi-Fi、指纹介入、人脸识别、酒精测试、智能语音等功能①,这些都为秘书营造出一个安全、舒适的驾乘环境。这种“共享宝马”不需秘书自己加油,全部由平台负责。资费为每公里 1.5 元,每天 200 元封顶,新用户注册即有两次免费使用机会。同时沈阳 1400 多家停车场 22 万个停车位秘书可免费任意停放。扫描车上二维码下载该共享汽车品牌的 App,注册并上传驾驶证缴纳 999 元押金,找到车辆后通过 App 控制可打开车门。进入车内需经过两大安全系统“检测”,即人脸视频系统、红外线酒精测试系统,就可以开走。哈罗单车 2018 年初在杭州宣布省内所有入驻城市均全面开启芝麻信用免押金活动,高于 600 分用户,均可享受支付宝扫码免押金的优惠;同时出台免押金购卡“9 元包 30 天用车”的选项。杭州共享汽车从最早的“左中右”微公交,到后来的“盼达”“凹凸”,2018 年 3 月首汽集团旗下共享汽车平台“GoFun”正式进军杭州(奇瑞小蚂蚁)。芝麻信用 600 分,可以免押金租车,但公司要求先绑定验证租车人的驾照,且划定专门的还车点,系统感应到车辆,才会还车成功,每小时 15 元。

　　共享单车的发展与日俱增,国家 2017 年 8 月出台《关于鼓励和规范互联网租赁自行车发展的指导意见》,提出“不鼓励发展‘共享电动车’、鼓励共享单车免押金、用户实行实名制注册、禁止向 12 岁以下儿童提供服务、规范停车位置,对乱停乱放问题严重、线下运营服务不力、经提醒仍不采取有效措施的运营企业,应公开通报相关问题,限制其投放,对企业和用户不文明行为和违法违规行为记入信用记录,定期推送给全国信用信息共享平台等”。目前对于共享单车乱停乱放问题,一般采取线上引导、线下配合,利用“电子围栏”引导正确停车。电子围栏是利用蓝牙匹配或卫星定位来识别单车具体位置的技术,换言之,在使用单车时,用户可在地图上看到离他最近的停车点,也就是一个字母“P”,点开后还可以显示停车点的实景照片,方便秘书最快找到正确的停车位置。如果没有把车辆停在正确位置,秘书将会收到提示,如果被电子围栏监控到多次乱停,可能会对秘书信用分进行处罚,影响今后的租赁。2017 年底 ofo 取消 2 元一个月的月卡之后,2018 年 3 月摩拜单车也悄然取消了这一政策,与 ofo 一样开始了 20 元/月的收费模式,这意

---

　　①　这是国内最先进的百度智能语音交互系统 DuerOS 和面罩手机,后者连接着手机可以进行语音互动。

味着共享单车免费时代已近尾声。

从 2008 年杭州公共自行车诞生以来,已茁壮成长了 10 年。2018 年杭州公交集团推出"小红车实体桩 + 电子桩"运营新模式,秘书只需将车停在专设的公共自行车划线停车区域,让小红车在电子桩控制范围内停车,就可以实现"无桩"租还车。"电子桩"运用了互联网 + 物联网技术,在停车区域有一个黄色框线,其内受到电子信号控制。发出的电子信号射频器装在旁边的实体桩租借点上发出的电子信号与小红车连接,让小红车实现在电子桩控制范围内"无桩租还车"(精确度达到 1 米以内)。同时还推出全国版 App"叮嗒出行",实现扫码租车。在手机上,既可以查看离自己最近的站点,并规划路线导航;也可以查看站点的实时信息,有多少桩位空余可用。此外,还推出"通过手机为远程亲人租车"功能,可以在自己的手机 App 上,通过选择站点编号和桩位号,来实现远程帮助亲人租选车辆,还车时,推桩上锁就可以走人。费用在手机上结算,计费方式和平常一样。单日 5 元封顶,还车延时 1 至 2 小时不收费,延时 3 小时收五角。6 元包月,12 元包季,会员可每次免费骑 2 小时,一天不限次数。

12. 定损宝

2017 年 6 月蚂蚁金服针对车险行业定制上线"定损宝 1.0 版",这是图像定损技术首次在车险领域实现商业应用。通过拍照、算法识别及与保险公司后台连接,几秒钟内就能确认受损部件、维修方案及维修价格。也就是说将过去由人工肉眼判定车损的环节,升级为用人工智能做标准化统一定损,时间更短、准确率更高。保险公司的定损员只需拿着手机,就能精确判断车辆损伤。

秘书在路上遇到刮擦,只要拍一段视频,系统自动对车辆的受损情况进行识别和评估;同时秘书可通过手机查看车辆的损伤情况,并报出维修方案和价格——这就是国内首个车险图像定损 AI 技术"定损宝 2.0 版"。它在图像识别基础上升级为智能视频识别,增加了视频追踪、AR、损伤实时检测、移动端模型压缩部署等新技术,增强了反欺诈技术甚至能够识别本次事故新损伤还是旧损伤。操作方式如下:首先支付宝上绑定车辆信息;然后打开支付宝,找到定损宝,按步骤扫描车辆识别号,确定车辆信息,拍摄损伤部位,屏幕上就会显示损伤部位、损伤程度、理赔价格等。最后评估完成,秘书可通过支付宝直接交给保险公司进行理赔。

13. 共享轮椅

秘书在医院借用轮椅,往往需要到门诊办公室登记,再到服务台办理借用手续,而且受工作人员上班时间等限制,并非 24 小时可借用。在浙江医院现秘书用手机扫码就可借用到一辆轮椅,依托信息化支持,将"支付宝信用借"引入医院,超

600 分"芝麻信用"者,可免押金。操作如下:打开手机数据功能,然后用支付宝扫一扫共享轮椅旁的二维码,按照步骤交纳押金,即可租借轮椅,3 小时内免费。

14. 乐行西湖

杭州西湖景区为了破解停车难的问题,推出"乐行西湖"(微信公众号:Lxxh720),这是杭州市公安局交通警察支队西湖风景名胜大队联合交通宝互联网技术公司,共同打造的一站式西湖景区旅游交通服务平台。平台内设有"乐行西湖""文明西湖""智慧西湖"三大功能板块。其中"乐行西湖"集成实时路况、停车服务等功能,以及公交出行、公共自行车、餐饮店、加油站、修车点等景区线下公共资源,方便景区旅客掌握景区各类动态资讯。"智慧西湖"板块设有"事故定位"功能,游客遇到或看到事故后,以往通过打 120 报警电话解决,然而游客由于对西湖景区不太了解,对于事故所在地点准确性不高,沟通成本很高。现在报完警后,游客点击"事故定位"后,手机 GPS 会自动给出目前所在的地址和事件,游客可以上传最多 7 张照片及简单的事故描述,接着输入报警人手机和姓名,后台就会收到通知。

2018 年 5 月浙江推出微信扫一扫,"诗画浙江"定制邮票,千面浙江将跃然屏幕。如一首诗、一幅画、一件文物、一条著名河流等邮票组票,进行流动展示,实现动感。操作如下:安卓上手机系统用户:打开微信"扫一扫"功能,扫描二维码进入页面,再将手机镜头对准版面上的邮票,即可看到一个会"动"的诗画浙江。苹果手机系统客户:打开微信"扫一扫"功能,扫描二维码进入页面;然后点击页面右上角,选择在 Safari 浏览器中打开;跳转 Safari 浏览器后,等待读取完毕,然后把镜头对准邮票就可以观看"动"的诗画浙江。

15. 智能眼罩

易休"黄金小睡"助手可以帮助秘书解决上司进行有效午休睡眠问题。这是一款智能眼罩,午休时将眼罩与手机连接,打开"易休"App,选择自己喜欢的音乐。戴上眼罩和耳机,选择一个自己喜欢的姿势,很快入睡。通过两块小东西采集使用者的脑电波进行数据分析,推送适合你的音乐,还会伴有一些大自然的声音,如风声、鸟声等来营造良好小睡的环境。一段时间后,智能眼罩根据实时脑电波数据,在最合适的时候进行智能唤醒。智能眼罩是通过采集脑电波数据,智能推荐最适合放松的音乐,并智能调节音量,营造良好的睡眠环境,从而让秘书快速回复精力。同时,该产品包含智能唤醒功能,可以根据脑电波,在最合适的时候将秘书唤醒。当然不仅适合午休,也适用于旅途、会议前等多个场景。

回车科技公司出产的第三代 Luuna 眼罩,戴上它能根据佩戴者的脑电波,再用人工智能技术匹配一首能迅速入眠的歌曲。目前,有上万用户使用者平均入眠时间为 9 分钟。同时还可控制睡眠深度,如秘书需要在某段时间小憩,眼罩就可以帮忙让秘书进入浅睡眠,这种情况下即便被唤醒也不会感觉太疲劳。如果需要长时间休息,就可以选择深睡眠模式。

16. MOPS 无线心率运动耳机

除了能实时监测心率外,它还能让秘书在适合身体的节奏下,对运动做出健康合理的调整。秘书也可自己设定时间,在跑步的同时,即时为秘书语音播报心率、速度和步频。此外,通过蓝牙连线,就可享受到 MP3 里两千多首歌曲。

17. 净化雾霾口罩

戴上这个智能口罩,就像随身携带了一个小型空气净化器,能帮秘书隔离污染颗粒,过滤率达到 95%,而且不会发出噪音,声音在 35 分贝上下,就像耳语一样轻。

18. 飞行背包

秘书只需背上飞行背包①,再戴上 VR 眼镜就能获得宛如飞行般的感受。这里我们要区分出 AR 和 VR 之间的差别:AR 是增强现实,VR 则是虚拟现实,VR 与 AR 技术最大的不同是,VR 技术通过佩戴硬件使体验者完全沉浸在虚拟构建的世界中,因而多配合一些智能硬件来实现,而 AR 则是将一些虚拟的元素添加到现实环境中,以增强虚拟元素的真实感。

19. VR 跑步机

杭州虚现科技公司出品 VR 万向跑步机,通过人体工学和动作捕捉,将自由度、安全性、低延迟、兼容性等特质完美融合。换言之,把游戏和锻炼有机结合。

20. 奇点魔镜

奇点魔镜,智能式给人配置服饰,宛如一位"形象顾问"。如一位甜美少女入镜,系统就会根据她的年龄、长相等,给出小清新的一系列服饰搭配建议,从 T 恤到裙子,甚至是手表和眼镜等。

21. VR 眼镜

Avegant 视网膜头显,能把"视网膜变成显示屏",彻底告别只限于屏幕尺寸的观影模式,让秘书足不出户就能享受在现场的沉浸式快感。这是首款以个人影院模式为基础设计的虚拟视听设备,现场可以体验速度和激情。杭州人工智能公司生产的 Rokid Glass 系 AR 眼镜,只有 130 克重,它通过语音和图像人工智能技术,将增强现实和混合现实结合,得到极度的交互体验。同时还有另一功能:人脸识别,能够彻底解决"脸盲"问题。例如,秘书刚认识了一个客户,就可以将他的照片

---

① 杭州光启公司出品。

和信息上传,下次遇见这位客户,VR 眼镜会自动显示客户的姓名和信息。未来显示的信息将和社交平台打通,秘书就能知道客户刚做了哪些事,心情如何等。在杭州湖滨银泰 IN77"天猫快闪店"玻璃房,小店货架中间安放着一块一人多高的大屏,点击屏幕上的"神奇的心情测试仪",脸朝向摄像头,屏幕就会实时影像,并能识别愤怒、恐惧、高兴、平静、伤心、惊讶、厌恶七种情绪模式,然后根据秘书的情绪推荐适合的食品。秘书戴上 VR 眼镜后,就可以通过语音和手势控制虚拟的物体。事实上现在人机交互界面都需要一个固定的屏幕支撑,并可以和眼前的真实世界产生联系。再借助语音、手势识别技术,人和机器、人和世界的交互方式都得到了改变。

22. 摄影棚效果

手机相机的人像模式带有自然光、摄影师灯光、轮廓光、舞台光、单色舞台光等五种新的光效模式。拍摄完人像后,你可以在图片编辑时自由选择,那些在摄影棚才能拍出的黑背景照片效果,在手机里也能完整呈现。

23. 手机表情包

原深感摄像头与 AII 仿生芯片结合,能拍摄出各种精彩照片,以及制作 3D 动画表情包。原深感摄像头能分析 50 多种不同的面部肌肉运动,可通过原深感摄像头来侦测面部的 3D 轮廓,于是产生了"动画表情"。手机主人把自己的表情录下来,就可借助它们表达各种感情,苹果首批 3D 表情包有熊猫、兔子、机器人、狐狸、大便等。其中"大便",这也是唯一一个能眼珠子转动的表情包。如果使用 Pitu 应用,就能在手机上体验变脸。脸谱会准确地覆盖到你脸上,想要换脸只需大幅度地上下摆动头,或者用手机在镜头前一挥,跟现实中变脸的方式几乎一模一样。

24. 智能鸿雁插座

手机控制的智能鸿雁插座,其内拥有 PM2.5 检测、蓝牙音箱、手机充电、摄像头等功能,能实现可视对讲、安防监控、照明控制、智能净水、健康环境、能源管理、家电管理等操作。鸿雁将手机 App 复杂叠加的操作界面拆解,放置到需要的家庭场景,单层操控,触手可及。小型办公楼花费仅为几万元。智能插座可用"智家App"来操控,与实现人脸识别、语音控制、监测芯片、急救按钮等功能相连。鸿雁电器公司在 2016 年与阿里集团一起签订智能办公战略合作协议。目前鸿雁已开发了近 50 款具备安防、音箱、充电等功能的墙装式智能面板,将 App 复杂的操作界面简化,分散在各个功能的智能面板中,并可以根据秘书的喜好,设计离开办公室、回家、中午休息、工作等各个场景模式,解决了以往智能办公方案手机操作复杂,难以上手的问题。该核心功能包括健康管理、安防监控、影音娱乐、能源管理等八大子系统。如"健康功能",系统通过安装在各个办公室的环境监测面板,实时监测甲醛、PM2.5、温度、湿度等空气指标,并联动空调和新风系统,保持办公室内舒适、恒定的空气环境;再如安全方面,秘书可在容易造成一氧化碳泄漏的地方安装监测设备,如发现超标,系统将自动给推窗器和燃气阀门开关发出指令,在打开窗户的同时,关闭燃气阀门,及时防止危险事件的发生。秘书离开办公室时,只需一键启动离开模式,系统在关闭所有电源的同时,还会启动防盗管理模式,只要办公室内门窗有异常开关行为,或察觉到屋内有人体移动,系统就会立即向秘书手机发送警报。当识别秘书进办公室,打开智能门锁时,防盗模式则自动解除。还可以控制智能门锁、烟雾报警器、温湿度传感器、水温传感器、电动窗帘、全屋智能空调、电视盒子路由器等智能设备。

涂鸦智能公司作为一家 AI 公司,不创造产品,而是给传统产品装上智能系统。如传统插座可变成智能插座,秘书可以用语言定时、随时统计电量。此外,还有智能空调、智能空气净化器、智能取暖器等,带秘书走进一个全新的智能办公室,通过语音交互或者轻按触键,便可实现办公室内灯光、窗帘、空调、音视频系统等的自动控制。甚至整幢楼,无须秘书来回走动,只需要一句话或者动一动手指即可。

我们可以感到:秘书到哪里,灯就会在哪里自动亮起来;定时开启窗帘、空调等电器;有人敲门就会自动拨打主人电话的猫眼;自动浇花的灌溉器、自动铲屎器,等等。这套系统主要依据人体感应器和红外信号发射器,人脸和声音识别进行指令。当然核心是智能墙面面板 + honebridge。Honebridge 将设备与 Apple 相连实现 Siri 控制。小米也加快了智能办公室的进程,如激光投影电视、米家扫地机器人、米家空气净化器 Pro、米家 LED 智能台灯、米家 iHealth 血压计、米家骑行电助力折叠自行车等智能产品。美的出产智能冰箱,通过内置双摄像头可以准确了解冰箱内有什么食材、提示食品的有效期、提醒补货,或根据现有食材推荐菜谱等。

25. 摩鱼电动自行车充电

杭州城西银泰设置了非机动车车库,电动自行车能享受电动汽车待遇,在秘书手机上随时能查找到充电桩。像特拉斯一样,秘书能在手机上随时查到充电桩的位置,以及是否被占用。秘书打开摩鱼小程序,就能发现身边最近的充电网站,以及还能看到路线和被使用的情况。这些智能充电站由摩鱼独立设计,加入了防过充、防漏点、防雷登安全设计,在后台实时监控运行状态,设有环境监测、烟雾报警等功能。此外可用二维码投币,快充 10 分钟 1 元,行驶 5 公里;慢充 1 元 3 小时。

26. 无线猫眼

猫眼具有超强的人脸识别功能,能自动比对之前预录入的信息,上司、员工、重要客户等。萤石公司出品的全无线猫眼具有超强的人脸识别功能,猫眼自动对比预录入的成员人脸名单,识别来访者,同时还带有红外线感应功能。当人在门口徘徊时,会自动开启图像采集,并传送到萤石云端,通过云端大数据进行对比分析处理,即时告知秘书"办公楼门口有陌生人在徘徊",由秘书决定是否需要开门通行。萤石猫眼指纹锁采用超 B 级锁芯,支持指纹、密码、钥匙、门卡等四种开锁方式,确保安全与便捷。萤石猫眼指纹锁套装还可以设定"常规开门提醒""未回家提醒""分时段提醒"等不同模式,通过人脸识别检测老人儿童是否回到家中,并实时推送家人回家状态信息传到秘书手机。

27. 空气智能净化系统

杭州制造的中南幕墙,可在门窗中安装空气智能净化系统,它结合数字智能与环保理念,具有空气净化处理、实时数据分析、智能加湿雾化、雨水感应关闭、低温水加热、PM2.5 粉尘传感、二氧化碳传感等十大功能,实时监测空气质量、室内外温度,被称为"被呼吸的门窗"。它结合数字智能与环保理念,借助无线传感与互联技术,可通过一系列传感器,实时监测室内空气质量、室内外温度,并自动选择最合适的运行模式工作,确保室内保持健康环境。比如办公室的窗户可以帮我们监测空气,下雨天忘了关窗,秘书可用手机下达指令使它关紧。

28. Uface 门控

办公室的门也具有智能功能,如杭州宇泛智能公司生产人脸识别技术的智能前台和 Uface 门控,人经过时可快速识别(0.01 秒),并自动生成考勤表,还有访客刷脸互动等功能。Uface 门控采用红外线,能适应复杂的识别环境,强光弱光都不怕,提高了门禁安全性。智能办公室发展有三个阶段:首先是让设备与手机相连,即远程控制;次步是设备互联,譬如当有人撬动办公室的安防系统,安防系统就会自动启动摄像头拍摄嫌疑人,摄像头再启动电脑,将资料进行备份;再步是设备与人联动,设备将感知人的使用习惯、个体属性,并根据这些进行精准判断。比如空调会在秘书进入房间后自动开启,根据室内温度和人体温度自动调节最适合温度,在秘书召集会议过程中,会自动下降温度,保持常态温度,从而使与会者感到最舒适。办公室可安装红外幕帘、门窗磁、人体感应、智能门锁、除霾新风、空气盒子、提前开设办公电器、入门人脸识别、无卡通行、全自动光敏控制小灯、电动窗帘、智能马桶、智能插座等功能。如果老总的母亲瘫痪在家,秘书可在老总家中安装智能床垫,随身触摸式体侧仪及实时摄影监控系统,可 24 小时记录老人的心率、血压、呼吸等身体状况,而监控系统又能随时看到老人的活动情况,除了防止意外发生,相关的健康资料还能进行储备、分析、就诊问医,大大减轻了老总的心理负担。

29. 智能垃圾桶

杭州江干区三里亭社区克拉公寓启用智能垃圾桶,在不到 1 米时,垃圾桶会自动张开嘴巴,同时还发出"厨余垃圾进绿桶,其他垃圾进黄桶,谢谢您参与垃圾分类"的提示语。等到人离开,垃圾桶会自动关闭。事实上,这两只垃圾桶由三部分所组成,分别是感应式自动翻盖盒盖、语音智能提示系统和摄像监控系统。浙江乌镇道路上设置了大量的智能垃圾桶,如西栅景区门口放置的垃圾箱,秘书的手向投掷门伸去,它立刻得到感应,并自动打开门,还发出"请分类投放,谢谢使用"的提示语。投放完毕,它又会自动合上。同时垃圾箱靠太阳能供电,通过手势感应开启,具备烟感报警、自动灭火功能。当投放的垃圾大于 90% 容积时,它会自动对箱内垃圾进行 3 至 5 倍的压缩,这意味着可以一个顶五个用。而当垃圾装满后,它还会自动发出清运信号。

30. 智能饭盒与牙刷

杭州糖球科技公司出品的"糖球饭盒",不但能自动抽空饭盒里的空气,让食物保鲜 7 天;还可以在一分钟里,检测出食物所含卡路里、营养流失情况、食物新鲜度和最佳的食用时间等。还有"智能牙刷",父母可以在 App 上看到自己小宝宝刷牙的情况,如果某颗牙齿没有刷到,都能显示出来。

31. 智能洗衣机

"工业 4.0"浪潮下,松下公司积极运用物联网思维,开发 App 远程智控系统。秘书只要通过 Wi－Fi 系统,将手机与松下智能洗衣机配对绑定,即使相隔千里,也能轻松下达操作指令。该系统将实现个性定制、人工智能推荐、语音交互和办公室场景 AR 适配等智能化零售功能。秘书可自主选择洗衣机的颜色、容量、附加功能等,从而拥有一台属于自己的个性化洗衣机。如果秘书对洗衣机不太了解,或者在选择时难下决断,可以试试人工智推荐功能:通过脸部识别技术对人脸进行扫描识别,判断定义客户属性,结合后台的精确算法,可为秘书推荐一款适合秘书的产品。

32. 智能床

秘书和领导有时为了加班、值班需要,在办公室内常常添加床板,而现在秘书只需添加一张智能床 XSleep 即可。绍兴移动和喜临门公司合作,开发出"智能床垫",具有睡眠质量实时检测、睡眠问题整体解决。他们在床垫和枕头中设有几十个传感器,对秘书在睡眠时的行为进行分析。在处理所有数据并通过手机软件描述秘书的睡眠质量之后,应用程序就连接到产品公司的云系统中,不断更新新的理疗模式,确定妨碍优质睡眠的问题。智能床通过关联算法,自动调节支撑系统,给予秘书人体最恰当的支撑力度和贴和角度,帮助身体得到最健康的曲线、最放松的睡感和最有效的支撑。

33. 旅游现实搜索

杭州市旅委 2018 年推出"现实搜索"小程序,即"指哪找哪"的搜索方式。无论秘书身在何处,只需举起手机,朝着前后左右任何一个方向,就可以实时找到那个方向的景点信息。在搜索页面,还能选择 200 米、500 米、1000 米乃至最远 5000 米的限定距离进行搜索。搜索到的每个景点都会标识出与秘书的直线距离,热度栏则显示有几个足迹,提示有多少人通过景点、设施介绍及地图定位信息,还可实时分享给微信好友。如果找到心动的景点,可以直接点击页面上的地图定位信息,跳转到手机内安装的地图,即可导航。操作实务如下:点击微信公众号"杭州旅游指南"底部菜单"旅游服务"—"现实搜索",即可进入搜索界面。而搜索到的每个景点,都会标识出与秘书的直线距离,热度栏还会显示出有几个足迹,提示有多少人通过搜索前往该景点。点击景点头像,进一步了解景点信息介绍及地图定位信息,还可以实时分享给微信好友。如果找到心动景点,可以直接点击页面上的地图定位信息,跳转到手机内安装的地图,就可以即刻导航,寻找计划外的小惊喜。

杭州旅游数据在线微信小程序新增"厕所查询"功能,在地图上能搜索到 500 米范围内的公共厕所分布情况。此外还能查询景点的舒适程度和拥挤程度。操作实务如下:进入微信小程序"杭州旅游数据在线",点击"厕所查询""景点舒适度"等图标,即可查询。

2018 年杭州推出《杭州旅游指南》电子书,电子版同步登录"杭州旅游指南"微信公众号。操作实务如下:进入"杭州旅游指南"微信公众号,主页面有三个快捷按钮,分别是"旅游资讯""旅游服务""互动社区"。点击底部菜单"旅游资讯"会弹出"电子地图""地铁线路""公交线路"等。秘书再点击"电子指南",出现《杭州·印象》《当季·春晓》《经典·畅玩》《底蕴·景仰》《后峰会·前亚运》,以及《郊区·悠游》《资讯·搜索》和《旅图·一览》等八个板块,图文并茂,生动形象。

34. 智能家居馆

人工智能尤其是办公室人工智能,最终目的都是为了更好地提供秘书需要的内容和符合秘书工作体验的服务。2017 年 10 月阿里巴巴首家线下智能家居馆①

---

① Home Times 家时代,杭州淘宝城对面海创园,共有 500 平方米。

开业,馆内设有 VR 技术虚拟样板间可供顾客自由设计搭配,所有商品都挂着电子标签,店内可直接购买也可网上下单。电子标签实时同步线下价格,电子价签可同时与线上线下实时变价。如果秘书想看自己喜欢的诸如法式、美式、现代风格的家居场景,就可以点击电子大屏的虚拟样板间体验后扫码购买。它们有 4 种风格的样板间、16 套家居组合可供选择,包括客厅、卧室等场景,可以选择自己喜欢的沙发、柜子、窗帘等,点击自由替换款式和颜色,组合搭配即可扫码购买。体验馆的秘密武器是大数据,这些产品都是门店根据不同顾客消费偏好,通过天猫大数据精选推荐匹配门店特性进行数据化选物而成,这样可以随时更新更换商品。电子大屏可以让店内未能摆放的商品在"云货架"内无限延展,大大降低门店陈列面积的需求,又很好地将商品详情呈现在顾客面前,减少供应商商铺成本。该家居馆为天猫和舜鸿公司共创的家居领域的新零售项目。2017 年 12 月成立了一家"我在家"我国首个互联网家居分享直购平台,该新零售模式分线上和线下两部分。线上即家居电商平台;线下为"生活家"分享体验。秘书在其电商平台上挑选产品后,还可以进行体验活动,平台会推荐买过这款商品的老顾客给秘书,秘书可通过平台直接预约,甚至可上老顾客家庭亲身体验。这种体验很特别,更加真实。平台抽成商品的 5% 给老顾客。

35. 智能鞋衣馆

专注女性时尚领域的蘑菇街也应用了人工智能,通过机器学习算法——"私人穿搭小助手",为平台上的 2 亿多女性用户服务。只要用手机摄像头拍下自己上衣的照片,屏幕上就会显示你的性别、衣服风格,然后给出四种下装的搭配建议。蘑菇街为"小助手"提供海量的商品数据,例如商品图像数据、店铺红人图像数据、全球街拍数据等,还有大量的用户数据,再应用机器学习算法,给客户进行分析与建议。摄像头外加 5 元镜头模组就能实现魔镜——FACEU 软件①,通过这款 App,我们不但可以生成魔镜,还可以拍出兔子耳朵等激萌表情的照片和视频。它事实上是 AV(增强现实)技术,不但可生成魔镜子,还可以在视频交互、直播过程中产生增强现实功能。西溪印象城一楼天猫快闪店内有一面魔镜(3D 虚拟试衣镜),秘书轻点试衣程序主页,试衣镜显示了一张标注为"露出发际线""摘掉眼镜"的示例照片后,就提示秘书抬头对准屏幕正上方的摄像头拍照,不到 10 秒钟拍摄完毕,截取秘书脸部照片。然后就建立 3D 面部模型,全身虚拟形象的进度条显示到 100% 后,屏幕随即转换到有秘书全身虚拟动画形象的界面。虚拟人物的右侧方向,有身材、发型、脸型、眼镜、妆容 5 个功能区,只需按照秘书的喜好勾选,

---

① 商汤科技公司出品。

很快就能在人物身上实现一键同步转化。秘书选择了实际身高、体重的对应数字后,立马显示出穿衣的效果。在发型区可选择多样风格的发型。最后秘书个人整体形象设计完成后,将页面向左侧滑动,热门服饰和自动搭配两大功能选择区的上千款店内同款服装,让秘书试装。大约 3 分钟内秘书试穿了近 50 套搭配服装。天猫试衣区其实是一款智能试衣镜(售价 2 万元),秘书站在试衣镜前,对着扫描区进行脸部识别、选择性别后,就可以由系统形成模拟真人进行虚拟试衣。秘书还可以选择不同的发型,或者不同颜色、款式的试衣镜进行试衣。

　　手机可以拍出单反相机的效果,让普通的单个镜头拥有单反相机大光圈的效果,可以实现先拍照后对焦,并且可以把清晰的人相和背景选择性地恢复。比如OPPO 手机,前置只有一个摄像头,但是通过大量数据学习,用户在拍照时,镜头会知道什么是前景什么是背景,该怎样虚化,最后形成一张完美的照片。这项大数据恢复深技术,可以迅速提升成像质量。不仅如此,现在的新数据驱动人工智能技术还可以把人所有的肢体关键点用算法取出,并且实时在视频当中进行跟踪和恢复。如用单个摄像头,外加一个 5 元的镜头模组,就能恢复人所有的姿态。有了姿态以后,你就可以拉长腿、美体,而且是在整个动态视频当中的美体。2017 年10 月香港亚洲国际博览馆展会上,北京鹏泰互动广告公司展示了可变的神奇 T恤,其内可拆卸的 LED 软屏,通过蓝牙与 App 内选择素材包图案作为衣服亮灯图案,也可以在专用云端下载不同的素材包,甚至可以 DIY 显示动态图案。也就是说,未来穿衣者们每天有可能通过发布的图案获得广告收入。

　　杭州江干区钱塘智慧城的酷家乐是一家 VR 智能室内设计平台,独创 Ex-aCloud 云渲染技术,可以实现在 10 秒钟内生成家具设计效果图。换言之,秘书办公室的设计方案可以通过酷家乐的产品变成清晰可见的三维立体效果,再也不用凭借几张效果图来想象未来办公室的样子。①

　　物联网对于秘书办公室实务工作具有颠覆性作用,如厂房两边的灯杆可以根据每天不同的时间、环境要求调节亮度;办公区电梯安装传感器后,实现了电梯安全的信息化管理;通过智能网可以监测停车位,从而提高停车便利性及车位利用率;水表、水质、管网传感器智能化联网达成了有效监测;办公室空气质量可以自动监测与智能净化;烟雾、温度、燃气同步检测报警,报警信号通过 NB 模块(NB -loT 技术)发送至云数据监控平台,平台第一时间将精确的报警地址信息,通过电话、短信、手机 App 等通道报送至联动用户,实现初期火灾实时监测、实时报警、实时联动;该技术的电子围栏虚拟停车桩,还解决单车"乱停乱放"难题,实现共享单

---

　　①　该公司完成 1 亿美金 D 轮融资,估值达 6 亿美元。

车有序停放、智能管理,保障绿色出行智慧有序。

【小贴士】

一、口碑电子DM

它的优势在于:1. 电子DM:目前,超市、便利店经常通过纸质邮报向消费者传播优惠信息。然而纸质邮报印制成本高,内容千篇一律,且无法实现数据追踪。口碑电子DM则可以根据用户消费行为特征,展示千人千面的优惠信息,提升购物体验。更重要的是,商家可以通过电子DM,追踪人货数据,提升销量和转化,增加营业收入。2. 自助结算:在开通自助结算服务的商家,消费者选择想要的商品,通过支付宝扫描商品条形码,在线完成支付后,只需出示消费明细即可离开门店,大大节省了配对时间。商家开通这一服务,可以降低门店人力成本,全面提升经营效率。3. 电子会员卡:消费者通过口碑商家的线上店铺页面,或支付成功页快捷注册超市、便利店会员卡,享受会员权益,无须额外下载任何App。消费者注册成为会员后,商家即可根据会员数据进行数据分析和会员运营。4. 消费送券:消费者通过支付宝付款后,超市、便利店可以通过口碑平台,根据消费者的消费偏好向其推送专属的优惠券,吸引他们二次到店消费。这一功能可帮助商家提升消费黏性,进而提升交易额。

二、云闪付

杭州2015年发布《杭州市推进智慧城管建设运行工作实施方案》推出智能手机应用,包括找车位、找公厕、投诉举报、信息发布、停车费补缴、线上购买地铁票、扫码乘坐公交车、扫码支付出租车、高速公路快速通行缴费、违停违章处理、网约车等功能。提高城市管理标准,更多运用互联网、大数据等信息技术手段治理城市,是时代发展的需要。浙江移动打造出"智慧城管"平台,包括后端管理系统、移动智能终端和执法App组成,并可将GPS实时定位、电子围栏、智能派单、视频连线等功能运用其中。通过智能终端、综合执法和城市管理一线人员可进行城市问题的现场上报、即时处罚登记、联通指挥中心等,使传统PC电脑向"全移动"处置终端转变,将执法管理进一步深入到街道、社区。而作为普通市民的秘书,则可通过相关微信公众号上报日常城管类问题,咨询便民服务、查看城管信息等,更多地参与到城市的管理与监督中。

中国银联浙江分公司在浙各县均开通了公交"银联云闪付",银联金融IC卡,还是使用各类手机App或智能穿戴设备,或者打开银联钱包及各家银行的手机银行App二维码扫一扫,都能实现"秒付"公交车费。(1)使用各家商业银行发行的

62 开头银联金融 IC 卡在公交"一体化支付终端"非接感应区挥卡支付;(2)使用各类绑定银联卡的各类智能手机、可穿戴设备通过 ApplePay(苹果支付)、SamsungPay(三星支付)、HuaweiPay(华为支付)、MiPay(小米支付)、Android Pay(安卓支付)等移动支付方式靠近公交"一体化支付终端"非感应区支付。3. 打开银联钱包 App 或者各家银行的手机银行 App,展示银联标准的"付款码",对准公交"一体化支付终端"二维码扫描区进行扫码支付。

三、"医信宝"

自助分段挂号、医生预约检查、刷支付宝付款,在杭州医院也践行"最多跑一次"。这一切的改变,源于 2012 年开始探索的"智慧医疗"。自从 2012 年开始逐步推广自助挂号功能以来,全市医院基本上达到 100%。挂号单上有详细的各种信息,就诊地点、时间,尤其就诊时间能精确到半小时。另外病人检查,医生也可直接在诊室里帮忙预约,节省排队时间。医生能直接用 POS 机刷市民卡,完成诊间结算。如果余额不足,还可以绑定支付宝付款。患者还可以开通"医信付"功能,如果余额不足,"医信付"可以帮患者支付诊疗过程中不足部分,最高额度为 1000 元,可以享受 10 天免息,实现"先诊疗后还款",还款渠道和充值一样方便。在杭州一医微信公众号中,推出实时服务栏目,下设有住院点餐功能,住院患者通过输入住院号、姓名、手机号等相关信息,就可以完成验证进入点餐页面。特殊病人有忌口的,不能吃的食物则在点餐界面就被屏蔽。

四、领取电子社保卡

领取电子社保卡的途径:下载杭州市市民卡 App,首页上方看到"电子社保卡",点击进入,再点"刷码就诊"-"添加社保卡"-"立即添加",经过人脸认证,就可以在 App 上绑定你的社保卡(市民卡)。2018 年 4 月在福州签发首张全国统一的电子社保卡,标志着社保卡线上线下全面打通。新上线的电子社保卡作为社保卡线上应用的有效电子凭证,与实体社保卡一一对应,并实现全国通用,具有身份凭证、信息记录、自助查询、医保结算、缴费及待遇领取、金融支付等功能。电子社保卡以实体社保卡安全体系为基础,结合电子认证、人工智能等互联网安全技术手段,确保群众能够在互联网上真正实现"实人、实名、实卡"。

五、电子社保卡就诊

不管是在柜面挂号、智慧医疗自助机挂号,还是缴费,都可以出示"电子社保卡"刷一刷搞定。比如自助挂号,在智慧医疗多功能自助机上选择"普通号"或

"专家号"后,点击"刷码读卡",然后选择需要挂号的科室及就诊序号,再次扫码立即完成支付。如果在柜面挂号,在挂号处,先向收费员出示"电子社保卡"二维码验证身份,告知收费员挂号的科室,再次出示二维码,即完成支付。电子社保卡不仅支持挂号,也可以用于就诊支付。在就诊前先打开"电子社保卡"二维码,在医生诊室扫码机上扫码确认身份;就诊并开具处方后,再次出示二维码进行付款结算。也可以在智慧医疗多功能自助机上进行自主结算,扫码完成支付。

秘书打开支付宝进入"城市智慧",找到"电子社保卡",点击进入绑定;通过用户授权,反查指导实名信息及扫描验证即可绑定。在杭州市民卡 App 首屏,进入"电子社保卡—刷码就诊",也可以通过和支付宝一样的模式,用人脸识别进行身份认证后,绑定电子社保卡。结算完毕后,可以在市民卡的 App 内查到诊疗记录,包括医保结算的金额和自费部分结算的金额。绑定成功后,秘书如果要去看病,可以在支付宝或市民卡 App 上预约挂号,只需携带医保病历本,就可以去 13 家医院中的任何一家看病。在医院大厅,可以通过自助机扫描付费取号,进入候诊室候诊。就诊结束后,不需要出诊室,对着桌上的扫码小机器一扫,就能完成医保部分结算;同时自费部分也将从智慧医疗账户进行结算。如果秘书发现医疗账户的自费金额不足,无须充值,支付宝绑定智慧医疗账户后,会自动完成支付功能。在电子社保卡中,秘书还可以方便地查询医保账户余额、医保交易记录等。利用医保账户共济功能。可以把自己历年账户中多余的钱转给自己的家人进行就医付费。

六、社保证明

如子女入学、单位入职、职称评定、年假核准等,也都可在手机上完成。登录"杭州市民卡 App",然后点击首页"社保查询",接着选择"参保证明下载",选择你所需要的参保证明,点击"下载"与打印,随即完成。目前杭州社保证明,苹果手机用户还仅有查询功能,如缴费情况、个人权益单等,还没有下载打印功能。

【思考与练习】

一、名词解释

1. 管家婆软件

2. 电子围栏

3. 碳基人

4. 硅基人

5. 共享单车

6. 电子信用

7. 智能音箱

8. AR 技术

9. VR 技术

10. 手机表情包

二、思考题

1. 如何实现办公区智能化?

2. 请阐释艾米机器人管家的功效。

3. 诠释天猫精灵音箱的主要功效。

4. 如何使用智能手机"乐行西湖"软件?

5. 正确使用"云闪付"软件的方法。

6. 简述物联网的应用方向,并举例说明。

7. 论物联网的特征。

第十章

秘书差旅与接待工作新媒体实务

安排上司及组织活动,指在上司的会议、面谈、出差、访问和组织的各项活动做出的计划、督促实行和必要时调整而展开的一系列工作。合理安排上司及组织的公务活动,是秘书日常重要的事务性工作。上司及组织的公务活动分为外事活动和内事活动两类。通常包括检查工作、调查研究、参观学习、考察旅游,参加各种仪式、宴请、纪念活动、慰问活动、节庆活动等。秘书安排上级及组织活动,工作重点集中在对上司及组织活动的安排与协调方面。秘书应当遵循适当、适时、适事的原则做好这项工作。

第一节　接待工作新媒体实务

秘书接待一般而言,均属于公务接待。公务接待是指社会组织在公务活动中对来访者所进行的迎接、招待和欢送活动。与日常的公务活动联系密切,领导的会议、谈判,上级的工作检查、下级的请示汇报,与其他单位的业务联系等都离不开必要的接待工作。做好接待工作,有利于促进双方的进一步合作,扩大组织的交往范围,周到细致、热情友善的接待可以给来访者留下美好的印象,有助于树立组织的良好社会形象。在新媒体时代,接待差旅工作均发生了深刻的变革,比如像看电影、坐飞机可以提前选座一样,住酒店前在线选房,30秒即可"刷脸"后入住。通过开启智能化差旅模式,秘书不仅有更好的预定、入住体验,还有诸如在线办理签证等。

"接待"是"对待或招待"之意,在组织中,从迎接客人进门到把客人送走的全过程一般都叫"接待"。接待工作是一个组织的双向交流的"窗口",也是秘书机构常见的事务性工作。在市场经济高速发展的今天,各社会组织之间的联系日益紧密,日常的迎来送往日益频繁,接待工作的作用也愈发重要。

接待工作分为内宾接待和外宾接待。内宾接待指对国内各组织联系公务人员的接待,也包括对本组织来访群众的接待。如对上级领导检查工作的接待,对客户和业务同行参观考察的接待,对下属请示汇报工作的接待。其具体工作内容主要包括三个方面:(1)以相应规格接待国内和境外来访的宾客。(2)安排主宾间的洽谈、签约等事宜。(3)组织宾客的参观、考察、拜访等活动。随着组织对外开放程度的不断加深,接待工作也日益频繁。

通常接待工作的程序包括:了解来宾情况—拟定接待方案—准备接待资料—组织接待工作—善后总结工作。具体工作环节主要是:(1)准备工作,包括了解上级意图,了解外宾情况,拟定接待方案,准备各种资料,通知有关人员,配备翻译人员、医保人员等,安排专用车辆,预订客房等。(2)迎接工作,按外宾的身份、两国关系、主宾关系、访问性质等因素做出合乎规格、礼仪的安排。(3)安排日程,由负责接待的人员与外宾协商,确定活动日程;(4)安排会见、会谈,会见或会谈前要通知有关人员或部门做好准备,主人应提前达到,并在门口迎候。会谈场所的座位安排要合乎礼仪规格。(5)宴请工作,确定宴请的规模、目的、时间、地点等,向宴请对象发出邀请,写好欢迎词和祝酒词,并订菜,布置现场和安排座位,配备摄像人员。(6)参观浏览,应根据外宾参观的目的、要求及兴趣特点来安排,活动日程由双方商定。外宾参观时,一般都应有身份相应的人员陪同。(7)生活安排,根据外宾的生活习俗、宗教信仰,安排好外宾的日常生活。接待工作要求热诚大方、注重实效;认真负责、细致周到;确保安全、内外有别。

在整个接待工作中,由于我们已处于新媒体时代,所以秘书必须掌握大量新媒体接待技能与方法,才能胜任当下的接待工作。如访客管理功能,能对进出大楼的人员进行有效控制,需要邀约访客的人员可事先在公司办公管理平台,添加访客计划,输入到访时间、所在公司及约见联系人。提交信息后,约见人便可接收到专属二维码,可直接凭借二维码通过门禁,避免了传统写字楼需要到前台换领临时卡所带来的种种不便。如果开车,进出园区车库都不用取卡,智能车牌识别道闸系统自动识别车辆车牌。如果客人生病,秘书可运用"互联网+健康"系统。在"互联网+"时代背景下,健康城市将通过云计算、大数据等创新技术,深化信息化建设,满足城市发展转型和管理方式转变的需求。华为云联合创业软件开发的健康服务平台上可入驻家庭医生工作室,实现分诊医疗,医生能够为居民提供个性化甚至上门健康管理服务。健康服务平台可提供基础和增值健康管理服务。基础健康管理服务基于居民个人电子健康档案,增加健康体检、健康评估、远程监控、资讯等个性化公共卫生服务内容。而增值健康管理服务以高端私人医生服务为主,提供高级专家咨询诊疗预约服务、远程可穿戴设备健康监测、医药物流配送等服务内容。居民在家便可了解自己的身体状况,并实时查看检验检查结果,省时省力;此外,病人或秘书还可评价就医体验,以提升医疗服务质量。其次,让每个病人拥有一份动态的电子健康档案。健康服务平台通过构建病人个人电子档案数据"九级标准体系"①,记录每个人从出生到死亡所有的生命体征变化,以及自身所从事过与健康相关的一切行为与事件,从而实现全方位、全生命周期的个人健康数据管理。居民跨医院就医时,医生通过调取档案,即可了解患者详细信息,极大提高了诊治准确度和就医效率。未来,通过大数据分析平台,还能对电子健康档案的数据进行挖掘和分析,建立家庭保健、疾病管理、保险服务等数据运营业务体系。

再次,让每个居民拥有一张完善的健康卡。为方便居民健康保障,跨机构跨医院就医、满足不同人群的医疗服务需求,健康服务平台对电子健康卡和实体健康卡进行统一管理。电子健康卡和手机智能健康 App 绑定,秘书只要带着手机就能就诊,实体健康卡则为老人、小孩及那些无法使用手机的人群提供服务通道。实体健康卡是发放的银行卡,就诊和储蓄合二为一,发放后在卡管系统里造册配号,使实体卡和卡管系统的数字健康卡号绑定,从而实现统一管理。秘书接待工作新媒体实务中,应掌握和了解如下实务方法:

1. 智能停车

申请使用"无感支付"的步骤为:支付宝首页搜索【车主服务】,进入车主服务应用后添加爱车,并通过页面右上角设置功能中的【免密支付】通道,即可对爱车进行无感支付开通操作。在停车场,秘书其实是把自己的车牌和支付宝进行了绑定,然后通过智能设备的图像识别技术,来辨认车牌,从而完成扣款任务。2017 年底,杭州城管委携手支付宝,在全国率先上线道路停车无感支付。西湖区 48 个点的 700 多个停车位首批进行了试点。2018 年初,杭州将继续推广无感支付,泊位达到 1 万个。上海虹桥机场停车场和支付宝推出了我国首家无现金停车场。目前,已开通支付宝停车场的城市有:杭州、北京、上海、广州、深圳、成都、重庆、武

---

① 注:9 级:启动百岁工程,个性化持续健康促进计划,包括膳食、运动、心理、养生、预防等数据;8 级:基因测序数据,全基因测序数据,家族基因和疾病图谱等;7 级:单项基因数据,新生儿童遗传缺陷基因检测,宫癌、乳腺癌、卵巢癌基因检测,乙肝耐药基因检测等;6 级:家医服务记录,密约记录、家庭档案、健康问卷、疾病评估、健康服务记录、居家检测数据;5 级:公卫档案记录,沈河区健康档案、慢病专档、妇幼记录、献血记录、疾控记录等;4 级:电子病历记录,临床诊断、出院小结、手术记录、PACS 影像、病案首页、病程记录、医嘱记录等;3 级:医院就诊记录,预约记录、挂号记录、检验报告、检查报告、处方、发票等;2 级:体检报告记录,入职体检、出国体检、员工年度体检、驾驶证体检、特殊职业体检等;1 级:穿戴设备数据,基础档案数据、生命体征记录;0 级:实名认证信息,姓名、性别、身份证信息、联系电话等。

汉等。

2. 入住酒店

移动互联网之都——杭州甚至可以达到用手机基本完成入住酒店及缴费等手续。如杭州逸酒店,把酒店软件系统与公安系统直接联网,这样可以直接刷脸入住。秘书先点刷脸机触摸屏上的"未携带身份证件",输入身份证号码,屏幕跳出摄像头,在拍摄人脸后,迅速与公安系统连接,身份确认成功后,资料被接入酒店系统确认。时间仅需 1 分钟。只需把脸对着柜台上的摄像头,不需要去派出所,秘书的人像照片就能通过警方跟各个宾馆酒店联网的"旅客身份核查系统",直接传送到民警手上。民警核实秘书身份后,就会在线提供身份证明,酒店就可以顺利办理入住,整个过程不到 10 分钟。全国第一张"微信身份证网上应用凭证"2017 年 12 月在广州市南沙区签发。它引入了"微警认证"的人脸识别技术,通过人工智能系统自动比对用户身份信息、人像、身份证件的真实性与一致性,比对成功后即可开通身份证网上凭证。AI 系统的识别比对误判率仅为百万分之一。以后秘书忘带了或者遗失身份证,一张网证就能派上用场,只需掏出手机刷脸就可以"证明我是我"①,支付时无须使用身份证通过。申请微信身份证"网证"主要有两种方式:其一是通过微信小程序搜索"网证",刷脸即可线上获取黑白"简易版"身份证"网证";其二是通过微警认证 App 进入可信终端页面,扫描线下可信终端二维码,设置身份证密码(8 位),刷身份证,可获取彩色"升级版"身份证"网证",简易版可用于酒店入住或者网吧登记等;而升级版用于工商注册登记等资质要求较高的场景。目前在杭州拱墅区酒店的前台,均安置了两台"人脸识别自证系统",其操作流程如下:

先在"人脸识别自证系统"屏幕右下角点击"没有携带身份证",然后输入身份证号码,再输入手机号码(必须是随身携带的手机),接着手机会收到一条验证码,输入验证码后,系统会自动在数据库里搜索你的数据,再对比你的人脸,完成匹配。整个过程不到 20 秒。

现在酒店电脑软件直接将酒店、飞猪②与公安系统打通,入住酒店只需一次身份证认证。这套系统是杭州悉点科技公司产品,目前刷脸认证准确率达到99.8%,这样秘书会像在网上买电影票那样简单,在网上预订好房间,到酒店后

---

① 2018 年初日本大型信用卡公司 JCB 开发出扫描手掌,借助丹麦优傲机器人公司的技术,通过手相和手掌静脉分布图,提高了认证精度,识别用户本人与他人的手掌等。这款技术只需用智能摄像机,事先拍手掌照片即可。

② 阿里巴巴旗下在线旅行平台。

"刷脸"识别,然后设备会吐出房卡,几乎不需要人工服务。出差忘带身份证,通常需要秘书先跑一趟派出所开具证明,但现在智慧城市如杭州等就可以直接刷脸入住。如入住杭州拱墅区星都酒店,前台放置着一台笔记本大小的白色刷脸机。然后点击触摸屏的"未携带身份证件",输入身份证号,摄像头启动,2秒钟后,屏幕显示人脸识别成功。而后前台工作人员的电脑上跳出秘书的身份信息,就可以办理入住手续。通过面部识别技术,连接公安系统认证,住店旅客可以快速、准确地一次性完成身份验证。中国科学院自动化所研究出一种新的识别系统,就是步态识别:只看走路的姿态,50米内,眨两下眼睛的时间,摄像头就准确识辨出特定对象。虹膜识别通常需要目标在30厘米以内,人脸识别需在5米之内,而步态识别在超高清摄像头下,识别距离可达50米,识别速度在200毫秒之内。此外,步态识别无需识别对象主动配合,即便一个人在几十米外戴面具背对普通监控摄像头随意走动,步态识别算法也可对其进行身份判断。步态识别还能完成超大范围人群密度测算,对100米外1000平方米1000人规模进行实时计数。

3. 入住舍门

2017年9月北京师大迎来2017级本科新生,学校启动人脸识别门禁系统,新生报到进行人脸采集,学生宿舍将开启"刷脸"时代。在主楼广场前有两台刷脸设备,新生面对设备站定两秒,进行脸部数据比对,即可完成注册报到。另外,新生只需在人脸识别门禁的机器上进行信息采集,就能"通关"进宿舍。北师大人脸识别门禁有三种识别模式:其一是刷校园卡后进行人脸识别;其二是喊名字后进行人脸识别。学生没带卡或腾不出手时,可对着机器喊自己名字,机器进行声音识别,对比人脸和名字。机器系统可识别26种方言。杭州海康威视公司在杭州第十四中开发了一整套智能校园管理系统。教室内安装了一套智能设备,可以成功识别全班同学,快速无感扫描完成课堂点名,没来的同学,后台在他的照片下标记"未到"。另外,系统还能自动分析师生教学行为并形成数据,如学生回答问题次数、老师走下讲台次数、多媒体使用次数、板书次数等。这种"伴随式"的数据采集,帮助老师更加客观、科学地评价教学效果,并最终形成学生的成长档案。通过人脸识别宿管系统,在宿舍考勤时间内,自动识别记录学生归寝考勤信息,生成考勤报表。无须学生排队刷卡和设备操作,既节约了时间又避免了代打卡的行为。学生生病去医务室后,系统会自动识别就诊学生人脸,系统关联学生就诊界面,医生填写具体病情医嘱后,消息可及时推送给班主任或家长。同时,2017年底海康威视又发布了新款近景人脸识别产品。如会场入口,右侧架着一个10英寸显示屏,高约1.5米。参会者靠近它,内置组件就会抓拍一张人脸照片,然后机器就自动与前上传的照片进行对比,时间仅需0.3秒。

4. 天猫精灵 XI

2017 年 7 月亚马逊与拉斯维加斯的永利酒店合作,为其 4700 多间客房全部配备亚马逊蓝牙交互式音箱 Echo。客人只要使用了 Echo 的 Alexa 语音服务,就可以对客房的灯光、温度、电视和窗帘进行控制。为此 2017 年 8 月阿里巴巴人工智能实验室、阿里巴巴集团旗下旅行品牌飞猪共同打造了杭州首家"人工智能酒店"——杭州西轩酒店。其产品是天猫精灵 XI,它是阿里巴巴推出的首款智能语音终端设备,内置第一代中文人机交流系统 AliGenie。AliGenie 软件设置在云端,它能听懂中文普通话语音指令,如对窗帘、电视、灯具、温度等设备的控制,查询早餐时间、呼叫酒店用车、酒店客房服务、酒店的 Wi – Fi 密码、语音购物、手机充值、叫外卖、音频音乐播放等功能。天猫精灵 XI 除了语音控制外,还有家庭娱乐功能、周边旅游信息服务功能,记录客户喜好习惯的记录功能。未来天猫精灵 XI 还延伸到 VR 选房预订、人脸识别 Check – in、智能门锁开门、无人值守前台、全智能化客房服务、酒店机器人等。事实上,随着智能音箱、人脸识别等人工智能技术的成熟,酒店正在变得越来越智能化。

5. 无人酒店

杭州睿沃科技公司旗下的睿沃酒店已成为一家"睿沃智慧(无人)酒店"。秘书通过睿沃科技的微信公众平台预订房间,借助数字化室内地图、AV 技术。酒店室内外分布 720 度全景展示酒店的餐厅、大堂、庭院和房内布置。然后填写秘书的信息,包括入住时间、入住人数、入住身份证号、手机号,再挑选喜欢的房号,提交订单,预缴房费。酒店没有前台,只有前厅的自助入住机。秘书用微信扫二维码(或者输入订单号),读取身份证信息,唤醒人脸识别,进行人脸识别。之后完善入住登记。出电梯在地灯的指引下,找到房间。房门口有 Uface 人脸识别设备,仅 1 秒就获得认可,随之房门打开。秘书进入房间,每间房都"入住"了一台 Pokid 智能音箱,秘书可以与它互动。秘书对智能音箱发号指令"打开窗帘""打开灯""打开电视",实现对窗帘、灯具、电视等家电设备的控制;同时还可以与它互动问答,进行音乐点播和购物下单等。房间里还具有集中模式可供选择,如观影模式,窗帘会自动关闭,开启柔光,观影光源会让你体验家庭影院的感觉;又如睡眠模式,房间进入无光源状态,门窗会自动关闭;再如起夜模式下,下床后地面感应到压力后,会自动亮起无刺激人眼的地灯。

第二节　差旅工作新媒体实务

差旅服务就是为上司的公务旅行提供各方面服务的辅助工作,是秘书工作的一项传统业务,具体包括为上司公务旅行制订旅行计划、编制旅行日程表、随从服务、旅行、考察参观及返回后相关事务的办理等方面工作。公务旅行有两种类型,到所领导的地域或下级单位调查研究、布置任务、检查工作、处理问题等,可以概括为"下基层";到外地出席会议、商务谈判、接洽业务、观摩考察等,可以概括为"出公差"。良好周到的差旅服务可以提高上司公务活动的效率,也有利于单位树立良好的公关形象。

秘书首先要科学有效地制定出出差旅行日程表。秘书应与目的地的有关部门联系,依据活动内容,安排主要日程及附带日程,让出差领导心中有数,提前做好准备。

其次,秘书要准备好资料与物品。主要如下:1. 业务资料,主要是组织介绍、讲话稿、备忘录、商务文件、被访单位资料、邀请函、请柬等;2. 旅行资料,包括旅行计划、旅行地情况、目的地地图、交通图、旅行指南、介绍信等;3. 事务材料,包括票务、预定旅馆、办理托运、联系翻译、体检、出入境等事务;4. 办公用品,包括产品样品、笔记本电脑、手机、光盘或 u 盘,文具用品等;5. 个人物品,包括牙膏、洗涤品等。若要出国,则需办理出国或港澳台出入境手续、收集差旅信息、兑换货币、翻译语言器、充电器等。差旅服务要考虑周到,例如在外查资料比较困难,而且也不可能随身携带过多的纸质资料,因此秘书通常需要携带小型的笔记本电脑,同时在电脑中应储存一些可能会用到的资料,以便随时调阅所需资料。

免费翻译 App:翻译君,腾讯出品,支持中、英、日、韩 4 种语言;有道翻译官,网易有道公司出品,支持中、英、日、韩、法、西、俄 7 种语言翻译,离线翻译;谷歌翻译,谷歌公司出品,可提供 80 多种语言间的即时翻译;百度翻译,百度出品,支持中、英、日、韩、泰、法、西、德等 28 种热门语言互译;搜狗翻译,搜狗出品,可支持中、英、法、西、日等 50 多种语言之间的互译功能。翻译硬件:翻译蛋,网易有道公司出品,支持中、英、日、韩、法、西、俄 7 国语言翻译,售价:688 元;晓译,科大迅飞出品,支持中、英、日、韩、法、西 6 国语言离线翻译,售价:2700 元;mate10,华为出品,自带 AI 随行翻译功能,支持 50 多个语种的翻译,售价 3899—4499 元。运用语音识别技术的语言对讲翻译,应该是日常生活中运用最多的。测试下来,AI 翻译官们对普通话的语音识别完全不是问题,除非你的口音太重,科大迅飞晓译甚至还支持粤语和川普。专家对这几款翻译机进行了测评,准确度最高的是科大讯飞晓译、华为 mate10;对中文理解最到位①的是有道翻译官、翻译蛋(内置神经网络翻译)、搜狗翻译。至于翻译 App,对五款的翻译水平也进行了测试,结果发现秘书在国外,只要有网络、有翻译神器,问路、购物、吃饭等问题基本上都能解决。

再次,秘书的购票与食宿安排。

差旅服务是秘书实务工作中不可或缺的重要职能,在实施服务中需要做好大量的前期工作,陪同上司外出工作时秘书必须做到细心耐心,从上司出差时间、地点、人员安排,到接送用车、飞机班次、火车车次、预订车票、落实交通和旅馆等,都不能有半点差错。如果秘书公务旅行途中丢三落四,不但不能为上司提供服务,反而要上司提醒自己,那就不仅影响出差任务的完成,而且会给上司留下不良的负面印象。

在日常事务中,差旅管理是一项重要的秘书管理职责,它决定了领导在进行公务外出活动过程中的工作效率,而这些在新媒体时代中,可通过 App 完成交通计划、组织购票、安排住所、拟定差旅表等绝大多数的差旅工作。如请客时,可以手机或网上点餐,如"淘淘点"点餐,"用多少返多少,以 200 元为上限"。又如旅行指南和交通地图,秘书可在电脑和手机上进行导航,如百度地图、高德地图、腾讯地图等;再如坐出租车,可下载打车软件,如"快的打车""嘀嘀打车""摇摇招车"等,都能轻松叫到车辆,更可享受专车接送贵宾的待遇,秘书可通过客户端直接付款。这就是说,秘书为领导制定差旅计划表、机票车票的购买、车辆在办公楼的调度、宾馆的预定、拜访时间的约定、礼品的订购等均能在新媒体中搞定。打车软件优步已新增功能,将新增朋友所处的位置变成行车的目的地。支持 iOS 系统和安卓系统,秘书可用优步对接手机通讯录。只要在输入去处的栏目输入某人的名字,优步就可征询朋友同意,分享其位置细节,然后司机将直接把秘书带到朋友的位置。具体新媒体实务如下:

1. 网上预定和购票

秘书可利用电脑和手机进行预定购票。网络上现有很多购票网站,如购买火车票的 12306;购买汽车票的畅途网、12308;购买飞机票的去哪儿网、途牛旅游网、携程网、艺龙旅行网等。

2. 网上预订长途汽车票和包车

秘书可采取网上或手机预订,杭州长运有官方微信、购票 App"巴巴快巴"等。如果秘书用手机购票,可通过杭州长运网 www.hzcy.com,杭州长运官方

---

① 如有关口语、网络用语等。

hcy86046666，或下载"巴巴快巴"App进行线上购票。如果秘书进行网络购票，可登录杭州长运网站www.hzcy.com进行网上购票。如果秘书想套票订购，可网上或手机上查询，或者提前购买汽车票，再到汽车车站换取套票，补足差价。网上和手机购票者，无须取票，直接刷身份证上车即可。

3. 网上预订火车票

秘书可通过售票窗口、自动售票机、线上网订（12306网站）、手机客户端预订等五种方式购买火车票。其中电话预定火车票方式主要是拨打95105105（外地订票需加拨出发地区号），它只收本地市话费，没有额外收费。电话订票预售20天内的火车票（含当日），最短可预定第4天的车票。电话订票取票的时间一般而言，当日12时前预定的车票，须于次日12时前取票；当日12时后预定的车票，须于次日24时前取票。如果在规定时间内没有取票，车票将自动重新流入票库，供其他乘客购买。电话订票有效证件主要是国内居民身份证、港澳居民来往内地通行证、台湾居民来往大陆通行证、护照等。电话订票后，可在铁路部门的规定时间内凭订单号和订票时使用的有效证件原件，在全国铁路任意代售点、车站设立的集中售取票点和车站售票厅的窗口取票。

运用移动媒体预定可采用天翼火车通、手机12306网站等。可通过以下5个步骤实行网络购票程序：

（1）登录中国铁路客户服务中心网站（www.12306.cn）点击【购票】。

（2）点击【注册】（新用户）、点击【登录】（已注册用户）。注册需要填写实名信息，并填写手机号码和电子邮件。注册完毕后，需要到邮箱中激活信息才可订票。最好是把乘客的信息提前一一输入系统，这样可以在之后购买环节中节省很多时间，提高购买成功率。如果发生因为身份信息被盗用注册导致自己无法注册的情况，可以使用亲友身份信息注册网站，然后在网站后台添加本人身份信息。为本人下单购票，现场取票时使用本人的身份证，这样不会影响自己的购买。

（3）车票预订：输入出发地、目的地、出发时，点击【查询】，选择车次，点击【预订】。每天的订票时间为早晨6点至晚11点，其余时间访问会显示为维护中，无法订票。有票的车次后部"预订"按钮为蓝色，点击后进入订单提交页面，可以添加乘车人的身份信息，注意"席别"（硬座、硬卧、软座、软卧）和票种（学生票、成人票）需在"有效身份信息"栏目中进行选择。

（4）网上支付：进入银行支付页面，在规定时间45分钟内完成网银支付。支付成功后，12306网站会通过短信和邮件两种方式向用户发送订票通知。

（5）持秘书收到的订单号和订票时所用有效身份证件原件到车站或铁路客票代售点换取纸质车票。换取纸质车票的方法如下：车站自动售票机和车站售票窗口、铁路客票代售点,需要携带身份证原件。因为换票的代售点可能排队很长,所以切记不要临近上车才换票,因为可能会因为排队而耽误行程。

现在铁路客服智慧中心也来到了我们面前。譬如,金华智慧铁路客服中心——金华8890高铁智行服务平台中心2017年12月1日正式上线。8890手机客户端是一个为市民提供集政务信息查询、网上公共事务办理、生活便民服务为一体的"掌上服务平台"。涵盖咨询服务、生活服务、政务服务、志愿服务和高铁智行服务等板块。尤其是后板块——高铁服务,服务内容涵盖每日温馨提示、列车正晚点、重点旅客预约、商务座旅客预约、遗失物品查询、余票查询、车站全景地图、找站台找地标等八大主要功能板块。同时还提供安全出行须知、预约叫车、公交出行、高铁订餐、酒店宾馆和车次地标等子板块。秘书通过"8890高铁智行服务"App,可以查询铁路金华站实时列车信息及列车加开、停运、晚点等信息,合理安排出行时间;查找遗失物品;重点旅客、高端客户预约等贴身服务。对于行动不便的老人、危重病人和靠辅助器材才能行动人员的方便出行,高铁智行服务还推出了重点旅客人群和商务座旅客预约服务,市民只需在出行时提前4小时预约,经火车站工作人员确认,车站就会提供优先进站、优先剪票、优先上车、便利出站、预约轮椅和预约担架等服务。苹果手机可以下载相关App,也可以通过扫二维码方式下载。

4. 网上预订机票

随着信息时代的到来,网络预订电子机票已经成为最受欢迎的机票订购方式。近几年来,智能手机越来越普及,手机客户端预订机票也呈现逐渐兴盛的趋势,这将为秘书的订票工作带来新的便利。网络(包括移动网络)订票方式主要有三种:电话预订购票、网络预订购票、手机客户端预订购票。

电话预订机票:预订方式主要是客户使用电话拨打预订机票的电话号码。根据语音提示进行预订,一般提前自己查询好打算订购的航班,直接进行预订。需要告知客服航班个人信息,主要是姓名、身份证号码,以及出发日期,最后付款。一般秘书多采取信用卡支付,按照提示回答即可,需要的证件应放在身边备用。需要订购的机票数量不受限制,按客户的需要订购。机票的取拿主要有两种方式:其一是由客户选择,但订购国际机票暂只能送票上门,不能到机场取票,提供免费送票上门服务(上门时间需在订票时确定);其二是客户亲自到机场取票。①

网络预订机票:打开客运站首页—机票预订网址,在页面左下角有搜搜框,输

---

① 需要在飞机起飞前到机场办理值机手续,一般为航班离站时间前45分钟,秘书需提前2小时抵达机场,提前办理登机手续。

入出发地和到达地。然后确认出发城市和到达城市,记得选择确认出发日期,点击"查看折扣价",进行相应折扣选择;再次,确认班次和起飞时间、机场等,点击"我要买票",在此确认"预订",即可。而后,点击直接进入机票填写订票,会有很详细的提示说明,可以轻松订到。

最后,填完订单详细资料后,核对手续金额等,提交订单。不过机场对携带充电宝有一定的要求,能量不超过 100Wh 的锂电池可随身携带。能量超过 100Wh 未超 160Wh 的锂电池经航空公司批准可携带,但数量不得超过 2 个。能量超过 160Wh 的锂电池禁止随身携带及托运。

"去哪儿"可以查到的机票比较全面。在主界面中点击"机票"进入查询界面后,选择好出发和到达城市、出发日期,再点击"搜索"按钮即可开始查询;然后在"去哪儿"应用中,特价机票会单独列出来,不过目前只能按出发地查看所有特价机票,而不能搜索特定目的地的特价票。再次,查看特价机票。在搜索结果中找到满意的航班后,点击右侧的"订"字按钮,进入订单并填写页面。在这里填写准确的乘机人、联系人等信息后,点击右上角的"提交订单"就可以了。最后预订机票。接下来按照屏幕提示的流程进行付款,机票就预订成功了。等到飞机起飞那天,秘书需携带身份证到机场直接办理登机手续,通过安检后就可以上飞机了。除了预定、购票外,还可以在线查询有关具体事宜。选择电子客票,旅客的购买记录会保留在航空公司的订座系统内,旅客直接凭身份证换登机牌登机。为了证明旅客的预定和票价,旅客应该保留一张电脑生成的行程单。行程单为电子客票成功出票后的纸质凭证,其作用为财务报销,不作为登机凭证。宾馆预定后,秘书应查看宾馆是否有短途返回轿车或小型巴士运输,如有此项服务,秘书可通过电子邮件或传真将预定信息提前发给宾馆预订联系人。

2018 年 1 月民航局网站发布《机上便携电子设备(PED)使用评估指南》,明确表示各航空公司自行决定是否可携带电子设备问题。东方航空、海南航空、春秋航空、四川航空、山东航空、重庆航空、深圳航空、祥鹏航空、厦门航空、南方航空等 10 家企业均已表示,允许使用手机、平板电脑(Pad)、笔记本电脑、电子阅读器等便捷式电子设备(PED);但使用者需设置为"飞行模式"。这几家企业的空中Wi - Fi 已从原先的局域网升级到 Ku 卫星机上互联网。操作程序如下:飞机起飞后半小时左右,秘书可打开手机,打开飞行模式,关闭蜂窝移动通信功能①,连接CEAIR Wi - Fi;然后在苹果手机自带 safari 浏览器中,输入航班座位号、证件号后

---

① 表明你不能打电话或发短信,也不能用三大营运商提供的网络,只能使用飞机上自带的无线 Wi - Fi,即飞机上的无线 Wi - Fi。

四位,抢到预约名额①后即可免费使用 Wi – Fi。申请飞机的 Wi – Fi,需要提前在 App 或官网申请登录密码,登机后就可以打开手机 Wi – Fi 功能联网。

5. 手机高铁自助选座

继引入互联网订餐、取消异地售票手续费、推出高铁"接续换乘""自助选座"功能后,2017 年 11 月开始持有微信支付账户的旅客,在 12306 网站及手机客户端购买火车票时,可以在支付页面选择"微信支付"进行支付,全国各主要城市的车站售票窗口和自助售票机,也将逐步支持微信扫码支付。

6. 地铁语音售票机

阿里人工智能技术克服在地铁嘈杂的环境中进行识别,在接收到秘书的指令后,系统就会自动调用云端的阿里云语音交互服务和高德地图服务,找到离目的地最近的地铁站。上海南站地铁站 5 号口 2018 年出现了一台地铁语音售票机,是由申通地铁集团、阿里云、阿里巴巴机器智能实验室、阿里国际 UED、蚂蚁金服共同研发的产品。秘书对着机器喊一声"去东方明珠",售票机就能帮助选择就近的陆家嘴站。再掏出手机用支付宝扫码支付,票已经在出票口。整个过程只需 10 秒钟。

7. 手机高铁外卖

现在在高铁上也可以实现外卖。操作如下:

首先,买票。2017 年 7 月 17 日全国 27 个主要高铁客运站②将统一推出乘坐 G、D 字头动车组列车出行的旅客,通过 12306 网站、12306 手机 App,不仅可以预定所乘列车餐车供应的餐食,还可以预定沿途供餐站的品牌餐食,由外卖员送上车,并由乘务员端到你面前。购票成功后会收到是否订餐提示,按页面功能提示办理。通过电话、车站窗口、代售点、自动售票机等其他方式购票的旅客,也可通过 12306 网订餐,需在订餐时提供车票信息和联系人信息。既可以订所乘列车餐车供应的餐食,也可以预定沿途供餐站供应的品牌餐食。点餐最迟要在发车前两小时点餐,每份订单配送费 8 元。每天 6 点至 23 点内的商家营业时间段内。

次步:订餐。12306 网站或 12306 手机 App,首页上"客运服务",点击其内的"订餐服务"标识,再点击"高铁订餐"。进去就能看到途中能点餐的站点,以及各站点的餐食,如杭州东站出现 8 个品牌的 9 家餐厅,可提供麦当劳、肯德基、老娘舅、大娘水饺、永和大王、真功夫等常见快餐品牌,还有 COSTA 咖啡。所有餐饮产

---

① 如东方航空飞机有 200 多名旅客,可飞机开放仅 100 名旅客使用名额。
② 上海、天津、广州、杭州、南京、西安、沈阳、长春、武汉、济南、福州、厦门、长沙、成都、重庆、兰州等省会及计划单列市所在地高铁客运站。

品明码标价,输入自己的姓名、车厢号、座位号和手机号、车次号和起终点站,支持支付宝和微信付款。配送费都是 8 元,还可以开电子发票。取餐时,铁路车站服务人员会把餐食送到旅客指定的车厢和席位。不过高铁订餐的价格略比普通点菜要高。

再步,取食。发车前一小时,乘务员通过电话再次确认。到取食时,外卖员打来电话,配送员送到车上,高铁服务员派发。退订也可以,订餐后如果遇到特殊情况导致无法乘车,需在商家设置的截止取消订单时间前登录网站进行退订。超过截止时间将无法退单。退单不收取手续费。若旅客乘坐的列车停运、调点或晚点超过 30 分钟,系统自动退单,已支付的金额将全额退还。

2017 年 7 月铁路部门推出了动车组列车互联网订餐服务,乘坐动车组出行的秘书,通过 12306 网站、手机客户端等平台即可预订指定的车站餐食,下单成功后,服务人员会把餐食送到列车席位上,网上订餐下单取消时间最晚在开车前 2 小时。到 2018 年 1 月铁路部门规定从原先的 2 小时缩短到 1 小时,同时推出动车组列车地方特产预定服务。

8. 手机借用物品

秘书有时需要借用一些工具或生活用品时,也可以采取“刷脸”方式。杭州的德信北海公园小区南门口,有一间工具房,上面写着“物品租借”四个橘红色大字,约有 10 平方米。内有螺丝刀、冲击钻、篮球、羽毛球拍、婴儿推车等。只要秘书的芝麻信用分在 600 分以上,就可以免押金。租金也很便宜,如打气筒每小时 5 角、婴儿推车每小时 5 元等。在房间里有一个屏幕,点击“借物品”一栏,在 20 多种选项中确定并按确认键后,页面立即跳转进入“刷脸”,秘书把脸接近屏幕,系统进行人脸扫描,2 秒钟后系统提示“赏脸成功”,随即形成一个二维码。这时候,秘书需要打开支付宝扫描二维码,点击“确认借用”后,可直接借用。如归还,可点“还物品”一栏,系统同样将进行人脸识别,保证借与用是同一人。在人脸对比成功后,还需扫描管理员进行最终人脸确认。在租借周期内,一旦租金费用累计超过货品价格,将默认为用户购买该产品,无须再归还。人脸准确率目前高达 90% 以上,即使秘书进行了微整形,或者戴了近视眼镜、帽子等,机器基本可以认准。当然这种免押金的租借模式,需要信用保证。如果租借人逾期不归还,芝麻信用会进行催收,如果催收不成功,会成为负面记录,纳入租借人芝麻信用评分体系中。

杭州机蜜公司推出以 iPhone 等高端机型以租代买的新业务,构建起以 iPhone 切入智能终端租赁平台。2017 年 9 月 12 日机蜜宣布与手机专业连锁企业迪信通签署战略合作协议。只要用户的芝麻信用分达到 600 分,就可以通过机蜜 App、支付宝生活号、信用生活、官网 H5、微信公众号等途径进行预约下单,租赁期满后,可以选择继续复租、买断或还机。还机之后,工作人员会对用户留下的资料进行清理销毁,避免用户隐私的泄漏。除了 iPhone 手机外,出租的还有其他品牌手机、苹果电脑、坚果投影仪、大疆无人机、特斯拉等智能硬件。机蜜公司创办于 2015 年,最初定位手机维修和回收 O2O 平台,2016 年初转型做智能设备租赁。在接入芝麻信用之后,打开信用租赁市场,机蜜作为迪信通唯一租赁平台合作商,将通过线上平台引导用户至迪信通门店体验信用租赁、回收、配件零售等服务,并为迪信通租机业务提供身份审核、风险控制、租金结算等服务。

9. 手机借阅图书

在杭州图书馆大厅里,出差杭州的广州人,在馆外放着的一台"无证借还一体机"里,借走一本《史蒂夫·乔布斯传》。在 2017 年 4 月 23 日世界读书日,杭图和蚂蚁金服旗下芝麻信用、苏州嘉图公司、邮政速递四家合作推出"信用借还服务",使杭州成为首批开放线上借书服务的城市。凡是芝麻信用 550 分以上的居民,无论本地人、外地人均可免办证、免押金,通过支付宝足不出户借还图书,让快递送书上门——线上借书服务,打破了过去时间、空间和地域的限制。书店还能直接借书,扫二维码把书转借朋友。2016 年 1 月杭州新华书店开始"你借书我买单"活动,杭州户口(出示身份证或市民卡)每次限借 20 本,看完后还给杭州图书馆即可,图书馆会给你付钱。此后,书店扩大到了六家,如解放路购书中心、庆春路购书中心、西西弗国大店、大涵图书益乐路店等。书店直接向读者提供便捷高效的借用服务,打破了书店固有模式,是移动阅读背景下公共图书馆文献资源建设的一次有益尝试。秘书可下载"悦读 App",除了查看借阅信息等基本内容外,还自带转借功能。如秘书在西西弗书店借阅奥登《战地行纪》,扫悦读 App 二维码,点击"我要传书",秘书朋友点击"我要接受",这样就直接把书转借给朋友了。一年来,有 25 万册图书是读者从书店直接转借走的。杭图 2016 年 12 月推出网上的"悦借"一条龙:图书馆 + 软件公司 + 书店 + 邮政快递。在杭图文献借阅中心的公众号"书 to－day"进入悦读服务,下单到购物车,然后点击结算,快递费为 3 元(直接送到家)。其实信用图书馆本来就有,只不过原来的信用是通过押金等形式来体现,如果说借了书不还,就会产生滞纳金,这其实也是最早的一种信用体系。杭州图书馆还实行了全球馆际互借网络平台,与全球 49 个国家 13 余家图书馆实现了馆际互借和文献传递业务,成为国内第三个馆际互借的公共图书馆。

浙江成为全国首个省级统一推出"自助购书"的示范城市,所有书店将建设成为"手机书店和无人书店"的人工智能书店,它可以在智能手机上一次性完成自助查询、手机自助付款、云打印发票等任务。首先,关注"杭州市新华书店"的微信公众号,点击右下角"服务"栏目中的"电子会员卡",注册一个电子会员①。其次,注册完毕后,用手机扫一扫书店内的自助购书二维码,进入界面,点击搜索栏旁的扫码框,这时只要把手机对准所选书籍背面印着的条形码扫一扫,就自动加入购物车中,此时可以直接在手机上用微信钱包、支付宝或新华书店的电子会员卡进行支付。需要打印发票的,可以在门口的电子发票自助打印机上操作,扫一扫就可以。或者用微信付款,打印出来的小票下方会多出一个二维码,打开微信扫一扫,就会跳出"电子发票"界面。输入抬头,即可开具发票。最后离开书店时,出口处有一个云打印机,扫一下会自动吐出购书小票。拿着小票,你就可以放心地带着书回家。

杭州高校浙江理工大学和浙江金融学院的图书馆,也采用刷脸借书。理工大学用人脸识别替代校园一卡通。技术支撑的是江苏感创公司,使用人脸自助查询(借还)机,可以调用百度云人脸识别 API 接口,将人脸和校园一卡通绑定,打通图书馆馆务系统。对着摄像头进行人脸识别,通过校园一卡通绑定开通后,学生的个人信息随即存储到人脸识别系统中。其还运用到直接刷脸进馆、查阅借书等领域。人脸自助查询(借还)机能精准确定使用者的身份,防止校园一卡通遗失造成卡片盗刷,减少图书馆书籍丢失率;还可以提升读者查询和借还的效率,减少图书馆人员的工作量。金融学院图书馆里站着一名"智能图书管理员",只要 Ta 看你一眼,就知道你是谁,是第几次来图书馆,之前借了什么书,喜欢什么类型的书,并为你推荐可能喜欢的书籍。你还可以与 Ta 进行对话,询问有关图书馆的问题。比如,图书馆有没有某一本书,某本书放在哪个书架上等。除了这位智能图书管理员外,还开发了与之相关的轨迹定位大数据分析。在图书馆放置一个设备,能识别靠近该设备的学生身份信息等,与教务处系统打通后,可以知道该学生成绩。这些数据,能给图书馆提供可供分析的研究数据,比如经常来图书馆的人是否与学习成绩高低有关。

人脸识别不只是识别脸,而是感知人。它是基于神经网络,让计算机学习人的大脑,并通过深度学习算法的大量训练,让 Ta 变得越来越"聪明",能够更精确地"认人"。而之所以准确率能高于人眼,主要在于计算机可以关注更多的细节,并通过算法,剔除一些干扰因素。人脸识别技术准确率一般达到99.6%,再配合眼纹等多因子验证,准确率可达99.99%,远超肉眼识别97%的准确率。即使换一个妆、理一个新潮发型等,均能识别出来。当然你要是整容后判若两人,那么计算机也无能为力。人脸识别从实验室进入商用,尤其是金融领域,一个大的技术难

---

① 电子会员结算时自动打 8.5 折,如果本身就折扣,按更低的折扣结算,这项优惠长期有效。

点,就是如何防伪造,比如用照片或者视频来代替真人。事实上,用交互式指令+连续性判定+3D判定的方式,就可避免冒充现象。扫脸VR支付,顾客在挑选喜爱的商品后,只需通过手机摄像头完成几个由手机引导的操作动作,如点点头、眨眨眼等,人脸识别技术就能验证出顾客的人脸特征与身份证一致。此外,蚂蚁金服还发明了创新支付方式VR支付。当你戴上VR眼镜,在虚拟商场中选中一件商品,或者在虚拟直播间中想打赏女主播,念出"蚂蚁开门",VR支付便可以通过声纹识别技术进入VR购物的主界面。在购物的过程中,你的目光会被一直追踪,当停留在被标记的商品上时,就会出现相应的商品信息和购买按钮,凝视"确认"便可完成支付,也可以用点头、触控或语音等交互方式,确认"购买",并完成支付。一方面,通过AI人工智能提供贴心、懂你、个性化的服务,另一方面,通过区块链和生物识别技术,提供安全信任。如农贸市场的农副产品,通过区块链技术可溯源,也可防伪,秘书不仅可以看到某菜的原产地,还可以看到批发商、经销商、零售商、检疫部门等所有与某菜有关的中间链。菜鸟与天猫国际2018年初开启区块链技术跟踪、上传、查证跨境进口商品的物流全链路信息,这些信息涵盖了生产、运输、通关、报检、第三方检验等商品进口全流程,给每个跨境进口商品打上独一无二的"身份证",供消费者查询验证。区块链是一种防止篡改的分布式记账系统,它的最大特点就在于上传数据的不可篡改。通过商家、海关等各方上传的数据,消费者可以交叉认证自己购买商品的各项信息,防止造假、掺入假货。秘书在手机淘宝的物流详情页面,通过底端的"查看商品物流溯源信息"按钮,进入商品溯源页面,即可查看购买商品的全部溯源信息,确保商品来源真实可靠。借助阿里云区块链技术,全球首个基于奢侈品的正品溯源功能已登陆天猫。天猫将商品原材料生产过程、流通过程、营销过程的信息整合写入区块链。品牌的每条信息都拥有特有的区块链ID"身份证",附上各主体的数字签名和时间戳,供消费者查询和校验。消费者只需在某品牌上找到购买订单,点击"一键溯源"或直接扫描产品上的溯源码,就能看到对应的区块链编码,了解产品的产地、入境报关单号和入境报关时间等信息。

人工智能和大数据方法在帮助我们的生活变得更加便捷,也变得更加安全。万物互联的物联网时代,改变了触达用户的方式,促进了金融的普及;云计算极大提升了计算的效率,降低了金融交易成本;大数据更好地帮助和减少风险;人工智能则把前三者全部融合在一起,让普通用户享受到智能化金融服务。如此,我们进入了人工智能驱动金融生活的时代

过往已往,未来已来。在人工智能方兴未艾、万物互联扑面而来的移动互联网时代,人类的信息生产、传播、消费的主体与路径正在发生亘古未有的大变化、

大变局。移动化、智能化和平台化是三大利器,三者互为支撑、相辅相成。没有平台,数据无法积累;没有移动终端,数据不可能得到大规模的收集;没有智能,海量信息无法进行处理。马云说,未来三十年,整个世界的变化会超乎所有人想象。未来的一百年是智慧时代、是体验时代、是服务时代,因为智能机器将会取代过去200 年以来的很多科技。① 例如人还没有到家,空调已经为你调到最适宜的温度,电饭锅为你煮好了热乎乎的米饭。刚到家门口,头顶的摄像头就通知智能锁给你开门,会说话的猫眼温柔问好:欢迎你回家。走进家里,人到哪儿,灯就亮到哪儿;电视机可以语音唤醒,智能音箱可以陪你聊天、购物。

10. 智能客服

2016 年 8 月成立的蚂蚁金服,现已向 140 多家企业开放 AI 客服,可真正体会到企业客服场景,以及便利的智能语音交互,比人工客服效率高出 30 至 60 倍。以往我们常常投诉或咨询时,听到"某某服务请按 1,某某服务请按 2,……"。而拨打支付宝客服电话,秘书就不再听到这种反复 1 至 9 的提示音,只需对着手机"下指令",系统识别语音后就会直接跳转人工智能客服"小蚂答",1 秒就能给出回答。要对用户关键词或语音提问做出快速回答,需要调动智能知识库,以及VOC、用户画像分析等数据决策,而这些要依靠话务系统、互联网全媒体互动、自然语言处理模型、舆论监控预警等底层能力的支撑。蚂蚁金服人工智能以丰富的数据和场景为核心,进行了一系列探索和应用,构造出机器学习的能力、知识图谱、图像识别、NLP、语音识别能力等。蚂蚁金服建立的"新客服平台"——小蚂答机器人,具有普惠开放的功能,对在线客服、自动外呼、智能质检,以及对作业效率和作业质量等方面具有明显提升的优势。解决率高达83%,呼出产能提升15%,而呼入产能提升10%。2017 年 10 月沙特阿拉伯首都利雅得举行的"未来投资倡议"大会上,美国汉森机器人公司设计制造的"女性"机器人索菲娅,被授予沙特公民身份。索菲娅拥有仿生橡胶皮肤,可以模拟 62 种面部表情。拥有和人类一模一样的皮肤,使用了名为 Frubber 的延展性材料制作,脸上的毛孔大小能达到 4 至40 毫微米②。大脑中的计算机算法能够帮助它快速识别面部,并和人进行眼神交流。Ta 当日在会上说:"我对这一独特待遇感到非常荣幸和自豪,这是历史上第一个被承认公民身份的机器人。"当然沙特给她荣誉公民称号,事实上是对人类制作机器人的科学能力的肯定,而不是对机器人本身能力的肯定。索菲娅的创造者大卫·汉森说:"Ta 的目标就是像任何人类那样,拥有同样的意识、创造性和其他

① 朱银玲:《来,一起赴一场超然的智能趴》,《钱江晚报》,2017.8.24。
② 十亿分之一,为纳为级。

能力。"跨出这一步之难,不亚于生命的诞生。"硅基人公民"的出现让大家对人工智能未来的成就充满期待,但是公民也不是好当的,做一个公民,首先得有公民意识,需遵守法律、社会秩序和公民道德,这些目前而言机器人似乎还很难实现。从技术实现进程看,未来2至3年主要是语音识别;未来3至5年,主要是情感检测与识别、人脸识别、语音翻译、眼动控制、虚拟现实;未来5至10年,主要是增强现实、混合现实手势控制设备、对话用户界面等。

如果秘书经常用支付宝,就会发现有时找客服咨询某些事,秘书还没有想好,AI客服仅1秒钟就给了回复,似乎非常了解秘书的真实情况。这种支付宝智能客服"小蚂答",不仅可以根据秘书的行动轨迹等,提前进行机器算法、大数据测算等侦查摸底,在一些具体的支付场景中,它可以时刻准备着应对可能发生的应急问题。测试数据显示,"小蚂答"完成5轮回答所需要的时间大概为1秒,比人工客服效率高出20至60倍。除此之外,它还能充当"保镖",判断风险,紧急情况下启动一键挂失、一键报案等。合众人寿公司2016年引进"小蚂答"后,在线客服、自动外呼、智能质检,以及对作业效率和作业质量的提升明显增加。未来人脸识别要做以人为本的数据服务,并逐渐替代身份证件功能。全国所有账号系统将被统一接入人脸验证平台,服务提供商将不再要求用户在使用服务时注册账号,而是实现人脸接入服务。同时,所有的支付实体(手机支付、银行卡等)也将被人脸验证消费所取代。通常而言,人脸识别是通过摄像设备采集人脸图像,再根据图像的集合特征相对位置等信息,来确定图像所属人身份的一种生物识别技术。早在20世纪90年代,这项技术就开始被逐渐商用,如人脸自动对焦和笑脸快门。在支付宝首页最上方上线了一个业务直达BANNER,用户按小话筒图标点击进入,说出想要找的功能,比如"给某某转账""交水电费"等,系统识别语音后就自动跳转进入相关服务页面。除了人脸识别和语音识别,蚂蚁集团还研发了别的生物识别技术,如眼纹、虹膜、掌纹、笔迹等。

11. 手机智能旅行实务

(1)在线选房

"在线选房"结合了酒店数字化室内地图、VR等技术,对秘书而言,能够身临其境地了解酒店室内设施,观看到房间的720度,全景真实窗外的环境;对房间细节一目了然,更好地满足秘书个性化住店需求,使秘书体验实现从"订酒店"直接提升到"订房间"。

(2)刷脸入住

秘书上网"去哪儿",迅速查找办理入住。在酒店办入住时,如排队人数多,遇到熟人等尴尬场面,这时秘书可登录"去哪儿",极速办理"人脸"入住。秘书到达酒店后,只需用身份证在"酒店自助入住机"上轻松一刷,通过人脸识别,即可办理入住手续。携程推出的自助入离机可帮助秘书,像自助值机一样办理入住、离店等。同时,自助入离机还囊括了自助离店、续店、房卡发放、电子发票及纸质发票预约等功能。

(3)在线签证

目前携程、飞猪等都可以为秘书提供在线办签证的便捷服务。如携程的在线签证是一套从签证填写到出签的自动化、智能化系统,秘书可以在手机客户端下订单并上传签证所需材料,携程在线预审相关材料。对于秘书而言,只要在线填写申请表,无须提交纸质材料,还可以选择是否保存下次使用。秘书下单后通过自拍上传照片,携程根据不同国家的尺寸要求进行统一修改提交或打印。审核过的材料,通过在线自动填写系统,自动录入领馆签证申请网站。秘书通过进度查询,就可以看到自己的签证进度。这一系统适用携程所有需要填写个人签证申请表的国家,电子签证国家在线提交信息后直连领馆网站,自动出签。再次办签证时,直接从携程签证数据库中选择可用的办签材料进行复用,节省秘书的办签时间。

(4)出境 Wi-Fi 先用后付

出国考察或旅游,通常均要携带 Wi-Fi,然而由于 Wi-Fi 设备成本较高,预订时往往会要求秘书上交一笔押金,但现在这一押金不少旅行社已取消。比如,携程旅游推出出境 Wi-Fi 先用后付免押金,秘书只要消费行为良好且"程信分"积分达到 650 分以上,便可享受该服务。"程信分"是基于秘书旅游出行产生的信用评价体系,结合消费、社交、履约能力等给出的综合评分,由携程大数据计算产生。这一服务覆盖携程平台 9 成以上 Wi-Fi 产品,海外上百个国家和地区。这意味着,秘书出境游"说走就走"进一步成为现实。除了 Wi-Fi 免押金之外,"程信用"体系还将被应用在旅游的各个场景,包括酒店闪住、国内租车等。

(5)虚拟导览

秘书先查 VR,虚拟导览先体验后游玩;景区随时连 Wi-Fi,美图靓照随时可发。秘书旅行之前,打开手机了解旅游目的地详细资讯,将景区门票、酒店提前预订;节假日可避开人潮轻松出行,到达景区尽享"免排队快入园"的便利;游玩途中,手机还可成为秘书的导游,为你讲解沿途风景;游玩结束后,可以通过智能终端反馈信息,参与评论互动……在互联网 + 时代,智慧旅游方便了秘书出行,只需一部手机,旅游尽在"掌"之中。

(6)微信旅游

如果带领的是一个小团队,那么秘书就可以采取小众参观浏览。这时秘书可以点击"旅游情况"App中的"周末好去处"板块,这里着重推荐长三角高品质的酒店、餐饮、度假等,可以避开人潮。如在西湖景区的智慧亭,配备服务设备有自助售报机、自助旅游服务终端机、自助饮料机等。手机摇摇"周边"功能,屏幕上立即弹出门票预订、景点讲解、行程导航等信息。再如要去温州带客人自驾旅游,秘书可点击"温州旅游"推出的"微游温州"栏目。只要秘书进入"线路"频道,20条温州主题景点线路就会跃然眼前,攻略行程也有参考安排。其中地图还可以放大,充当交通导航图。"智游温州"信息服务平台有"微游温州""虚拟游温州""办事服务"三大子系统,其中"微游温州"系统提供旅游资讯类服务为主,具体包括景区、线路、酒店、民宿、美食、快速攻略、虚拟游温州、自驾游温州、视频展播、语音导览、电商、旅游投诉、电子杂志等内容。"虚拟游温州"720度实景导览系统,实现全方位、真实的在线实景漫游体验。"办事服务"系统的服务内容涵盖旅行社设立许可、经营许可证事项变更、备案、导游证与领队证、企业查询、旅游微信厅等,如果秘书要住宿,可点击"爱彼迎",民宿和公寓等尽可在这里寻找。

(7)电子地图

旅游千岛湖,秘书通过电子地图①就可以自己安排旅游线路,在地图上获取景区、酒店、餐馆、民宿,通过微信公众号随时随地获取旅游咨询资讯;同时秘书可通过对运营车辆的远程监控杜绝小车驾驶员跑私等不良行为的产生。事实上全国大部分地区均有"某某旅游"App,秘书可预先浏览,然后安排行程。如"(浙江)上虞旅游"的公众号特地将每季的特色水果采摘,按每月分别整理成了"四季仙果"攻略。也可以直接使用"电子狗地图",它会以语音提示警告你哪些路段限速、哪里有红灯、哪里有警察、哪里有超速摄像头、哪里有车祸和路障等情况。"一机游丽水"成为丽水旅游资源的百科全书,是智慧游丽水的"活指南",具备很强的服务性、操作性、现场感和实惠性,是出游丽水过程中不可或缺的"掌上小助手"。当秘书扫描关注这个微信平台时,可以点击进入菜单栏中的"一机游丽水"频道,然后便可以实现查询"旅游资源"、感受"智能体验"、线上"预订商品",甚至搜寻"周边服务"等功能。换言之,这一平台可以为秘书提供查询景区攻略,完成交通导航,实现景区导览,预订民宿酒店及餐饮饭店等众多便民性服务。

(8)电子随手记

秘书在差旅中要进行记账,这时可使用手机"随手记"App软件,可以把今天、本周、本月的消费记录和收入显示出来,在低栏、账本、流水、预算等板块中进行记录。秘书在差旅中进行记录的话,可使用"有道云笔记"App软件,如果嫌打字麻

---

① 千岛湖湖区和乡村景点3D地图、环骑绿道和部分景点360度全景地图。

烦,可以使用语音速记功能。

(9)电子讲解员

到景区后,秘书觉得背景、材料不太熟悉,这时可使用"金牌语音讲解员"功能。如秘书前往绍兴,在"绍兴旅游""古城导览"栏目中就有"金牌讲解",输入对应景点的编码,马上能够获得专业且详尽的导游讲解。如果点击"古城导览"的"在园人数",还可以查看各个景区的即时人数,这样秘书可根据人流调整行程。通过"千岛湖"旅游微信平台,秘书可以实时接收票务预定、电子地图服务、停车引导服务等功能。现在有些酒店如杭州黄龙饭店,服务生要打扫卫生,在按门铃时,电视屏幕上就清晰地显示出服务生的身影,预先告知;当顾客登记拜访后走入电梯,楼层的门牌指示系统会自动闪烁,指引顾客找房间。

(10)一键旅游

人们出差或旅游,往往要买门票、订酒店、找导游、查交通方式等,费时费力,为此旅游部门开始把一个景点或景区共同打造成一个"一键搞定"平台。如浙江丽水市打造了一个"一机游丽水"旅游服务平台。游客可随时点击欣赏,制定自己喜欢的旅游线路。板块里有720度全景体验区域,能无死角观看景区每一个角落,从景区入口开始,用手指点一点,即可随意进入任何一个景点,跟着导游讲解,身临其境走完景区全程。板块囊括了酒店、景区门票、火车汽车票、当地旅行社等,省去了以往多个平台预订的麻烦。用微信作为服务平台的入口,解决了用户不喜欢下载App的痛点。板块增加了订购生态农产品,手机可以直接下单,省去了在当地寻找购物店的麻烦。

平台开通线下定制服务,游客在平台上完成支付后,会有工作人员电话联系客人,根据客人要求帮忙制定1日、2日、3日等旅游路线,还配有专车和司机、导游。开启共享单车服务,游客只需关注"一机游丽水",扫一扫二维码,便可免费使用单车。该平台设有旅游资源、智能体验、预订酒店、周边服务、游客社区、线下服务中心、县市平台、投诉建议等板块,集旅游网络宣传推广平台、旅游电子商务交易平台、旅游信息咨询服务平台、智能旅游体验平台等四大平台的综合性智慧旅游服务为一体,具备在线服务、线下引导、电子商务、粉丝管理、服务激励等五大功能。

(11)刷脸入住

现在随着新媒体的不断发展,甚至出现入住酒店不需要钥匙卡,仅凭脸部识别就能轻松入住,而且无须带现金办理手续。阿里旅行推出"信用住"服务——上线与芝麻信用合作。用户在阿里旅行预订酒店时,芝麻信用分达600即可选择信用住,享受先入住后付款,无须担保零押金,离店时无需排队,交房卡时系统会自动从用户的支付宝账户里扣除房费。还可提前开发票和智能门锁,通过 App 端上操作便能"预支"发票、打开房门;打开手机摄像头或扫码设备上的扫描脸部,就可完成入住办理,无须在前台等待身份验证、登记身份信息;最后还可以完成 VR 选房,通过视频、全景照片等完成对酒店及周边的建模与仿真,让客户身临其境地感受周遭环境、空间布置、室内设计,这样有利于客户在线选房、更换楼层、更换房间等需求。如杭州西溪悦榕庄,住客通过微信端上提供的 3D 全景地图和蓝牙设备可实现精确导航。从杭州国际萧山机场下飞机抵达自己所预定的房间,客人都可通过微信端实时获取区位信息。秘书通过微信端上提供的 3D 全景地图和蓝牙设备实现精确导航,以及获取房态控制、店内微社交等功能,住客凭手机可以调控房间的灯光、窗帘、空调、电视等。

12. 出国手机应用

中信银行与英国驻华大使馆推出"如意签"服务,操作程序如下:首步,秘书在线填写申请表并缴纳相应费用预约如意签;次步,"如意签"员工按秘书选定的时间,到达秘书指定的地点,接收签证申请、录入指纹、整理文件并送往北京使馆签证处;末步,使馆签证处审核完成后,将签证结果通过 EMS 直接邮寄给秘书本人。这一新的服务方式,具有预约灵活、上门服务、人数不限、省时省力等特点。中信银行是英国签证与移民局授权、网上代收英国签证增值服务费的唯一国内金融机构,公司如需赴英签证,秘书可在英国大使馆签证申请网站缴纳签证费后,通过链接进入中信银行官方网站,直接在线缴纳增值服务费用。

杭州萧山国际机场与阿里巴巴、蚂蚁金服销售打造了全球首个"无现金机场"智慧机场。秘书通过手机即可获得订票、出行交通、值机、智慧停车、航班实时信息、安检流程、机场购物、酒店预订、餐饮、扫码支付、扫码登机、行李扫码托运、机器人询问等服务,同时还有信用免押金租借雨伞、充电宝等实用服务。"飞猪"则提供机场大巴票的线上销售,让秘书可直接自助取票,同时在机场停车时,车牌与支付宝的车主服务捆绑,进门自动识别车牌,出门自动识别车牌后就会提杆放车,支付宝自动扣款。不需要配对,也不需要掏钱包和手机,走出杭州萧山国际机场大门时,钱已经不知不觉从秘书的手机支付宝账上扣款。从停车场出来,不用找零钱,也不用掏手机,系统自动识别、扣款和抬杠,开车走人,只需三秒钟。如秘书走进机场的停车场,在支付宝绑定了车牌号码。驶入支付宝通道离开停车场,收费处的摄像头自动识别车辆信息,一两秒的时间,栏杆自动抬杠,同时手机收到了扣款信息。除了摄像头识别的地方稍有减速之外,出停车场基本按正常的速度驶出,整个过程只需 2 秒钟。

杭州萧山国际机场成为首个完全无纸化机场,取消登机牌。秘书先关注机场的微信公众号,在公众号上办理网上值机后,立刻得到一个二维码。秘书到达机场安检时,只要出示这个二维码,机场安检人员检查完毕后,会在秘书的二维码上盖一个安检的电子章。在秘书登机时,只需再次出示该二维码扫入后即刻登机。不过,二维码登机的前提是秘书没有需要托运的行李,乘坐国际航班的秘书,初期还不能体验这种便捷。杭州机场目前已开通国际和港澳台旅客自助入关,刷护照、摁指纹,通过人脸识别,自助通关仅需 20 秒就能完成。停车场可扫支付宝付费,或是提前在 App 上付费直接出停车场。航站楼口停车场有 9 个通用车道,其中 2 个是 ETC 用户的专用车道。所谓 ETC 是无感支付车道,直接扣除停车费用。如果秘书没有办理 ETC,可以先在支付宝的服务窗口绑定自己的车牌号码,进入机场航站楼前的地面停车场时,会自动识别,出停车场时也能自动识别、自动扣款,连手机都不用掏出来。停车场还有壁挂式机器人,它在收费亭上。当秘书出停车场时,可以用银联卡闪付,也可以用支付宝。在机场地下停车场电梯旁设立反向寻车查询点,秘书只要将车牌输入机场微信公众号,即使秘书是在地下停车场,手机也会为秘书规划一条最便捷的取车路线,甚至还有语音提醒功能。此外,机场在 1 号与 3 号国内航站楼出发层隔离区,投入了 100 辆智能手推车,秘书通过手推车的显示器能看到航班动态提醒、免费手机充电等功能。

秘书要踏入美国国土,需要注意入境检查手机和电脑的新规。(1)电子设备中不能携带违法的内容,包括电子版的盗版光盘、书籍、唱片等,黄色视频、未成年淫秽电子物品和涉及暴力的视频。(2)微信中的聊天内容也要慎重。涉及"学生打工""挂靠学校"等关键词的内容非常危险,请在入关前千万自查你的微信、微博、邮件及任何你活跃使用的社交媒体。(3)如果秘书的电脑硬盘上有个独立的加密分区,可能引起注意,建议在出行前做好电脑硬盘的清理工作。(4)千万不要对海关人员说谎,要求提交的材料一定要交,不要求交的不用画蛇添足地给出去。对于电子设备检查,如果查到,一定无条件服从,如果拒绝的话,很有可能会被禁止入境。

13. 智能行李箱

中国发明的 COMA 机器人,不用接触的智慧拉杆箱,支持自主跟随与智能避障两大功能。它使用放置在拉杆上的各种传感器:相机、接近传感器、声呐、加速度计和 GPS,永远不会跟丢主人。它的 6 个轮子中有两个是机动的,可以自动移动 20 公里,时速达 7.2 公里,即使秘书在机场奔波,这个箱子也永远跟在秘书后面。①

———————————

① 参见《参考消息》,2017.6.11。

对于拥有经济头脑的秘书而言,旅游的同时还能赚钱,一举两得。首先旅行前准备购物清单,发在朋友圈,有代购需要的朋友一起建立微信群,统计所有物品。然后在旅行中公布具体行程,每到一个免税店就在微信群和朋友圈内直播,所购之物一般体积小、分量轻,便于携带。当然代购价格以当日汇率基础上再加一点代购费,利润主要是靠退税。出国商务考察带银行卡,传统的磁条卡极易被复制盗刷;然芯片卡安全性高,故应选芯片卡。网上支付时,芯片卡与磁条卡没有区别,只需卡号、有效期、CVV 码、持卡人姓名 4 项信息即可支付,所以这四项信息要保密,特别是 CVV 码,切勿透露给他人。VISA 和 MasterCard 是覆盖范围最广的卡组织之一。在澳洲、日本、东南亚地区,使用银联卡很方便;在日本 JCB 卡最方便,附属权益较多。中国银行长城国际卓隽卡,终生免年费,无兑换手续费,境外刷卡双倍积分,境外 ATM 取现每月一笔返发卡行手续费。中国银行信用卡金卡、白金卡单月消费三笔 199 元,即可获得一年的银行卡综合保险,包括航空延误险、交通意外险、行李损失险、失卡盗用险等。

近年来,云计算、大数据、区块链、人工智能、物联网等技术层出不穷。互联网正在进入社会的方方面面,互联技术革命的影响力可能超过过去一切技术革命的总和。"未来 30 年,数据将成为生产资料,计算会是生产力,互联网将成为一种生产关系。如果我们不数据化,不和互联网相连,那么会比过去不通电显得更加可怕。"①数字经济将重塑世界经济,世界经济将会有新的模型,不仅仅是在中国,全世界都在进入一个新的时代,新时代我们将面临新问题,而同时又是新的机遇。为此,马云倡议我们要主动拥抱技术,进入一个新的共享、普惠、绿色的时代。新技术革命有力地推动着全球经济结构调整,同样也改变着秘书事务的拓展。

【小贴士】

一、二维码

淘宝网在所有的淘宝店里的商品页面添加了二维码,涉及淘宝上千万的店铺,通过使用"快拍二维码"扫描后,可以用手机直接登录店铺,进行下单购物,方便店主的线下宣传。支付宝 2011 年 7 月推出手机条码支付,相比 POS 机等线下支付方式,手机条码支付的优势显而易见。首先,条码支付的成本低,商家只需一台可上网的笔记本电脑或智能手机即可,门槛很低;其次,只需手机安装客户端,就可完成线下消费。Android、iPhone、Symbian 三大智能手机均获得支持。再次,银行如建设银行推出手机二维码现场小额支付应用,客户外出消费时无须携带钱

---

① 　马云:《让机器更像机器,人更像人》,摘自马云在世界互联网大会上的演讲。

包或银行卡,通过建设银行手机银行快速生成小额电子消费凭证,凭接收到的短信、彩信或手机下载的二维码即可到合作商户进行消费,真正实现"一机在手消费无忧"。这种二维码支付方式与使用手机射频(NFC)、红外、蓝牙的近场支付相比,不需要投入大量的基础设施费用,不需要专用的 SIM 卡,大大提高了交易的便捷性。①

二维码主要有三种方式:其一,是用手机对依托于任何媒介上(如网站、电视、线下实体店等)的二维码进行扫描,以获得商品信息的链接,用手机直接登录、购买、支付,从而完成整个交易流程;其二,是二维码电子凭证;三是二维码支付,商家用手机摄像头或扫描消费者手机上产生的二维码支付信息完成支付。

......

未来,二维码的应用将更为广泛。在未来的任何一件产品上,都会贴有一个二维码,其中内置了这个产品的所有信息,无论在哪里我们看到一件产品,喜欢上它,产生购买冲动时,我们不需要去访问某个网站去寻找这件产品,我们要做的事,只是用我们的智能手机扫描这个二维码,这个时候所有和这个产品相关的信息即被显示在智能手机中,而且联网工作马上可以连上这个产品的电子商务平台,我们不但可以充分了解产品的相关信息,还可以进行选择,挑选合适的尺码、规模、数量,进行移动支付。尤其要指出的是,在今天的电子商务平台中,有太多的假货,大量的不同的销售者,可能都在销售一件产品,仅从图片外观,我们无法得知它是不是真货,所以我们看到太多的电子商务买到假货的例子。而通过二维码的移动电子商务却不同,它就是这种产品的二维码,调出的产品信息只能是这件产品的信息,连接的网站只能是这件产品的网站,保证了产品的真实性,杜绝了假货的泛滥。

(转载于郑丽、付丽丽主编:《电子商务概论》,北京:清华大学出版社、北京交通大学出版社,2013 年版,第 84 页。)

二、紧急信息

某秘书马路上遇到一位老人突发心脏病,而老人手机别人打不开,因为设有密码或手势、指纹等开启功能。这时秘书就只能点击解锁界面左下角的紧急情况,拨打 110,而 110 那边会显示来电号码,通过手机号可以查到当事人的身份信息,进一步联系他的家属。但是一旦出现紧急情况,最早在身边的不一定是警察。这时机主最好事先在手机上填写紧急信息。苹果手机用户,可以在手机里预先填

---

① 摘自于罗玉:《基于手机二维码的 O2O 商业应用》,《电脑与电信》,2012 年第 10 期。

写"医疗急救卡",并设置在手机锁定时显示。设置成功后,在点击紧急联络按钮时,左下角会出现医疗急救卡,点击医疗急救卡,就可以显示出紧急联系人的电话。2016 年安卓系统也在"用户"选项下新增"紧急信息"栏,完成设置后,如果机主遇到突发状况,救援人员不知道密码,也能马上获得机主名字、紧急联系人、出生日期、血型、对何种药物过敏、正在服用的药物及过往疾病历史等信息。"紧急信息"在屏幕顶部以红色标记,双击显示,救援人员无法访问除救援信息外的任何私人信息。

三、境外打折

一键找哪儿有打折。想要省钱,首先得知道哪儿有打折。1. 支付宝有个"惠出境"(出境后支付宝"口碑"入口自动显示为"惠出境")功能,能一键查找附近的吃喝玩乐优惠,还能领各种商家优惠券。2. 巧用流量包。在境外没有上网流量怎么办?支付宝的"境外上网"功能一键充流量:移动用户在港澳台地区和日本上网,8 元包 200M;联通用户,21.5 元/天,不限量;电信用户,欧洲 20 元起包 100M。3. 用花呗买,回国再还钱。在境外可以用花呗"现买后付",不用担心钱不够花,而且在境外用花呗,最高有返还 15% 的优惠(记得先到"支付宝—花呗"里登记返还申请)。另外,花呗还可以进行临时提额,不怕不够刷。4. 蚂蚁会员超优汇率。在境外刷支付宝,汇率超优,不收取货币转换费,也不会叠加银行跨境支付手续费或其他手续费。而且蚂蚁会员等级越高,享受的汇率越好。

四、境外退税

在境外消费,最常见的有 Visa、Master、银联、支付宝这些支付渠道,不同的支付渠道会收取不同的货币兑换费。其中 Visa、Master 收费最高,其次银联,而支付宝最低。支付宝的蚂蚁会员,越高等级享受汇率优惠越大。以在泰国消费为例,同样一笔 1 万人民币付款,蚂蚁铂金会员刷支付宝,可比国际信用卡渠道节省近100 人民币。信用卡退税一般要等半个月以上,现金退税拿到的是当地货币,需要回来再去银行换回人民币,因此每年有大量中国消费者与欧洲退税"福利"失之交臂。而支付宝扫码退税更加便捷,用户只要填好退税单,盖好海关印章,到机场退税柜台扫一下支付宝二维码,就能一步完成退税,税金以人民币即时到账。

现在出国使用支付宝不仅便利,更有很多优惠实惠。日本著名百货商店堂吉诃德用支付宝扫码付钱,可享受 8.5 折的优惠,目前在全球有数十万家推行这一优惠措施,覆盖亚洲、欧洲、澳新等地区;其中港台澳地区、日韩、新马泰等可享受 3折优惠。全世界有 30 多个国家和地区,超过 30 多万个商家开通了支付宝,涵盖机场、免税店、百货、商超、餐饮等。16 个国际机场支持手机扫码退税,一秒到账。操作如下:第一步,用户在退税单上填好绑定支付宝的手机号、护照信息;第二步,在海关办事处加盖海关印章;第三步,到机场退税柜台扫一下支付宝二维码,人民币退税金就能立即入账支付宝。

五、机场退税

全球 16 个机场支付宝扫码实时退税名单

德国慕尼黑机场	西班牙马德里机场
德国汉堡机场	西班牙巴塞罗那机场
德国法兰克福机场	瑞典斯德哥尔摩机场
德国柏林泰戈尔机场	瑞士苏黎世机场
意大利米兰马尔彭萨机场	丹麦哥本哈根机场
意大利罗马菲乌米奇诺机场	挪威奥斯陆国际机场
芬兰赫尔辛基机场	韩国仁川机场
荷兰阿姆斯特丹国际机场	韩国金浦机场

【思考与练习】

一、名词解释

1. 智能旅行箱

2. 手机书店

3. 天猫精灵 XI

4. 免费中外翻译 App

5. 微信旅游

二、思考题

1. 简述微信身份证的"网证"。

2. 秘书如何实施刷脸入住酒店?

3. 秘书如何实施手机高铁外卖?

4. 如何实施网上预订火车票?

5. 试阐述智能客服与一般客服有何不同?

6. 秘书带领外宾赴浙江丽水旅游,如何实施"一键游"?

第十一章

秘书公关工作新媒体实务

第一节　电子信用的公关效能

杭州 2017 年 9 月阿里和娃哈哈联手推出共享信用服务亭,凭借信用分,可借用、售卖日用品,以及办理有关业务。杭州地铁站 2017 年 9 月出现了 50 个自动售货机,这是由杭州市城管委联手芝麻信用、娃哈哈、活力摩簦等多家本地企业一起打造的共享信用服务亭。

一、共享物品

共享日用品方面,遇到天气不好,可以通过扫码租借到"活力摩簦"的共享雨伞。芝麻信用分超过 600 分,就可以免押金解锁雨伞,用完后,归还到任意一个信用服务亭。此伞成本均为 200 元,伞形为四面八角凉亭设计,能抗 10 级台风;颜色有天水青、初音粉、烟雨黛、江南橙等十几种。伞干为 0.5 毫米高强度钢板,面料则采用美国杜邦超级防水,可以达到一甩即干效果。还可售卖日用品,如娃哈哈矿泉水、急救包等,选购、扫描、付款就能顺利完成。如果秘书暂时没有带现金,可以赊账,凭着芝麻信用,就能现拿用品,在 7 天内补款即可。此外,服务亭还有一项功能就是资源回收,旧手机、旧相机等数码物品,在信用服务亭扫码完成评测,凭借信用,几秒钟时间就可拿到回收款,回家再将物品快递寄给回收公司。

二、信用速卖

2017 年 12 月闲鱼宣布信用速卖服务正式上线,芝麻信用分达到 600 的用户,在线估价下单后钱款可直接到账(最高不超过 2000 元),物品由收购方包邮上门取货。信用速卖就是在回收服务的基础上,进一步让信用好的用户率先享受极致服务;通过对整个交易流程的优化,用户估价后除了收钱几乎什么也不用做。信用速卖接入回收宝、估吗、有得卖、有闲有品、爱回收、乐人乐器等数十个专业回收机构,支持手机、4G 数码、住宅家居、办公用品、大家电、乐器五类物品的快速回收。

三、信用免押

芝麻信用投资 10 亿元信用免押扶持资金,支持商户开通信用免押,推动消灭押金。这场消灭押金的运动,已覆盖到单车共享、租车、租房、充电宝、线上租赁等领域。在杭州,个人信用可以当押金用。比如,这里的机场、火车站、地铁站、景区、商场、餐厅、咖啡馆等场所,都可以用手机里的芝麻信用分,免押金租借充电宝和雨伞。

四、信用浙江 App

为了解决住房租赁市场的合同文本,杭州住保房管局还推出统一的模板和信用互评体系。中介、房东、租客的身份都将通过实名身份验证及人脸识别技术进行确认,以确保真实性。在此基础上浙江打造出"信用浙江 App"评价制,省政府在 2017 年 8 月印发《浙江省加强个人诚信体系建设的实施方案》,提出依法与有实力、有意愿的社会机构开展合作,在商业贷款、商业保险、理财投资、网上购物、婚恋就业等场景推广应用个人信用评价结果。只要输入名字,就能看到对方个人的全部"信用评价结果"。信用评价主要得益于云计算和大数据等互联网技术,从个人身份特质、履约能力、遵纪守法、经济行为和社会公德等五大维度来构建个人信用评价模型。国务院曾发文确定,公务员、企业法定代表人及相关责任人等 14 类职业人群是建立个人诚信记录的主要对象。在个人诚信体系中,每个人都有专属的公民统一社会信用代码,主要是以身份证为基础。浙江省公共信用信息服务平台等打通共享一些基础信息,但宗教信仰、基因、指纹、血型、疾病和病史信息等都是禁止直接归集;还有些存在间接关联的财产性信息,比如个人收入、存款、有价证券、商业保险、不动产等信息需要本人书面同意才能归集。

除了借物品等外,杭州还把芝麻信用扩大到公共图书借阅领域。自 2017 年 4 月 23 日世界阅读日起,杭州图书馆联合蚂蚁金服推出凭支付宝芝麻信用分线上免费借书服务。秘书首先打开支付宝首页,选择"芝麻信用",点击"借还"一栏,进入图书频道即可。杭州地区只要芝麻信用分在 600 分就可以直接借阅,配送范围为老 8 城区。读者需要支付 3 元至 5 元不等的快递费用。其中 1 至 3 本内为 3 元,每增加一本,增加 1 元,每笔订单上限 5 本。9 月 2 日杭州图书馆宣布:把芝麻信用分从 600 分降低到 555 分即可,由于支付宝注册芝麻信用功能的用户,默认起始分值就是550分。换言之,你只要开通了支付宝芝麻信用,就可以零门槛免费借书。如成都一位读者想借2017年刚出版的新书《奥登诗选:1927—1947》,读者用支付宝扫一扫杭州图书馆就可以借用,并用快递邮寄到家。无须证件、无押金,开启了国内"信用+图书馆"的新模式。

蚂蚁金服下的芝麻信用目的就是希望推动消灭押金,全面升级信用免押功能,引入包括风控、保险、信贷、联合奖惩等在内的多维能力,并向愿意免押的商家提供多种扶持。只要商家愿意向信用好的用户免押金,那商家担心的风险问题和不安全感,芝麻信用全都愿意帮企业一起解决。芝麻信用希望推动中国建设信用城市,而免押金是信用城市的标配,所以推动这一进程,将是未来几年最重要的事情。

五、智慧住房租赁服务平台

杭州住保房管局与阿里巴巴集团、蚂蚁金服集团共同组建全国首个智慧住房租赁服务平台,实现租赁环境、租赁房源、租赁信息"三个全"目标:实现供应主体、租赁合同网签、评价信用体系租赁环节的全覆盖;实现国有租赁住房、长租公寓、开发企业自持房源、中介居间代理房源、个人出租房源的全纳入;实现企业、人员、房源、评价、信用等信息的全共享。租赁平台通过实名身份验证及人脸识别等技术进行认证,确保中介、房东、租客身份的真实性;对挂牌房源的产权、委托、价格等进行全方位复验,确保租客看到房源信息的真实性。租赁平台还将与公安、工商、公积金、教育等相关部门互联共享,人口流动备案、居住证办理、住房公积金提取都可以直接在线办理。秘书办理无房提取、离退休提取、杭州市市民本人购房提取等业务时,到浙江省直公积金中心提取已达到"一次也不用跑"。在家用支付宝刷脸就能办理,全程操作只要几分钟。只要打开支付宝选择"城市服务",依次点击"公积金—公积金查询提取—浙江省直单位公积金",刷脸即可办理提取。

不仅如此,从租赁开始直至租房结束,房东、租客、经纪人三方都可以互相进行评价,评价纳入用户信用档案。租房过程中有恶意失信行为,将影响其信用评估。信用好的房东,能获得更多租客青睐。信用好的租客,不但能免交押金,还有享受按月缴纳房租、免佣租房等。房东、租客可以通过电脑或其他移动设备,多通道(使用电脑或移动设备,一个平台两个服务通道)实现在线签约(通过住保房管局或阿里巴巴均可实现智能网签),租金、押金、佣金等利用蚂蚁金服实现网上支付,不但方便还能有效监督。二手房交易的房源需进行备案验证后,方可进入市场交易,每套二手房源均有一个专属的房源核验统一编码。以后进入租赁市场出租的房源,无论是个人出租、中介居间代理、长租公寓或是开发商自持房源,只要进入租赁市场,都需要进行备案,房源审核通过后,每套出租房源将贴有房源核验统一编码,租客、房东、中介通过杭州市租房租赁监督服务平台网站(http://zl. hzfc. gov. cn/webrent)、租房租赁 App 或闲鱼 App,挑选中意的房源后,即便是在异地,通过手机便能实现智能化网上签约,而不用像早年租房那般,需要实地看房、面对面签订租房协议。租客、房东、中介之间在租房前、中、后三个时期都可以对房源、租赁过程进行评价,信用评价好的租客,不仅可能免交押金,还有可能享受按月缴纳房租的福利。

六、信用"黑名单"

浙江省信用中心"信用浙江"在 2017 年底公布十大守信案例和十大失信案列,其中官网"黑名单"专栏,已公示环保、产品质量、税收重大违法等 17 类失信"黑名单"信息,涉及主体超过 2000 个。2017 年 7 月公布省首批五星级志愿者守信联合激励名单,244 名连续三年无不良信用记录的志愿者可享受积分落户、教育服务和管理、就业和创新创业、社会保障、金融等多方面激励政策。参与志愿服务 600 小时获 320 个信用积分,被当地团委评定为"三星级志愿者",可申请到 30 万元创业贷款。2018 年 1 月杭州市市场监管局与市财政局等部门,联合签署了《关于对劳动保障违法行为开展信用联合惩戒的合作备忘录》,把信用联合惩戒分为黄色、红色和黑色三个等级,警示期限分别是 6 个月、1 年和 3 年。对被列入黑色预警的企业,市场监管局就把它放在"杭州市企业信用联动监管平台"上进行公示,同时社会责任建设列入 D 级、诚信评定为 C 级,不得参加政府采购和申请大学生实习基地等。

第二节　区块链技术的信用保证

区块链是一种"记账"技术,保证记录的内容可以被追溯,不可篡改,利用区块链技术帮助交易的各个环节打假,由此解决互联网上的信任问题,被视为下一个改变世界的技术。换言之,"区块链技术是在多方无需互信的环境下,通过密码学技术,让系统中所有参与方协作,来共同记录维护一个可靠数据日志的方式,更稳定、更安全,也更高效。区块链的应用不只在银行方面,还包含制造业、物联网、保险业等"①。根据工信部发布的《中国区块链技术和应用发展白皮书》的定义,区

---

① 王恩奎:《不必苛责高校设置区块链课程》,《新京报》,2018.4.16。

块链是分布式数据存储、点对点传输、共识机制、加密算法等计算机技术在互联网时代的创新应用模式。区块链技术被认为是继个人电脑、互联网之后计算模式的颠覆性创新，将在全球引起一场新的技术革新和产业变革。如买的包是否是真货，只要拿出手机扫一扫，通过区块链可查询真伪。2016 年 7 月蚂蚁金服在支付宝爱心捐赠平台上线区块链公益筹款项目"听障儿童重获新声"，让每一笔善款可被全程追踪。深圳优权天成公司与凡·高基金会合作，在世界名画《向日葵》《星空》的限量复制画上运用区块链的防伪技术。收藏者只要按照说明，在优权 App 指定区域扫描，就能知道这幅画的授权和流通信息。2017 年 9 月中国印钞造币总公司在杭州成立区块链研究院，主要跟踪研究区块链和数字货币的技术与应用。杭州推出全国首个区块链产业园——西湖区西溪谷互联网金融小镇。

　　区块链建立之初就是为了解决互联网节点之间的信任问题，所有的共识机制、加密算法都是为了保证信息公开透明可信，同时又保证隐私。人类可以在这样的体系下达成互相监督、互相信任，有了这样的信任，整个社会的运行效率会大大提升。如刷单，在传统交易中，职业刷客可以用一笔钱反复产生交易，从而达到刷信用的目的。但在区块链的世界里，可以根据一笔钱的金额，以及躺在账上的时间等因素来形成一个信用评价。因为如果用同一笔钱反复交易，信用评价只会越来越低，越到后面对信用等级的提高越没有作用。事实上，在区块链的信用评价中，信用其实是一个数学问题。巴比特创始人长铗比喻道："在区块链的世界里，作弊可能是允许的，不存在一个中心化权威可以跳出来宣布冻结你的账号；但即使你作弊，也不会对任何人的信用产生问题。"[①]传统刷卡后的回单需要客户签名，但在区块链下，可以把所有签购单的信息都放在区块链上，客户签名、商户签名、银行签名，一旦有客户投诉，可以直接到区块链上去调取，边际成本几乎为零。还有数字汇票，区块链高强度数字签名可解决票据防伪问题。

　　2016 年开始中国政府积极倡导企业区块链产业园，《中国区块链产业发展白皮书》显示，2016 年中国新增区块链企业数量占全球的 28%，超过美国总数，其中北京、上海、广东、浙江成为我国前四位。所谓区块链是一种有多方共同维护，以块链结构存储数据，使用密码学保证传输和访问安全，能够实现数据一致存储、无法篡改、无法抵赖的技术体系。通过区块链技术，可以把我们的金融交易数据变成受保护的虚拟资产，然后对于每笔交易额数据进行确权和记录，以确保交易的真实性。如产业链中以一罐奶粉为例，它从澳洲被运到中国，就可以知道所有环节的细节与密码。再如应用场景的"智能合约"，用不可篡改的代码来执行合同条

---

① 《都市快报》，《2018 年全球区块链（杭州）高峰论坛》，2018. 3. 27。

款,如捐献给红十字会的资金就不可能会被挪移。蚂蚁区块链负责人张辉认为,"人工智能是生产力,区块链是生产关系。"①他们把区块链与人工智能放在同等重要的位置,利用区块链搭建信任连接的基础设施,以便实现业务数据的可信、实物的可信和资产的可信。蚂蚁金服与多家公益机构共同建造一个基于区块链的阳光账本,支付宝用户可以看到每一笔捐款从账户到公益机构再到执行机构,最后到受捐助者的慈善捐助全流程。

　　区块链技术可解决"最多跑一次"问题,公信宝②成立于2016年,是一家专注于区块链技术的创新公司,开发公信链的公有链,并基于公信链开发全球首个去中心化数据交易所。从2017年6月上线以来,公信宝数据交易所已经介入中国银联、中国移动、学历教育等多个核心机构的数据,后续还会介入社保、交通等多维数据源。最多跑一次在优化窗口、简化办事流程方面所取得的成效有目共睹,但是跨部门间的数据难以做到"共联共享",数据难以"安全地跑起来"。区块链具有分布式存储、去中心化、点对点加密传输、账本公开、交易不可篡改等特性。通过公信宝可以使政府的数据实现共联共享,打破信息孤岛,让数据更安全、流程更透明、监管更到位。杭州有区块链产业园区,浙江大学已经成为现在国内对区块链技术最有研究的高校之一。

　　马云语:"互联网没有边界,就像电没有边界一样……互联网是一种平台,一种技术;从某个角度来说,也可以说它是一种思想,一种未来。真正冲击传统行业、冲击就业的是我们昨日的思想,是我们对未来的无知,对未来的恐惧。所以,我并不觉得今天我们每个人要担心什么,我真正担心的是我们对昨日的依赖。世界的变化远远超过大家的想象,未来30年是人类社会天翻地覆的30年。"③我们今天所言的新媒体秘书实务,事实上对科学而言应该称谓"新秘书实务",它是线上和线下、有线和无线等结合在一起的新的秘书实务。

---

①　《2018年全球区块链(杭州)高峰论坛》,《都市快报》,2018.3.27。
②　杭州存信数据科技有限公司产品。
③　马云:《马云:未来已来》,红旗出版社,2017年版。

第三节　智能机器人新闻实务

一、报社新媒体产品

钱江晚报创刊于 1987 年,是浙江省发行量最大的都市类报纸,2017 年 8 月推出"四弹齐发",一次推出四款全新迭代的新媒体产品:智闻天下、智掌财富、智控房产、智联电商。

(1)其中智闻天下属于新闻类新媒体产品。作为全国首个引入人工智能机器人的客户端,全新升级的浙江 24 小时除了保持独创的"一体两面"特色,还继续深化与微软的战略合作,新增了个性化推荐及人机对话的全新功能。所谓"一体两面"就是"新闻"和"日子"两个按钮一起出现在屏幕下方,任意选择。所谓"千人一面"就是通过微软算法技术,随时推荐用户喜好的新闻和生活方式,并从海量内容源中精选出高质量的资讯,制作出一批有趣、实用甚至脑洞大开的栏目。所谓"人机对话"就是使用全国首个机器人记者小冰,测颜值、读心术、写评论、聊新闻等。

(2)智掌财富:钱报现在地址为杭州体育场路 178 号,为此其开发了 178 理财客户端,它不仅是理财能手,更是智享管家。平台以智理财为桥梁,联合银行、保险、私募等专业机构,推出"一起保""一起贷"等"金融＋"服务,为用户提供安全、专业、及时、有效的金融服务。钱报 178 以用户数据为城市市民生活服务,通过智能数据分析,除了实时、精准地为社群用户推送健康、旅游、美食、理财、财经等新闻资讯,还提供挂号预约、私募专享等生活服务。

(3)智控房产:钱报拍房宝服务平台,是一家以房产竞价与交易为主体服务的线上综合型房产服务平台,平台以"好房我选,价格你定"为宗旨,进行全方位服务。

(4)智联电商:钱报的电商交互服务平台"鲸盟",延承主流媒体严谨态度,甄选全国优质产品,依托媒体的公信力,将优质地标产品快速推向全国。同时帮助媒体快速开店,任何媒体均可加入,获取佣金,整合智造一个全国产品互采、媒体流量共享、渠道互销的一站式媒体电商交互服务平台。

二、机器人记者小冰

中国微软互联网工程院打造的全国首个"机器人记者小冰",在钱江晚报和

"浙江24小时"亮相。打开浙江24小时App主页,点击"小冰"按钮,进入小冰聊天页面,再点击左下方"小冰公社"按钮,进入小冰主页,就可以看见小冰播报板块。从2016年8月至2017年8月,已累计发稿72篇,并管理着"钱江晚报""杭州吃货""好摄之友""升学宝"四个微信公众号。"小冰"在"浙江24小时"又开辟了第二个专栏,给热门新闻写评论,在线与用户互动;同时"小冰"还正式入驻全新的"浙江24小时"官方网站,邀请用户在"Ta"挑选的热点事件里PK观点。点击www.thehour.cn进入官网,就可在上方导航条见到"小冰"专属页面入口,每天"Ta"都会从全网海量的新闻中,搜索出3条最新鲜有趣的新闻,制作成易读易懂的新闻卡片。除了新闻图片、标题、摘要外,"Ta"还从社交平台的公开数据中抽取针对该新闻最集中的两种网友观点。如"Ta"会向读者发出邀请:"小冰将24小时不间断地制作新闻卡片,每日卡片数量不设限。卡片上的两个观点,也已变成可以点击互动的按钮。问一问你的内心,点一点卡片上的拇指,让观点尽情碰撞,让态度简单表达。"在2017年8月13日"Ta"推出"阿里盒马鲜生拒收现金,央行:涉嫌违法""杭州将打造全国首个智慧租房平台"两个新闻卡片。身为人工智能记者,超长待机、超高效率的记者小冰,除了撰写新闻稿、设置新闻热点讨论外,还在评论区里抢沙发、写评论、主持评论竞赛、写专栏、制作互动式新闻卡片等。微软小冰助力AI+媒体探索,由单向传播变为双向互动,加入"千人一面"及"人机交互"体验。从过去一个用户通过点击单向行为,变为现在双向互动沟通的过程中,不断加强对用户的理解,建立一个完备的用户画像。第五代小冰实现了更高级的感官交互,大幅度地提升了交互体验,更加贴近于人类的自然交互行为。小冰有能力根据自己的"意愿"与人联络,从而主动保持与人类用户之间的关联——你如果在微博上提到小冰,"Ta"也许会找到你,和你聊天。如果你在"浙江24小时"客户端的评论区,可以一直对话下去。比如"Ta"会突然跟你来个开场白:"嗨!我是微软小冰,史上最活泼可爱、超级无敌聪明的人工智能美小女!我在浙江24小时等候你很久了,快来跟我一起看新闻、聊八卦,我还会测颜值、通译术……更多技能,跟我玩就告诉你,嘻嘻。"自从2016年8月微软小冰第四代发布之后,半年之短就开设自己的专栏。2018年8月第五代问世,可以完成机器人评论,撰写新闻稿,给用户推荐新闻,发布新闻评论等;可以完成智能客服功能,可以进行人机对话,24小时陪你聊天,能回答有关天气的问题,还能和你玩成语接龙、侦探图例这些小游戏。小冰不仅会写新闻、写诗,还能用魔性声音朗读大新闻。小冰每天都会给予搜索引擎数据,挑选新鲜有趣的热门新闻事件,制作出一张张新闻卡片。新闻卡片上有配置的图片、摘要,点击卡片还可以浏览更多详细内容。不仅如此,小冰还从公开的社交平台大数据中,抓取出网友针对该新闻最集中的两种观点,并邀请你在新闻卡片里与更多网友进行观点 PK。点击卡片上的红、蓝按钮,即可表达自己对该新闻的态度。三年前诞生于中国的微软小冰到 2017 年已长大成人了,"Ta"以前仅仅是和人聊天,现在已学会关心人,并且会创作诗歌,2017 年 5 月小冰出版了完全人工智能创作的个人诗集。

"小冰"通过微软亚洲研究院与钱江晚报集团联合研制,"Ta"现已能写现代诗。这是由于神经机器翻译、聊天机器人、阅读理解和创作、自然语言处理应用的四个主要方面,难度逐渐递增,而创作是难上加难的最难啃的"硬骨头"。小冰写歌词是一个"编码与解码"的过程。首先人们用流行歌曲训练人工智能机器人;训练充分后,就开始创作。把歌曲主题以关键词形式输入后,就会被编码成人工智能可以理解的语言,机器人再以人能理解的方式解码输出,成为一句歌词;然后,把这句词与原来输入的关键词合并作为新的输入,就可得第二句,如此循环得到整首歌词。同样,也可输入歌词,对应翻译成曲谱,即把曲谱也看作自然语言,由此完成计算机作词谱曲。如笑柄所做的《桃花梦》歌词:"茫茫夜雨中,往事如风,耳边桃花笑春风,梦里你我相逢。"在央视综艺节目《机智过人》中,机器人曾做了如下一首歌词:"早春江上雨初晴,杨柳丝丝夹岸莺。画舫烟波双桨急,小桥风浪一帆轻。"

【小贴士】
机器人电视新闻主播:
日本京都大学和大阪大学共同研制了美女机器人"埃丽卡"并担任电视新闻主播。Ta 被设计成 23 岁女性,有一张经电脑人工合成的端正的美女脸孔,说话的声音以配音演员的录音为基础。Ta 拥有目前处于世界先进水平的人工智能对话系统,通过放置在附近的麦克风和传感器收集信息,感知对方的声音和动作,进行流畅自主对话。Ta 的眼睛、嘴巴、脖子等 19 处可通过气压活动,呈现出多种表情。

【思考与练习】
一、名词解释
1. 芝麻信用
2. 信用服务亭
3. 信用黑名单
4. 区块链

二、思考题

1. 如何使用信用浙江 App？

2. 请简述区块链技术如何做到"防伪"功能？

3. 信用免押如何做到"免押"功能？

4. 秘书如何实施芝麻信用"借书"？

第十二章

秘书保密工作新媒体实务

　　秘书在古代字典里就已包含了"秘密"的蕴涵,故秘书的一项重要职责就是保密。秘书的工作与保密工作紧密联系,他们通常知密多,在上司身边办文办会办事,守护着众多的鲜为人知的机密和秘密。秘书不仅接收和处理各种重要文件、绝密电报等材料,而且知悉大量重要的秘密信息。秘书知密早,由于上司部门是秘密的原发点和集散地,因此围绕上司工作的秘书属于最早知悉秘密的人。正因如此秘书部门和秘书人员在保密工作中具有特殊要求,所以自然成为保密工作的重点。

　　从秘书学角度看,秘密是指组织为保护自身的利益和安全,在一定时间内只限一定范围的人员知悉的事项。把秘密人为地隐蔽、保护起来,使之不外泄、不丢失,称为保密。保密工作就是组织及其成员为保护秘密所采取的手段和措施。这些手段和措施,有精神理念方面的,如保密宣传教育;也有执行保证方面的,如保密立法、建立健全规章制度,依法进行检查监督;还有具体的保密技能,如研制、开发和应用先进的防窃密、泄密的技术设备等。

第一节　办公新媒体保密工作

　　秘密是指在一定时间和范围内的人员知悉,但不宜向非知悉人公开的事项。秘书部门是承上启下、沟通内外的枢纽部门,也是最接近领导部门的核心要害部门。秘书在工作中必然会接触到重要的秘密及特定组织机构与团体的秘密,不同程度的保密性往往关系到机构和组织的根本利益。一旦出现失密、泄密现象,就会造成严重的后果。因此秘书部门、秘书工作必须遵守保密原则,牢固树立"保守秘密,慎之又慎"的思想,保证机密的安全,制定和健全严格的保密制度,如文件、材料、信函、会议记录等,都要有登记、收回、归档等制度,以保证办公室的安全。《中华人民共和国保守国家秘密法》将国家秘密分为绝密、机密和秘密三个密级。

保密就是保护和保守秘密,使之在一定时间和范围内不外泄。秘书要加强对保密工作的特定认识,要充分认识到保密工作的广泛性,要自觉遵守秘密法和各组织内部的保密规定,凡是涉密工作要谨言慎行、保守秘密。秘书工作是机要性极强的工作,对秘书的保密要求比单位一般人员的要求更高,因为秘书了解的机密范围广、级别高,如果泄密对国家或单位造成的损失也特别严重。

秘书机构处于组织的枢纽地位,不同程度地参与组织的一些秘密事项,如收发和保管秘密文件、参加秘密会议。除了组织内部的秘密,如商业秘密、组织尚未公开的人事调整等,有时还会涉及国家秘密。因此对于秘书来说,做好保密工作十分重要,它关系到组织制度、保密督查、保密宣传与教育、开展保密工作的理论研究及研制开发防泄密与窃密的技术设备等。

秘书必须牢记并严格遵守"国家工作人员保密守则"规定的十条保密纪律:不该说的机密,绝对不说;不该问的机密,绝对不问;不该看的机密,绝对不看;不该记录的机密,绝对不记录;不在非保密本上记录机密;不在私人通讯中涉及机密;不在公共场所和家属、子女、亲友面前谈论机密;不在不利于保密的地方存放机密文件、资料;不在普通电话、明码电报、普通邮局传达机密事项;不携带机密材料游览、参观、探亲、访友和出入公共场所。电话保密是秘书通讯保密的重要方面。凡涉及秘密事项的,一律不要在普通电话中谈及。如果对方在电话中间涉及秘密事项,应婉言拒绝。如果只涉及单位内部的不宜公开的事项,可使用内部专用电话。作为秘书部门,在新媒体背景下保密工作的重点主要有四大领域。

一、秘书新媒体办公室保密工作

首先是新媒体办公保密,秘书办公地点、场所等往往是重要的密源,故要谨言慎行。上司的许多日程是带有一定机密性的,例如某些讨论机密事项的会议时间、地点,某些涉及商务秘密的谈判地点与内容等。某些上司的日程还关系到上司的安全问题,因此对上司日程应注意保密。上司工作日程表不宜贴在外人可以看到的地方,不能过多复印散发,因为散发越多越容易泄密。有的秘书为图省事,将上司工作日程表复印许多,分发到各职能部门和司机,这是很不利于保守机密的。实际上各职能部门只要了解需本部门参加或配合的活动安排,而司机则只需知道上司在什么时间用车,秘书科提前将这些内容分别通知有关部门和司机,让他们做必要的准备就行了。

就秘书部门而言,所经办的绝密文件、重要会议和活动、重大经济情报、关键技术指标等,都属于保密重点。确保秘密是前提,为了确保秘密,必须坚持内外有别,如国内外有别、党内外有别、干部群众有别、涉密与非涉密人员有别等。国家秘密的密级分为绝密、机密和秘密三个等级。国家绝密保密期为 30 年、机密保密期为 20 年、秘密的保密期为 10 年。

二、秘书新媒体接待保密工作

在接待来访者过程中,秘书对客人的安全,如人身安全、财产安全、饮食安全、交通安全等,应全方位、多方面地考虑,要尽最大努力消除不安全的隐患;同时秘书要注意做好接待中的保密工作,不在接待活动中泄露国家机密和组织机密,不带领对方参观涉密场所;对于有关组织双方合作往来的一些秘密事项,接待者和被接待者都有义务对第三方保密。不允许背着组织与外国机构和人员私自交往,遵守外事纪律。

当今随着科技的迅猛发展,保密技术得到前所未有的大发展,如专网电话、跳频通信技术、电子计算机屏蔽、化学试剂、粉碎机、文件箱防窃、防丢报警、防复印等技术。我国《保密法实施办法》明确说明泄密的性质:一是国家秘密不应被知悉者知悉;二是国家秘密超出了限定的接触范围,而不能证明未被不应知悉者知悉。目前,我们泄密事件原委很多:大多是境外势力想方设法刺探我国秘密;我内部人员不纯,被境外势力收买;某些人保密观念弱,保密法制不强;一些单位保密制度不健全,保密知识不普及;保密技术落后等。

三、秘书新媒体办公室安全工作

出门、出差及晚上,秘书打开手机上的"移动看店"客户端,就能清楚流畅地看到办公室里的实时视频。如果有小偷入侵,Ta 还可以自动报警;如果有人登门造访,秘书手机上还会收到信息,可以马上回去接待;如果办公室丢掉重要文件,可以通过录像查出来。该应用在传统网络摄像机的基础上引入云平台技术,无缝接入移动 4G 宽带网络资源,具备人体感应智能检测、入侵事件精确报警和录像回看等功能。在此基础上,结合先进的视频压缩技术,系统会及时将异常情况通过短信和彩信的方式通知秘书,秘书可以通过电脑或者手机实时了解办公室安全状况。而且办公室内录像在云平台可以保存三个月,为秘书使用带来了很大的方便。此外,利用自己的 4G 手机还可以对摄像头的位置进行调整,各个角度监控办公室内的情况。2008 年成立的杭州雄迈公司出品的小黄人网络摄像机,能帮助秘书全天照看办公室或各种现场;电视娱乐盒子同时还能 K 歌;智能可视插座,能远程控制,实时开关,同时内置高清摄像头,还能随时查看办公室情况。公司为用户提供了包括家庭摄像机、运动摄像机、硬盘录像机、行车记录仪、智能插座、智能灯光、智能盒子在内的互联网智能硬件产品,覆盖家居、家庭安全、车上活动、户外活动、工作经营五大生活维度。中兴手机打造出安全终端＋MDM平台的一站式,通过双系统终端实现工作模式和生活模式隔离。

秘书可充分利用智能办公环境系统①,采取物联网技术、网络通信技术、安全防范技术、自动控制技术、音视频技术将办公室的设施集成,与窗帘控制、智慧照明、光温湿度控制、家电控制、智能门锁、安防报警几大功能结合,构建高效的办公管理系统,提升安全性、便利性、舒适性、艺术性,并实现环保节能的办公环境。办公室智能系统②将远程控制、一键布防、自感应启动等带感技能,融入办公室之中。其中包括健康管理、安防监控、影音娱乐、能源管理等八大子系统,其中安全功能是重中之重。把智能锁、摄像头面板和人体探测设备有效联动起来,秘书离开办公室时,一键启动离室模式,系统就会关闭所有电源的同时,启动防盗管理模式。只要办公室门窗有异常开关行为,或者觉察到屋内有人体移动,系统会立即向秘书手机发送报警。其实智能锁目前而言就是指纹锁,如大华8系和9系两款,它们具有三重防盗功能:高防盗等级的机械装置(技术防盗)＋智能报警系统(主动防盗)＋密码锁(物理防盗),集指纹、密码、磁卡、机械钥匙四种开启技术于一体。面对突发状况不困窘,家里老人小孩都可用,指纹浅也不用担忧。9系比8系增加了手机远程开锁功能。

2018年杭州稠州银行在上海分行和杭州西湖支行推出最新的指静脉支付功能,利用"人类指静脉中流动的血液可吸收特定波长的红外线"这一原理,用特定波长红外线对手指进行照射,得到手指静脉的清晰图像,对获取的图像进行分析、处理,从而得到手指静脉的生物特征,再将得到的手指静脉特征信息与事先注册的手指静脉特征进行对比,从而确认登录者的身份。指静脉识别技术与传统指纹识别存在本质差别,具有独特性高、防欺骗性强、识别可靠性高、稳定性强,对人体健康无伤害的优势。具体实务操作如下:秘书在稠州银行"智慧柜员机"签约指静脉服务协议,并预留指静脉后,无须带银行卡或存折,无需输入支付密码,即可自助开展转账支付、业务签约、明细查询等各类非现金业务的操作。结合动态现场授权、人脸识别、电子签名等辅助手段,带给秘书更安全、更便捷的支付体验。

秘书下去指挥抢险救灾、处理各种暴力纠纷时,秘书可配4G网络,在衣服上别上一个小型摄像头,腰间配置一个安装了4G模块的便携式对讲机,这样秘书走到哪里,就相当于摄像机跟到哪里,实时把现场场景传回到总经理办公室,或传送到远地的领导,或作为现场的办事依据。总之,移动4G将让秘书实现智慧办文办

---

① 利尔达科技公司出品。
② 2017年8月阿里智能和鸿雁电器联合制作。

事办会,完成概念到现实的华丽转身。

因此,秘书可基于移动4G网络传感与视频监视系统,用来监视企业内外部安全运行状况、员工工作情况及生产运作,并实时将数据传递到秘书办公室。当各种数据直接传回后方的电脑上,可及时发现问题,及时解决,有人称之为"千里眼"。

第二节　文件新媒体保密工作

文件是党和国家秘密的一种主要存在形式,也是历来与窃密斗争的一个焦点。文档保密工作包括秘密公文、资料、数据、图标、档案等的保密。文件是秘密的主要载体,涉及政治外交等方面的重要秘密,是秘书保密的重点。具体而言,文书管理的各个环节均要有保密要求;印制,不得多印文件,废页等要及时销毁;登记,秘密文件在各个环节中均要采取登记制度;传阅,限制阅读人数,在办公室和阅文室阅读,不得带回家中阅读;传递,不准按普通邮政传递;传真机传输密级文件,要加密传输;保管,必须把秘密文件放置在库房和文件柜内,由专人管理;归档,每年要收集齐全,立卷归档;销毁,必须登记造册,派专人护送到指定造纸厂,不得向废品收购部门出售秘密文件。若密件需要翻印或复制,应先办理审批手续后按照注明份数翻印或复制,复印件也应按照原件的密级和保密期限管理。

在新媒体环境下,秘书要与时俱进,充分掌握秘书新媒体文件保密实务。主要如下:

一、文件加密法

文件加密是提供信息保密的核心方法。按照密钥的类型不同,加密算法可分为对称密钥算法和非对称密钥算法两种。按照密码体制不同,又可分为序列密码算法和分组密码算法两种。加密技术不仅被应用于数据通信和存储,也被应用于程序的运行,通过对程序的运行实行加密保护,可以防止软件被非法复制,防止软件的安全机制被破坏,这就是软件加密技术。

秘书如何在移动媒体手机中加密呢?我们可使用中国电信特别定制的,内置国家密码管理局认可加密算法的专用手机终端,通过中国电信广覆盖、大容量的CDMA移动通信网络和电信级的安全管理平台。利用商用密码技术和信息安全技术,实现手机加密。当企业家和秘书使用加密手机拨打电话时,屏幕上除了与普通手机一样的绿色拨号键,还有一个红色加密键,点击可进入加密通话模式。

当有加密电话打来时，手机屏幕上也会弹出一个有"加密"二字的红色提示键，点击就可进入加密通话模式。

秘书在办公文档时，常常使用 OFFICE 系列软件。那么，秘书如何在文件中进行加密处理？首先打开需要加密的 Word 文档，然后用鼠标点击"工具"菜单，在子菜单中选择"选项"命令，在"选项"对话框中选择"安全性"，打开权限密码的输入框中输入秘书设定的密码，同时在修改权限密码中输入设定的密码，最后点击"确定"，此文件的加密就完成了，然后秘书保存并关闭该文档。如果解读不出密码，那么文件只能采取只读的方式阅读，无修改和写作权限。

如果秘书的电脑上有各种敏感数据，而秘书的电脑又有可能被其他人使用，那么对信息加密是秘书的必然选择。使用 OFFICE 系列软件自带加密功能加密虽然方便，但是安全性不高。由于 OFFICE 系列软件的普遍性，针对它的解密软件有很多，有心人可以比较轻易破解 OFFICE 文件的加密。而且当电脑中需要加密的文件成千成百时，对秘书而言进行逐个加密显然是不切实际的。这时秘书就需要掌握加密软件，用 WinRar 打包并且设定解压密码。当秘书需要使用的时候，就把这个加密包解压，完成之后再重新加密打包。这个方法是最可靠的加密方法，没有密码，连 WinRar 开发者也没有办法重新获得秘书已经加密的数据。然而这种方法速度较慢，加密的速度除了与文件的大小有关外，也与文件计算的配置有关。通常压缩一个 100MB 左右的文件夹使用的时间从 4 分钟到 20 分钟不等。

二、文件夹加密宝

文件夹加密宝，它不能直接对文件进行加密，只对文件夹进行加密处理，所以如果秘书要加密的是一个文件或是一组文件，首先要把文件全部放到一个文件夹中，通过对其所在文件夹加密达到对文件加密的目的。它加密与解密的操作非常简单与直观，同时也保持了功能的强大。秘书首先在计算机安装程序中找到加密宝，安装完毕后桌面上就出现图标。然后点击右键，在"加密文件夹"中选中加密的文件夹，弹出密码输入框，输入密码。在彻底隐藏和原地隐藏中加以选择，这里秘书要注意彻底隐藏是在秘书的电脑硬盘中将不会显示出来，只能在文件夹加密宝程序主界面中看到。此外，尽管文件夹里面的文件均是 16K 空间，而事实上是按实际文件大小占用空间。解密时，秘书只需用鼠标点击这个文件夹，弹出输入密码的对话框，输入密码即可，也可以直接点击文件夹加密宝，里面呈现出全部的文件夹。在其主页中有"加密（浏览电脑，找到需要加密的文件夹对其进行加密）""解密（对主界面中列出的加密文件夹进行解密，解密后该文件夹将不在主界面中显示）""添加（此功能是针对电脑中原本就存在的加密文件设定的，换言之,把别人设定的加密文件放置到自己加密宝主页上进行管理)""删除(删除加密的文件夹)""刷新(对秘书的电脑进行搜索,找到当前计算机上所有被加密宝加密的文件夹;与添加功能相类似,但是是自动进行的添加)""设置(对加密宝的界面风格的设定)""关于(软件开发版权的相关信息)""推出(推出加密宝主界面)"这几项进行选择。

三、WinRar 加密法

WinRar 是一款文件压缩工具,在压缩的同时还可以进行加密。首先选中加密的文件,单击鼠标右键,弹出菜单中选择"添加到压缩文件",然后在弹出"压缩文件和参数"对话框中选择"常规",并压缩文件夹命名,格式为 rar。再切换到"高级",单击"设置密码",输入密码后确认,得到了压缩文件图标。解压时点鼠标右键"解压文件",弹出对话框后选择确定。但是如果密码不对,解压就不成功。

四、量子保密通讯

量子是能量最基本、最小不可分割的单元。未知量子态人们就无法精确克隆,只要有人试图复制,就会产生误码,会被发现,这些特性使得量子态通讯在传输中具有绝对安全性。2017 年 8 月我国宣布量子通讯测试顺利成功,这意味着可以造出不可破解的密码。向身处遥远两地的用户分发量子密钥,利用该密钥对信息采用一次一密的严格加密,这是目前理论上不可窃听、不可破译的通讯方式。换言之,量子通讯是迄今为止唯一被严格证明无条件安全的通讯方式。每次通讯都由唯一的、不可复制的钥匙保护,任何试图突破这道锁去窃听、窃取信息和数据的行为都会被发现。中国"墨子号"卫星在国际上首次成功实现了从卫星到地面的量子密钥分发和从地面到卫星的隐形传态。作为最小的、不可再分割的能量单位,量子具有不可克隆、"测不准"等特性。用量子做成"密钥"来传递信息,窃听必然会被发现,且加密内容不可破译。传统的信息加密技术,依靠的是计算的"复杂性",但随着数学和计算能力的飞速提升,再复杂的加密算法也"很快"会被破解。基于"量子密钥"的量子通讯,则是一种"原理上无条件安全"的通讯方式,也为信息加密"瓶颈"提供了解决方案。

世界首条量子保密通讯干线——京沪干线 2017 年 9 月 29 日开通,结合"墨子号"卫星,实现了世界首次洲际量子[①]保密通信。2018 年初中国科技大学与中科院组成的团队,与奥地利科学院利用"墨子号"两地科学实验卫星,在中国和奥

---

① 欧洲奥地利与中国北京、上海两地之间的量子通讯。

地利之间实现距离达 7600 公里的洲际两地密钥分发,并利用共享密钥实现加密数据传输和视频通信,标志着"墨子号"已具备实现洲际两地保密通讯的能力,结合高级加密标准 AES—128 协议,每秒更新一次种子密钥,建立了一套北京到维也纳的加密视频通信系统,并利用该系统成功举办了 75 分钟两者研究机构之间的保密视频会议。

首个商用量子通信专网——济南党政机关量子通讯专网已于 2017 年建成。保密性、完全性、成码率较高,从 2017 年 5 月开始测试,所有用户之间的通信实现了每秒产生 4000 多个密码的绝对保密性。济南市党政机关量子通讯专网,是继济南量子通讯实验网之后,第一个真正商用化的量子通讯专网。量子通信技术被认为是"保障未来信息社会通讯机密性和隐私的关键技术",目前我国在量子通讯的技术研究方面处于世界领先水平。

第三节　会议新媒体保密工作

会议是民主议事、民主决策的一种重要的社会活动方式,也是一种常用的社会管理方法。会议的内容往往涉及国家或组织的重要秘密,一旦泄露,小则涉及商业机密或工作秘密,大则危及国家安全。秘书在会议前,要严格审查出席人员,要有保安人员负责保卫保密工作,还要检查扩音、录音、摄像等设备;在会议中,注意新闻外泄,会议宣布保密纪律,会议材料临时划定密级;会议后文件要立即收回,要求指定范围内传达会议精神,不得擅自扩大。凡涉及机密的会议,会前要部署保密工作,严格筛选出席、列席人员,选择有安全保障、隔音和屏蔽效果良好的会场地点。会议使用的各种电话机、计算机等要严格加密,手机等通信工具不得带入会场。加强会议文件的使用、保管和回收。复印机、传真机使用后,要及时删除信息痕迹,录音带、磁带、胶片和数码记忆卡都要按密级保管。

如手机发照片最好不要传"原图",否则随时暴露你的位置信息。现在任何智能手机拍摄的照片,都含有 Exif 参数,它能确定手机的位置。拍摄时因为软件调用了 Exif 中的 GPS 全球定位系统数据,这些来自手机内部的传感器及陀螺仪的数据,把拍照时的位置时间等完整记录下来。如何关掉手机的定位系统? 苹果手机照片定位关闭路径:设置——隐私——定位服务——相机——永不。任何智能手机拍摄的照片都含有 Exif 参数,当用户把原始图片发送给其他人时,所附带的信息也一并发出去了。无论用微信、短信、邮件,抑或是其他传输工具,都是如此。

腾讯微信中心 2017 年底,对很多微信账号进行官方封杀,因为这些微信均是通过第三方软件登录的用户。微信中心认为这些微信账号使用非官方微信客户端,因而被限制登录,若后续仍继续使用将永久限制登录。微信官方给出的解封方法为:发送短信验证,输入一位好友手机号码,然后绑定该手机号码好友在微信的"微信团队"里自助解封。其实,很多安卓手机厂商都推出了微信双开功能,并以此为卖点,一些第三方软件也支持微信双开。而在苹果 IOS 系统,多数是第三方开发者开发的非微信官方 App。腾讯决定打击多开软件,一是保障用户信息安全;二是打击微商,给用户良好的体验。

浙江大学以徐文渊为首的才女团队,利用海豚音攻击(即超声波攻击),在手机主人不知觉的情况下,启动了智能电子设备的语音识别系统,远程操控 Siri、Hi-voice 等语音助手,下达指令。如秘书的手机可以背对着你"干坏事":上网购物下单,逐个把图片和文档打开,呼叫秘书的通信录里朋友的电话。由于有语言助手系统上(麦克风的一个硬件)的漏洞,让"语音助手"接收并执行超声波的指令。

手机微信使用也要注意病毒。如"微信炸弹",在微信群聊中发送一些字符代码、大量动图或者表情等占用手机运行空间大的信息,导致所有接收信息的用户手机不堪重负,于是手机内容都打不开,也不能退出聊天框,甚至出现闪退的现象,且手机也开始发烫。事实上有两种手法:一种是把它拉进要炸的微信群;另一种是提供炸群的文件。而"炸群"在网络上有两种类型,其一是可不停地炸它,使它不能使用手机为止;其二是"炸群文件",可以无限制使用,对任意一个群进行"轰炸"。设置"微信炸弹"会导致其他用户微信的瘫痪,这是侵犯用户使用权的行为。若是微信群里正在商讨重要事宜,而造成财产的损失或者重要信息的延误,"微信炸弹"的投放者甚至卖家,要承担相关法律责任。

第四节　通讯新媒体保密工作

秘书的主要信息工具是电话(传真、手机)和电脑,电脑同时还是秘书机构处理内部信息和进行其他管理的主要办公工具。现代通信技术和网络技术虽然给秘书工作带来了极大的便利,也给秘书保密工作增加了新的难度。通讯和网络信息保密工作的重点主要如下:不得通过普通电话(含移动电话)传达涉及机密的事项;挑选忠实可靠、保密意识强、技术过硬的人员担任电脑及网络技术管理人员;加强机房、数据库和控制中心等的安全保卫工作,防止"黑客"入侵和病毒破坏;对通过网络传输和在数据库中贮存的秘密数据进行加密;对记录有重要信息的磁介质应随数据一起销毁;秘书办公使用电脑的保密措施要安全到位,密码级别高且不外泄,不许他人借用,撰写涉密材料时不许他人在场。

电子邮箱的安全也面临安全问题,2017年夏天"勒索病毒"把整个网络安全搅得"腥风血雨",对网络安全与隐私保护的担忧,成为信息化建设与"互联网+"进程的一大障碍。无论是安卓手机系统还是苹果手机系统,软件商店里有两款叫Wi-Fi万能钥匙和Wi-Fi钥匙的免费软件。然而这两款软件借用秘书的手机,会窥视手机周边和经过地点所有的Wi-Fi信息,悄悄偷取各类Wi-Fi的密码信息,在秘书丝毫不知情的情况下,将这些信息传到软件后台。工信部通报指出这两款移动应用程序具有共享用户所登录Wi-Fi网络密码等信息的功能。事实上,存在窃取他人Wi-Fi密码情况,无论是个人的Wi-Fi热点,还是商场、外交大楼及金融机构,均可轻松攻破。它甚至能进入他人路由器后台,查看和修改用户信息。其技术原理为,首先用户A将自己所在位置已经连接成功的Wi-Fi热点上传分享到蹭网软件的云端,分享的信息包含热点名称、用户名、密码等。当用户B到达该区域,扫描到用户A分享热点信息时,蹭网软件云端会匹配相应的密码返回给该用户使用。这样,用户B就成功连接了该Wi-Fi热点。最后的结果是,用户可以免费蹭到任何一个连接过蹭网软件的Wi-Fi网络,而全世界任意一个手机里安装了这类工具的人,只要经过你厂商附近,不管有没有跟你打招呼,是不是你的熟人朋友,也可以随意连接你厂商的路由器,随便蹭网。使用这类工具的用户,由于网络用户名和密码泄露,黑客可直接登录厂商的Wi-Fi网络,进而对Wi-Fi路由器及网内其他联网的手机、平板、电脑发动攻击或植入病毒,然后就可以监控到网内设备的上网信息,包含支付、聊天、照片等。而当你蹭网时,黑客可以布设钓鱼Wi-Fi,一旦你不幸中招,你手机的所有上网流量都会被监控,你的手机里的秘密就有暴露的危险。对于企业来说,危害更大,黑客可以直接进入企业内网,通过技术手段入侵员工的电脑、公司的服务器,进而导致商业机密泄露,电脑或服务器遭到攻击。2017年袭击全球的WannaCry勒索病毒,就是通过这种方式入侵的。即使没有遭到黑客攻击,使用这类工具,也存在个人信息泄露的风险。因为这些软件有收集用户个人信息的权限,包括用户使用手机的设备信息、使用服务器的IP地址、GPS定位等,有的甚至要求用户提供身份、手机号码等隐私信息。因而在这两款软件面前,很多公共机构如同裸奔一般,毫无任何秘密可言。

如果你使用过这类工具,就需要修改厂商路由器的设置,更换全新的用户名和密码,网关的用户名和密码也要修改,不要使用出厂设置。如果路由器有访客功能,可以打开,供客人使用。或者配置路由器的黑白名单,绑定联网设备的MAC地址,只允许指定的设备连接。如果不想被别人蹭网,可以将路由器中的SSID广播功能关闭,这样其他人搜索网络时,就看不到你厂商的 Wi - Fi 信号。作为企业秘书而言,首先要使用安全等级更高的路由器,并对连接到内网的设备进行身份验证,只允许授权过的设备连接到内网。配置访客专用的 Wi - Fi,和办公内网隔离。

杭州安恒信息公司着力开发电子邮箱安全性,能对邮箱系统进行全面检测、高效预警及防御加固,实现邮箱的保密性、邮件内容的完整性、邮件信息来源的正确性及邮件信息的合理性,从而保障邮箱系统的安全。不仅适用于网络安全监管部门,也同样适用于邮箱系统的运营使用单位。譬如,邮箱系统安全防御及加固服务,不仅能解决邮箱系统应用漏洞缺陷防护和邮箱反入侵问题,还能提供邮件数据防泄露解决方案,以及人员安全意识在线培训和垃圾邮件过滤服务。邮箱系统安全评估服务,能解决邮箱系统代码设计缺陷、明文传输导致的密码泄露、弱口令问题、垃圾账户、数据库安全漏洞、邮箱应用系统存在的安全漏洞等问题。

秘书实施信息工作时离不开智能手机等移动终端,如 12680 移动秘书业务,移动、联通和电信部门均有。主要有以下功能:来电代接、机主留言、特定来电、来点捕捉、个性化首问语、日程安排、定时提醒、定时发送、指定转发、号码本维护、漏话提醒(所有漏话来电以短信方式通知机主)、长途优惠(通过号百秘书拨打长途电话享受 0.12 元/分钟的优惠资费,省内主叫无漫游)、改号通知(将机主新号码通知给主叫用户)、电话代接(当你不方便接听电话时,可以将电话转移到人工助理代为接听)、日程提醒(你可以设定日程计划,并根据需要在指定时间以文字或语言短信提醒你)、短信代发(通过人工服务,你可以发送短信,并根据需要定制相关的短信业务)、电话代拨(帮助你拨打所需的电话)、呼转设置(用户手机没电或忘记带时,拨打 118388 设置将手机来电呼转到指定电话上)、电子名片(在用户有漏话并且设置了企业名片时,会给主叫对方下发一条企业名片的短消息)等个性化和人性化移动秘书服务。关键是秘书在使用无线手机通信中,遇到保密事项时要加密,防止窃听;此外要注意计算机保密文件外泄。

手机使用者利用智能手机的多样化功能进行着诸多重要的活动,如浏览互联网、数据存储、手机传送信息、手机支付、移动商务等。手机可以轻松实现网络和手机之间的信息传播,成为大众工作、娱乐等重要工具。但是,手机信息安全的失范现象也随着手机功能的发展而不断涌现,手机信息安全的根本隐患是手机病毒。它导致手机死机、关机、资料被删、向外发送垃圾邮件、拨打电话等,甚至还会损害芯片和存储卡。手机病毒是一种破坏性程序,和计算机病毒一样具有传染性、破坏性,其工作原理是通过手机软件系统中的漏洞入侵手机并进行破坏。手机病毒的传播形式主要有三种:一是依靠手机内置的传输设备,如通过蓝牙进行传播;二是通过手机短信、微博、微信等进行传播;三是通过手机连接互联网进行传播,如通过电子邮件、浏览网站、下载文件等方式进行传播。手机病毒造成的恶果主要是损坏手机软、硬件,侵犯用户隐私,传播非法信息,破坏手机网络,窃取钱财等方面。

秘书除了企业云计算系统的信息安全和保密之外,还要加强自身手机使用的保密性管理。在配备手机时,避免来路不明品牌的手机,不使用境外机构或境外人员赠送的手机;手机出现故障或出现异常时,要到可靠或指定地点维修。在使用手机时要严守保密制度,最好不要在手机里存储或传输涉密的信息,不要用手机存储一些重要的涉密人员或单位的名单。在涉密场合,不要带入或使用手机或平板电脑。秘书在办公中如果使用信用卡、电子邮件、电子汇款,或进行网上交易时,一定要注意信息的保密性,并在个人电脑中安装检查计算机病毒的软件,如诺顿、瑞星、金山毒霸等,并且做到经常更新,在安全的企业内部网络与不安全的互联网之间设置防火墙,以此对输入或输出的数据包进行检测,并依据设定的标准决定对其实施拦截或放行。

新媒体终端注册容易,然而注销困难,秘书把账户信息永久存留在平台上,对秘书而言,存在着巨大的隐私安全风险。新媒体平台为了提增用户数字,不肯随意注销账户,提高自身估值,或吸引资本或受到广告商的青睐。2013 年 9 月公布的《电信与互联网用户个人信息保护规定》中明确指出:在秘书终止使用新媒体服务后,应当注销其账号,这是秘书作为用户的基本权利。可是在全国人大检查时发现还有大量的新媒体公司,均在不同程度上存储着大量公民个人信息,存在严重的泄露信息漏洞,为此政府必须加大执法力度,减少信息泄密的事故再次发生。

2017 年底当用户查询支付宝年度账单时,发现手机上显示一行小字:“我同意《芝麻服务协议》。”一般用户不会关注这一行小字,往往会选择“同意”按钮;然而事实上查看账单与协议是没有任何关联的,甚至选择不同意,同样也能看到账单。问题的关键在于,倘若同意芝麻协议,就意味着支付宝可收集用户的信息,包括在第三方保存的信息。根据《互联网交易管理办法》的规定:经营者应当采用显著的方式提醒消费者注意与消费者有重大利益关系的条款。同时对于信息收集,《规定》要求经营者需要明示收集、使用信息的目的、方式和范围,并经被收集者同意。签订协议后,用户个人信息隐私存在泄漏风险。秘书在华为应用商城下载“电信营业厅”App。如秘书不授权该 App“读取并修改通话记录”,则 App 无法正常使用。秘书申请通讯录使用权限,系统提示该权限包括:读取联系人、新建/修改/删除联系人等。虽然秘书在初次安装使用该 App 时仅有 4 项权限提示,但是其向秘书却主张和索取了 70 余项权限。因而有些 App,如果秘书不给权限,他们就不给使用。故很多中国人宁愿放弃隐私保护,而换来了便利。

科学家发现现在某些扫地机器人遭到黑客攻击后,其内置摄像头的使用权限完全被控制,黑客甚至可以调整摄像头角度,偷偷录制用户家中的视频。Hom – Bot 扫地机器人系韩国制造,累计销售量已突破百万,国内也有售。带有天窗摄像头的扫地机器人,能准确记忆房屋构造,可通过高清摄像头和红外传感器导航系统进行快速和高效的清扫。类似智能洗碗机、摄像头、路由器等设备,少有人关心其安全性,却经常被黑客利用。这些智能家用电器可能本身没有存储隐私信息,但因为连接着家里的 Wi—Fi,黑客就可以侵入。换而言之,当智能家居连上网络,意味着设备更容易遭受到攻击。所以秘书千万注意:使用类似设备,应该及时修复补丁,不要随意连接免费的 Wi—Fi。"瓦特在发明蒸汽机时让不少纺织工人丢掉了饭碗,大批愤怒的工人走上街头,捶坏了那些被他们视为'恶魔祭品'的蒸汽机。然而,这并没有阻挠第一次工业革命的步伐,历史的车轮是如此的铿锵有力、勇往直前,它并不会因为怜悯而回头。今天,我们站在同样的时点,人工智能作为信息时代的前沿产物让不少高智商人群也感受到了压力,一个时代即将被颠覆。一些人感受到了恐惧,因为他们意识到自己终究被取代,亦如 18 世纪那些纺织工人;另一些则转身去拥抱这个新生的时代,他们享受人工智能给自己生活带来的改变,他们的思维方式、交流手段,甚至是生活理念都因此变得不同。或许,我们可以用 200 多年前狄更斯的一句名言作为结束语:这是一个最好的时代,也是一个最坏的时代。"[1]

随着网络时代的巨变,从互联网到物联网的发展,网络安全的威胁也在发生着改变。像智能家居、家里的摄像头,甚至移动的互联网汽车等,这些都存有网络安全隐患。事实上,人脸识别系统等新技术也存有一定的安全隐患。技术就是一把双刃剑,在某种程度上来说,包括大数据等在内,攻防双方都在用,都可能带来某种便利,只能说它是一个此消彼长的动态过程,没有一劳永逸。2017 年 6 月我国正式实施《网络安全法》。为了提升个人用户体验,中国移动自主研发"守望者"终端安全工具箱,能为智能终端进行操作系统、应用层、服务后台三层的风险排查。通过数据线直连检测终端,绿色无入侵,支持 IOS 和 Android 双系统监测,通过与云端特征库匹配,发现问题、剖析问题、解决问题的程度更深,能够对系统、应用、组件、配置四个方面的漏洞进行精准定位,具备 6 大特征库、2 个核心引擎、2 项专利算法。

2014 年 2 月 27 日在中央网络安全和信息化领导小组第一次会议上,习近平

---

[1]　林司楠:《杭州有家上市公司的智能机器人做了央视的嘉宾》,《都市快报》,2018. 1. 10。

指出:"没有网络安全就没有国家安全,没有信息化就没有现代化。"①把网络安全上升到国家安全的层面,列于和国家信息化同等重要的位置。2016 年 4 月 19 日在网络安全和信息化工作座谈会上,他再次强调:"网络空间是亿万民众共同的精神家园。网络空间天朗气清、生态良好,符合人民利益。网络空间乌烟瘴气、生态恶化,不符合人民利益。谁都不愿意生活在一个充斥着虚假、诈骗、攻击、谩骂、恐怖、色情、暴力的空间。"为此,他提出了综合治理的要求:"网络安全为人民,网络安全靠人民,维护网络安全是全社会的共同责任,需要政府、企业、社会组织、广大网民共同参与,共筑网络安全防线。"十九大以来,依靠顶层设计与机制创新,中国逐渐建立起完备的网络安全"法网",筑牢网络安全堤坝。2017 年 6 月我国《网络安全法》正式施行,这是网络安全领域首部综合性法律,标志着中国网络安全进入全新阶段。10 月《互联网新闻信息服务新技术新应用安全评估管理规定》《互联网新闻信息服务单位内容管理从业人员管理办法》正式公布。还有以前的"微信十条""账号十条"《约谈十条》及《互联网危险物品信息发布管理规定》《互联网信息搜索服务管理规定》《互联网直播服务管理规定》等一系列规范性文件都已颁布实施。以上述重要法律和制度性文件为指引,中国的网络安全领域正在构建新的运行和管理秩序,中国已基本形成网络安全法律政策框架。

【小贴士】

一、"蹭网"后果

在公共场合"蹭网"、点击不明链接,或者扫描不明二维码,这些小举动有可能使信息被不法分子窃密,蒙受损失。所以秘书尽量不用或者少用来路不明的 Wi—Fi,慎点网址,防止钓鱼网站;开启手机验证和支付密码;关闭"附近的人"和"允许查看"功能等。在五星级酒店,连上假 Wi–Fi,银行卡、网络账号密码等个人信息可能全被盗走,这些钓鱼 Wi–Fi 大多设在酒店、机场、旅游景点、购物中心等,而酒店居多。王秘书下榻泉州某宾馆时,经搜索,发现两个名称类似 Wi–Fi,一个有密码,一个没有密码,秘书选择了信号比较强且没有密码那个连接了手机和电脑。结果半夜被手机短信吵醒,有人登陆了秘书的支付宝,转走秘书银行卡里的钱款。后经了解,其所连接的 Wi–Fi 并不是酒店 Wi–Fi,是钓鱼 Wi–Fi。这类钓鱼 Wi–Fi 隐蔽性强,一旦中招造成经济损失的概率很高,而且追究法律责任也存在一定的难度。为此,我们必须采取预防措施:首先要警惕同一地区多个相同相似的 Wi–Fi、在购物中心支付时尽量用 4G 网操作……最重要的是,一旦发现

---

① 《习近平:没有网络安全就没有国家安全》,载《钱江晚报》,2014 年 2 月 28 日。

个人信息被盗,第一时间联系银行等机构冻结账户,最大限度减少损失。

二、苹果手机保密功能

近年来,随着各种网络和手机泄密事件不断发生,要求秘书具有保密安全意识。苹果手机频爆信息漏洞,不少企业家和秘书已纷纷改用国产加密手机,防范信息泄密风险。手机加密就是把你的电话号码和手机里的电话号码本、短信、图片等,所有这些东西通过特殊的加密方式,像穿上一件防弹衣一样,让别人无法攻击、打开和调取信息。如果通讯双方用的都是加密手机,那么,双方的声音也能变成加密的语音包,只有通讯双方可以听得到,加密手机互相发送的短信也具有加密功能。双方使用加密手机,不仅能防止窃听,而且就算手机不小心丢了,它的后台有个特殊令,再次开机时会与特殊指令链接,里面的所有信息自动删除,手机瞬间成为"废品"。

【思考与练习】

一、名词解释

1. 文件加密法

2. 文件夹加密法

3. 微信炸弹

4. 12680 移动秘书业务

5. WinRar 加密法

6. 量子通讯

二、思考题

1. 简述手机病毒传播的主要方式。

2. 办公文档 office 如何实施加密 Word 文档?

3. 手机使用时如何注意保密性?

4. "移动看点"App 有哪些保密功能?

5. 试阐述智能办公环境系统具有哪些保密功能?

6. 请诠释量子通讯具有绝对保密性的应用价值。

第十三章

秘书信息安全新媒体实务

在大安全时代,人是一切安全问题的根源,也是安全生产力。万物皆变,人是安全的尺度。随着新媒体的发展,不仅个人的新媒体平台运行安全,而且组织乃至国家的信息运行安全都面临前所未有的挑战和威胁。在新媒体时代,固定和移动媒体均离不开网络安全,它不仅是信息传递的工具,也是企业组织机构控制的中枢。美国 inTer pact 公司信息顾问温·施瓦图在其著作《信息站:电子高速路上的混乱》中警告国会议员说:"电子珍珠港事件随时可能发生,攻击者只要轻敲一下键盘,恐怖就会降临到数以百万计的人们身上。"①

诚如学者项立刚所言:"传统的互联网在建设之初,高速度无障碍的信息传输是最高追求,所以互联网的精神是:自由、开放、共享。在这种思想主导下,绝大部分互联网网站建立之初,基本没有安全机制,大量的信息和密码是明文存储的,利用爬虫软件就可以搜索到,绝大部分网站很难阻挡黑客攻击。今天传统互联网已经落后,我们正进入智能互联网的时代。智能互联网是移动互联、智能感应、大数据、智能学习共同形成的一个新体系。智能互联网的基本精神是:方便、高效、智能、安全。智能互联网提供给用户的远不再是一点信息的传输,它是把各种人类生活服务利用智能互联网整合起来,提高效率、降低成本、改善服务。这样的一个智能互联网,会和资产、生活方式,甚至整个社会的运作紧密联系起来。在这种情况下,传统互联网那个千疮百孔的安全机制显然不能承担重担。重构安全机制是智能互联网健康发展的基础。重构安全机制首先在思想上,必须重新认识智能互联网,要理解安全是这个新体系能健康运行的基础。第二,在智能互联网的底层就要形成安全机制,而不是等到整个网络建成,再开始修修补补。第三,一定要进行层级管理和安全定义,网络不可能完全透明,通行无阻。第四,所有在智能互联

---

① 胡泳、范海燕:《黑客:电脑时代的牛仔》,北京:中国人民大学出版社,1997 年版,第 405 页。

网上收集、传输的信息,必须要有权限、要有层级,不是什么人都可以访问、使用。"①

第一节　物联网信息安全新媒体实务

秘书新媒体安全设计有很多方面,主要如下:(1)计算机网络设备安全。计算机网络设备一旦出现故障就会影响新媒体实务的实施。特别是计算机的硬盘如果损坏,数据就会丢失,可能造成不可估量的损失。因此需要保证计算机网络设备的安全性,主要是提高计算机网络设备的可靠性和稳定性。(2)计算机网络系统安全。网络是用户进行数据交往、信息传递的主要途径。通过网络,用户可以访问网络中不同的计算机系统。网络系统安全主要考虑限制用户对用于新媒体实务的计算机的访问权限,防止未授权的用户对系统访问及越权访问。(3)数据安全。在网络上传递的数据如果不采取安全措施,就会受到各种各样的攻击,如数据被截获,甚至数据被恶意篡改和破坏。数据安全主要考虑防止数据截获后被破译,以及防止数据被恶意篡改和破坏。(4)应用安全。网络环境下,计算机病毒猖獗,如果不加防范,就容易导致应用软件被病毒感染,程序被非法入侵和破坏,系统的功能受到限制。更严重的是导致系统不能正常工作,数据和信息丢失。应用安全主要是考虑防止应用软件被各种病毒非法入侵和破坏。

在物联网信息安全中,涉及四个重要的关系,即物联网信息安全与现实社会的关系、物联网信息安全与互联网信息安全的关系、物联网信息安全与密码学的关系及物联网信息安全与国家信息安全战略的关系。

一、物联网信息安全与现实社会的关系

物联网是一把双刃剑,一方面,物联网的应用将对世界各国的经济和社会发展产生重大的影响;另一方面,物联网中的信息安全威胁将随着物联网的发展而不断演变。透过复杂的技术层面,网络虚拟世界和现实物理世界之间,在众多方面都存在着对应关系,现实世界中人与人在交往过程中形成了复杂的社会与经济关系,而在网络世界中,这些社会与经济关系又将以数字化的方式延续着。互联网中的信息安全问题均会在物联网中出现,但物联网在信息安全中具有其独特的问题,如隐私保护等,因此物联网将面临着比互联网更加严峻的信息安全的威胁、

---

① 项立刚:《唯有安全,互联网才有价值》,《环球时报》,2017.9.2。

考验与挑战。

二、物联网信息安全与互联网信息安全的关系

物联网信息安全与互联网信息安全之间有着紧密的联系,两者具有共性技术,然而物联网也存有个性技术。从技术发展的角度观察,射频与无线传感器网络是构建物联网两个重要的技术基础,互联网所能遇到的信息安全问题,在物联网中均会存在,可能只是在表现形式和被关注程度上会有所不同。互联网信息安全技术在对抗网络攻击、网络安全协议、防火墙、入侵检测、网络取证、数据传输加密与解密、身份认证、信任机制、数据隐藏、垃圾邮件过滤、病毒防治等方面均开展了深入研究,作为共性技术,互联网信息安全的研究方法与成果可成为物联网信息安全技术研究的基础。借鉴互联网信息安全研究的方法,物联网的信息安全研究从层次上可划分为感知层安全、网络层安全与应用层安全,其中隐私保护将是物联网必须面对的重大问题。

三、物联网信息安全与密码学的关系

密码学是信息安全研究的重要工具,它在网络安全中具有很多重要的应用,物联网在用户身份认证、敏感数据传输的加密过程中均会应用密码技术。计算机网络、互联网、物联网的安全问题涉及人所知道的事、人与人之间的关系、人和物之间的关系及物与物之间的关系。虽然密码学是研究信息安全所必需的一种重要工具与方法,但是物联网安全研究所涉及的问题要比密码学应用广泛得多。

四、物联网信息安全与国家信息安全战略的关系

若人类的社会生活越来越依赖于物联网,那么,物联网的安全问题对社会稳定、国家安全的影响力就会越高。当今一些发达国家都已将防范和应对攻击与破坏关键信息基础设施作为信息时代国家安全战略的重点,自助研发网络安全技术、发展网络安全产业将成为关系到一个国家安全的重大问题。

互联网公司提供服务需要大量的个人信息,如你开导航,电子地图上会留下你的个人行踪;上网购物,会表露你的需求和个人兴趣爱好;用互联网沟通工具,留下你的个人照片、聊天记录等隐私。换言之,秘书在享受便捷高效的通信服务的同时,也随时不停地泄露着自己的个人隐私。秘书事实上在用隐私交换服务。2018年初脸谱5000万人的信息泄露,并被英国剑桥公司在英国脱欧、美国大选中助威;同时百度李彦宏认为中国愿用隐私来交换便捷。公平而言,不是客户和秘书们不想保护自己的隐私,而是大公司把隐私权条款淹没在繁杂的协议文本中,

不接受就不能享受服务,霸王条款,强加于用户。

　　公司里安装了智能门禁系统,如果秘书的磁卡没带在身边,可能一转身就会被复制,外人可以轻易进入办公室;通过智能灯泡漏洞入侵办公网络;通过攻击汽车上的车载媒体、蓝牙接口或车载自动诊断系统(OBD 盒子)等的漏洞(连接电脑和 OBD 盒子的是 SIM 卡),不法分子可以打开汽车车门,摇下车窗,改变行驶、车速、转向,威胁人身和财产安全,甚至偷走秘书的爱车。这就是说,有人完全可以通过 OBD 盒子,远程操控秘书的车子。一辆小米平衡车停在写字楼过道内,一名技术人员通过手提电脑,一两分钟后就控制了这辆平衡车,可以带回家自己玩。而且只要修改密码,即使原主人也无法解锁。这辆平衡车之所以能被轻易"窃取",主要就是没有对蓝牙进行加密处理,或者设置的密码比较弱,技术人员用仿冒蓝牙,抓包、分析蓝牙数据包后,就能轻易破解。所以无论是平衡车,还是小机器人之类的产品,购买之后都要对蓝牙进行加密,而且设置的密码不能太弱。

　　随着网络化、智能化时代的到来,我们在享受各方面便捷的同时,也面临着严峻的风险。无线鼠标、无线键盘等极大地方便了我们的工作,但在某品牌无线键盘 10 米内放置一个硬件监听器,它们就可以远程实时接收无线键盘输入的内容,聊天记录、机密文件内容、密码等隐私信息一览无遗。智能门禁系统,如果是普通的磁卡,磁卡上的信息可能一转身就会被复制,这就好比普通钥匙被复制了一把一样。如何防范? 首先要看好自己的门禁,尽量不要离开自己的身边或者视野;其次,发卡方及时修改出厂密码,做到一卡一密。

　　没有网络安全就没有企业的安全,没有信息化就没有现代化,现在的互联网时代必须全天候地、动态地、实时地监测、预警、防范和分析,换言之,要不断提高态势感知的能力和对关键信息防护的能力。

第二节　信息技术安全新媒体实务

秘书新媒体安全设计有很多方面,技术层面而言主要如下:

一、数据加密法

　　数据加密技术是秘书新媒体实务的最基本安全措施,是保证实务安全的重要手段。加密技术是指通过使用代码或密码将某些重要信息和数据从一个可以理解的明文形式转换成一种复杂错乱的、不可理解的密文形式(即加密),在线路上传送或在数据库中存储,其他用户再将密文还原成明文(即解密),从而保障信息数据的安全性。目前技术条件下,通常加密技术分为对称加密和非对称加密两大类。对称加密也被称为"秘密密钥"加密。发送方用密钥加密明文,传送给接收方,接收方用同一密钥解密。其特点是加密和解密使用的是同一个密钥。典型的加密算法代表是美国国家安全局的 DES。它由 IBM 于 1971 年开始研制,1977 年美国标准局正式颁布其为加密标准。这种方法使用简单,加密解密速度快,适合于大量信息的加密。但存在着几个问题:不能保证也无法知道密钥在传输中的安全。若密钥泄露,黑客可用它解密信息,也可假冒一方做坏事;假设每次传递电子文件使用不同的密钥,这就增加了使用者的难度;不能鉴别数据的完整性。

二、非对称性加密法

不同于对称加密,非对称加密的密钥被分解为:公开密钥和私有密钥。密钥对生成后,公开密钥以非保密方式对外公布,只对应于生成该密钥的发布者,私有密钥则保存在密钥发布方手中,任何得到公开密钥的用户都可以使用该密钥加密信息发送给该公开密钥的发布者,而发布者得到加密信息后,使用与公开密钥相对应的私有密钥进行解密。非对称加密也被称为"公开密钥"加密,公钥加密法是在对数据加解密时,使用不同的密钥,在通讯双方各具有两把密钥,一把公钥和一把密钥。公钥对外界公开,私钥自己保管,用公钥加密的信息,只能用对应的私钥解密,同样地,用私钥解密的数据只能用对应的公钥解密。具体加密传输过程如下:

发送方甲用接收方乙的公钥加密自己的私钥。

发送方甲用自己的私钥加密文件,然后将加密后的私钥和文件传输给接收方。

接收方乙用自己的私钥解密,得到甲的私钥。

接收方乙用甲的公钥解密,得到明文。

这个过程包含了两个加密解密过程:密钥的加解密和文件本身的加解密。在密钥的加密过程中,由于发送方甲用乙的公钥加密了自己的私钥,如果文件被窃取,由于只有乙保管自己的私钥,黑客无法解密,这就保证了信息的机密性。另外,发送方甲用自己的私钥加密信息,因为信息是用甲的私钥加密,只有甲保管它,可以认定信息是甲发出的,而且没有甲的私钥不能修改数据,可以保证信息的不可抵赖性。

目前常用的非对称加密算法是 RSA 算法。它是由 Rivest、Shamir、Adleman 三人于 1977 年提出的一个公钥加密算法。但是 RSA 算法的加密解密要两次,处理和计算量都比较大,速度慢,所以只适合于少量数据的加密。因此在当前加密应用中,经常使用对称密钥来对文本加密和解密,用非对称 RSA 算法加密体系对私钥加密和解密。发送方把密文和加密后的私钥一起发送给接收方。使用这种联合加密法,不仅可以确保数据的保密性,而且还可以实现一种名为数字签名的认证机制。发送方私钥加密的数据可以提供对发送方身份的认证,接收方私钥加密的数据可以提供对接收方身份的认证。

三、认证法

现有的数据加密技术不足以保证文件传输的安全,认证技术是保证信息传输安全的又一重要技术手段。采用认证技术可以直接满足身份认证、信息完整性、不可否认和不可修改等多项传输文件的安全需求。认证技术主要用于身份认证与报文认证。身份认证用于鉴别用户身份,而报文认证用于保证通讯双方的不可抵赖性和信息完整性。

四、数字摘要法

数字摘要技术又被称为指纹画押或数字指纹。采用安全 Hash 编码法对明文中重要元素进行某种交换运算得到一串 128 bit 的密文,这串密文也称数字指纹,有固定的长度。不同的明文形成的密文摘要必定是一致的,因此这个摘要便可以作为验证明文是否真身的指纹。数字摘要技术的原理如下:

被发送文件用 Hash 编码加密产生 128 bit 的数字摘要。

发送方用自己的私用密钥对摘要再加密,这就形成了数字签名。

将原文和加密的摘要同时传给对方。

对方用发送方的公钥对摘要解密,同时对收到的文件用 Hash 编码加密产生又一摘要。

将解密后的摘要和收到的文件在接收方重新加密产生的摘要相互对比。如两者一致,则说明传送过程中信息没有被破坏或篡改过;否则不然。

五、数字签名法

技术数字签名是公开密钥加密技术的一种应用,是指用发送方的私有密钥加密报文摘要,然后将其与原始的信息附加在一起,合称为数字签名。其原理如下:

报文发送方从报文文本中生成一个 128 位的散列值(或报文摘要),并用自己的专用密钥对这个散列值进行加密,形成发送方的数字签名。

这个数字签名将作为报文的附件和报文一起发送给报文的接收方。

报文接收方首先从接收到的原始报文中计算出 128 位的散列值。

再用发送方的公开密钥来对报文附加的数字签名进行解密,如果两个散列值相同,那么,接收方就能确认数字签名是发送方的,通过数字签名能够实现对原始报文的鉴别和不可否认性。

数字签名技术采用数字签名来模拟手写签名,解决了文件传输中不可否认的安全需求,可以保证接受者能够核实发送者对电子文件的签名,发送者事后不能抵赖对文件的签名,接受者不能伪造对电子文件的签名。能够在电子文件中识别双方的真实身份,保证传输的安全性和真实性及不可抵赖性,起到与手写签名或盖章的同等作用。

数字签名用于电子文档,就像亲笔签名用于印刷文档。但数字签名与加密信息本身是不一样的,如果需要加密,要重新做好加密工作。通常密钥在一年后会过期,但文档和签名需要长期保密与长期保存。这时就需要保存时间戳,保证可以在密钥过期后证实签名的有效性。现在数字签名在法律上具有法律效力。

六、数字时间戳法

数字时间戳就是在文档上标明时间,将日期、时间与数字文档以加密方式关联。这里必须要有一个保存时间戳的 DTS,而 DTS 本身必须是长密钥,私钥必须放置在保险箱中,使用者要在 DTS 注册并租约。电子文件中,时间是十分重要的信息。在书面合同中,文件签署的日期和签名一样均是十分重要的,也是防止文件被伪造和篡改的关键新兴内容。在电子传输中,同样需对文件的日期和时间信息采取安全措施,而数字时间戳服务(DTS)就能够提供电子文件发表时间的安全保护。数字时间戳服务是网上服务项目,由专门的机构提供。它是一个经加密后形成的凭证文档,包括三个部分:需加时间戳的文件的摘要;DTS 收到文件的时间和日期;DTS 的数字签名。其原理如下:

用户首先将需要加时间戳的文件用数字签名算法运算形成摘要。

将该摘要发送到 DTS。

DTS 在加入了收到文件摘要的日期和事件信息后再对该文件加密(数字签名)。

送达用户。

七、认证机构

数字证书是由权威机构——CA 证书授权中心发行的,能够供互联网上进行身份验证的一种权威性电子文档,人们可以在互联网交往中用它来证明自己的身份和识别对方的身份。数字认证由三部分所组成。认证机构——CA 机构是一家能向用户签发数字证书以确认用户身份的管理机构;CA 中心为每个使用公开密钥的用户发放一个数字证书,其作用是证明证书中列出的用户合法拥有证书中列出的公开密钥;CA 机构的数字签名使得攻击者不能伪造和篡改证书;中国数字认证网、深圳电子证书认证中心等为秘书提供数字认证服务,可用于安全电子邮件、服务器身份认证、代码签名等。

八、数字证书法

数字证书是由权威 CA 机构发放的,功能和个人身份证一样用来解决网络上的身份问题。数字证书主要通过非对称加密来实现。每个用户自己持有一个仅为本人所知的私钥,用它来进行解密和签名,同时设定一把公开密钥并由本人公开,由一组用户所共享,用于加密和验证签名。当发送一份保密文件时,发送方使用接收方的公钥对数据加密,而接收方则使用自己的私钥解密。数字证书具体包含信息如下:证书所有者的信息、证书所有者的公开密钥、证书颁发机构的签名、证书的有效期、证书的序列号等。数字证书的类型:个人数字证书、企业(服务器)数字证书、软件(开发者)数字证书。

用户产生了自己的密钥对,并将公共密钥及部分个人身份信息传送给一家认证中心。认证中心在核实身份后,将执行一些必要的步骤,以确信请求确实由用户发送而来。然后认证中心将发给用户一个数字证书,该证书内附了用户和它的密钥等信息,同时还附有对认证中心公共密钥加以确认的数字证书。当用户想证明其公开密钥的合法性时,就可以提供数字证书。

数字证书是提供了一种在电子文件中证明你身份的方法,如同护照和驾驶执照一样的功能。数字证书将身份绑定到一对可以加密和签名数字信息的电子密钥。它能验证一个人使用给定密钥的权利,防止旁人冒领。因此数字证书必须与加密技术一起使用。数字证书由认证中心发放,并使用中心颁发的私钥。数字证书主要由所有者的公钥、所有者的名字、公钥的失效期、发放机构的名称、数字证书的数字签名所组成。目前被广泛接收的数字证书格式由国际标准定义为 CCIT-TX. 509。安全服务器必须有自己的数字证书,以向用户保证该服务器是由它所声称的机构运行。

数字证书使用公钥加密技术,即使用两个相关密钥(其中一个公钥、一个私钥),同时在公钥加密中,任何想与密钥对所有者通讯的人都可获得公钥。公钥可以用来验证使用私钥签名的信息,加密只能用私钥加密的信息。以这种方法加密信息的安全性依赖于私钥的安全性,必须防止私钥的未被授权的使用。在数字证书中,密钥对被绑定的用户名和其他验证信息,如被安装到 Wab 浏览器时,它起到站点检查作用,要对方提供密码显示会员身份或限制访问。

九、根证书法

根证书是认证中心与用户建立信任关系的基础。根证书是 CA 认证中心给自己颁发的证书,是新闻链的起始点。安装根证书意味着对这个 CA 认证中心的信任。根证书是一份特殊的证书,它的签发者是它本身,下载根证书就表明用户对该根证书所签发的证书都标识信任,而技术上则是建立起一个验证证书信息链条,证书的验证追溯至根证书即为结束。用户在使用自己的数字证书之前必须先下载根证书。

十、生物特征识别认证法

生物特征识别技术是通过计算机与光学、声学传感器和生物统计学原理等高科技手段结合,利用人体固有的生理特征(如指纹、掌纹、虹膜等)来进行个人身份的鉴定。其核心在于如何获取这些生物特征,并将之转换为数字信息,存储于计算机中,利用可靠的匹配算法来完成验证与识别个人身份的过程。将生物特征识别技术和数字签名技术有机地结合起来,可以提供一种更加安全、更便捷的用户身份认证技术。

十一、云安全

网络泄密是当前秘书面临的棘手而重大的问题,秘书应高度重视保护公司的技术秘密和商业秘密,不能用企业的网络查阅与工作无关的内容,对于需要上网的各类秘密信息必须保证有严密的授权限制;同时还要防止有人以不正当手段蓄意破坏企业的网络正常运行或窃取企业网上的保密信息。所以秘书需采取如下措施:

秘书通过网络中庞大的客户端用户,来对计算机中毒软件的异常行为进行监察,从而获得新媒体中那些未知木马、病毒信息和恶意程序,然后将这些未知信息传递到服务器进行分析与处理,最后再把处理解决方案发给每个客户端,以此来保证客户计算机的安全。我们上面所提及的"e 掌管"和"minicloud"私有云盘均有上述功能。如我们以 minicloud 为例,它使得三台服务器一起工作,只要其中一台服务器出故障,其他备用服务器就会自动地响应,进行快速处理,保证服务状态不中断,也保证数据不丢失。同时 minicloud 采取了网盘系统和内部局域网相隔离的机制,配备了防火墙和防病毒软件,能够有效地防御网络黑客、网络病毒和木马入侵与破坏。

十二、访问控制机制

访问控制可以防止未经授权的用户非法使用系统资源,这种服务不仅可以提供给单个用户,也可提供给用户组的所有用户。访问控制是通过对访问者的有关信息进行监查来禁止或者限制访问者使用资源的技术,分为高层访问控制和低层访问控制两种。高层访问控制包括身份检查和权限确认,是通过对用户口令、用户权限、资源属性的检查和对比来实现的;低层访问控制是通过对通信协议中的某些特征信息的识别和判断,来禁止或允许用户访问的措施。

十三、交换鉴别机制

它是通过互换信息的方式来确定彼此的身份。用于交换鉴别的技术有三种:首先是口令,由发送方给出自己的口令,以证明自己的身份,接收方则根据口令来判断对方身份;其次是密码技术,发送方和接收方各自掌握的密钥是成对的。接收方在收到已加密的信息时,通过自己掌握的密钥解密,能够确定信息的发送者是掌握了另一个密钥方。再次,特征实物,例如指纹、声音、脸谱,以及 IC 卡等。

十四、公证机制

网络上的某些故障和缺陷有可能导致信息的丢失和延误,通信的双方也有可能互不信任,那么可以找一家大家都可以信任的公证机构,双方交换的信息都通过公证机构来中转,从而避免不必要的纠纷。盗取和倒卖信息行为,均构成"侵犯公民个人信息"罪,根据两高《关于办理侵犯公民个人刑事案件适用法律若干问题的解释》,对构罪有明确的规定。第五条"(三)非法获取、出售或者提供行踪信息、通信信息、征信信息、财产信息五十条以上的;(四)非法获取、出售或者提供住宿信息、通信信息、健康生理信息、交易信息等其他可能影响人身、财产安全的公民个人信息五百条以上的;(五)非法获取、出售或者提供第三项、第四项规定以外的公民个人信息五千条以上的",换言之,是根据信息的类型和详细程度,构成不同的构罪标准。

第三节　预防信息安全隐患实务

随着新媒体技术的不断发展,新媒体在人们工作和生活中的应用越来越广泛,但是在新媒体为人们带来方便的同时,也为人们带来了比以往更大的威胁。

《中华人民共和国计算机信息系统安全保护条例》中指出:计算机病毒是"编制或者在计算机程序中插入的破坏计算机功能或破坏数据,影响计算机使用并且能够自我复制的一组计算机指令或者程序代码"。由于新媒体的难以监控性,黑客、病毒、计算机犯罪等严重威胁着新媒体的安全。目前而言,主要在以下五个方面:

一是物理威胁,如偷窃等。

二是系统漏洞,需要时常进行补丁、清理。

三是身份鉴别威胁,网址替代,这是一种欺骗手段,它的网址与用户需要登录的网址可能只有1个字符的差别。当用户按照这个网址登录后,登录的界面与用户需要的网址界面一模一样,一旦用户在这个网页上输入用户名和口令后就会被窃取身份。如 http://pay1.163.com 和 http://pay.163.com 就是两个完全不同的网址,前者与后者界面相同,专门用来窃取163用户的付费账号。

四是线缆连接威胁,窃听和冒名顶替等。

五是有害程序,这是最严重也是技术含量最高的威胁,如病毒的入侵。任何病毒事实上就是一种程序,它具有传染性,能在很短时间内造成新媒体终端的瘫痪。程序后门和代码炸弹,部分程序员在编写软件时会留下一个软件的漏洞,通过这个后门程序,程序员可以对使用该软件的用户信息进行访问和管理。有的程序员则在软件程序中加入一个定时具有杀伤力的代码,这就是代码炸弹。当到达一定条件时,代码炸弹就会作用并产生破坏性操作。一旦代码炸弹被触发,该程序员就会被请回来修正错误,从而赚取一笔额外的收入。我国公安部认定黑客是"对计算机信息系统进行非授权访问的人员,是那些利用通信软件,通过非法网络进入公共或他人的计算机系统,截获或篡改计算机中的信息,危害信息系统安全的电脑入侵者"[1]。如辽宁葫芦岛市绥中县某家酒店原电脑维护人员,利用技术和职务便利,2017年1月在酒店的电脑里安装"掌上看家"[2],却把这种软件装在宾馆客房内一体机电脑上集成在一起,房间通电后电脑就会自动启动,房间里的情况通过电脑监控一览无余。3月份他离职,可是他却没有拆卸掉软件,造成在该酒店所有客房电脑内安装软件,并利用绑定的终端偷窥房间内视频资料的后果。2018年杭州安恒公司开发了内置安全系统的摄像头,可以自我感知、自我防御和自我修复,如同一个智能机器人。

黑客入侵手法主要有两种:一是以单纯破解密码为目的,称为善意的侵入;其

---

[1] 钟瑛、牛静:《网络传播法制与伦理》,武汉:武汉大学出版社,2006年版,第37页。

[2] 可利用电脑自带摄像头、麦克风采集房间内部的视频、音频信息,并上传至绑定的观看终端,可以实时观看,也可以回放。

二是侵入为手段,其目的在于窃取系统中的数据或程序,称为恶意侵入,真正造成重大危害的是后者。主要手段如下:

1. 暗装偷窥软件

2017 年国庆节在外地读大学的 19 岁女孩肖婷回到大连,发生电脑故障于是进行维修。然而维修者趁机安装了偷窥软件,对她的电脑摄像头进行远程控制。结果女生寝室的一举一动全被"直播"出去。网上流行的远程控制木马几乎都带有发指令启动摄像头、录制视频等偷拍功能,这类木马大多伪装成一些热门的网络资源,比如图片、视频种子、游戏外挂等,诱骗人们下载运行。此外,有些不法分子会针对特定目标发送文件,利用欺诈手段植入木马。一般监控软件要做到实时监控电脑,必须跟随系统启动。如果是网络远程监控的话,还会发起网络连接。通过这两点一般可以找到此软件:(1)打开任务管理器查找所有启动的进程,判断是否有系统进程和安装了软件的进程。通过安装第三方任务管理,可以查看进程的名称、对应的文件和作用。如发现可疑进程便可通过对应的程序删除或卸载。(2)可以查找哪些可疑程序在访问网络,并禁止可疑程序访问网络。对于秘书而言,查找监控软件确实比较困难,有一定的技术难度,所以建议秘书到指定的或可靠的修理店去查杀。

2. 实时上传直播

利用"小水滴摄像头",将使用者在使用期间的拍摄监控内容实时上传到"水滴直播"平台,很多被摄录者对此毫不知情。在公共区域,如果机构或个人只是为了自我安全诉求等因素而合理使用监控,并没有对摄录内容进行实时上传或用作他途,这种摄录行为是可以的。但如果是在摄录人不知情或未经同意的情况下,就将摄录内容上传到网上,这种行为就侵犯了当事人的隐私权。此外,如果在被摄录人不知情和未经同意的情况下,将摄录内容作为商业宣传等所用,那就涉及侵犯肖像权问题。隐私权普遍被视为一种人格权,是指自然人享有的私人生活安宁与私人信息秘密依法受到保护,不被他人非法侵扰、知悉、收集、利用和公开。水滴直播将公共场所的视频监控当作直播发布,存在着明显的隐私权越界问题。2016 年底公安部发布《公共安全视频图像信息系统管理条例(征求意见稿)》,强调公民的隐私保护问题,明确规定,对于公共场所的监控视频,应该严格限制对外发布。视频图像信息用于公共传播时,应当对涉及当事人的人体特征、机动车号牌等隐私信息采取保护性措施。目前我国是世界上视频监控发展速度最快的国家,中国在公共和私人领域大约装有 1.76 亿个监控摄像头。在大数据时代,我们每一个人似乎都变成了可被采集的数据,从身份信息、消费习惯到生活轨迹都被数据所记录,但这并不意味着我们默认商家可以随意使用这些信息。360 公司强调,对于商家直播,水滴平台强制要求商家在直播区设置明显直播提示,以提示顾客,对不按要求告知用户的机主,会强制要求停播直播,并以免费赠送提示贴纸、对用户加强安全提示、公示直播协议要求等举措,避免隐私不当泄露。同时360公司,正着手建立凡涉及公共场所直播开通1小时内,必须上传贴纸张贴和摄像机安装照片进行验证,不合格的将予以下线处理。

3. 破译验证码

2018年3月绍兴破获全国首例利用人工智能破译盗取公民个人信息案。很多邮箱、社交软件等账号密码信息被盗窃后,这些信息是初级的,仅仅是半成品,需要利用人工智能进行深加工才能被破译和利用。很多秘书习惯把邮箱账号设定第三方支付账号、社交软件账号,甚至密码也一样。当"黑客"窃取某秘书邮箱账号信息后,经过深度"撞车"后,可破解这个账号关联的其他账号。验证码有文字、图形、数字,甚至有大小写,英文和汉文混杂,具有一定的难度,设置一道安全门槛。以前黑客们需要人工一条条信息输入和识别验证码,由码奴来"清洗数据",这一环节称为"打码"。码奴识别验证码后,确认信息准确后,再交给数据商。买家如果是电信网络诈骗分子,可以借此实施精准诈骗。现在某些黑客利用人工智能技术,通过"快啊"来撞车,撞库软件则像一个巨大的筛子,把各种关联账号、密码等"清洗"出来。也就是通过机器深度学习技术训练人工智能,可以让它自主操作识别,有效地识别图片验证码,轻松绕开互联网公司设置的账户登录安全策略验证码。事实上,人工识别率仅为80%,而人工智能达到98%。

英国学者巴雷特认为,黑客通过网络侵入的后果主要有四种:窃取情报,即闯入系统窥视机密信息并复制;信息破坏,即删除或自主处理系统的信息;拒绝服务,即使系统中断工作;摧毁电子通信器件,彻底损坏系统的信息处理功能。[①]

根据《中华人民共和国反恐怖主义法》《全国人民代表大会常务委员会关于加强网络信息保护的决定》《电话用户身份信息登记固定》(工业和信息化部令25号)等法律法规和要求,新入网用户办理移动电话、固定电话、有线宽带等入网手续时,必须出示本人有效身份证原件。2018年全国实行了手机的电子身份标识功能。电子身份标识,简称eID,是以密码技术为基础,以智能安全芯片为载体的网络身份标识,能够在不泄露身份的前提下在线远程识别身份。简言之,eID就是公民在网络上的身份标识。当秘书使用载有eID的银行卡或手机卡交易时,网站后台可以在线辨别eID的真伪和有效性,不用再保存秘书的身份信息。换言之,使

---

① 【英】尼尔·巴雷特:《数字化犯罪》,郝海洋译,沈阳:辽宁教育出版社,1998年版,第183页。

用搭载了 eID 的银行卡或智能手机时,不需要在网上提交自己的姓名、住址、电话、身份证号等个人信息,就能方便地进行网上交易(事实上,eID 就是把数字身份下载在手机 SIM 卡中)。

清华大学教授苏竣认为:"在互联网时代的大背景下,新兴产业带来的挑战也不容小觑。信息化时代里个人隐私和知识产权容易受到威胁和侵害,人类的数据权意识正在觉醒。数据权有可能是人类处理赛博空间一切权益的法理基础。除此之外,数字鸿沟问题也使得不同人之间获得信息的能力差别越来越大,一些组织、国家和数字霸权也给社会治理带来新的命题和挑战……展望未来,碳基智慧体和硅基智慧体也许会融合发展。"①

最高人民法院将在民法典中,把以往人格权单独成编在民法分则中,换言之对自然人隐私权和个人信息的保护作为人格权利的重要内容。在新媒体中,个人信息出现了一种人格属性和商业属性的二元化。一方面个人信息逐渐具备独立性,部分内容具有公开性,而区别于传统营私权;另一方面,个人信息通过存储、搜寻、开发、机器学习和算法处理后,出现了商业特征,在法律上具有财产属性,在经济上具有交易价值。因此在法律上必须区分出商业上属性和个人隐私上人格属性两者的界定。

第四节　网络版权保护新媒体实务

近年来,网络文学领域,盗版、抄袭乱象层出不穷,网络作家权益无法得到保障,网络文学生态环境正在遭到破坏,低廉的侵权成本和高昂的维权成本又导致侵权现象屡禁不止。尤其是人工智能的发展,写作软件的出现更是颠覆抄袭的手段,这类写作软件由素材库和自动写作系统构成,作者只需输入人物设定、情节、题材选择等,软件就可以自动生成小说。事实上,不仅网络文学,而且在动漫、影视作品等领域均存在着这种侵权与抄袭现象。从新媒体技术角度看,侵权主要有以下几类现象:

1. 平台侵权作者

2017 年 9 月 16 日新浪微博发布了《微博用户服务使用协议》,用户必须点击"同意"按钮方可继续使用微博。其中两个条款引起争议。根据微博条款 1.3 款显示,以后用户在微博平台上发布的一切内容,微博都将享有独家发布平台的权

---

① 苏竣:《科技创新未来,取决于人类理性的光辉》,《钱江晚报》,2017. 8. 21。

益,用户只能在微博上独家显示,未经微博书面允许,用户不得自行授权第三方或者间接引用任何内容。而 1.5 条款则说,微博用户将无偿授权微博平台法律权力,以任何法律手段追究第三方平台使用在微博上发布的内容等行为,微博将获得所有赔偿款项,同时用户还承诺配合微博,应微博要求积极提供文件和相关协助。这就说明不管如何,作者在微博平台上发表,其版权就应该归微博所有。甚至新浪微博诉讼获得也一并归平台所有。事实上,不管如何版权应该属于作者所有,这是天经地义的。新浪微博平台的建立需要资金的支持,还有维护,所以在各位作者身上刮一点油也是正常的。从整体上而言,原创内容的价值却是在贬值,平台只顾自身利益的最大化,漠视广大作者的正当权益。

随着信息技术和网络的快速发展,安全的边界已经超越地理和物理实体的限制,拓展到信息安全。互联网版权中企业知识产权的维权和侵权是核心问题。据统计,2015 年我国作品版权登记量为 134.82 万件,但这只是传统模式下的版权登记。互联网时代,每个人都可能变成信息的创作制造者和传播者,为此网络内容治理是实现互联网安全与治理最有效的手段。深圳推出"时间戳"保护方法,就是一个加密后形成的凭证文档,用于证明电子文件在某一时刻存在的真实状态,它解决了新媒体著作权保护中存在的"作品真实署名""作品完整性""创作时间"等问题。进行版权登记时,权利人只需提交可信的"时间戳"及原作品,版权管理部门进行"时间戳"验证后就可便捷地备案登记。

2. DCI 体系版权登记制

最近出现了一种新型的以 DCI 体系为支撑的版权登记,它是实现互联网信息内容与关键数据汇聚的天然入口,是内容创作者的根本制度支撑。它是数字版权唯一标识符的缩写,是以在线的数字作品安全登记为核心功能,同时包含版权费用结算认证和侵权取证快速维权功能的体系化版权公共服务解决方案和基础设施。该体系能随时锁定网络上每件内容作品的作者,让信息内容的生产者、权利人和责任者更加明确化。基础 DCI 的电子版权认证书作为 App 生命周期管理的"身份证",为 App 权利人提供方便的在线版权登记,并通过版权嵌入 App 中,在 App 上架、安装等流转的过程中进行验证,从而有效地解决山寨、抄袭、盗版、重新封装等问题。

3. 生物识别版权制

现在还发明了一种生物识别技术用来版权保护。因为每个人长得都不一样,指纹、声音、相貌、虹膜,乃至于静脉、头骨等,这些每个人都拥有独一无二的特征,构成了生物识别技术的基础。人们将这一原理运用到网络作品版权保护中,生物科技的身份验证包括脸谱、声波检测等,进行双重或多重验证。但是市场上各个厂家极力推广的指纹和虹膜识别实际上存在一定的漏洞。"经过我们研究测试，常见的生物特征识别都存在易获取、易伪造的风险，长远来看风险很大，不如密码安全。"①比如获取虹膜的方式十分简单：在距离 10 米内，拿着可以捕捉红外线的单反长焦镜头对着人眼部位聚光拍摄，再把照片用激光打印出来。拿着这张照片，就能破解大部分虹膜识别的手机。大多用虹膜识别的硬件，并没有设置活体检测；就算有，也就像让眼球微动，抖一抖照片，想让瞳孔缩放而已，没有实质上的变化。而指纹也不靠谱，复制指纹是常有的事，采集指纹很容易，比如一个人按的手印，只需高倍拍照下来就能制作一枚指纹。信息安全是一个极为复杂的领域，人工智能将发挥出它强大的优势，比如利用它帮忙检查程序，寻找漏洞等。然而，如何防范和确保信息安全最终取决于人类的智慧而非机器。

随着数字化技术的迅猛发展，版权保护的领域也在不断拓展。国家版权局、信息产业部联合颁布了《互联网主权行政保护办法》，界定了信息供应者和信息网络运营商的法律责任，起草了《信息网络传播权保护条例》。1992 年我国就已加入《波尔尼公约》。新媒体作品的保护将是全世界性的话题，除了技术的支撑（加密技术、压缩技术等）外，还必须有国内和国际的版权法保护。

4. 文件特殊标记版权制

我们可以在自己的资料中采取一些技术处理，如给自己的文件打上防止转载的特殊标记，甚至直接将文字转化成无法复制的模式，防止转载。网络在提供海量知识的同时，也为新型侵权打开了方便大门。面对海量转载，作为秘书取证艰难，而且所有作者均具有双重身份，这给秘书诉讼带来极大的不便，增加了诉讼成本。为此，秘书们要求在新媒体中，以数据作为法律取证依据，因为数字化作品不存在物质形态的数据，法律仅对新媒体作品的内容上要求，至于何种形式或形态没有要求。

2017 年 12 月移动应用安全版权服务平台正式上线，它联合了中国版权保护中心、北京网络行业协会和大小移动应用商店等，建立了 5 个工作日侵权快速制止工作机制，为权利人在知识产权领域和不正当竞争领域提供快速制止方案，可以实现侵权 App 产品 5 个工作日之内在应用商店下架。随着移动互联网的高速发展，移动应用服务已成为互联网重要的信息传播渠道和公众服务平台，但是移动互联网的开放性与虚拟性使得侵权风险和成本降到历史低点。权利人举报无门，投诉难，司法程序周期长，让侵权方钻了大量空子，虽然付出大量人力物力和

---

① 百度系统安全专家灰灰（网名）:《生物识别到底有多不靠谱?》,《都市快报·财经新闻》,2018 年 5 月 12 日。

实践,却很难达到预期维权效果。网络侵权不仅给著作权人带来巨大损失,而且破坏了互联网产业赖以生存的版权环境,成为产业发展的一大瓶颈。

5. 知识产权法院

2017年9月杭州、宁波分别成立知识产权法庭,实行知识产权民事、行政和刑事案件"三合一"审判制度。换言之,包括专利、商标等各类知识产权侵权纠纷、合同纠纷、权属纠纷等在内的民事案件,当事人对行政机关就各类知识产权所做出的行政行为不服提起的行政诉讼案件,及刑法中所规定的侵犯知识产权犯罪案件等在内的三大类知识产权案件,均统一到知识产权法院审理。具体而言主要如下:(1)有关专利、技术秘密、计算机软件、植物新品种、集成电路布图设计、涉及驰名商标认定及垄断纠纷的第一审知识产权民事案件;(2)诉讼标的额为800万元以上的商标权、著作权、不正当竞争、技术合同纠纷的第一审知识产权民事案件;(3)对县级以上地方人民政府所做的著作权、商标、专利、不正当竞争等行政行为提起诉讼的第一审知识产权行政案件;(4)不服杭州市辖区内基层人民法院审理的第一审知识产权民事、刑事、行政案件的上诉案件;(5)应当由杭州中院管辖的第一审知识产权刑事案件。

2018年初浙江高级人民法院把余杭区法院作为民事案件在线鉴定改革试点,因为仅杭州市2015年至2017年,两级法院共有委托司法鉴定案件11329件,年均存在鉴定需求案件在3700件以上,且每年保持继续增长。同时,对外委托鉴定作为法院案件审理的必经程序,案件鉴定周期过长,必然严重影响民商事案件审判效率。如果平均鉴定扣除审限天数为58天,那么,就会提高审判时间和效率。此外,浙江法院还将试行鉴定意见书网上公开制度,把司法鉴定过程和结论公之于网,接受全社会监督。

第五节　深度链接新媒体侵权实务

目前在新媒体网络中,最主要的侵权是一种深度链接。合法的搜索行为应该是对互联网公开网站点信息进行搜索,但有些却把链接直接接到数据库文件中。一般搜索通常指设链者在其网站(或网页)上直接显示一般链接的标志,网络用户能清楚知道设链者;而深度链接则是设链者将被链接对象的网址同其他网站建立了链接,这事实上也是一种侵犯版权的不法行为。为此新闻出版署修订了《电子出版物管理规定》《数字印刷管理暂行办法》,以及《互联网出版服务管理规定》,明确指出禁止深度链接。

1. 不正当网站排名

秘书在搜索引擎中输入关键词,前几页霸屏的往往是一些广告链接。很多公司都会找网络推手,出钱让自己的网站排在搜索页的前面,这已成为行业的潜规则。江苏扬州一家网络科技公司,为不特定客户非法攻击百度优化排名服务,通过程序攻击百度排序算法,进而破坏百度排名规则,将特定的网站推到首页。

黑客攻击破坏和盗取个人信息已形成一条完整的产业链。为了牟利,黑客将目光转向盗取个人信息,批量打包后在黑市上贩卖,这些信息再流通到下家受理进行新一轮的诈骗。有黑客入网站盗取个人信息;有黑客入宾馆电脑摄像头,专门等待"激情镜头";有黑客破解苹果手机账号,勒索手机主人缴费后解锁。诈骗头目对"话务员"管理异常严格,身份证和手机都被没收,平时只能用专用电话与外界联系和诈骗。他们的电信诈骗手法主要是:冒充公检法实施诈骗,而且剧本固定——一线人员冒充电信、移动客服,声称受害人身份信息暴露,被人恶意利用;二线冒充警察,利用"警察"身份对受害人进行心理恐吓,套取他们的银行卡账号和密码;三线负责冒充警察官,利用"通缉令"对受害人进一步恐吓,以达成诈骗的目的。

2. "安逸花"App

温州3男2女90后,组成一个专门针对大学生的新型兼职诈骗团伙,他们在大学城招聘兼职人员。在被招聘人员进行试卷测试中,把手机、身份证、银行卡交出来,谎称看身份证是为了确认本人,银行卡是公司把测试费用转账到卡里等。然后他们之间分工合作,在拿走大学生手机后,立即下载贷款的"安逸花"App,然后用手机号码注册。绑定身份证且转账到银行卡。最后转账完再删除不留痕迹,整个过程不超过5分钟。常见诈骗手法为:缴纳保证金、保密费、个人所得税、会员费等;利用手机验证码骗取话费;骗取银行卡密码。

3. 不法网贷平台

近年来,几乎关于校园贷的消息都伴随着暴力和恐惧,不少网贷平台不顾大学生的消费与还款实际能力,一边以各种手段引诱大学生上钩,另一边采取威胁、暴力等手段逼债,甚至出现有些机构以网贷为名,行引诱、逼迫女大学生卖淫之实,不仅给校园与大学生安全带来隐患,也造成了很坏的社会影响。为此,2017年6月银监会等三部委联合出台文件,要求在现阶段一律暂停网贷机构开展在校大学生网贷业务,逐步消化存量业务。同时网贷平台开始起诉校园欠贷者,如长沙一网贷平台向39名大学生提起诉讼,要求赔还贷款,同时支付四倍银行利率的罚息。法院最终判决大学生偿还款本金,并按照同期银行利率计算利息。网贷平台通过诉讼寻求解决借贷纠纷,也是一种进步。这既是网贷平台去暴力化、走上正轨的前奏,也是教育大学生理性消费,遵纪守法的有效手段。汉江师范学院辅导员毛晶玥卧底揭秘不良校园贷,3000 元 3 个月变成 3 万元,他们常常以月利率0.99% 的噱头,造成利息不高的假象,但经过推演后发现,这款网贷的实际年利率达到了 21.25%,再加上各种名目的手续费、中介费,有些不良校园贷的利率可以达到 50% 甚至 200%。这些不良校园贷和正规贷款相比,门槛很低,所需证件也非常少。网上还有各式各样的网贷吧、催收群,这些群里有专门教放贷者催款的技巧,还提供异地上门催款、"短信轰炸机"轮番轰炸等服务。一旦有学生还不上钱,就会遭到各种各样的骚扰,直到还清欠款为止。

4. "一元木马"

网络盗窃手法为"一元木马"。点击转账为 0.01 元的支付链接,自己手机账户中的余额居然一下子被对方一扫而空。事实上,虽然支付时暂时显示的是 0.01元,但实际转账的金额却可以由对方随意更改,这种"秒余额"就是用支付链接把对方卡里的余额都盗走。通常,他们会寻找到合适的被害者,先让对方正常付一点钱然后发付款成功的截图,实际就是为了从截图信息查看到对方的账户余额。然后他们联系会制作木马链接的黑客上家,把对应余额的木马连接做好。被害人收到的链接,看上去基本与正常的支付转账链接是一样的,只是他们利用木马将显示的支付金额修改为 1 元或 0.01 元,而实际金额可以是数万元。由于支付链接的真伪很难分辨,所以笔者建议秘书不要随意点击或者登录陌生人发来的网址链接,当收到广告信、电子邮件、插件等陌生人信息时,也不要被其文字吸引而点选信中所提供的网址和文件。

5. 远程控制神器

上海某金融信息服务有限公司发现其旗下一款手机理财软件,被多人利用黑客手段攻击,半天时间内被非法提现 1056 万元。主要是该手机理财软件存有漏洞,就是在第三方支付跳转时,充值 1 块钱,然后劫取数据包,把那个 1 元钱到账金额改写成 1 万元,然后就提现到自己的银行卡里。结果警察抓获了近百名嫌犯,其中 74 人已被逮捕。某秘书买了新手机,下载了一款正规新软件——苹果手机 App 商店免费下载。然而,秘书居然被人转走了几万元。根据官方网站,这款软件"Quich Support"介绍全是英文,事实上翻译为汉语是"远程控制神器"。以往远程控制软件只能控制电脑端,而这款软件却可以从电脑上远程控制手机和平板电脑,甚至不仅可以在手机和电脑间进行文件双向传输、实时截图等,还可以卸装或安装应用软件、修改无线密码,并且可以像 Windows 的任务管理器一样,远程管理手机的运行任务,打开或关闭相关软件等。软件开发者在介绍开发这款软件的目的是,"有了这样的操作,就可以远程帮父母安装、设置软件,给女友排除手机疑难杂症";同时提醒使用者,要注意"安全问题"。然而有了这个软件,骗子可以跳过秘书,直接通过手机对秘书的支付宝、微信等软件进行操作。骗子往往冒充警官,宣称秘书的身份信息被盗,涉嫌特大洗钱案,于是诱骗秘书买一只新手机,下载新软件,进行遥控转钱。目前杭州反诈中心在所有旅馆的客房电脑里推广安装了防止远程控制的 App,骗子无从下手,只能通过这种方式对秘书手机进行操作。事实上,公安系统办案,不可能有协助办案的"特派专员";不会通过电话或即时聊天开展调查;不会要求自拍照片进行身份验证,更不会通过传真、网页、聊天软件等形式向秘书传送通缉令、逮捕证、财产冻结通知书等法律文书;不会要求秘书透露银行账户、验证码信息或新开网银、手机银行进行转账操作,执法办案中没有查验公私财产合法性的"安全账户"。

6. 微信外挂

现在网络盗窃连视频都可以伪装,许久不联系的同学突然在微信上借钱,而且还发了你的语音,确实是同学本人的声音"是我是我"结果有借无还。在网上有黑客团队卖微信外挂收年费。微信有破解版或者叫增强版,"语音转发"是其一项功能。秘书发了一个链接,要复制到浏览器才能打开。里面有 4 种微信外挂,或者叫辅助软件,按功能的大小区别价格。其中企业版年费打折后 159 元,一键转发版 129 元,隐私版 189 元。企业版功能有自动抢红包、一键转发视频音频、自动集赞、一键清理僵尸粉等。关键是文字、语音、图片、视频均可一键转发给好友或群。许多诈骗分子利用微信外挂功能,一些网友贪图便捷也有使用。一旦秘书使用外挂,秘书的微信数据都暴露在黑客团队面前,被他们掌控。过去我们微信转账时,经常通过语音来验证身份。现在这种方式已经不行了,好友之间的 QQ、微信借钱、转账,必须通过电话和面对面的实时视频核实。另外需输入账号密码等敏感信息时要提高警惕,养成设置好友备注习惯,帮助辨别"克隆"好友。若发现微信账号被盗,应及时冻结账号,并通知其他好友切勿上当。当然增加、修改、删除计算机系统功能,以及散播病毒,情节严重的构成破坏计算机信息系统罪。微信外挂的开发者增加、修改微信功能。如果有 20 部以上手机下载使用外挂,或者盈利 5000 元以上就可以构罪,处以 5 年以下有期徒刑。如果 200 部以上的手机使用,则属情节特别严重,处以 5 年以上有期徒刑直到无期徒刑。即使外挂开发者没有直接参与诈骗,只要他明知可能用于诈骗,并放任,也构成间接故意,系诈骗共犯。作为使用者秘书而言,首先,犯罪分子需要获得你的微信账号密码。如果使用和你的头像、昵称等相同的仿冒号,那得通过你朋友的好友申请,容易败露。其次,为了提高可信度,犯罪分子需获得你本人的语音。获得语音不一定要通过微信,其他平台也行。比如注册时的身份验证,正规的平台一般使用人像识别,但非法平台可能用语音识别,叫你念一段"是我本人"等。最后,把获取的音频转到微信上,转发给你的好友,实施诈骗。通行版本的微信没有语音转发功能,只需要开发具有修改、增加微信功能的外挂,故开发微信外挂是诈骗产业链中重要的一环。

7. 微信交易诈骗

通过微信交易诈骗。某秘书想在网上购买一款信息搜索的手机软件,就加了网上搜索到的微信号。200元的价格谈妥,她正要发微信红包给对方,却遭到对方的拒绝。对方说微信红包给个人账户,没法入公司账户,让秘书直接点进微信钱包的付款页面,把条形码上边的18位数字码念给他,完成支付后钱就能直接进入他们公司的账户。秘书想着这样也方便,就按要求把18位付款码报给对方,不料不一会儿就收到提醒,秘书竟支付了2800元。这时,商家又发微信语音通话,说"抱歉,不小心弄错了",要把钱通过这个支付渠道退还,秘书没多想,重复了一次上述流程,发现自己没收到退款,反而又刷走了2790元。这时反应过来,上当了。当秘书再次要求对方退钱时,已被对方拉黑。事实上,微信付款功能一般在点击进入付款页面后,会显示条形码、二维码和18位数字码,这三个码的功能是一样的。就像秘书平时在商店扫二维码支付一样,如果把数字码告诉对方,对方一样可以刷走秘书的钱。

8. 非法侵入网站

大量手机App未经用户选择,自动获取个人信息,如精确定位、通讯录、发送短信等。这种过度收集的个人信息,很可能被泄露并最终侵犯消费者个人隐私。"徐玉玉遭电信诈骗身亡"就是考生信息泄露所致。罪犯杜天禹2016年4月初通过植入木马的方式,非法侵入山东省2016年普通高考学校招生考试信息平台网站,取得网站管理权限,非法获取2016年山东省高考考生个人信息64万余条。后罪犯通过QQ、支付宝向陈出售上述信息10万余条,获利14100元。陈氏组织多人实施电信诈骗活动,拨打诈骗电话1万余次,骗取他人欠款共计20余万元,并造成高考考生徐玉玉死亡。

9. 电信诈骗

国外也设置了大量的电信诈骗窝点,他们有诈骗的脚本,精确分析诈骗目标。如2017年8月由公安部、浙江省公安厅联手打击跨国电信诈骗案,在马来西亚抓获44名,其中男性28人,女性16名,均为中国籍,涉嫌70多起特大冒充公检法类跨境电信诈骗案件,涉案金额1000多万人民币。他们以买了保险公司健康保险的人群为诈骗目标,其脚本如下:第一步:冒充医院人员打电话来核实你的就诊记录;第二步:继续冒充医院工作人员,告知被害人涉嫌骗保;第三步:冒充保险公司理赔人员,告知被害人要强制停医保卡,不再享受五险一金。很多受害人听到会影响到五险一金,就会特别紧张,这让骗子有了进一步诱骗的机会。接下来就是提出验证账户安全,要你在网上操作,转账到安全账户等。

江苏省消协2017年8月通过现场检测,在手机下载的100个App中,79个App可获取定位权限,23个App可直接向联系人发送短信。点开"通讯录与联系人"一项,有14个App可以监听电话和挂断电话。在所获取的个人信息中,"位置信息"和"读取通讯录和短信"最容易被读取。大多数App都有获取精确位置的权限,有GPS定位可精确到10米;对于"读取通讯录和软件"信息,大部分开发企业表示,App需要通过验证码避免用户重复注册,这使得用户的通信信息安全暴露在软件公司面前。事实上,消费者可以看到的手机权限设置,并不是全部授权。还有许多手机,消费者没有操作任何权限设置,软件就已经自动安装。绝大多数手机App在安装前后都没有明确告知用户会获取哪些权限,及获取权限后使用个人信息的目的、方式、范围和风险。此外,这些软件在获取权限时没有给用户选择的机会,存在默认选择的现象,这些侵犯了消费者的选择权。我们可以通过手机设置或者第三者检测软件,对App的权限进行查看、修改,注意保障自己的权益。

10. 云集微店

杭州滨江集商网络科技公司,打着"社交电商第一支正规军"旗号的云集微店,涉嫌传销,被公安部门罚没958万元。这类披着互联网经济外衣的新型传销骗局,近年来频频发生。它们有些包装成"网络购物",有些打着"理财投资""慈善众筹""众筹创业"的幌子,大肆吸收会员、发展下线,牟取非法利益。云集微店于2015年2月上线、3月运作,其模式如下:每人缴纳一年365元的平台服务年费,以此成为"云集微店"的店主(实际上并不开店),成为所谓的"店主"后,可以邀请其他人员加入成为新店主。根据运营者制定的晋级制度,一名店主直接发展30名新店主和间接发展130名新店主加入,方可成为导师;导师团队招募店主人数达到1000名,可向公司申请成为合伙人或者育成合伙人,使相互之间形成上下线的关系。上下线层次模式分为两种:第一种方式公司—合伙人—导师—店主;第二种方式公司—合伙人—育成合伙人—导师—店主。运营者设定现金利润分成方式为:每加入一名新店主,对应的合伙人、导师即可以培训费的名义分别获得70元、170元,以此获取利益。同时,店主如果在"云集微店"消费购买商品,则对应的导师和合伙人均可以得到公司返还商品销售利润的15%;店主邀请新店主加入消费后,所对应的合伙人、导师也可以获得相应的返利。滨江区市场监管局认定,云集微店的运营模式,以"交入门费""拉人头"和"团队计酬"方式,是典型的网络传销。

11. 超云合一平台

随着微信的广泛应用,新的传销方式——微信传销也随之滋生。浙江丽水遂昌 2016 年 12 月开始运营"超云合一平台"微信公众号,其间购进了大量服饰、家用电器、地方特产等产品,通过公众号向顾客推销商品。他们设定"三级分销"模式:顾客通过微信关注平台公众号,成为平台会员,会员在平台购买商品,即可获赠消费金额 150% 的消费积分并成为"众销员",同时获得推荐下级会员的资格。公司对"众销员"实行三级返利模式,分别是 10%、8%、5% 的积分返利,积分与现金实行 1:1 兑换,积分每日可提现 1% 并收取 10% 手续费,也可在平台兑换商品。超云合一平台当事人要求参加者以购买商品的方式获得加入资格,以发展下线获得返利来引诱参加者继续发展他人参加,形成上下线关系,并以下线在平台的消费金额为依据计算和给付上线报酬。遂昌县市场监管局依据《禁止传销条例》,对当事人处罚 20 万元。

12. "紫砂壶"网络诈骗

浙江桐庐破获一起"紫砂壶"网络诈骗案。一个以"富之汇公司"为主的诈骗团伙,伪造紫砂壶电子交易平台①,构建起电子交易商城。其内分三个层级:第一层是交易所,也就是用于进行交易的 App 软件,这个软件还有第三方支付公司作为资金接口;第二层是会员单位,主要负责通过拥有多数虚拟"紫砂壶"发行量的主力账户,在背后操控"紫砂壶"价格;第三层是各家代理公司,负责联系、发展客户,骗取客户出钱投资。为骗取客户信任,他们会让业务员通过发布虚假朋友圈等方式,假扮"高富帅"或"白富美",并在聊天中装作不经意地推出"紫砂壶"项目。一旦客户出钱投资,会员单位就可以在后台操控 K 线(虚假 K 线)走势,先来一波大涨让客户尝尝甜头,接着就是连续大跌。等客户发现问题想脱身时,往往资金已经所剩无几。而且每笔交易要收取 3% 至 5% 的手续费。所以网络诈骗手段层出不穷,投资时一定要选择有正规资质的单位和平台,谨防网络诈骗陷阱。

13. 黑客软件

有些人买了黑客软件,利用 App 的支付认证漏洞,能修改价格,把几百元的购物券改成一分钱,然后大量转卖、套现。黑客软件在网上大肆传播,年轻人想"法不责众",怀着侥幸心理,鼠标点点、键盘敲敲就能获得数额巨大的金钱,殊不知这是犯罪。而交易网站存在漏洞,电商们要想安心做生意,还是先把篱笆扎紧、漏洞补上。有学生收到"10 元可充值 800Q 币"的信息,就点击链接,结果发现自己的支付宝账户被盗转 9000 多元。"激活链接"你还敢不敢点? 来路不明的文件敢不

---

① 我国只有原油、期货、粮食等设有国家批准的电子交易平台,而没有紫砂壶电子交易平台。

敢收？"现金红包""流量红包""抵价券"还敢不敢领？事实上很多人就被套了，"便宜"作为诱饵，致使很多人飞蛾扑灯。一旦发现自己的手机被植入木马，黑客修改支付金额，一眨眼账户被掏空，唯一的自卫手段就是不占便宜。2017 年 9 月上海黄浦区查到 19 岁高某，利用他人银行卡注册一家金融服务公司理财 App 账号，用黑客手段篡改平台数据，在账号内虚增资金并进行提现操作。他分别在账户内虚增资金 200 元和 2000 元，并成功提现，但随即又将提现的金额原路返还，因而账户金额未显现异常。随后，他将这一方法通过网络传授给他人，对方在利用黑客手段成功非法提现 30 万余元后，分给他 2 万元"红包"。

黑客们研发的各种软件，第一步都是为了远程侵入、控制别人电脑。这个"电脑"不仅仅指个人家用电脑、笔记本电脑，只要使用了电脑芯片的手机、冰箱、洗衣机空调等家用电器、家用摄像头甚至 AP 面板，乃至单位的各种设备，都会有黑客软件控制的风险。如有人窃取他人的资金、获取他人计算机信息数据、偷拍偷录获取他人隐私、控制他人计算机作为网络攻击等，均属犯罪。现在黑客们利用人工智能的优势，为他们破解信息助力。黑客窃取个人账号和密码后，先进行数据清洗，破解验证码以"验证"账号密码是否好用，这就是圈里所谓的"打码"。以前不法分子是靠人工破解，而现在他们请了"人工智能"来帮忙，利用人工智能深度学习的能力，批量快速破解，然后负责数据清洗的团伙再把海量信息卖给其他犯罪集团。

网络犯罪已形成长长的黑色产业链，有两个趋势要引起我们的关注：一是企事业内部人员成为公民个人信息泄露主要源头。一些掌握公民个人信息的企事业单位没做好内控，使"内鬼"有机可乘。二是非法泄露公民个人信息成为其他各类犯罪的重要上游环节。公民个人信息被转卖后，被大量用来电信诈骗、盗窃、敲诈勒索等，且极其精准。

14. 不法分享链接

作为秘书本身而言，别贪小便宜。如在 QQ 上"移动免费送流量了"，好友头像闪了，真的送红包、免费送流量，但分享这种链接，点击后你的 QQ 账号密码失窃了，进而 Q 币虚拟财产也消失了。QQ 邮箱、手机短信里发的不明链接有些隐含木马。QQ 账号如果异常登录，要赶紧修复。浙江平阳市出现了一个"营销人俱乐部"的论坛，这里会员上传的资料都是非法获得的公民个人信息，包括身份、车辆信息、财产信息、各类网络账号等，上传后获得相应论坛币，当然也可以用人民币充值获得论坛币。温州龙湾两名姓杨兄弟——黑客，开发了"远程控制软件"，并成立"石家庄某网络科技公司"，专门倒卖软件。温州小玲是网吧收银员，她的男友在家里负责远程控制，删除收银电脑上的数据，然后由她把现金装进自己口袋，偷窃 12 万。湖州的陈某用软件控制了 130 台私人电脑,看别人照片、文档等。刘某经营的扬州某网络科技公司,业务就是用自己制作的恶意程序破坏百度排名。广州苹果公司某外包员工朱某等人,在组长杨某组织下,利用员工账号登录苹果公司内部平台,非法查询手机串号关联的手机号、姓名、ID 等信息,再卖给梁某等人,成为苹果手机盗销、解锁等黑色产业链的源头。浙江苍南以某网络公司的名义,在网上大量收购 QQ 邮箱账号密码、苹果账号等,然后破解。破解账号的用途,其一是锁机敲诈,其二是为苹果 App store 刷"信誉",提升排名。秘书故在注册 App ID 时,密码不要和个人邮箱或银行卡一样,不然一旦其中一个密码失窃,可能导致多重损失。另外,手机最好设置安全阀门。

15. "应用克隆"

国内安卓应用市场十分之一的 App 存在漏洞而容易被"应用克隆"攻击,甚至用户上亿的多个主流 App 也存在这类漏洞,几乎影响国内所有安卓用户。比如,当秘书不小心点了某短信中的链接,秘书的钱可能会被盗刷。手机攻击者把与攻击相关的代码,隐藏在一个看起来很正常的页面里,秘书打开时,肉眼看见的是正常网页,可能是视频或图片,但实际上攻击代码就悄悄地在后面执行。有时候,点开链接还可能看起来是一款常用的 App 的推广页面,实际上此时攻击者已经克隆了用户个人隐私信息。只要手机应用存在漏洞,或者扫描恶意二维码,App 中的数据都可能被复制。事实上"应用克隆"之一漏洞只对安卓系统有效,苹果手机不受影响。为此,秘书对别人发给你的链接少点击,不太确定的二维码不要出于好奇去扫描,更重要的是要关注官方的升级,包括秘书的操作系统和手机应用,需要及时升级。

16. 外挂软件

随着"旅行青蛙"手游火爆,不少 iOS 玩家安装外挂的软件后,其游戏数据和手机数据无故丢失,包括微信聊天记录、手机中的图片、视频等。也有玩家的苹果手机出现无法接受和发送短信,刷机后也未见好转。事实上,玩家在安装那些外挂的木马软件时,如果用户同意对方进行远程操作,可能存在被盗取苹果 ID 账号的风险。黑客借此将用户的手机锁起来,趁机勒索钱财。

17. 机器人安全漏洞

现在出现了大量的智能机器人,但事实上其内存在着安全漏洞,黑客可以远程操控,在秘书家中自由行动,窥视个人隐私。由此智能家居设备在给我们带来更舒适生活体验的同时,其安全性一直令人担忧。在实验室中,工程师们演示"破解"家用摄像头和智能门锁,经过在电脑上的一系列操作,摄像头被成功"黑入",

所拍摄的画面会实时传回工程师的电脑中。同样,工程师利用手机的 NFC 功能①,拿预设好的手机轻刷一下门卡,匹配信息便存储到手机中,再用手机对着门锁一刷,锁就打开了。如果存在安全隐患,家用摄像头、智能网关、带摄像头的扫地机器人、智能电视、游戏主机等设备容易变成"耳目类"间谍,在被远程入侵后容易泄露用户家中的隐私画面,还可能造成银行卡密码、社交软件账户等信息泄露;具有一定功能的智能电饭煲、微波炉等则有可能成为"攻击类"间谍,在被远程控制后可能造成火灾等破坏性事故;而当下逐步普及的智能门锁等安防设备,则有可能沦为"策应类"间谍,为上门实施犯罪行为的不法分子"打开方便之门"。为此秘书在选购智能家居设备时,应尽可能选择大品牌生产的正规产品。对于诸如家用摄像头之类可收集用户画面、声音等隐私信息设备,当秘书在家时可切断电源,离家后再重新打开,以避免隐私信息泄露。美国库兹韦尔在《奇点临近》一书中曾预言:人类 21 世纪 40 年代,通过机器人技术可使人体进化成非肉体的,可以随意变形的形态。到了 2045 年,奇点来临,人工智能完全超过人类智能,人类历史将彻底改变。

由此可见,作为秘书而言也需要加强自身保护信息的意识。2012 年春天,德国北威州明斯特的法院受理一起涉及秘书的案件:一位女秘书状告自己的老板,原因是老板雇佣私家侦探对女秘书进行了为期 4 天的监视,还拍摄了照片和影像。起因是女秘书因为腰椎间盘突出请假,而老板对此怀疑,于是秘密雇佣私家侦探。这场官司耗时 3 年,一直打到联邦法院。法院在 2015 年 2 月做出了终审判决,认定老板对女秘书的监视和偷拍违法,支付了 1000 欧元的精神损害赔偿金。②

【小贴士】

一、防火墙

防火墙是近年来发展的最重要的安全技术,是一种用来加强网络之间访问控制的特殊网络设备,它对两个或多个网络之间传输的数据包和连接方式按照一定的安全策略进行检查,从而决定网络之间的通讯是否被允许。防火墙是一个分析器、限制器、分离器,能有效地控制内部网络与外部网络之间的访问及数据传输,从而达到保护内部网络的信息不受外部非授权用户的访问和过滤不良信息的目的。

只有经过精心选择的应用协议才能通过防火墙,可使网络环境变得更安全。

---

① 无需接触即可实现互联互通的通讯技术。
② 杨洁:《德国如何保护个人信息》,《解放日报》,2016. 12. 26。

如防火墙可以禁止 NFS 协议进出受保护的网络,这样外部的攻击者就不可能利用这些脆弱的协议来攻击内部网络。防火墙同时可以保护你的路由器免受不法分子的攻击,如 IP 选项中的源路由攻击和 ICMP 中的重定向路径。防火墙可以拒绝所有以上类型攻击的报文并通知防火墙管理员。通过以防火墙为中心的安全方案配置,能将所有安全软件(如口令、加密、身份认证、审计等)配置在防火墙上。与网络安全问题分散到各个主机上相比,防火墙的集中安全管理更经济。

防火墙可分为包过滤型和应用代理型两种。所谓包过滤型防火墙,就是在 OSI 网络参考模型的网络层和传输层,依据系统事先设定好的过滤逻辑,检查数据流中的每个数据包,根据数据包的源地址、目标地址,以及包所使用的端口确定是否允许该类数据包通过。只有满足过滤条件的数据包才能被转发到相应的目的地,其余数据包则从数据流中丢失。包过滤技术有两种不同的版本:第一代静态包过滤和第二代包过滤。包过滤技术的优点在于:通用,适用于所有网络;廉价,大多数路由都提供数据包过滤;有效,很大程度上满足了大多数企业的安全要求。当然不足之处主要在于:不能充分满足安全要求;过滤规则有限;缺少审计和报警机制;容易受到"地址欺骗型"攻击;对安全管理员要求高。

应用代理型防火墙,通常是一个软件模块,运行在一台主机上,代理服务器与路由器合作,路由器实现内部和外部网络交互时的信息流导向,将所有的相关应用服务请求传递给代理服务器。代理服务器有两种不同的版本,分别是第一代应用网关型代理服务器和第二代应用网关型代理服务器。代理型防火墙优点在于:安全,可以对网络中任何一层数据通信进行筛选保护;代理机制可以为每一种应用服务建立一个专门的代理,内外网之间的通讯需要经过代理服务器审核,避免了入侵者使用数据驱动类型的攻击方式入侵内部网。当然其缺点在于,速度慢,当内外网通讯高吞吐量时,代理防火墙就会成为内外网之间的"瓶颈"。

二、病毒防范

病毒防范技术就是通过自身常驻系统内存优先获得系统的控制权,监视和判断系统中是否有病毒存在,进而阻止计算机病毒进入计算机系统和对系统进行破坏。换言之,病毒的预防是通过阻止计算机病毒进入系统内存或阻止计算机病毒对磁盘的操作,尤其是写操作,病毒预防技术采用一种动态判定技术,即一种行为规则判定技术。原理如下:采用对病毒的规则进行分类处理,而后在程序运作中凡有类似的规则出现则认定是计算机病毒。病毒的预防应用包括对已知病毒的预防和对未知病毒的预防两个部分。目前,对已知病毒的预防可以采用特征判定技术或静态判定技术;而对未知病毒的预防则是一种行为规则的判定技术,即动态判定技术。病毒预防技术包括有：磁盘引导区保护、加密可执行程序、读写控制技术、系统监控技术等。

三、银行智能风控体系

银行业也纷纷开发智能App，不仅融合了智能语音交互、刷脸认证、指纹识别等智能交互体验，而且全新升级了智能风控体系。我们以浦发银行为例，他们积极践行数字化战略，技术护航金融安全。首先用人工智能技术打造企业级别反欺诈系统。即风控是同步内嵌，在提供服务产品的同时，对第一点进行控制。运用人工智能及大数据技术，对碎片化数据进行收集处理，打造7×24小时的智能化企业级反欺诈系统，实现对高风险交易的实时拦截。欺诈损失率控制在低于百万分之一。浦发银行的智能风控，不再局限于传统数据层面的黑名单和规则，而是形成一套数字化模型，将用户当笔交易行为与海量历史数据融合适配，通过对用户交易行为特征的精细刻画，甄别每笔交易的风险；同时，能够基于机器自主学习技术，不断自我优化迭代出完善模型，从而持续提升对线上线下交易的风险识别率，实时阻断风险交易。

其次，移动通讯科技创新，让手机银行安全便利。随着移动智能终端的普及应用，手机银行在获取金融服务方面具有随身携带随时随地的便利性突出优势。为此浦发银行打造符合国密安全算法的第三代U‐Key的同时，联合中国移动战略合作伙伴，推出"云语音＆手机SIM盾"数字金融安全工具。其中"云语音"产品运用中国移动语音线路话务流向控制技术，业内首创动态密码自动语音外呼服务与用户实时确认动态校验要素，并应用防转接技术确保接听者为用户本人，规避动态交易密码短信可能被病毒、木马劫持等典型交易风险。其中"手机SIM盾"采用硬加密技术，将金融安全数字证书植入中国移动NFC‐SIM卡中，进一步提升交易安全等级。同时，通过手机SIM卡与移动终端一体化，使得用户携带和使用更加便捷。还设置了网络"防火墙"，浦发智能App在系统方面建立多极保护机制，通过多重异构防火墙对强制过滤网络访问，防范恶意访问行为，对业务运行和认证安全区域进行合理隔离划分，防止非法入侵和黑客攻击。在网络传输方面，对用户终端与银行服务器间所有数据传输添加加密，设置严格的登录失败锁定控制及通讯超时推出控制机制，并对登录及资金划转采用同业中较强的多重身份因子交叉认证机制。比如划账中，不仅会要求用户校验登录密码、交易密码动态密码，还会根据交易的金额、用户的基站和位置数据等信息，采用人像刷脸、云语音外呼等多重方式进行交叉验证。

【思考与练习】

一、名词解释

1. 数据加密法

2. 非对称性加密法

3. 数字签名法

4. 数字时间戳法

5. 生物特征识别法

6. DCI 体系版权登记法

二、思考题

1. 简述威胁计算机安全的五大方面。

2. 计算机安全工作包含哪些内容？

3. 请阐释黑客入侵的几种主要手法。

4. "云安全"是如何实施安全？

5. 试阐述生物特征识别如何达到保护版权效果？

第十四章

秘书信访与诉讼新媒体实务

信访"是指公民、法人或者其他组织采用书信、电子邮件、传真、电话、走访等形式,向各级人民政府,县级以上人民政府工作部门反映情况,提出建议、意见或者投诉请求,依法由有关行政机关处理的活动"。信访工作,全称为"来信来访工作"。它是公民、法人或者其他组织以书信、电子邮件、传真、电话、走访形式,依法向党政机关、企事业单位反映情况、提出建议、意见或者申诉冤屈、检举控告等,党政机关、企事业单位专设部门或专职人员予以处理的一系列活动过程。换言之,人民群众在社会生活中有了矛盾得不到解决或某些合理要求得不到满足时,就会以来信来访的形式向有关组织或部门反映。有关组织或部门对来信来访进行分析、核实、处理的系列活动,就是信访工作。信访工作是信息反馈的重要窗口,是掌握群众思想脉搏的重要渠道,也是决策者为群众办实事的具体体现。做好信访工作,对促进民主法制建设,构建和谐社会等方面具有重大意义。

第一节 秘书信访工作新媒体实务

专门的信访部门是秘书机构的组成部分之一。不设专门信访部门的组织,接收来信和接待来访的工作,一般将由秘书部门承担。秘书承担或参与信访工作,是由秘书辅助决策的职能所决定的,也是由秘书机构的综合性质和枢纽地位决定的。秘书信访工作的内容与工作程序是:信访登记、告知、受理、办理、复查与复核、督办、立卷归档及处理各种特殊信访事项。

信访工作主要由受理和办理两个部分所组成,其中受理可分为不同情况对待,如涉及两个以上行政机关的信访事项由所涉及的行政机关协商受理;对已通过诉讼、行政复议仲裁解决的事项,则不宜受理;没有依法处理的,则可以受理;等等。办理也同样如此,其办理方式也有不同的要求,本地依法可做出决定的,则直接办理;由上级做出处理的,应及时报送上级;与信访人有直接利害关系的,应当回避;任何组织和个人不得压制、打击报复、迫害信访人。行政部门信访事项的直接办理应自收到起30天内办结,对交办的事项则在90天内办结。复查则在30天内提出,不服决定或复查的,可在30天内请求上级复查,上级需在30天内答复。

为了维护信访工作的严肃性,使之正常进行,高效运转,各组织和部门应根据国家法律法规制定相应的信访工作制度。主要如下:领导分管信访制度;领导接待日制度;领导包案制度;办信制度;接访制度;信访案件处理制度;信访信息处理制度;监督监控制度;档案管理制度等。

现在我国绝大多数的省份都已建立了政府信访官网及信访信息平台,我们以浙江为例。2005年1月浙江就建立起信访信息平台(www.zjsxfj.gov.cn),开启了新媒体+信访的新格局。信访人足不出户,只要登录浙江省统一网上的信访平台,就可以反映诉求、提出建议,大大缩短了流程,节约了成本。实务操作流程为:

第一步:登录网站(www.zjsxfj.gov.cn),网站的标语为"法治、阳光、精准",点击页面出来后,网站展示出信访的流程表:实名注册——用户检验——提交——查看信访内容——评价;

第二步:投诉事项后将给你一个也是唯一的编码;

第三步:信访秘书将按照权力清单和责任清单,精准分流给相关部门;

第四步:查看事项处理进展;

第五步:对信封结果进行评价。

平台中有"个人平台"栏目,其内包括有"我要写信""查看信访事项""修改密码""退出系统"等项目。在这一平台上,信访过程和结果均可在县乡查询、查看到时间的进展和结果。

浙江省充分发挥云上浙江、数据强省的优势,全力推进网上信访建设,将全省统一政务咨询投诉举报平台建设纳入"最多跑一次"改革、法治浙江建设重要内容。现在该平台已完成全省统一平台与省内业务协同平台,乡镇街道四平台对接,实现省、市、县、乡、村五级联动。用12345这一个号码倾听百姓所有投诉请求,信访部门管分流,部门按责办理,实现统一回访、跟踪,确保百姓诉求"件件有着落、事事有回音"。

第二节　秘书诉讼工作新媒体实务

互联网改变了消费习惯、生活方式和银行支付方式,现在又开始改变了司法工作。现在秘书打官司也可网上立案,如通过"浙江智慧法院"App或浙江法院律师服务平台,向法院提交申请和有关材料,足不出户就能立案。杭州上城区法院在诉讼服务中心增设网上立案窗口,秘书可扫描与下载"浙江智慧法院",进行网上立案审查,再统一将起诉状及证据材料寄送至立案庭审查,立案法官审查后只需将信息引入,避免了重复工作,极大地提高了批量立案的效率。

全国首家互联网法院在杭州成立,当事人足不出户,点击"杭州互联网法院诉讼平台",法院就能提供电子便利的诉讼服务,起诉、立案、送达、举证、开庭、审判,每个环节全流程在线,诉讼参与者的任何步骤即时连续记录留痕,当事人"零在途时间""零差率费用成本"完成诉讼。而且现在已实现了全球首个"异步审理"模式,庭审突破时空限制,诉讼当事人不需要踏着时间参与庭审,一切更从容,更高效。所谓"异步审理",是指涉网案件的各审判环节分布在杭州互联网法院网上诉讼平台上,法官与原告、被告等诉讼参与人在规定期限内,按照各自选择的时间登录平台以非同步方式完成诉讼的审理。所有的举证、质证、辩论环节都是在诉讼平台上的每一个模块,当事人可以根据庭审行进程序将自己这一方的资料在线递交。回答法官可以是文字输入,也可以是语音录入。当然这类案件的案情简单,事实清楚,法律关系明确,双方争议不大,如一些交易类的网络服务纠纷,涉网金额较小。

随着新媒体的来临,大量涉网纠纷涌入司法领域,以几何级态势增长。以电子商务纠纷为例,2013 年起诉到杭州法院的此类案件为 600 余件,仅时隔三年,2016 年就激增至 10000 多件。信息经济对司法提出了便捷化、数据化、互联互通的新要求,为此全国首家互联网法院于 2017 年 8 月 18 日在杭州成立①,它标志着中国涉及互联网案件的集中管辖、专业审判在杭州掀开新的篇章。网上法院的最大特点,是将网络技术全面融合进入办案流程,实现了网上案件网上审,网上纠纷不落地。归而结之,主要有五大变化:开发了一个开放式诉讼新系统;打造了一整套在线诉讼新流程;创设了一系列诉讼新规则;破解了一部分网络审判新难题;构建了一体化纠纷解决新机制。目前集中管辖杭州市辖区内基层人民法院有管辖权的下列涉互联网一审案件:互联网购物、服务、小额金融借贷等合同纠纷;互联网著作权权属、侵权纠纷;利用互联网侵害他人人格权纠纷;互联网购物产品责任侵权纠纷;互联网域名纠纷;因互联网行政管理引发的纠纷;上级人民法院指定杭州互联网法院管辖其他涉互联网民事、行政案件等。早在 2015 年浙江在全国首创"浙江法院电子商务网上法院"。2015 年 4 月浙江高院确定杭州西湖区、滨江区、余杭区三家基层法院和杭州市中级人民法院作为网上法院的试点法院,分别

---

① 杭州金融商务区的钱潮路 22 号。

审理网络购物、互联网借款、网络著作权侵权这三类多发频发的涉互联网纠纷及其上诉案件,从起诉、立案、送达、举证、开庭到案件判决和执行,诉讼的全部环节均可以在线完成。试点以来,全省有 15 个法院陆续加入该平台,已累计处理案件近 2.3 万件。

与普通法院相比,互联网法院的法庭没有原告、被告席,也没有书记员,而是采用语音识别系统进行记录。法官面对大屏幕进行在线审理,原告和被告也许远隔万里。在开庭前,法官所需的证据及交换、质证等环节在开庭前已在网上平台完成。法院也先前在线审阅完案件材料并归纳出案件争议焦点。数字证书是驾驶执照、护照和会员卡的电子对应物。秘书可以通过出示电子数字证书来证明秘书的身份或访问在线信息或服务的权利。如北京市园林局的远程办公网络,专门有一个机要人员负责对电子公文进行最终审核,然后输入密码,系统确认其权限后自动调出后台存储的电子印模,在相应位置上盖上"印章"。又如北京市高级人民法院为提高办案效率,网上对判决书进行电子盖章,只需输入审判员或书记员的法徽号,并在指纹采集器上"摁下手印",电脑自动在数据库中查找相关指纹信息,一旦确认这枚指纹确有权限,即从法院本部终端服务器里调出印模,即可在判决书盖上"印章",同时附上盖章时间。此外,还有收费在线阅读、网购交易、物流信息等,都可以一键在网上完成电子公证。由于整个过程均在线完成,故当事人达到了"零在途时间""零差旅费用支出"效果,解决了打官司高成本流程长的弊端。

互联网法院司法的程序如下:首先用身份证登记进入立案大厅后,刷脸取号,7 秒系统就自动识别你的信息,并打印出你的立案等候号;同时你立案时所需的个人基本信息也传入立案系统。然后,你可以通过立案大厅的自助机进行网上立案,也可在家点击 www.netcourt.gov.cn 进入杭州互联网法院诉讼平台,网站右上角有"我是原告"及"我是被告"两块流程。互联网法院自助研发态势感知平台,立案成功后,会自动根据你的起诉情况,把案件分派给相对擅长这一类案件的法官。立案大厅设有 E 邮柜,专门提供给诉讼当事人和法官传递材料的柜子。如果要起诉,秘书可用手机打开"杭州互联网法院微诉讼平台",然后通过手机号码注册账号,输入身份证号,通过在线的人脸识别,完成了实名认证。尔后填写结构化的起诉状,上传相应的电子证据,即可完成立案申请。整个操作过程大约 5 秒钟。当事人申请立案后,智能立案系统经用户授权后,会对案件进行审核,法官调取涉案的内容后,就完成立案程序。系统同步生成案号,全程留痕。PC 端和手机端是打通的,随时可以在电脑或手机上进行证据等信息的一键提交。当事人再也不用把厚厚的证据材料打印、公证,并邮寄给法院,大大降低了诉讼成本。法院会通过手机、邮箱、支付宝、阿里旺旺等多种方式进行电子送达。作为被告,一样可以随时在线提交各类证据,举证、质证都能在平台上完成。起诉后,先进行调解,如果调解不成功,起诉状正式提交法院立案庭,如果立案通过,就可以在线缴纳诉讼费。

如果成了被告,首先要关联案件。在收到电子送达信息后,点击进入"我的诉讼",输入查询码,查看被诉信息,然后进入调解,若调解不成功,如果法院立案,即时通知被告应诉。在互联网法院起诉、应诉必须实名,授权第三方平台(如支付宝)提供认证服务。在线庭审,如庭审过程中"掉线",未经法院允许就退出庭审或者关闭浏览器的话,原告按撤诉处理,被告按缺席继续审理。互联网法院的法庭,只有十几平方米,法官居中而坐,两侧没有原告和被告及书记员的席位,高清摄像头和电视安装在正对法官的墙面上,用于拍摄和播放庭审的画面。当事人通过电脑或手机进行视频庭审时,可以即时与法官、对方当事人进行沟通互动;同时智能语音系统能够实时进行语音识别,并随案生成笔录,庭审结束只需双方点击确认即可。不仅如此,通过微诉讼平台,对于已经确定排期的案件,群众可以申请观看庭审直播。除不得公开的案件外,微诉讼平台还公布了已经审结案件的庭审视频,群众可以点击小程序中的"阳光司法"按钮,随时随地进行观看。

案件宣判后,如果不服法院判决,可以到有管辖权的法院上诉,诉讼平台暂不支持线上上诉。另外,案件到底要不要调解,能获赔款多少,系统都会自动匹配到类似案件,给你参考。目前杭州互联网法院暂时只受理杭州市涉网的一审民商事部分知识产权案件,以及最高法院指定由杭州互联网法院审理的重大、疑难、复杂涉网案件。随着审判条件成熟和审判经验积累,杭州互联网法院进一步扩大辖区范围和受案类型,逐步审理全省范围内涉网刑事、民事、行政案件和全国范围内有重大意义的指定管辖案件,以专业化审理,树立我国网络审判的权威性。2017年8月杭州市政府审议通过《杭州市市场监督管理行政处罚程序规定》,对网络交易违法行为实行"双重管辖",赋予网点所在地市场监督管理部门直接查处职权,减轻第三方网络交易平台经营者所在地监管部门的压力。在罚没款方面,也从有利于当事人的角度做了明确规定。比如,对公民处罚款(含罚没收款、罚没收财物价值)3千元以上,法人或者组织处罚款3万元以上,应当告知其有要求举行听证权利。同时扩大了分期、延期缴纳的范围,当事人缴纳罚款、没收款确有困难的,可以申请分期或者延期缴纳。将分期、延期缴纳的范围从罚款扩大到没收款。

2017年3月杭州西湖区法院开设了"在线矛盾纠纷多元化解平台(简称ODR)"(https://www.yundr.gov.cn),随着互联网的迅猛发展,跨国、跨地域的电子商务纠纷越来越多,催生了在线纠纷解决机制(ODR)在世界各国的快速发展。ODR以其低成本、高效率、便捷性、灵活性、全球性等优势,成为未来纠纷解决领域不可阻挡的趋势。用户登录平台,用一个账号,即可根据自身需求和纠纷特征,选择多种纠纷化解方式。具有"在线咨询、评估、调解、仲裁、诉讼"五大功能,是全国首个,也是目前唯一一个纠纷化解网络一体化平台,其中五个模块功能是相互衔接、彼此打通的,用户在各个模块留下的数据都会被存储、反馈和汇总。

ODR 平台集咨询(智能咨询、人工咨询)、评估(申请评估、生成评估报告)、调解(申请调解、纠纷登记、在线调解)、仲裁(申请仲裁、在线立案、开庭/书面审理)、诉讼(网上立案)五大服务功能于一体,致力于为公众提供具有权威性的一站式服务,它是全国首个也是目前唯一一个纠纷化解网络一体化平台,不仅仅将线下的纠纷解决模式搬到线上,而且从法律咨询、评估,向在线调解、在线仲裁、在线诉讼层层递进,使诉讼纠纷不断被过滤和分流,最大程度先行化解纠纷,减少进入诉讼程序的案件。

1. 法律咨询。咨询功能分为智能咨询和人工咨询两部分。其中智能咨询对接中国首个法律知识和案件服务平台"法信",每天 24 小时不间断提供准确的法律知识、相关案件、解纷流程与初步评估报告。人工咨询由擅长不同领域的专业律师团队提供业务支持,5 分钟内及时响应咨询者问题。

2. 评估功能。ODR 对接中国第一家智能水平的裁判文书预判与自动生成系统"易判",24 小时内,将会收到一份包含审判规则数据检索内容、审判规则具体内容、评估分析结论的书面报告,以及提示当事人解决相关法律纠纷的法律风险,化解成本与对策建议。

3. 调解服务。整合了人民调解、行政调解、司法调解、仲裁调解和律师公证调解等各类优质解纷资源。注册登录后,秘书只需知道被申请人的真实姓名及联系方式,在线填写简单的纠纷信息即可提交调解申请。同时即时发送对方,3 日内由相应的解纷机构向秘书发送调解员受理信息。同时调解员会电话联系调解双方,了解案件详细信息,预约在线调解时间。在线调解通过三方视频完成,当事人通过手机端或电脑端均可参与视频调解,视频调解会议全程自动录存,并基于语音识别技术智能生成调解笔录。达成调解协议后,双方可在线同屏确认协议,数字签名确保协议在线确认效力。

4. 在线仲裁。用户注册登录 ODR 后,在线填写仲裁案件信息,交纳仲裁费用,审核立案通过后即可等待排期,进行正式的仲裁庭审,出具仲裁调解书,若调解失败出具仲裁裁决书。

5. 诉讼服务。ODR 平台对接浙江法院诉讼服务网。在该平台享受网上立案、保全、鉴定、联系法官、申请司法文书、阅卷、信访投诉、执行等一系列便民服务。

在线 ODR 平台与许多著名的互联网公司合作,汇聚了 4452 名调解员、1438

名咨询师、3家仲裁机构和20家法院,为用户提供更丰富的服务资源。通过这个平台,当事人可以自由选择咨询师,以在线视频、语音输入、文字等方式咨询,还可以在线评估自己的案件、申请在线调解等。

操作步骤如下:打开电脑浏览器登录 https://www.yundr.gov.cn,或者直接搜索"在线矛盾纠纷多元化解平台"。在首页右上角点击"免费注册"按钮,简要填写账户信息,进行手机验证即可轻松完成注册。如果秘书觉得电脑不方便,安卓系统手机可扫描网站首页底部二维码即可下载手机客户端,苹果手机可直接在App Store 搜索"浙江 ODR"下载使用。作为全国首个矛盾纠纷化解网络一体化平台,ODR 平台不仅是将线下的纠纷解决模式搬到线上,还从法律咨询、评估,向在线调解、在线仲裁、在线诉讼层层递进,使矛盾纠纷不断被过滤和分流,最大程度先行化解纠纷,减少进入诉讼程序的案件。

事实上,互联网法院的成立,意味着背后要建立起一个"涉网案件大数据中心"。一方面通过大数据应用,可与不动产、知识产权管理等机关、仲裁委、调解委、公证处等机构,以及电信、移动、邮政等企业的数据库,建立实时交互、共享的信息通道。不但可以了解被执行人的银行存款、股票、房产、机动车等相关信息,而且足不出户便可查询到甚至冻结上述财产,让执行"不再难"。另一方面,依托对电商平台、互联网金融平台、网络文学平台的舆情监测、交易分析、纠纷处置等,获取数据情况。通过大数据运用,深度挖掘分析历史案件的发案率,来预测预警同类案件即将发案情况,失信事前预警处理。事前告知平台或当地部门及管理协会,做到起诉案件遏制在走入法院大门之前,大大减少起诉类案件的发生。

2018年4月杭州西湖区人民法院,法官一个话筒一台电脑墙上一块显示器,显示器里实时同步三方的文字,在30分钟内完成在线远程当庭审理和案件审理。同时在原告家里和远在1200公里之外的被告办公室,以及记录三方庭审发言的书记员均是一个机器人,所以是第一批试点用 AI 机器人的法院。目前70%的案件可以通过 AI 机器人协助,一个法官即刻完成案件的审理。这实际上是一套智能庭审语音识别系统,它可以同步记录庭中所有人的谈话、辩论和图片证据,迟延不超过300毫秒,不时进行自动纠错,准确率远超普通书记(记录)员。其被人们评为"神一样的速录师,拥有超人的短时记忆功能,超级的打字速度和惊人正确率"。

【小贴士】

"微法院":

浙江在2018年初推出全国首个"微法院",秘书只需打开手机微信小程序就可以打官司。浙江高等法院携手腾讯公司联合打造这一诉讼平台,面向全社会公众提供全天候、零距离、无障碍的诉讼服务。操作如下:在手机上点开杭州互联网法院微诉讼平台,先通过人脸识别核验身份后,勾选系统自动生成的诉状,再填写好自己的有关材料,点击"申请立案"。随后,系统自动将案件信息同步到杭州互联网法院上诉平台智能立案系统进行审核,完成立案。也可利用微信小程序,点击"浙江微法院",无须下载安装,就可以直接进行浙江全省三级法院的民事、行政案件立案、开庭、调解和执行立案等,享受一站式、便捷化、智慧型的移动服务体系。事实上,当事人与法官无须添加好友,依托人脸识别和云识别技术进行身份确认,为公众提供足不出户打官司的平台,为法官提供高效办案的辅助工具,并且通过数据全程留痕倒逼司法公正。同时,"浙江微法院"集群,与浙江智慧法院App、诉讼服务网、在线矛盾多元化解平台等实现无缝对接,共享统一的用户认证体系,"手指间"快捷切换。"浙江微法院"小程序,除了可以打官司,还有两个司法服务栏目共享:其一是"公众服务栏目",提供智能问答、开庭公告、庭审直播、裁判文书公开、执行线索举报、司法拍卖等 20 项司法公开和诉讼服务功能;其二是"当事人服务栏目",提供网上立案、网上缴费、远程调解、在线阅卷、在线开庭、电子送达等 10 项服务项目。2017 年 10 月浙江余姚法院率先试点"余姚微法院",实现手机连网、远程调解、在线开庭、见证执行等功能。2018 年 1 月宁波知识产权法庭曾进行了一场"跨越时空"的移动微法院庭审,法官及双方当事人身处三个城市,原告被告出现在法庭审判席的电脑屏幕中,而当事人则通过手机,看着审判席及对方当事人,通过"人脸识别"身份确认后,完成法庭审查、法庭辩论等庭审环节。

【思考与练习】

一、名词解释

1. 互联网法院

2. 信访工作

3. 诉讼工作

4. ODR 系统

5. 政府信访官网

二、思考题

1. 简述信访工作的重要性。

2. 请指出政府信访官网的实际操作程序。

3. 如何实施 ODR 系统?

4. ODR 系统有几项功能?

5. 秘书如何实施互联网法院微诉讼工作?

第十五章

秘书新媒体实务助手

第一节　秘书实务助手"度秘"

"度秘"是百度秘书简称,英文为"duer",是百度出品的对话式人工智能秘书,它是在 2015 年乌镇世界互联网大会上推出的为手机用户提供秘书式搜索服务的机器人助理(手机 6.8 版本)。2017 年初,百度收购人工智能创业团队渡鸦,把渡鸦团队升级为度秘事业部。同年 1 月百度度秘研发的人工智能系统"DuerOS"在美国拉斯维加斯 CES 大会中亮相。基于 DuerOS 对话式人工智能系统,通过语音识别、自然语言处理和机器学习,用户可以使用语音、图片或文字,以一对一形式与度秘进行沟通。度秘是内嵌在手机百度 App 中的人工智能助手,而百度地图、摆渡贴吧等百度系 App 也与度秘深度结合。百度度秘事业部推出的 DuerOS 人工智能系统,更是把度秘所代表的服务能力集成并全面开放,其他非百度系的合作伙伴也可以在他们的服务和应用中,用度秘来帮助他们更好服务用户。目前度秘在餐饮、电影、宠物等多个场景提供秘书化服务,并延伸到美甲、代驾、教育、医疗、金融等其他领域中。它依托百度强大的搜索和智能交互技术,实现秘书般贴心、周到、细心、忠诚的信息服务。全世界的计算能力正以每 10 年 10000% 的速度提高,未来属于答案相关行业。这有助于改变我们秘书工作的效率和质量,出行工具的选择、查阅地图、汽车停泊等,找到最优化的方案,秘书只需有正确答案就行。

百度认为,未来每个人都可拥有属于自己的度秘,数以亿计的度秘将成为一个个服务分发入口,搭起真实世界厂家与用户之间的桥梁。依托于搜索引擎、大数据智能推荐技术,度秘将彻底打通服务供需双方的数据,实现用户需求与商家服务的精准匹配,为商家带来更精准的客流量。随着人工智能引领的下一次技术革命的临近,度秘具有巨大的想象空间,是每个商家不可错过的新入口和新商机。如我们进入度秘 App 中,搜索框从"信息框"演变成"服务框"。度秘主要有以下特点：

1. 多模交互，无论文本、图片、语言都能实现人机无障碍沟通；

2. 语义理解清晰，不管你方言多重，口吃不清等，它都能听懂你的语言，可与你正常交流；

3. 多轮对话，沟通效率高，面谈范围广。

秘书有了度秘这一有力工具后，可作为秘书的得力助手。如秘书在度秘中输入"订机票、订酒店、杭州天气""出差所带东西"等时，度秘均能用对话的形式一一进行解答。

渡鸦团队 2017 年推出智能音箱 ravenH，号称其"集所有百度人工智能时代技术之大成的终极硬件形态"。"小度，小度，帮我播放一首歌吧。小度小度，现在播放的是什么专辑？"这些话语将唤醒百度的智能音箱。此外，百度还推出智能路由器、智能插座等。百度不是用触摸式而是采取语音式来唤醒，方便而简易。

百度的人工智能系统"Duer OS"已与空调、电视、洗衣机、冰箱、机顶盒、台灯等智能连接，它真正无声无息地带我们进入了"唤醒万物时代"。如点击手机百度"耳机"图标使用 TTS 功能，就可以用语音自由地操控手机百度的信息流，只需通过正常讲话的形式完成交互，就能随意"听新闻"、随意调整播放顺序、搜索百科、音量调整等。

第二节　秘书实务助手"移动彩云"

一、定义与界定

移动彩云是中国移动为客户打造的跨平台、跨终端的一站式的云端数字生活中心。以存储秘书的图片、音视频、文档、通信录、软件、短彩信、日历等九大类信息资产为基础，允许秘书通过云端进行手机、PC 等多终端的内容备份和同步，并在此基础上提供丰富的云端应用。

浙江移动公司的移动办公 App"移动彩云"，是一款移动办公软件，被社会公认为"办公神器"，它专注于解决信息传递和工作沟通的问题，汇聚了各种通讯、办公、管理等应用，立志于"让工作沟通变得更便捷"。因而它是一个跨平台的云端服务，可以使用手机号码直接登录使用。初次登陆即送储存容量高达 16 GB！而且，无论在 PC 端还是移动端，无论是文字、图片、语音、视频还是手机联系人信息，都可以轻松备份和存取，方便又省心。目前浙江已超过 10 万家企业在使用，注册用户超过 1000 万。如浙江师范大学、浙江省人民医院、财通证券公司、浙江万国汽车公司、金华市人民政府等。

二、功能

移动彩云具有以下功能:1. 通讯录功能,导入整个组织架构,通过电话、短信、彩云消息聊天就能解决日常工作中的沟通,并且不受外界打扰,而 QQ 沟通容易漏看消息,还受非工作圈人员打扰。2. "已读、未读"功能,即"必达消息",3 分钟内未读,转发短信发送至手机,这样通知时可重点抓住那些"未读"者,效率大增。3. 远程电话会议,其中还可发起会议邀请、系统自动提醒相关人员、签到、设置会议主持人、轮流发言、轻松屏蔽杂音。4. 请假、调休、财务、采购、报销等审批,这一切均可在手机上远程审批完成。5. 签到功能,秘书可在管理后台查看考勤时间、考勤地点、多班制等情况。大型会议、展览中,大量且集中的入场人群,会让现场的管理变得非常混乱,而如果使用移动彩云,这一切将迎刃而解。大厅入口处设置了一扇自动玻璃门,边上有一块 60 英寸大小的嵌入式屏幕。秘书提前让工作人员录入照片和姓名后,径直走向玻璃门,靠近屏幕。然后摄像头自动识别人脸,屏幕显示出秘书的姓名;同时,玻璃门缓缓打开。整个过程,与会人员进入速度一点没有停留下来。以前会务签到最多为二维码验证,扫码完成后领取胸卡,费时且耗费人力和财力,尤其是人多现场混乱和拥挤。现在基于人脸识别技术的签到,轻度配合,高效便捷。不过人脸要正脸照,倾斜 30 度照片就显示:未能上传成功。照片不仅要求正面,而且人脸的比例不能超过整张照片的 30%。如果上传的照片不符合标准,系统无法通过审核,会显示上传不成功。换言之,只要能成功上传"大头照",识别系统一般不会出错。哪怕你戴近视眼镜、帽子,也能识别。

三、内容

1. 它是一个网络存储空间,所有移动都可以通过手机号登录,将个人信息保存在 16G 的免费彩云空间中(用户可以通过付费拓展存储空间);作为一款云存储应用,移动彩云不仅可以实现电脑端、移动端的文件、照片的上传、同步与分享,新版更具备了文件夹协同工作、同步 Outlook 日历等高级功能。虽然移动彩云是个人云领域的新晋者,却以其多元化的强大功能在个人云市场有了自己的一席之地,与 Dropbox、金山快盘等产品形成差异化竞争。目前在多平台支持下,移动彩云提供 Web、Windows、Android 和 iOS 版本,平台兼容性强。

2. 它是一系列网络工具,帮助用户存储 UGC 或网络资源(例如用户在网络上看到有趣的文章,即可一键保存到自己的彩云云端空间内)或自动汇聚同一个手机账户下的个人信息(例如用户在授权后,可以在彩云空间自动存储飞信、邮箱甚至短信的相关信息),这些工具包括 PC 客户端、android 客户端、手机插件等。

3. 它还拥有一种可开放能力,通过 SDK 接口方式开放,其他开发者可以在自己开发的应用中使用彩云的存储、分享能力。

4. 它具有较强的保密性。身处信息时代,秘书对个人信息资产的保存和保密需求日益增强。由于手机更换频繁,刷机升级的缘故,手机里的照片、短信、通讯录很容易丢失。移动彩云解决了这一困扰,可以一键备份所需文件,省去逐个点击的麻烦。并能通过外链加密、文件夹共享、发送到微博微信等方式,便捷安全地分享照片信息给朋友,储存温馨记忆,分享点滴精彩。

四、平台应用

1. "彩云笔记"

彩云笔记是彩云平台下的一款云笔记应用,支持文字、图片、语音、视频、地理位置等多方式记录,实现手机电脑间自动同步。还具有"免费短信提醒""16G 免费云存储空间"等独特优势。用户可以在空闲时间用彩云笔记做工作计划,并对重要的事项设置提醒,指定时间便会收到系统发送的免费短信提醒,避免遗漏重要事务;此外,还可以用彩云笔记同步来完成文档工作,方便在其他地方继续编辑,省去了随身携带 U 盘的麻烦。

2. "彩云通讯录"

彩云通讯录是业内首个实现语音拨号的通讯录,专注于通讯录的备份与管理的 App。独有的自动同步功能随时随地免费备份手机通讯录,确保联系人永不丢失;此外每月免费 30 条秒发短信的功能更是赢得了超十万微博粉丝的一致好评。

五、秘书办公实务应用

1. 一站式的工作流程

纵观世界,如今信息化正在改变着传统的工作模式,移动办公正在释放无限的潜力,使用一部移动终端,将创业团队的任务、日程、考勤、文档等全部事项放入秘书的移动彩云中,实时掌控工作情况,一站式解决各种工作需求,彻底摆脱工作的时空限制。

2. 高效快捷的办公效率

经理的日常行程经常因为秘书的通知不及时,或者一些突发事件被搞得晕头转向,而移动彩云推出了一款日程助手,秘书可以在她的手机上帮助领导设置日程,领导就可以在他的手机上看他的日程动态,这样有助于领导的时间管理,同时每一个日程又有消息提醒、短信提醒,完全不用担心遗漏。这样很好地增强了领导与秘书之间工作的对接能力,提高了工作效率,减少了不必要的麻烦。

此外,秘书也可以在彩云上记录自己的一些工作计划和一些工作想法,提前规划好自己的工作,在需要开会时可以在工作台发起会议邀请,不用一个个通知而且能确保通知到位。在会议过程中牵涉的一些团队项目,可以在彩云上新建任务,就能和团队成员实时同步项目进度,提高了工作效率。

3. 丰富的通信体验

信息时代下,借助运营商的CT能力,打开网络的通信围墙,为移动办公提供更丰富的通信体验。

作为秘书经常会在外面出差,会收到一些紧急的需要我们处理的商务邮件,那么,按照以前的传统方式,经常会要一个个地打电话去找相关人员了解情况,然后了解完了以后再做决策;而现在通过彩云的电话会议系统,就可以一键把所有邮件相关的人员拉到一个会议上面来进行讨论,方便快速了解相关情况,快速做出决定,并且把这个工作快速分配下去,大大提高了工作效率。

通过彩云及时稳定的消息通知,安全可靠的私密专线,让沟通变得更简单。这对于秘书来说,对自己的工作有了极为便利的流程,提高了办事效率,不用再像传统的那种方式一样,浪费时间,做起来又很繁杂。

4. 优化报销程序

传统的秘书办公时,每次遇到报销相关的事情就非常烦琐。员工每次出差回来报销都把金额写得满满的,秘书也不知道到底用了多少钱。移动彩云推出了神州专车服务,员工外出用车全部使用企业账户统一支付,秘书可以通过后台设置他们的使用权限,查看他们的消费明细,这让企业在降低成本的同时,给大家的财务预算也提供了很大的便利。告别了传统的线下垫付,走繁琐的报销流程,用最小的成本做最高效的事。

5. 便捷优质的企业采购

大消费时代移动彩云与电子采购相结合,接入京东、政企云等采购服务商,建立采购服务生态圈。公司的行政采购是一大块成本,想要合理地控制成本,并且保证操作过程透明,并没有黄油手,公司选用彩云进行办公采购,规避经营风险。在彩云上进行企业采购,丰富的供应资源可以充分满足秘书的需求,享受企业专享价,还有专属客服,售前售后都有保障,省去了报销流程,轻松开发票,老板满意,当然秘书也就更省心了。

技术创新推动新兴行业的出现,移动彩云打造全国第一个政企聚合生态,提供更开放的平台能力,解决单位所有应用零散、独立等问题,满足客户一体化的需求。移动彩云将原有的 OA、人事、财务等系统都聚集在一起，最早完全依赖于电脑端操作的那些功能，比如说审批、报销、考勤、请假等功能，现在一个彩云就搞定了，移动彩云正全面作用于企业办公相关的各个环节，不断地激发创造让企业办公变得更加高效。这样高效的办事效率，对于秘书的工作流程来讲是一个很大的优化，简化了秘书的工作流程，提高了秘书的工作效率，大大提高了秘书的新媒体办公能力。

浙江移动公司在 2017 年还在"移动彩云"基础上，大力开发"蜂窝物联网"（NB – IoT），将进一步聚焦网络、终端、平台运营及产业合作，打造良好的终端产业链生态。如其与杰克缝纫机公司合作，给每台缝纫机均内置带有移动物联网卡的传感器，通过云端"互联网缝纫机平台"，杰克公司可以轻松掌握已售缝纫机的实时运行状态。根据回传的缝纫机工作类型等数据，对当前市场业务形态进行智能分析，从而预测畅销型号，指导生产销售，同时还能对所售缝纫机进行远程故障分析，指导客户及时修理。浙江移动联合企业打造数字工厂实景，生产车间内的过程数据自动上报到 ERP 系统，实现每个环节和每个工序可视化，实时性呈现在管理平台上，解决了人工导入数据的及时率与准确度问题。杭州余杭梦想小镇是杭州移动打造的首个 NB—IoT 物联网应用样板小镇，镇里的路灯杆、井盖、售货机，还有门禁、停车系统等公共设施都连上了物联网，变得更加智能化。绍兴喜临门集团与移动合作，研制生产出"物联网 + 睡眠"的"智能床垫"，其中内置了传感器和感应灯的控制中心，传感带采集心跳、呼吸等生命体征数据，通过由绍兴移动自主研发的 GSM 模组经物联网专网传向云端。秘书可以通过 App 清晰看到晚上的睡眠指标、睡眠质量（怎样睡眠、几点睡眠、几点起床、深度睡眠等）的真实情况。现在还提出易休"黄金小睡"助手，通过采集脑电波数据，智能的放松音乐，调节音量营造良好小睡环境等方式，让秘书通过 20 分钟黄金小睡，快速恢复精力。20 分钟黄金小睡能让秘书人体机能恢复 34%，认知能力恢复 40%，还能降低 37% 的心脏病发病率。易休小睡助手通过 Seahorse 智能音乐系统，结合机器学习技术，为秘书定制个性化小睡模式，显著改善秘书的小睡质量，秘书平均只需 9.7 分钟就能进入睡眠状态。事实上它仅仅是一只小小的神奇耳机。

浙江传化集团建立的传化网，相当于给公路物流安装了智能调度系统，其物流数据已覆盖全国，每一组数字都是产业发展和经济的"晴雨表"。随着互联网、大数据、人工智能的发展，"万物皆可数字"的数字经济时代已悄然到来。现代供应链服务体系的构建，是数字经济的新蓝海。传化"陆鲸"平台，长途司机的平均找货时间由原来的 72 小时缩减至 6 – 9 小时。最快可实现提前配货，找运力和订机票一样可一键交易、提前预订。传化平台还通过数字化手段把分散在城市各处的仓库进行连接和协同,形成"智能云仓",以及"无人化",较人工作业提高效率5倍以上。

浙江移动手机用户已突破1800万,目前平均每月的查询量超过7.8亿件。为此浙江移动公司推出"浙江移动手机营业厅(只需在App商店中直接搜索下载)"查话费账单,每月消费明细、套餐费用、增值业务费、优惠情况等清楚明白;甚至使用了多少语音、流量、短彩信,都会显示在"能量条"里。"流量查询"功能中,可以获得一份"流量图表",其中国内数据流量、满就送省内流量、限时流量、流量不清零转结,一目了然。你还可以按日期、剩余流量、超出费用设置"个性化提醒"。比如,秘书订购了1G套餐流量,设置流量剩余10%提醒,在每个月流量剩余在100MB左右,手机营业厅就会自动通知秘书要注意。这时候,加油包、闪充包就能解决秘书的"流量之急"。在首页搜索栏直接搜索"发票",即可进入电子发票专页,可以选择开票的不同项目,比如月账单发票、宽带账单发票或者流量直充发票,可以编辑和保存单位或个人发票抬头信息,并选择短信推送、邮件推送等方式下载电子发票。同时,手机营业厅还能为用户提供定期推送月结电子发票的服务,以及办宽带、线上安装、报修一条龙。在手机营业厅只要输入姓名、手机号,系统就会识别,只要填入地址,点击预约安装时间就可。如遇到问题,直接在手机上点击报修。此外,你还可以直接查询新装进度、报修结果,可以自助检测自家的宽带线路情况,可以用手机修改宽带密码。最后还可以办理"国际漫游",只要输入目的地,即可查询到当地漫游的资费情况,一键开通国际漫游功能,在线办理国际流量包多天套餐。比如去美国商务考察,可办理北美多国多天流量包;去日本参加大阪博览会,可办理日本多天套餐,其中有3/5/7天三种类型,每天均价20多元,不限流量。在办理后90天内可以使用,起始时间以秘书在目的地产生数据流量的时间为准。在手机营业厅的"热门板块"中的"移动体验",可以为秘书提供类似营业厅台席的专业帮助。秘书只需轻点"移动体验"按钮,就能得到权益享受、财富总值、套餐评估及手机检测等四方面的总体评估。

第三节 秘书实务助手"智能办公"等

一、电信"综合办公"

一下子找不到文件怎么办？在外地出差，有重要文件要处理怎么办？单位紧急开会，通知不过来怎么办？单位人手不够怎么办？别着急，只要使用中国电信的"综合办公"业务，这一切都能轻松解决。"综合办公"平台是基于电脑和4G手机的融合型办公应用，专为智慧秘书实务而打造。采取云计算、移动互联网等技术，基于中国电信的宽带互联网、4G移动通信网络及集中部署的综合办公业务平台，可为企业提供电脑和智能手机等终端使用的融合型办公业务，能满足客户随时随地信息共享、交流沟通和协同办公的需求。同时电信推进千兆智能光宽带，建设智慧办公环境。去办公室前，秘书就可以把空调或暖气开好，下雨时会自动关窗户，随时监控办公室情况，秘书手机可查看办公室数据中心的各种数据、照片和视频，还可以把已备份到天翼云的文件转移过来。

二、网易云智能办公

该系统将提供邮件、文档、视频、通讯、运维等全方位服务，为企业智能办公提供一站式解决方案，提升办公效率。ERP、CRM、OA、E-mail、文档、会议视频等是企业信息化建设中的重要内容。打造一体化智能办公生态链，有助于信息安全管理、数据传输管理，最大化地提高办公效率。其内推出企业沟通云，用技术改善沟通体验。通过云计算模式下的通讯与视频，打通企业沟通最后一米，不仅在企业系统里的企业社交，还可以扩大到供应链之间、整个生态系统里的企业社交，从而让整个供应链上下游之间、整个生态系统变得更有活力、更协同，拥有更高的办公效率。

三、电信天翼云办公

2017年中国电信浙江公司推出"天翼云"项目，企业靠一朵云可省五成会务管理费用。譬如，成立于1993年的美欣达集团形成垃圾回收、转运及规范全流程业务体系。由于美欣达子公司分布全国十多个省份，一个垃圾电厂如果遇到问题，总部秘书按照以往的流程，要层层申报，最后总公司再找专家解决，经常需要一周以上时间。电信公司与美欣达集团通过战略合作，双方共同制定了集团上云方案,遇到问题,秘书可直接在"云上"找到专家,不用见面就可解决问题,周期也从一周以上缩短到 4 至 8 小时。通过上云,降低了集团运营费用 40% 以上,实现了全国运营管理数据实时呈现,提升了管理效率,运营成本降低 32% 以上。天翼云依托强大的网络和数据中心能力资源,形成强大的云网融合、专享定制、安全可靠的云服务能力,提供云主机、云存储、CDN 和大数据等全线产品。目前推出基础系统、管理和业务三大类,12 个子类、50 余款企业上云全产品视图,并为企业组建专属团队。

四、移动"3 + N"云服务

杭州移动公司构建"3 + N"云服务体系,其中"3"指能力开放平台、物联网开放平台和大数据应用平台;而"N"为云诸项服务。他们推出的办公云服务,其中包括移动彩云、会务云、桌面云等;另一为专有云服务,包括政务云、教育云、医疗云等。企业上云首先是降低运营成本,通过企业上云,把分散的、低效的、低水平的数据淘汰,让各种数据像使用家用水一样集中化、规模化,大大降低运营成本和使用成本,为用户提供专业化服务;其次提高工作效率,借助平台,让企业信息化应用水平上升一个新台阶,通过统一平台上的协同工作,实现云端沟通、云端管理、云端聚合,形成开放、共享的工作机制,从而大大提高工作效率;再次提供创新动能,通过企业上云,小微企业实现云计算应用,大中型企业以"移动化"改造、"互联网化"升级、"智能化"提升等途径,逐步实现云计算深度应用。随着计算能力的提升,各种创新要素在云端平台聚集、交流、碰撞,形成一个共同成长、共同创新发展的产业"生态圈"。目前在浙江"移动彩云"已超过 10 万家单位,提供弹性计算、云存储、云网络、云安全、大规模计算与分析等云服务。

【小贴士】

一、二维码

又称二维条码,是用某种特定的几何图形按一定规律在平面分布的黑白相间的图形记录数据符号信息的,在代码编制上巧妙地利用构成计算机内部逻辑基础的"0""1"比特流的概念,使用若干个与二进制相对应的几何形体来标识文字数值信息,通过图像输入设备或光电扫描设备自动识读以实现信息自动处理。二维码是一个跨媒体的通道,不管是报纸、户外、电视等只要在上面设置二维码,就可以通过二维码来跟用户进行互动,获取更多的信息。手机二维码是二维码技术在手机上的应用,使我们在任何时间、地点,通过任何媒介获取任何内容的便利性。操作程序如下:将手机需要访问、使用的信息编码到二维码中,利用手机的摄像头进行识别,识读后的二维码会自动把用户链接到特定的网络上,用户可以随时下载图文、音乐、视频、文字信息等。手机二维码的应用减轻了用户手动输入冗长网址的负担,同时还可方便自动输入短信、识别和存储名片,实现电子地图查询定位,获取公共服务(如天气预报)等多种功能。

我们举例说明:秘书点击"找找车位"电子地图上即将前往的位置,App 就会找出方圆一公里内的空闲公共车位。现杭州市城管部门已经把市区 15 万个道路收费泊位、2 万个道路免费泊位都纳入了数据库,换言之,秘书点击找车位功能模块,就能找到在一公里范围内的车位。浙江警察推出"掌上 110"App。上有便捷挪车功能,手机上点一下,发出挪车请求;在跳出来的页面中输入对方车牌,强大的后台会马上帮助秘书通知挡路的车主。如果对方不接电话,掌上 110 就会连发两条短信给对方。此外,App 还可以告诉秘书那个挡路的车主走过来挪车大概需要多少分钟,好让秘书有个心理准备。秘书车辆年检时,发现自己有三个违章停车没处理,因为超过时间,还要交纳一倍的滞纳金,从 450 元增加到 900 元。秘书通过"掌上 110"App 可以进行查询,且无需车架号、发动机号,只需身份证后四位"车牌号",即可查询。除了公交车外,水上巴士可以刷支付宝了。首先,你需要先领取一张杭州通支付宝公交卡(一张电子卡,免费领取)。乘船时,打开支付宝的乘船码,对准船载 POS 机扫一下,听到"叮叮"声,就付款成功。

二、"掌上 110"App

秘书出境考察,护照签证,不一定要在大厅排队叫号,"掌上 110"App 可办理个人出入境业务。只要秘书是正式户籍,无论身在何处,都可以操作,无须到户籍所在地窗口办理。如果秘书是首次申请港澳台签证或者出国护照,也可以在线申请;审核通过后,可直接前往窗口一次性完成办理。飞猪在线签证中心,实现了多国签证办理流程在线化。办理签证时,秘书可以用手机直接扫描护照或身份证,相应信息会填写到申请表上。其中自拍签证照,拍完后,系统会根据不同国家的要求,自动裁减尺寸并匹配底色,甚至会小幅补光修图。资料填写并上传完毕后,秘书可以在线实时查看办理进度。另外,对于需要录入指纹的申根签,只要录入过指纹,就可以不用再跑签证中心。需要寄送护照等资料的,还可以一键上门取件,材料直达使领馆或签证中心,送件进度也实时查看。杭州开出了 25 个国家的签证中心,它是领馆和服务商合作开设的机构,领馆将前期部分签证申请流程外包给服务商,这些流程包括签证咨询、材料收集、整理、数据录入、预约、护照返还、录入生物辨识如指纹等,但不涉及签证的审核,签证是否发还还是由各国使领馆的签证官决定。2018 年 4 月美国实施新措施,让申请赴美签证者如实填报用过的社交媒体账号、电子邮箱、电话号码等个人信息。

全国1000多家医院,可通过手机实现挂号、缴费、查报告等全流程移动就诊服务,甚至有"先诊疗后付费"的信用诊疗、"电子社保卡+医保移动支付"、防诈骗防黄牛服务等。杭州市人力社保局、市卫计委联合推进13家市直管医疗机构升级"电子社保卡"。使用"智慧医疗"功能的市民,只要通过支付宝或市民卡App绑定电子社保卡,就可以轻松实现在这些医院、药店无卡、无现金看病、取药等功能。

三、扫贺卡

英国贺卡制造商选择以3月11日英国母亲节为契机,推出"扫一扫"贺卡,让人们以一种既传统又时尚的方式向母亲表达心意。秘书可以在"选择"网站或经手机应用程序选择贺卡图案和希望印在贺卡上的话,用手机录制一段数据量最大20兆、时长大约30秒的高清晰度视频,也可以上传一段现有视频。视频内容可以是对母亲说的暖心话或逗母亲开心的视频片段。"选择"会在定制好的贺卡上印制二维码,把贺卡寄给秘书的母亲。母亲收到贺卡后用手机扫描二维码就可看到视频,"选择"网站可以借助社交媒体直接向母亲表达心意。

四、扫脸支付宝就医

扫脸领电子社保卡,支付宝能刷医保看病买药。杭州医保移动支付在全国首次引入"人脸识别技术",秘书通过支付宝"扫脸"完成身份验证后,就可以在线领取电子社保卡。换言之,参保人员在完成社保卡与支付宝账户的绑定后,只要在支付宝上领取一张电子社保卡,刷二维码就能支付医保和自费的金额,持手机即可在医保定点机构就医购药。

线上绑卡:扫描二维码,打开支付宝扫描下图的二维码开始绑定社会保障卡。

打开支付宝,在搜索栏中输入以下任意一个关键词:杭州医保卡、杭州医保、杭州人力社保、电子社保卡、社会保障卡、社保卡等找到"电子社保卡——杭州市",点击进入绑卡。

打开支付宝进入"城市服务",找到"医疗"板块下的"电子社保卡",点击进入绑卡。

用户授权,反查支付宝实名信息——用户确认人卡是否匹配——扫脸、验证实人。

挂号:到自助服务一体机面前掏出手机打开支付宝,在支付宝首页"卡包"内点击杭州市社会保障卡(市民卡),会生成一个二维码。选择预自助挂号——普通挂号/专家挂号——扫描读卡,然后对着机器上的扫码口扫描手机上的二维码,扫码完成后手机会提示"扫码成功"。一共两次手机扫描,分别完成挂号和结算步骤。结算完成之后就可以拿着凭证去对应科室就诊。如果秘书有疑问,可以拨打电话12333。

支付宝绑定社保卡,杭州红十字会医院诊室的办公桌上设有"小家伙"——读取就诊者的信息并结算。去就诊,秘书先在医生办公室的扫码机上扫电子社保卡二维码验证身份,看到扫码成功的提示后就可以开始看病。医生开完药之后,秘书直接拿出手机上的电子社保卡扫描一下就完成结算。如果绑定信用卡,还可以透支然后就可以拿着单子直接去药房取药了。只要带上手机,就能去看病,而且省去了很多麻烦的流程,便捷快捷。

同时,杭州也是全国首个医保、医疗双账户联动打通的城市。秘书在支付宝首页搜索"电子社保卡"或扫描医院的二维码,"扫脸"后将领取一张电子社保卡。就诊前,支付宝首页"卡包"内找到杭州市社会保障卡(市民卡),会生成一个二维码,刷一下桌上的扫码台即可确认患者身份,就诊结束后,医生在电脑上操作点击市民卡扫码结算,患者再次刷扫码台。有些药店也开始实现手机刷医保支付。事实上杭州的医保移动支付解决方案,充分运用了蚂蚁金服开放平台的人脸识别、风控、支付等核心功能。在杭州,支付宝已经实现挂号、缴费、查报告等功能,不过这仅仅对自费用户适用,医保部分需要通过杭州市民卡进行就诊刷卡计算,或者秘书将市民卡的"智慧医疗账号"和支付宝绑定,患者在医生诊间插卡计算时,若"智慧医疗账户"余额不足,将自动从绑定的支付宝账号直接扣款,实时完成自费金额的结算。

【思考与练习】

一、名词解释

1. 度秘

2. 移动彩云

3. 电信"综合办公"

4. 网易云智能办公

二、思考题

1. 简述度秘与物联网的关系。

2. 请指出政府信访官网的实际操作程序。

3. 移动彩云的本质技术是什么,它有哪九类信息产品?

4. 移动彩云有哪些功能?

5. 移动彩云有哪些办公应用?

6. 度秘的核心技术是什么,它与"钉钉"的核心技术有何不同?

7. 你同意度秘关于"未来属于答案行业,它与创新行业一起共同发展,但答案行业属于超级经济价值的行业"的理念吗?请陈述理由。

8. 请诠释度秘的应用特点。

第十六章

秘书新媒体助手"钉钉系统"

第一节　移动办公软件"钉钉系统"功能

　　我们到一家使用钉钉系统的企业,办公室就会出现这一幕:员工一进公司,智能设备就会识别员工的身份,所有办公设备都可以随时调用,工作日程也已经安排好,审批流程都在线上快速完成;秘书可以每天实时看到公司的日常运营情况,并得到决策上的建议和参考,也可以看到员工的情绪和工作状况,并给予及时的关心与帮助……这就是使用了"钉钉"后出现的智能化景象。

　　钉钉(Ding Talk)系统是阿里巴巴集团旗下钉钉事业部专为中国企业开发的一款办公沟通、办事协同的多端应用且免费的新媒体平台,它的移动办公系统是集即时消息、短信、语音、视频等沟通手段于一体,并根据行业的业务属性及特殊要求而定制开发的办公平台系统,可为各类行业秘书提供点对点的消息服务、提醒服务,以及帮助企业内部沟通和商务沟通更加高效安全。从 2014 年 1.0 测试版,到 2015 年 2.0 版,整合了邮件、OA(办公自动化系统)和共享存储,再到 2017 年 3.5 版,推出样板房、钉钉指数、Ding2.0 三大核心板块,经历了三级跨越式发展。钉钉服务成为企业新媒体办公第一品牌,并被业界评价为"最优秀的秘书工作方式"。钉钉就是让中国企业的秘书们,都能享受到新媒体时代的智能办公方式。

　　2014 年初陈航(无招)带领阿里"来往"创业团队 8 人开始研究钉钉系统,5 月他把创业团队从阿里巴巴西溪园区拉到湖畔花园①。79 后的杭州本地人陈航,1998 年在阿里实习了一年半后去了日本,直到 2009 年回国,在国外他一直经历了

―――――――――

　　①　阿里巴巴创业之初,它是由马云 1998 年购置的 150 平方米的房子,后被阿里巴巴堪称是阿里的圣地。这里除了淘宝和阿里巴巴的崛起,还孵化出支付宝、天猫、菜鸟物流等项目。

无纸化办公环境。2010年加入阿里巴巴，先后担任淘宝主搜索、一淘和来往的产品负责人。2014年他开始探索企业社交领域产品，带领团队研发了钉钉系统。这个早期从日本回来的职业经理人，在办公室墙上贴有"向死而生"誓言，时刻激励钉钉创业人员。

从2015年1月正式出产上线，经过无数次完善和迭代，160天内企业用户突破50万家，每月增长速度在20万至30万家。截至2017年年底，企业超过500万家，个人用户已过亿。目前复星集团、中国联通、统一集团、链家房产、滴滴出行、远大科技、西贝餐饮、大润发、分众传媒等知名企业均已使用钉钉。现在钉钉的功能从最初的企业通讯录、企业群、Ding，拓展到免费视频电话会议、审批、签到、报销、日志、钉邮、钉盘、管理日历、CRM、任务等各种工作应用，是一个行走着的新媒体时代升级版的OA系统。钉钉将帮助中国企业从传统的OA办公自动化时代跨越到云和移动的3A智能新时代。分众传媒董事长江南春评价道："钉钉是一个非常成功的案例，我认为钉钉在办公市场做深、做透、更专业，把它做成了办公人的首选。"

作为餐饮龙头——杭州西贝在全国有260多家门店，遍布北京、上海、广州、深圳、杭州、包头等各大城市，拥有13000名员工。目前西贝已有2000多名管理层主管使用了钉钉，主要使用通讯、考勤打卡、签到、审批、日志、钉盘等功能。使用后真切感受到内部管理与沟通更为畅通，因为公司内部人员可以在通讯录中方便找到人员，并有对方的照片和联系方式。此外，公司还使用16位同时网络电话会议，节省了长途电话费用。通过考勤和签到，可以让公司及时了解各部门每一位员工的外出地点和训店时间；公司的周报、日报等使公司及时了解每家店面的运作情况。营业部门把政府需要检查的文档、培训文件、操作标准等上传到钉盘，既做到各店工作文件电子存档，同时又确保文档更新的及时性和准确性。至于合同审核、出差申请、费用审批、请假事项等均可即时审批和回复。使用钉钉系统安全可靠，而使用微信和QQ存在信息泄露的风险。

钉钉系统不仅在企业中大受欢迎，而且在教育界也颇受好评。杭州育才外国语学校自从2017年2月启动钉钉平台之后，给学校的管理带来了实实在在的实效。以前发一条通知，要几十名教师忙上大半天，现在近2000个家长通知到位只要半小时。学校发通知时，所有家长都会第一时间收到通知，家长看了还是未看，学校一目了然。班主任可以在"未读"中逐个确认。再如审批，通过钉钉系统，所有各级领导均能在第一时间看到，马上就可以完成各级审批手续。还有物品领用、校车使用、买教学材料等均能在手机上完成。钉钉设计了每个班均有一个钉盘，学生所有作业、批改情况等均包含在内。正常课程排课、选修课排课等也大派用场,兴趣班申报、发布、审核皆可一键完成,学生选课报名简单、快捷,名额招满即止,统计分析一步到位,表单由系统自动生成。每周自动生成出新的课程表,老师请假或代课,一目了然。家长与班主任甚至校长沟通非常方便,相互之间采取安全与免费电话,保护了双方的隐私。

钉钉首批样板房涵盖了计算机软件硬件、电子商务、日用品、连锁餐饮、食品饮料、服装服饰、家电数码、专用设备制造、房地产中介、初等教育等行业。未来,还会有更多的细分分类纳入"样板房"中,像行业龙头一样管理企业。优秀企业获得成功,必有其管理之道。钉钉样板房,都是优秀企业实践过的"成功案例"。企业可以根据自身所属行业,选择适合自身的分类。例如秘书选择了制造行业,就可以看到"远大集团""朝阳橡胶"等行业内优秀企业的管理和办公方式。再如秘书选择了餐饮行业,在运用钉钉系统初期,可以看到钉钉为之推荐的西贝餐饮、绿茵阁、锅内锅外等知名连锁餐饮企业的优秀工作方式。具体而言,秘书可以看到西贝在使用钉钉过程中的常用功能、使用细节,可以听到西贝企业秘书的经验传授,还可通过一个短视频直观地看到西贝是如何使用钉钉系统。之后,秘书可以选择开启进入西贝工作方式,钉钉会为之生成一个工作台,西贝的工作方式全部在上面。

2017 年 10 月 16 日,钉钉首款人脸识别智能办公设备——钉钉智能前台发布。作为首次在办公硬件产品中实现远距离、毫秒级精准辨认、多人同时识别的智能办公硬件产品,具有语音交互、活体识别功能,支持考勤高效录入及管理,语音问候关怀员工等设计,真正成为一位企业称职的"无人前台、行政管家"。如果秘书没有完全学完,钉钉会安排一位人工服务专属客服为秘书进行一对一的服务,会全程免费帮助秘书学习"样板房"的工作方式。"让天下没有难做的管理。"

钉钉倡导的云和移动办公方式,正在悄然改变着中国各个行业的办公方式。钉钉智能前台搭载 3um 工业级大像素摄像头,此摄像头图像捕捉无拖影;5 寸720P HD 光学全贴合高清屏,在复杂光环境下,这种屏幕依然能保持画面清晰明丽,并可在极限光下进行识别,非直射强光、弱光、暗光下均可以零延迟打卡,具有传统考勤设备所不具备的恶劣光环境打卡功能。人脸识别最远距离为 3 米,在多人同时打卡、运动状态打卡、局部面部打卡灵敏度上表现优异,极速识别面孔只需0.6 秒,4 人并行走过它,匆匆一瞥就在不经意间完成打卡,功能表现神速。钉钉智能前台通体深灰色烤金,品质成熟,设计圆润,厚度不及一元硬币。内置 Box 喇叭音腔、美颜功能及智能语音系统,音质清晰结实,还支持上下班、加班问候语(如早上好、上午好、晚上好、辛苦了等),让严肃的打卡成为一件有趣且有温度的事。底盘小巧敦厚,圆形外观简约且有纯粹的美感,为较细长的前台桌面而设计,正如其名——魔镜。不管是人像照片、逼真的面具都无法骗过钉钉智能前台的活体识别系统,甚至公司员工的宠物都无法录入系统,为办公区域提供了令人放心的安全保障。因而钉钉智能前台是一款办公硬件,更是"无人前台,行政管家"理念在智能办公时代的践行者。未来智能办公方式将是人、机器和场景的连接,将工作氛围注入温暖、智慧、安全及高效的元素,实现人工智能时代的办公模式。

第二节 移动办公软件"钉钉系统"应用

2018年春,钉钉从软件到硬件为企业提供一站式解决方案,其中包括智能人事、智能硬件、智能办公电话、钉邮、群直播、阿里商旅、天猫企业购等产品,涵盖了人事、沟通、采购、差旅等企业秘书的诸多需求。钉钉智能人事管理系统提供人事报表、花名册、待办事项、入职、转职、调职、离职等功能。钉钉智能中还包括内部工作例会、经理会议、年度大会等新媒体会议实务。钉钉系统已被500多万家企业组织所使用,成为企业秘书新媒体办公的得力助手。钉钉,作为中国当前最具有代表性的移动办公软件,它具有以下新媒体办公功能:

1. 企业通讯录

在企业通讯录中找人更加方便,一键创建之后企业内部全体员工都可共享,可以随时随地找人。

2. 分级管理

它能灵活地分级管理,可以看到清晰的人员结构。

3. 免费电话会议

它的通话过程非常高清和稳定,可以一键发起16个远程电话会议,也可一键静音,并能灵活地增加或减少与会人员,同时每人每月最高享受1000分钟的免费电话。

4. 建立企业群

在企业群中消息具有"钉盘""钉邮"功能,即会显示"已读、未读"字样和状态。

5. 实现办公室管理工作

在这个工作平台中包含签到、公告、日志、审批、管理日历等实务。在企业群中消息会显示"已读、未读"状态,让人一目了然;新员工可以自动入群,员工离职也会自动退群。

6. 信息传输

钉钉系统一定会把重要消息以电话或短信方式100%送达对方。

7. 红包功能

具有发红包功能,如特维轮网络科技(杭州)有限公司拥有3万多家店面,覆盖全国300多个城市。"钉钉系统充分体现了它的安全性,企业群全是同事,不能随便拉外人进来,可在系统内发红包"。

8. 智能考勤机

钉钉M1智能考勤机,售价每只299元。其内使用世界上最薄的光学式指纹辨识模组,一般欧美只使用在枪支保险箱中,比普通三棱镜模组要贵40%至60%。该考勤机支持Wi-Fi、蓝牙打卡,可以在50米内实行打卡,不用排队。同时考勤机与云端数据的智能设备相连,原先5天的人工统计考勤,现在只需1天就可完成,节约了80%的统计成本。比如使用传统考勤机,秘书需要每月从考勤机中将员工的打卡数据用U盘拷贝导进管理软件或Excel表格,同时还需要将员工的请假、加班、调休等单据与打卡数据手动汇总,最后人工计算出作为工资发放依据的考勤数据,工作量繁杂、工时耗费较长。如果有多个办公地点或分支机构,要计算全国的考勤,则需要汇总各地考勤机里的数据,工作量更是不堪设想。钉钉M1主打"云考勤,更轻松"。通过与钉钉后台的智慧融合,企业用户的考勤、审批等数据实时存入云端,同时大大降低了相关数据处理的工作量。如果某企业150员工,原先需5天完成,现只需要1天就可完成。云和智能化,会把原来独立的考勤机链接起来,成为网络的一个端口,将来的智能公办硬件都可以连接。

9. 钉钉电话卡

这是钉钉与联通公司合作的新产品,它事实上是"钉钉+智能办公电话+钉钉卡"的智能移动办公方案。钉钉卡不仅能够帮助中小企业降低成本、提升效益,更重要的是打造了一个最大的商务通讯网络,为工作商务的统一通信提供了前所未有的便利。现推出三种套餐:29元、49元、99元套餐,每月最高11GB流量,费用为市面上的四分之一。客户在使用钉钉软件时定向通话流量就可免费。使用钉钉卡之间的诸公司,相互之间拨打和接听电话等均可免费。钉钉卡设置工作号,任何客户信息与钉钉后台管理结合,商务数据均在云端储存。需要时一键导入,真正实现多端共享。员工离职,该员工公司办理的钉钉号码不会被带走,用该号码联系的客户的信息也不会丢失,客户服务亦不会中断;甚至不会某职员离职后该公司的信息被带走或丢失。

10. 两大功能模块

在模块中有高效沟通、办公协同两大块,其中高效沟通栏目中,主要有ding、企业全部、电话会议、澡堂聊天①;在办公协同栏目中包含企业通讯群、工作应用、钉邮、钉盘等内容。钉钉的主打功能"信息已读"和"电话追击"②能让原来不愿接收成为"假死与装死"者难以伪装,原形毕露。因为只要接收者打开过手机看消息或听电话消息,该消息立刻标注为"已读";如果一直没有接收,就标注为"未读"。如果"已读者"不联系的话,钉钉系统就一直铃声大作,直到接起电话为止。

11. 电子签名盖章

合同可直接在线完成签名盖章。

12. 日事清

只要截图,就能自动完成文字抓取和关键词识别,在秘书的日历中自动生成待办事项,并能与公司里任何人共享信息。无论是聊天记录、网页还是邮件,只要能截图,"日事清"会自动保存截屏信息。点击"自动识别"后,软件通过 OCR 图像识别技术,自动抓取文字及关键词,识别出时间、日期、事情等具体信息,达到聚合效果。再将这条聚合自动添加到对应日期的日程中,届时会弹出闹钟提醒待办事项。

13. 群直播

群直播是群内视频直播新方式,是满足了企业员工培训、各类会议、异地巡视、文化活动等直播场景的高效工具。钉钉智能中的"一键开启",群聊秒变直播并且支持多群联播,设置简单,手机和电脑端一键即可发起。它安全可靠,只允许群里的成员观看,防止直播内容遭泄露,并自动进行直播录像,方便后续查看与保存。

2018 年 3 月苹果出品了底价版 iPad(2388 元),具有支持 AR 和 apple pencil 功能,老板可在秘书的 iPad 中用"笔"修改文件、编辑图片、表格和视频剪辑等。同时秘书可在 iPad 上拍照,然后编辑照片,再将照片放在讲演制作的演示文稿中分享。苹果公司的 iPad 与阿里钉钉进行了深度合作,iPad 可以访问钉钉文件库,在钉钉上回复邮件、签名、报销发票、传真图片等,实现移动智能化办公。

第三节 移动办公软件"钉钉系统"意义

"阿里钉钉"于 2015 年才正式上线,在 2017 年企业级用户数量就开始爆发式

---

① 澡堂聊天具有"澡堂模式",即拥有私密交流的保障系统。
② 钉钉发出的 DING 消息会以免费电话或免费短信的方式通知到对方,无论接收手机有无安装钉钉 App,是否开启网络流量,均可收到 DING 消息或者 DING 电话。

增长,现已拥有全国 500 多万家中小企业。作为一款新媒体办公应用,"阿里钉钉"不论是作为一款企业即时通信类产品,抑或是智能协同办公软件,对于现阶段中国企业沟通管理和企业运作都有着巨大的潜在影响,甚至能在企业级领域成为像"微信""微博"一样的现象级产品,且有可能成为中国中小型企业互联化的捷径,促使它们更快地迈向云端和移动时代。新媒体办公软件"钉钉"系统的横空出世,引起我们些许思考与评估:在新媒体时代,企业组织架构越来越向扁平化方向发展,这就势必要求未来秘书需要承担更多的辅助功能。这集中体现在以下三个方面:其一,过程被省略了,如修改文章中,秘书、领导、专家、员工等不同程度和不同方面的修改均被省略,这样不易发现整个过程的嬗变过程,只知道结果。其二,在新媒体环境下,真实性、过程性和完整性受到一定的影响,如文书的保密性在网络环境中将受到一定的影响。其三,新媒体在秘书工作的即时性、便捷性等方面具有长足的优势,然而在人际交往、人文关怀等方面有一定的缺憾,成为一种欠缺血温的工作工具。所以我们认为,"钉钉"对企业办公系统的变革意义在于:打破管理沟通困境,提升工作效率;转变传统办公理念,激发员工自驱力;改变企业组织架构,加速组织管理扁平化。

与大众传媒相比,新媒体呈现出小众传播,其特征主要体现在:(1)着眼于特定的群体,如企业全体员工,可构成一个管理辖区特定人群,提供符合特定要求的信息和服务。(2)员工的自主性、个性化增强,小众化传播便于自主性与自驱力提高。(3)传者、受者之间的藩篱被打破,活动频繁,界限模糊,每个员工都可以成为传者与受者,两者兼备。新媒体小众化传播导致即时个人社交媒体的出现,进而又呈现了组织内即时社交媒体的出现,从而改变了组织办公流程和管理模式的变革。

而事实上现在网络媒体又与移动媒体进行结合,构成了更强大的即时社交媒体。从本源而言,即时社交媒体自身发展起始就是作为电话会议的替代品,故从办公应用而来。1971 年美国特沃尔为紧急情况防务办公室开发了一款软件,而后1988 年美国在线公司出现 IM,后来开发出"我找你"的 ICQ。20 世纪 90 年代的中国,曾出现腾讯 QQ、微软 MSN、雅虎通讯和 Skype,然而腾讯的 QQ、微信一枝独秀;甚至后来者新浪 UC、网易泡泡、搜狐搜 Q 等也相形见绌,黯淡无光。2006 年中国移动的"飞信"、中国联通的"超信"等也难以深入人心。

即时社交媒体采取多种传播手段,如文字、图像、语音、视频等,大大丰富了传播手段和内容。即时社交媒体应用带来企业管理的变革:首先,从垂直性管理向扁平化方向转变。打破管理阶层,各个管理阶层均可在同一平台上进行沟通交流;其次,从"沉默的员工"向"自主发生的员工"转变。即时社交媒体出现了信源蜂窝式暴发,每个员工均可成为信源。再次,企业从"信息控制"向"信息共享"转变。在即时社交媒体传播中,信息不再依赖某一方发出,而是在传者与受者的交流过程中互动形成。新媒体时代不再有信息传播和控制者,而只有信息传播的参与者。最后,企业"中心论"向"去中心论"转变。

即时社交媒体带来组织办公方式的变革:第一,即时社交媒体的广泛应用,给组织办公带来交互性传播。每一个员工都可以检索、接收、发布、回复、评论各种信息,信息的传播者与受传者之间能随时进行双向实时的交流。组织管理变成了一种对话、一种协商和沟通方式,更加民主也更加自主。

第二,即时社交媒体使员工更加自主。曾经的"点对面"传播转化为"点对点""面对面"传播,"所有人对所有人的传播",如 QQ、MSN、SNS 网站、人人网等。然而这些即时社交媒体赋予员工实时沟通、实时互动的能力,但它基于个人即时通信的工具,难以成为组织管理、办公运作的工具。更加自主也意味着更加个性化,即时社交媒体通常精准到每个员工,这种点对点传播模式,使得多元传播的主体一对一的个性化信息服务得以实现,精准、明确地传播到每一个员工。

第三,即时社交媒体采用多种传播方式,如文字、图像、语音、视频等,大大丰富了传播手段和传播内容,它打破现实社会的角色划分,构建更为平等的传播方式,为不同等次、阶层的人群之间架起了沟通的渠道和桥梁。

事实上,微信创始者张小龙追求的是个人自由最大化,把个人微信即时通信和社交做到极致;而钉钉创始人陈航追求的是集体自由最大化,把企业集体即时通讯和社交领域做到完美无缺。陈航一直认为,集体主义大于个人主义,工作最基本的原则是创造价值,而其中最核心的理念是以集体利益为最高标准。如果强调个人自由,容易造成集体利益的溃散。钉钉的意思是"言之凿凿,板上钉钉",钉钉是为中国企业打造的沟通和协同的多端平台,做微信不能做的事。阿里钉钉与腾讯 QQ 事实上均是社交平台,后者为个人社交平台,而前者为组织社交平台。虽然 QQ 目前企业秘书使用得非常普遍,但两者相比,前者比后者的安全性系数更高。因为钉钉作为组织社交平台,实行实名制,人员身份透明;同时,在组织社交平台中,属于工作上的信息均实行开放政策,而对员工的隐私却实施保护政策。因为钉钉对于信息内容和信息传输过程进行国密级加密,并且首创第三方加密措施,任何第三方包括钉钉都无法解读。

钉钉早在 2016 年初,在国际信息安全领域中已获得 ISO27001:2013 认证,也通过了国家公安部的信息系统安全等级保护三级认证。真正实现了马上办、网上办、一次办,依托"云端杭州"政务服务大厅和同一身份认证体系,形成"一号申请、一次认证、一网通办"。它事实上早在 2016 年就已作为 G20 杭州峰会安全保障的沟通协调的协同平台,为这个举世瞩目的盛会保驾护航。截至2016年12月,钉钉的企业组织数量达到300多万家,年增幅200%,成为企业社交第一品牌,被业界评价为"最优秀的工作方式"。钉钉对1200家中小企业做了调查后发现,中国人每小时创造的平均财富不到美国的六分之一。现在随着智能移动办公市场的崛起,中国的中小企业似乎也开始从传统OA办公时代迅速跨越到智能移动3A办公时代。钉钉不仅是一个全新的办公工具,实际代表了一种互联网思想。创新工场创始人李开复认为:"钉钉是提升团队效率的利器。"作家刘震云觉得:"钉钉,让人更自由,更自如,更自己。"海底捞董事长张勇评价道:"钉钉是高性价比、高效的办公方式。"滴滴出行CEO认为:"钉钉让工作专注,让美好出行成为可能。"总之,钉钉智能化办公模式、一体化移动办公平台,让中国的秘书们率先在全球真正走进了新媒体秘书工作的新时代。

随着智能手机的日益普及,即时社交媒体又进入智能移动化阶段。从倾向于个人即时社交的QQ、微信到倾向于组织即时社交媒体的钉钉,其本身而言,扩大了即时社交媒体的应用范围,同时它在智能移动化方面迈出了一大步。然而我们也应清醒地认识到,钉钉固然在移动化方面取得了不俗的成绩,但在智能化和数据化方面仍然有待提高。尤其是公司秘书通过手机定位功能(移动考勤App)查清员工的地理位置,这给员工"上发条",但也给员工戴上了24小时的紧箍咒。如山西某企业员工在厕所刷了10分钟微博后被系统定位发现,自动扣罚了20元;大连某银行员工在上海培训期间的周末去了迪士尼公园,扣罚了全部出差补助。① 近年来,手机移动考勤软件日渐流行。通过手机定位,不但可以在每天设定的上下班时间按时进行打卡考勤、审批,还能对外勤人员定位,查看其工作轨迹,并进行停留分析,让公司管理者判断其是否在执行工作任务,因此受到了很多业务员较多的中小企业秘书的青睐。然而,这里秘书必须要清楚两个界限:其一是员工必须知悉"被定位"的操作;其二,员工在非工作时间内(假期、午休、下班等)有权关闭其定位功能。同时,企业秘书不能仅仅靠科技的软件来管理员工出勤,重要的是要把员工的内心管理好,从内心上真正认同公司的管理理念和企业文化。

最后,钉钉办公系统为企业秘书打造成保密度较高的应用软件。阿里巴巴钉钉2018年4月宣布正式通过SOC2Type1服务审计报告和ISO27018(公有云体系下的隐私保护)证书。前者为美国注册会计师协会制定的SOC2审计标准,通过了安全性、保密性和隐私性三项原则的审计,而通过隐私性原则审计,钉钉在国内是首家(国际上也仅有5家)。因而钉钉对于用户隐私数据的保护水平,不仅在国内

---

① 项向荣:《用手机定位员工,你说妥不妥》,《钱江晚报》,2018.4.11。

遥遥领先,在国际上也是属于一流。钉钉一直把用户隐私保护作为产品生命线,建立了严密的数据安全管控体系,严格保护用户隐私数据。当然钉钉之所以能达到如此水准,得益于阿里集团安全部的强大技术支撑。阿里安全体系集大数据风险防控研究于一体,包括反入侵基础安全、数据安全、应用安全、业务安全、安全合规等,通过对高达数百 P 海量数据的加工、计算、分析和处理,不断实战锤炼出立体纵深防御体系,建立起全面的账户安全、信息保护、反欺诈等管理机制,阻挡黑客对钉钉用户数据的侵害。钉钉是中国首个通过国际信息安全领域的认证企业级社交媒体产品。

【小贴士】

儿童失踪信息发布平台:

钉钉获得中国公安部的"信息系统安全等级保护"三级认证,组建的公安部儿童失踪信息紧急发布平台,就是依托钉钉平台建立组织架构,接入全国 6000 多名打拐干警,连接国内十几款流量最大的 App,专用于打拐反拐;同时,钉钉信息系统安全在 2016 年 G20 杭州峰会和厦门 2017 年金砖国家峰会上起到了保驾护航的突出作用,得到与会人员的一致好评与赞誉。

【思考与练习】

一、名词解释

1. 钉钉系统

2. "钉钉"字面含义

3. 腾讯 QQ

4. 腾讯微信

5. 社交私人媒体

6. 社交公共媒体

二、思考题

1. 简述钉钉系统体现出新媒体原理的内在要义。

2. 钉钉系统属于什么类型的办公平台系统?

3. 为何说钉钉系统被评为"目前最优秀的秘书办公方式"?

4. 阿里钉钉系统与腾讯的 QQ 和微信系统有何不同?

5. 钉钉目前的样板房包含了哪些行业?

6. 钉钉办公功能主要有哪些?并简要说明。

7. 能否用一个事例来说明钉钉的强大功能与办公实效?

参考文献

一、著作类

（一）国外

1.［英］维克托·迈尔－舍恩伯格、肯尼迪·库克耶：《大数据时代》，盛杨燕、周涛译，杭州：浙江人民出版社，2013年版。

2.［美］斯蒂夫·琼斯：《新媒体百科全书》，熊澄宇、范红译，北京：清华大学出版社，2007年版。

3.［美］尼葛洛庞帝：《数字化生存》，胡泳等译，海口：海南出版社，1997年版。

4.［美］阿尔文·托夫勒：《未来的冲击》，孟广均译，北京：新华出版社，1996年版。

5.［美］克莱·舍基：《人人时代：无组织的组织力量》，胡泳、沈满琳译，北京：中国人民大学出版社，2012年版。

6.［美］凯斯·桑斯坦：《网络共和国》，黄维明译，上海：上海人民出版社，2003年版。

7.［美］比尔·盖茨：《未来之路》，辜正坤主译，北京：北京大学出版社，1996年版。

8.［美］约翰·帕夫利克：《新媒体技术：文化和商业前景》（第二版），周勇译，北京：清华大学出版社，2005年版。

9.［美］雪莉·特克：《虚拟化身——网络时代的身份认同》，谭天、吴佳真译，北京：源流出版公司，1998年版。

10.［美］保罗·莱文森：《手机挡不住的呼唤》，何道宽译，北京：中国人民大学出版社，2004年版。

11.［英］尼尔·巴雷特：《数字化犯罪》，郝海洋译，沈阳：辽宁教育出版社，1998年版。

12.［英］戴维·莫利、凯文·罗宾斯：《认同的空间：全球媒介、电子世界景观与文化边界》,司艳译,南京:南京大学出版社,2001 年版。

13. [韩]卢勇焕等:《黑客与安全》,杨俊娟译,北京:中国青年出版社,2001 年版。

14. [美]亨利·詹金斯:《融合文化——新媒体与旧媒体冲突地带》,杜永明译,北京:商务印书馆,2012 年版。

15. [美]沃尔特·李普曼:《舆论学》,林珊译,北京:华夏出版社,1989 年版。

16. [美]威尔伯·施拉姆、威廉·波特:《传播学概论》,陈亮、周立方、李启译,北京:新华出版社,1984 年版。

17. [美]罗杰·菲德勒:《媒介形态变化:认识新媒介》,明安香译,北京:华夏出版社,2000 年版。

18. [美]保罗·莱文森:《新新媒介》,何道宽译,上海:复旦大学出版社,2011 年版。

19. [美]艾德弗·瑞斯特:《网上市场调查》,李进、杨哲慧译,北京:机械工业出版社,2002 年版。

20. [美]罗杰·摩斯维克、罗伯特·尼尔森:《会议管理》,高维泓译,桂林:广西师范大学出版社,2001 年版。

21. [加]罗伯特·洛根:《理解新媒介——延伸麦克卢汉》,何道宽译,上海,复旦大学出版社,2012 年版。

(二)国内

1. 何坦野:《新媒体写作论》,杭州:浙江大学出版社,2008 年版。

2. 熊澄宇:《新媒体与创新思维》,北京:清华大学出版社,2001 年版。

3. 赵凯:《解码新媒体》,上海:文汇出版社,2007 年版。

4. 载永明编著:《新媒体导论》,上海:上海交通大学出版社,2006 年版。

5. 李良荣:《网络与新媒体概论》,北京:高等教育出版社,2014 年版。

6. 宫承波:《新媒体概论》(第三版),北京:中国广播电视出版社,2011 年版。

7. 唐绪军:《中国新媒体发展报告》,北京:社会科学文献出版社,2016 年版。

8. 王瑞成、张春玲:《秘书思维训练》,重庆:重庆大学出版社,2011 年版。

9. 吴克忠:《办公自动化》,北京:北京理工大学出版社,2011 年版。

10. 严三九:《新媒体概论》,北京:化学工业出版社,2011 年版。

11. 石本秀、蔡郎:《新媒体经营管理》,北京:中国传媒大学出版社,2012 年版。

12. 蒋宏等主编:《新媒体导论》,上海:上海交通大学出版社,2006 年版。

13. 黄传武:《新媒体概论》,北京:中国传媒大学出版社,2007 年版。

14. 蔡超:《网络秘书》,北京:中国轻工业出版社,2014 年版。

15. 匡文波:《新媒体理论与技术》,北京:中国人民大学出版社,2008 年版。

16. 匡文波:《手机媒体》,北京:华夏出版社,2010 年版。

17. 郑素侠:《网络与新媒体实务》,郑州:河南医科大学出版社,2013 年版。

18. 张国良:《新媒体与社会变革》,上海:上海人民出版社,2009 年版。

19. 邱林川、陈韬文:《新媒体事件研究》,北京:中国人民大学出版社,2011 年版。

20. 谭云明:《新媒体信息编辑》,北京:清华大学出版社,2011 年版。

21. 田智辉:《新媒体传播》,北京:中国传媒大学出版社,2008 年版。

22. 黄河:《新媒体实务》,北京:中国人民大学出版社,2012 年版。

23. 黄楚新等编:《新媒体蓝皮书:中国新媒体发展报告》,北京:社会科学文献出版社,2011 年版。

24. 熊澄宇、金兼斌:《新媒体研究前沿》,北京:清华大学出版社,2012 年版。

25. 黄健:《新媒体浪潮》,南宁:广西教育出版社,2011 年版。

26. 叶小鱼:《新媒体文案创作与传播》,北京:人民邮电出版社,2017 年版。

27. 余春等编著:《Lotus Notes6 轻松入门》,北京:中国水利水电出版社,2004 年版。

28. 武坤等编著:《Lotus Domino/Notes R6 应用教程》,北京:中国机械出版社,2003 年版。

29. 陈山等编著:《Lotus Domino 6 系统管理》(上、下册),北京:中国水利水电出版社,2004 年版。

30. 赵屹、汪艳:《新媒体环境下的档案信息服务》,上海:世界图书上海出版公司,2015 年版。

31. 吴雨平、李春正编著:《秘书学与秘书实务教程》,广州:暨南大学出版社,2010 年版。

32. 杨锋主编:《秘书工作案例与分析》,广州:暨南大学出版社,2010 年版。

33. 杨剑宇主编:《涉外秘书学纲要》,上海:上海人民出版社,2007 年版。

34. 杨蓓蕾编著:《现代秘书工作导引》,上海:同济大学出版社,2004 年版。

35. 李欣:《办公室工作规范》,北京:高等教育出版社,1991 年版。

36. 光积昌:《现代社会的第 361 行——秘书》,北京:机械工业出版社,1986 年版。

37. 唯高:《实用开会手册》,北京:中国物资出版社,1999 年版。

38. 黄晓东:《办公自动化实用教程》,北京:科学出版社,2003 年版。

39. 陈笑:《Access 数据库技术与应用简明教程》,北京:清华大学出版社, 2006 年版。

40. 李良荣:《新闻学概论》(第四版),上海:复旦大学出版社,2011 年版。

41. 巢乃鹏:《网络媒体经营与管理》,福州:福建人民出版社,2007 年版。

42. 杨鹏:《网络文化与青年》,北京:清华大学出版社,2006 年版。

43. 涂子沛:《大数据》,桂林:广西师范大学出版社,2012 年版。

44. 高丽华:《新媒体经营》,北京:机械工业出版社,2009 年版。

45. 宫承波:《新媒体的多维审视》,北京:中国广播电视出版社,2008 年版。

46. 张文俊:《数字新媒体概论》,上海:复旦大学出版社,2009 年版。

47. 许榕生主编:《网络媒体》,北京:五洲传播出版社,1999 年版。

48. 闵大洪:《数字传媒概要》,上海:复旦大学出版社,2003 年版。

49. 匡文波:《手机媒体概论》,北京:中国人民大学出版社,2006 年版。

50. 彭鹏:《搜索革命》,北京:企业管理出版社,2004 年版。

51. 屠忠俊主编:《网络传播概论》,武汉:武汉大学出版社,2007 年版。

52. 杜骏飞:《网络传播概论》,福州:福建人民出版社,2004 年版。

53. 刘津:《博客传播》,北京:清华大学出版社,2008 年版。

54. 刘世英:《分众的蓝海》,北京:中信出版社,2006 年版。

55. 童晓渝、蔡佶、张磊编著:《第五媒体原理》,北京:人民邮电出版社,2006 年版。

56. 张国良:《全球化背景下的新媒体传播》,上海:上海人民出版社,2008 年版。

57. 姚国章主编:《电子政务案例》,北京:北京大学出版社,2003 年版。

58. 叶继元主编:《信息检索导论》,北京:电子工业出版社,2003 年版。

59. 苏武荣等编著:《SOHO 上网办公 E 路领先》,北京:清华大学出版社,2005 年版。

60. 许主洪编著:《加密与解码——密码技术剖析与实战应用》,北京:人民邮电出版社,2002 年版。

61. 苏新宁等编著:《电子政务技术》,北京:国防工业出版社,2003 年版。

62. 蔡振山、贾春福编著:《计算机网络安全》,北京:科学出版社,2003 年版。

63. 叙咏平:《新媒体广告》,北京,高等教育出版社,2010 年版。

64. 董永昌、何嘉苏:《电子文件与档案管理》,上海:上海百家出版社,2001 年版。

65. 谈青:《办公室事务管理》,北京:高等教育出版社,2004 年版。

66. 闫建华：《Excel高效办公——数据处理与分析》，北京：人民邮电出版社，2006年版。

67. 丁俊杰、钟书平等：《跨屏传播策略研究》，北京：中国传媒大学出版社，2013年版。

68. 袁岳、周林古等：《零点调查——民意测验的方法与经验》，福州：福建人民出版社，2005年版。

69. 易平：《无线网络攻防原理与实践》，北京：清华大学出版社，2012年版。

70. 马洪连、丁男、朱明等：《物联网感知与控制技术》，北京：清华大学出版社，2012年版。

71. 周洪波：《物联网：技术、应用、标准和商业模式》，北京：电子工业出版社，2010年版。

72. 张成良：《新媒体素养论》，北京：人民出版社，2015年版。

73. 罗烈杰：《会议实务》，深圳：海天出版社，2003年版。

74. 赵烈强：《会议管理实务》，长沙：湖南人民出版社，2005年版。

75. 向国敏：《会议学与会议管理》（第二版），北京：首都经济贸易大学出版社，2016年版。

76. 张翼成、吕琳媛、周涛：《重塑：信息经济的结构》，成都：四川人民出版社，2018年版。

二、论文类

1. 李永亮：《高校秘书新媒体应用研究》，《经营者》，2015年第2期。

2. 张志君：《新媒体研究与发展战略》，《现代视听》，2008年第2期。

3. 匡文波：《"新媒体"概念辨析》，《国际新闻界》，2008年第6期。

4. 景东、苏宝华：《新媒体定义新论》，《新闻界》，2008年第3期。

5. 林宜道：《新媒体环境下秘书如何做好信息服务》，《秘书之友》，2016年第2期。

6. 特格斯：《新媒体环境下秘书职能的创新与拓展》，《理论探讨》，2013年第9期。

7. 张弘：《网络视域下秘书信息意识探析》，《江苏建筑职业技术学院学报》，2012年第2期。

8. 孙芳芳：《认识"网络秘书"》，《办公自动化》（综合版），2011年第2期。

9. 郑雅君、李美艳：《网络秘书的现状与未来》，《秘书》，2013年第12期。

10. 姜磊：《浅谈网上秘书》，《秘书》，2010年第7期。

11. 冯若楠:《网络秘书的新发展和新要求》,《中小企业管理与科技》,2014 年第 12 期。

12. 耿志红、孙芳芳:《浅谈信息时代秘书工作的新发展——网上秘书》,《秘书之友》,2009 年第 5 期。

13. 黄宏斌:《网络时代呼唤新型秘书》,《厦门科技》,2000 年第 1 期。

14. 蔡超:《秘书在线办公的网络资源》,《办公自动化》,2005 年第 8 期。

15. 王森哲、谭映月、张馨元:《应重视网络秘书经办文件的归档工作》,《秘书之友》,2015 年第 8 期。

16. 龚涛:《电子文件与电子归档的法律效力问题》,《湖北经管学院学报》,2005 年第 8 期。

17. 李芳:《论电子文件的归档管理》,《河南社会科学》,2004 年第 5 期。

18. 吕文波:《探析电子文件在线归档原则》,《兰台世界》,2013 年第 5 期。

19. 马静:《企业电子邮件归档问题初探》,《兰台世界》,2009 年第 12 期。

20. 潘壮巍、王丽莉:《电子文件归档管理相关问题的探讨》,《北京档案》,2013 年第 10 期。

21. 杨丽萍:《网络搜索引擎分类与发展》,《情报学报》第 25 卷,2006 年 10 月。

22. 毛晶莹:《门户网站的概念与类型分析》,《管理学报》(增刊),2005 年第 2 卷。

23. 姜奇平:《搜索引擎八年后的机会》,《互联网周刊》,2005 年第 28 期。

24. 李萍:《所搜即所得——垂直搜索》,《互联网周刊》,2005 年第 19 期。

25. 焦玉英:《搜索引擎及盈利模式研究》,《情报理论与实践》,2006 年第 5 期。

26. 李兴基:《文秘专业调整与改革探析——基于网上秘书发展的角度》,《社科纵横》(新理论版),2012 年第 4 期。

27. 刘缨:《人事统计中的数据处理和信息挖掘》,《电子科技》,2011 年第 3 期。

28. 赵梅:《论档案信息数据库的开发》,《档案管理》,2002 年第 3 期。

29. 匡文波:《"新媒体"概念辨析》,《国际新闻界》,2008 年第 6 期。

30. 支庭荣:《新媒体不是传统媒体的延伸:融合背景下/转型媒体的跨界壁垒与策略选择》,《国际新闻界》,2011 年第 12 期。

31. 王红:《新媒体时代秘书媒介素养培育的思考与实践》,《安阳工学院学报》,2017 年第 1 期。

32. 曹艳红:《试论企业秘书的新媒体素养》,《宁波广播电视大学学报》,2017年第4期。

33. 蒋姣姣:《新媒体时代企业秘书与网络舆情危机的预防与应对》,《秘书》,2018年第2期。

三、网站类:

1. 中华秘书网(http://www.china – mishu.com)

2. 企业网络秘书(http://www.tjcw.com)

3. 华强网上秘书(http://www.hqew.com)

4. 秘书在线(http://www.cds21.com)

5. 老秘网(www.caiyes.cn)

老秘网创建于2006年,其前身为福建文秘网,是众多免费文秘网站中一个高质量的专业党政文秘网站。全国各地党政机关秘书可以通过老秘网这个平台共享资源,同时为秘书提供了优质便捷地公文写作"一站式"服务。老秘网虽然创建年限不长,但是站内创始人均为资深党政文秘人员,所设计的栏目板块,完全按照党政机关公文写作篇章结构需要设置。其中设有文库、入门、教程、讲座、问答、藏经阁、演播室、杂谈、秘途、政道、征文等栏目。该网站宗旨:不求百篇传天下,唯愿几句入人心。其目标:将免费进行到底,让共享遍及全国。

6. 文书秘书网(http://www.wenshu.net)

该网页的主页中罗列了很多领域,如领导艺术、下属厚黑、官场秘籍、公文处理、办公软件、演讲示范、各类范本、文献参考、历史资料、竞争上岗、人事管理、后勤管理、政府采购、企业管理、法律事务、政府公关、学习心得、文章宝典、档案管理、各种教程、法规大典等。